베트남전쟁
1968년 2월 12일

베트남 전쟁
1968년 2월 12일

베트남 퐁니 ★ 퐁녓 학살
그리고 세계 —————

————————— 고경태 지음

————————— 한겨레출판

과거를 밝히며

미래를 여는

세상의 모든 사람들에게

이 책을 바칩니다.

차례

7부 체 게바라처럼

일러두기

◇ 베트남어 표기는 문화체육관광부 고시 외래어표기법을 따랐다. 초판에서도
나온 응우옌티탄Nguyễn Thị Thanh은 응우옌티타인으로 표기하는 게 정확하지
만 한국에서 널리 알려진 이름인 점을 감안해 바로잡지 않았다. 다만 이 책의
무대를 이루는 마을 이름 'Phong Nhất'은 초판에 쓴 '퐁넛'과 달리 '퐁녓'으로
바로잡아 적었다. '퐁녓'이 외래어표기법에 맞을 뿐 아니라 원어 발음에도 더
가깝다.

◇ 고유지명과 인명의 베트남어 원어는 '주요 등장인물'을 포함해 맨 처음 나올
때만 표기했다.

◇ 잡지 및 신문명을 《 》, 책명을 『 』, 논문 및 시의 제목을 「 」, 영화 제목을 〈 〉로
표시했다.

◇ 책 속 인물들의 괄호 안 나이는 1968년 상황을 일관되게 묘사하는 글의 경우
1968년이 기준이며, 인터뷰 시점을 밝힌 글에서는 그때의 나이를 기준으로 했
다. 나이 대신 출생연도를 적기도 했다.

◇ 책과 신문·잡지·통신 또는 인터넷에 실렸거나 제3자가 찍은 사진은 촬영자와
출처를 설명문에 표시했다. 해병 제2여단 1중대의 작전 모습이나 풍경을 담
은 사진은 고 최영언 씨가, 베헤이렌 관련 자료와 고 오다 마코토 대표의 활동
사진은 고인의 부인 현순혜 씨가 제공했다. 1968년 2월 12일의 퐁니·퐁녓 마
을 주검 사진은 미군 비밀보고서에 첨부돼 있던 것으로, 2000년 재미 사학자
방선주 박사가 미국 국립문서기록관리청에서 발굴했으며 《한겨레21》이 여러
경로를 거쳐 입수했다. 그 밖의 사진은 지은이 고경태가 직접 촬영하거나 당
사자에게 수집했다.

국가별 연도별 참전 병력 (단위:명)

연도	1964	1965	1966	1967	1968	1969	1970	1971	1972
계	17,607	183,425	441,194	557,958	614,051	545,453	412,088	210,898	67,392
미국	17,200	161,100	388,568	497,498	548,383	475,678	344,674	156,975	29,655
한국	140	20,541	45,605	48,839	49,869	49,755	48,512	45,694	37,438
태국	0	16	244	2,205	6,005	11,568	11,586	6,265	38
필리핀	17	72	2,061	2,020	1,576	189	74	57	49
오스트레일리아	200	1,557	4,525	6,818	7,661	7,672	6,763	1,816	128
뉴질랜드	30	119	155	534	516	552	441	60	53
타이완	20	20	23	31	29	29	31	31	31
스페인	0	0	13	13	12	10	7	0	0

자료: Stanley R. Larsen and James L. Collins Jr., Allied Participation in Vietnam (Washington. D. C.: Department of the Army, 1985), p. 23; 국방부, 『파월한국군전사』 제10권, 군사편찬위원회, 1985, 528쪽 등 종합, 재정리; 재인용, 『통계로 본 베트남전쟁과 한국군』, 국방부 군사편찬연구소, 2008, 15쪽.

참전국별 연도별 전·사망 (단위:명)

연도	계	1965	1966	1967	1968	1969	1970	1971	1972	1973
계	64,201	2,704	6,795	12,314	17,615	12,479	6,806	2,903	1,154	1,431
미국	58,193	2,264	6,143	11,153	16,592	11,616	6,081	2,357	641	1,346
한국	5,099	69	588	1,079	907	746	650	504	513	43
태국	350	350								
오스트레일리아	520	18	63	81	107	104	65	40		42
뉴질랜드	39	3	1	1	9	13	10	2		
필리핀	0									
타이완	0									
스페인	0									

주1: 1965년 미군의 전·사망자는 1956~1964년까지 전·사망자 401명을 포함했으며, 1973년은 1974~1998년까지 참전 후유증으로 사망한 1,178명을 포함한 숫자다.
주2: 태국의 전·사망자는 연도별 통계를 확인하지 못했기 때문에 1965년 통계에 합산 반영했다.

자료1: Spencer C. Tucker, ed., *Encyclopedia of the Vietnam War: A Political, Social, and Military History*, New York, NY: Oxford University Press, Inc., 2000, p. 64.
자료2: Stanley R. Larsen and James L. Collins Jr., *Allied Participation in Vietnam* (Washington. D. C.: Department of the Army, 1985) 등 각종 자료 종합, 재정리; 재인용, 「통계로 본 베트남전쟁과 한국군」, 국방부 군사편찬연구소, 2008, 16쪽.
자료3: 주한태국대사관 FAX 자료, "베트남전 전사망자", 2007. 11. 15.
자료4: 주한뉴질랜드대사관 FAX 자료, "베트남전 전사망자", 2007. 11. 15.

남·북 베트남 군인·민간인 전·사망 및 부상 총괄 1 (단위: 명)

	군인			민간인	
	전사	사망	부상	사망	부상
계	1,010,000	미상	2,600,000	415,000	1,130,000
남베트남	210,000	미상	500,000	350,000	950,000
북베트남/베트콩	800,000	미상	2,100,000	65,000	180,000

자료: James F. Dunnigan and Albert A. Nofi, *Dirty Little Secrets of the Vietnam War*, New York, NY: Tomas Dunne Books St. Martin's Griffin, 1999, p. 246; 재인용, 「통계로 본 베트남전쟁과 한국군」, 국방부 군사편찬연구소, 2008, 17쪽.

남·북 베트남 군인·민간인 전·사망 및 부상 총괄 2 (단위:명)

	군인		민간인	
	전·사망	부상	사망	부상
계	1,100,000	2,000,000	1,500,000	3,000,000
남베트남	200,000	500,000	1,500,000	3,000,000
북베트남/베트콩	900,000	1,500,000		

자료1: Spencer C. Tucker, ed., *Encyclopedia of the Vietnam War: A Political, Social, and Military History*, New York, NY: Oxford University Press, Inc., 2000, p. 64.

자료2: Dupuy & Dupuy, *The Encyclopedia of Military History*, Harper & Row, 1977, p. 211; Joseph Buttinger, *The Unforgettable Tragedy*, Horizon Press, NY 1977, pp.95-96; 유제현, 「월남전쟁」, 도서출판 한원, 1992, p. 462; 재인용, 「통계로 본 베트남전쟁과 한국군」, 국방부 군사편찬연구소, 2008, 17쪽.

한국군에 의한 베트남 민간인 사망자

성	주요 현 또는 시	발생 건수	희생자 수
푸옌	뚜이호아, 뚜이안, 선호아	22건	1,729명
빈딘	떠이선, 뚜이푹, 푸캇, 안년	20건	1,581명
꽝응아이	빈선, 선띤	18건	1,700명
꽝남	디엔반, 주이쑤옌, 꾸에선, 탕빈, 호아방, 다이록, 푹선	30건	4,000명
카인호아	닌호아	2건	41명
닌투언	판랑	1건	4명
계		93건	9,055명

자료: 1999년 구수정 집계, 2000년 제주인권학술회의에서 발표한 「20세기 광기와 야만이 부른 베트남전 한국군 양민 학살」 통계자료.
주: 한베평화재단이 2020년 8월까지 꽝남성 학살을 재조사한 결과 총 67건 집계. 이는 기존 통계치 30건의 두 배를 넘는다. 이를 추가하면 중부 다섯 개 성 학살지의 전체 통계치는 최소 130건, 사망자 1만여 명에 이르는 것으로 추정된다.

퐁니·퐁녓 마을, 1968년 2월 12일 상황 지도

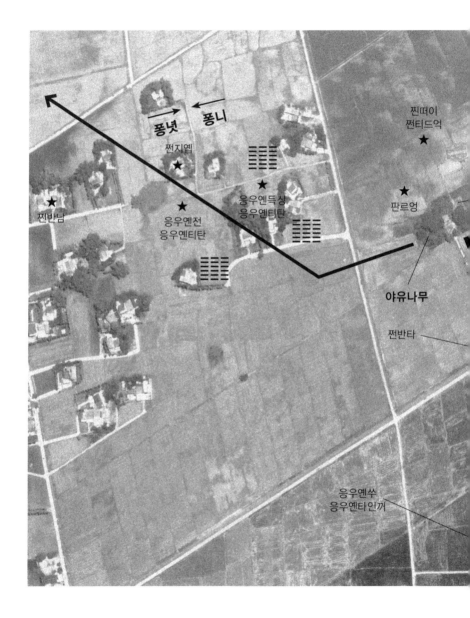

퐁녓 퐁니

쩐지엡

응우옌득상
응우옌티탄

응우옌전
응우옌티탄

쩐반남

찐떠이
쩐티드억

판르엉

야유나무

쩐반타

응우옌쑤
응우옌타인꺼

베트남 1번 국도

디엠능다리

헬기 도착 지점

응우옌티르엉 ★

현재 위령비

해병 제2여단 1중대 진입 방향

끼엠루 초소
(남베트남군 민병대와
미국 캡소대 진주)

사당

주검을 늘어놓은 장소

지암바다리

레딘먼 ★

≡≡≡ 대량의 주검이
≡≡≡ 발견된 곳

★ 집

주요 등장인물

| 1968년 2월 12일의 사람들 |

'1968년 2월 12일의 사람'은 그날 남베트남 꽝남성 퐁니·퐁넛이라는 공간에 발을 디 뎠던 이들이다. 마을 주민으로 학살의 참화를 겪고도 기적적으로 살아난 생존자와 현 장 목격자, 민가를 수색하며 주민들과 대면했던 한국군 장교와 병사, 사건 뒤 구조 활 동을 벌인 남베트남군과 미군 병사들이다.

최영언 Choi Young-un 1942~2018

해병 제2여단 1중대 1소대장. 운명의 그날, 퐁니 마을에 가 장 먼저 들어간다. 적 저격수의 총에 맞은 부상병을 뒤로 보 낸 뒤 마을을 수색한다.

응우옌쑤 Nguyễn Xu 1929~2016

퐁니 마을의 리더, 베트콩 지지 세력. 프랑스 식민지 시절부 터 민족해방운동에 직·간접 관여했다. 참화를 피했지만 집 에서 사건 현장을 목격한다.

쩐반타 Trần Văn Tha 1957~

죽을 고비를 넘기는 소년. 미군에 의해 어머니를 잃은 지 1 년 만에 자신의 집 땅굴로 피신 온 이웃들이 한국군에게 몰 살당하는 광경을 본다. 그 뒤 베트콩이 된다.

쩐반남 Trần Văn Năm 1944~

베트콩 저격수. 남베트남군 후에 신병훈련소에서 탈영해 산으로 들어가 베트콩 훈련을 받는다. 고향인 퐁넛에 살며 AK47소총으로 남베트남군과 한국군을 노린다.

응우옌티탄 Nguyễn Thị Thanh 1960~

기적적으로 살아난 소녀. 사건 당일 어머니와 언니, 남동생, 이모, 조카를 잃었다. 한국군의 총에 맞아 피를 많이 흘렸지만 오빠와 함께 기어서 현장을 탈출한다.

응우옌티탄 Nguyễn Thị Thanh 1949~1968

가슴과 두 팔에 피를 흘리며 논바닥에서 신음하다 다음 날 숨을 거둔 여성. 설을 맞아 어머니와 함께 내려온 고향에서 계엄령에 발이 묶여 있다가 변을 당한다.

쩐지엡 Trần Diệp 1953~

부상당한 소년. 마을이 불타자 물소를 살피러 나왔다가 다리에 총상을 입는다. 쩔뚝거리면서도 집 바깥에 쓰러진 주검들을 뒤지며 동생을 애타게 찾는다.

응우옌싸 Nguyễn Xá 1938~2006

남베트남 민병대원. 친척들이 사는 마을이 불타고 있음에도 들어가지 못해, 1번 국도변에서 발만 구른다. 상황이 끝난 뒤 부상당한 조카를 헬기로 후송하고 주검들을 수습한다.

레딘먼 Lê Đình Mận 1967~

잠자던 아기. 밭에 있는 엄마 품에서 젖을 먹던 중에 엄마와 함께 쓰러지지만 아무것도 모르고 잠만 잔다. 총에 맞아 차갑게 식은 엄마의 품에서 상처 하나 없이 살아난다.

본 J. Vaughn 1948~1994

미군 병사. 부상자를 구조하러 간 마을에서 주검들을 카메라 필름에 담는다. 그의 기록은 보고 자료에 첨부된 뒤 30년간 기밀문서로 분류된다.

쩐티드억 Trần Thị Được 1952~1999

중상을 입는 소녀. 엄마와 아빠, 동생 세 명과 가족을 다 잃고 혼자 남는다. 생존자 중 유일하게 미군의 사진에 찍힌다. 나중에 베트콩이 된다.

쩐티드억 Trần Thị Được 1927~2020

중상을 입는 중년 여성. 정월 대보름 제사를 준비하기 위해 시장에 가다 한국군과 마주친다. 총알이 쏟아지자 정신을 잃고, 주검 더미 맨 아래서 피투성이가 되어 발견된다.

판르엉 Phan Lường 1926~

마을에서 가장 운이 좋았던 가장. 아홉 명의 대가족이 모두 이웃집으로 숨었는데 그 집 물소가 군인들을 막고 가족들을 지켜줘 아무도 다치지 않았다.

성백우 Seong Paik Woo 1937~

해병 제2여단 헌병대 수사계장. 사건 보고서를 조작하라는 해병대 상부의 명령을 거부하지 못한 부채감을 평생 지니고 산다.

류진성 Ryu Jin Seong 1946~

해병 제2여단 1중대 2소대 일병. 퐁니에서 이유 없는 노인 학살을 목격한다. 다음 날 아침엔 1번 국도를 수색 정찰하다 거리에 주검을 늘어놓은 퐁니 주민들과 대면한다.

쩐티티엣 Trịnh Thị Thiệt 1921~2018

가까스로 참화를 피한 여성. 이후 최고령 생존자 기록을 세운다. 숨을 거두기 1년 전 한국 기자를 만나 "한국정부는 우리에게 안부를 묻지 않았다"는 말을 유언처럼 남긴다.

| 1968년의 사람들 |

'1968년의 사람들'은 전쟁과 혁명이 세계를 물들이던 시대에 명예롭거나 욕스럽거나 가슴 아프게 이름과 발자국을 남긴 이들이다. 국가나 거대 조직의 최종 결정권을 쥔 지도자들, 거기에 저항하며 역사의 물줄기를 바꾸려 한 혁명가들, 또는 아무 힘도 없이 그 격랑에 휘말려 상처받았던 민초들이다.

호찌민 Hồ Chí Minh 1890~1969
베트남 독립운동가이자 국부. 미국과 맞서 싸우는 투사이면서도 소박한 성자의 이미지로 베트남의 처지를 세계에 알렸다. 북부는 물론 남부 인민들에게도 존경을 받았다.

린든 존슨 Lyndon B. Johnson 1908~1973
미합중국 대통령. 북베트남군과 베트콩의 뗏공세를 막아냈지만 거대한 반전 여론에 불가항력을 느낀다. 북베트남에 평화회담을 제안하고, 1968년 대선에 불출마한다.

박정희 Park Chung-hee 1917~1979
대한민국 대통령. 1968년 1월 피살 위기를 장기 집권의 호재로 활용한다. 북한을 보복 타격하자고 미국을 압박한다. 퐁니·퐁녓 사건에 관한 특명수사를 중앙정보부에 지시한다.

김일성 Kim Il-sung 1912~1994
조선민주주의인민공화국 최고지도자. 전국인민대표자회의에서 사회주의 형제 국가인 북베트남 지원을 천명한다. 특수부대를 남한에 보내 한반도 긴장을 고조시킨다.

사이러스 밴스 Cyrus Roberts Vance 1917~2002
존슨 미국 대통령의 특사. 북한 특수부대원 침투 사건에 대한 미국의 미온적 대응에 항의하는 박정희를 달래기 위해 급히 한국에 온다. 냉대를 받으면서 임무를 수행한다.

응우옌응옥로안 Nguyễn Ngọc Loan 1930~1998

남베트남 장군이자 사이공 치안국장. 사이공 거리에서 잡혀온 베트콩 포로의 머리에 가차 없이 리볼버 방아쇠를 당기는 무소불위 권력자. 베트콩의 저격을 당한다.

김신조 Kim Shin-jo 1942~

북한 특수부대원. '박정희 모가지를 따러' 청와대 앞까지 왔다가 유일하게 산 채로 잡힌다. 수사관의 권유로 전향하여 남한 정부를 위해 적극 협조한다. 목사가 된다.

채명신 Chae Myung-shin 1926~2013

주월한국군사령관. 한국전쟁 기간 마오쩌둥의 유격전 관련 서적을 탐독했다. 베트남전에서 양민 보호를 위한 슬로건을 내걸지만, 정작 양민학살 의혹은 부인한다.

윌리엄 웨스트몰랜드
William Childs Westmoreland 1914~2005

주월미군사령관. 채명신 주월한국군사령관에게 한국군의 잔혹 행위 의혹에 대한 해명을 요구하는 서한을 보낸다. 뗏 공세 이후에도 북베트남 폭격 강행을 주장하지만 해임된다.

체 게바라 Che Guevara 1928~1967

아르헨티나 출신 혁명가. 쿠바 혁명에 주도적 역할을 하고 장관에 올랐으나 모두 내려놓는다. 볼리비아 밀림서 악전고투하다 사살당한다. 세계적인 '저항의 아이콘'이 됐다.

오다 마코토 Oda Makoto 小田 實 1932〜2007

일본 전후 반전평화운동의 대부이자 소설가. 간결하고 호소력 있게 쓴 반전 유인물이 일본 내 기지에 머물던 베트남 참전 미군들의 가슴을 울린다. 탈영 미군들을 돕는다.

다카하시 다케토모
Takahashi Taketomo 高橋武智 1935~2020
릿쿄대 교수였으나 사표를 내고 과거 유학했던 프랑스로
건너가 여권 위조 기술을 배워 온다. 여권을 위조해 일본 내
미군 기지에서 탈영한 미군 병사들을 외국으로 보낸다.

김진수 Kim Jin-soo, Kenneth C. Griggs 1946~?
한국 출신 미군 병사. 한국전쟁 중 미국인에 입양되었다. 타
이피스트병으로 베트남전에 참전했으나 일본 휴가 도중 탈
영, 일본인들의 도움을 받아 스웨덴으로 탈출한다.

안학수 Anh Hak-soo 1943~1975
1966년 붕타우에서 사이공으로 공무 출장을 나갔다가 실종
된 뒤 1967년 봄 평양 대남방송에 등장한 통신병. '납북'이
'탈영' '월북'으로 둔갑하면서 폭풍의 운명과 마주한다.

안용수 Ahn Yong-soo 1952~
평양에 나타난 참전군인 안학수의 동생이라는 이유로 고등
학생 때 보안사에 끌려가 모진 고문을 당한다. 평생 트라우
마에 시달렸지만 기어코 형을 둘러싼 진실을 밝힌다.

20년, 어떤 상처와 호기심

괴이한 휴대전화 문자 메시지를 받았다. 2018년 10월의 일이다. "고경태 기자님. 죄송합니다. 나는 고 기자님한테 ○○○○에 대한 인터뷰를 전혀 한 사실이 없습니다. 나와 ○○○○기사 모두 삭제를 부탁드립니다." 2000년 봄에 만난 참전군인이었다. 인터뷰를 해 기사까지 실었는데, 한 적이 없다니. 사정이 있을 것이다. 또 다른 참전군인 한 분도 그즈음 1999년 12월에 실린 기사에서 자기와 관련한 내용을 빼달라고 《한겨레21》에 내용증명을 보냈다. 둘 다 무려 18, 19년 전 기사를 온라인에서 내려달라는 거였다. 편집장직을 맡고 있는 후배가 어찌해야하는지 물었다. 사정이 있겠지만, 들어줄 수 없는 요구 같다고 답했다. 또 다른 참전군인 두 분은 지금도 잊을 만하면 전화를 걸어온다. 한 분은 뭔가 따지려 들고, 또 한 분은 호소하려고 한다. 둘 다 사정이 있다. 얼마 전 한 분이 말했다. "고 기자님. 우리가 만난 지도 20년 됐네요." 그 말에 확 깼다. 20년이라니.

1999년을 기억한다. 세기말이었다. 21세기는 2000년부터인가 2001년부터인가라는 해묵은 논쟁도 시들해지고, 밀레니엄버그(Y2K)가 과연 인류에 위협적 존재가 될지를 화제에 올리던 때였다. 새 밀레니엄에 대한 설렘과 걱정이 공존했다. 21세기를 3개월 남겨두고, 한국인들의 얼굴을 한없이 화끈거리게 하는 대형 특집기사가 《한겨레21》에 실렸다. 베트남 중부 5개 성에서 1960년대 시간여행을 한 글이었다. 우리나라 군대가 정말로? 깜짝 놀란 독자들이 사무실로 전화를 걸어와 "더 많은 이야기를 알고 싶다"며 후속 보도를 요청했다. 담당자였던 나는 그 보도를 어떻게 이어가면 좋을지 한 선배에게 자문을 구했다. "연속 보도를 하되, 짧고 굵게 3개월 만에 끝내는 게 좋겠다"는 답이 돌아왔다. 21세기까지 이 문제를 가져가지 말라는 거였다. 나는 탁견이라며 맞장구를 쳤다. "그래, 빨리 마무리를 짓자"고 다짐했다. 3개월 만에 속전속결로 말이다. 3개월? 20년이 흘렀지만 아직도 안 끝났는데 무슨.

2000년 6월 27일, 대한민국고엽제후유의증전우회 회원 2,000여 명이 보도에 앙심을 품고 한겨레신문사로 몰려왔다. 몇 개월 전 신문사 자료실에 숨어 있는 그날의 필름 뭉치를 찾아 스캐너에 담을 기회가 있었다. 사진 속에서 군복을 입은 50대의 중년 남성들이 떼를 지어 활보했다. 300여 장의 사진 속 파괴적인 풍경을 감상하다가 어떤 자각이 파도처럼 밀려왔다. 그때 서른세 살에 불과했던 내가 어느덧 저 사진 속 어르신들 나이가 돼버렸음을.

20년이 의외로 짧다는 사실을 절감하면서 『베트남전쟁 1968년 2월 12일』을 낸다. 베트남을 향한 20년의 안달복달 또는 안간힘이 책 한 권에 들어갔다고 생각하니 뭉클하다.

『1968년 2월 12일』 초판을 2015년 2월에 냈다. 6년 만의 개정 증보판이다. 제목을 조금 바꾸었고, 200자 원고지 기준 400여 장 넘게 추가했다. 초판 발행 이후에도 매년 책의 주

무대인 베트남 퐁니·퐁녓에 갔다. 대부분은 다낭과 호이안 여행 중 짬을 내 마을에 들어가 조사한 경우였다. 초판을 쓸 때 미처 살피지 못한 퐁녓 옆 마을 퐁록은 그중 하나다. 하미에도 다시 갔다. 그리고 고노이·짜빈동·밀라이에 갔다. 특히 고노이와 짜빈동은 강력한 탐구열을 자극하는 역사의 빈 구석이었다. 나를 비롯한 한국의 언론인들이 50년간 한 번도 이곳을 찾지 않은 점에 관해 반성하지 않을 수 없었다. 사병 출신으로 퐁니에 들어간 류진성 씨를 처음으로 인터뷰하기도 했다. 풀리지 않은 궁금증은 여전히 많지만, 개정판은 여기까지다.

적당히 해도 될 텐데, 나름 꾸준히 파고들었다. 스스로 나를 칭찬해준다. 그러나 아빠와 함께 20여 년을 지낸 아이들조차 이해가 안 된다면서 묻는다. 왜 그렇게 오랫동안 베트남전을 놓지 못하냐고, 집착의 정체가 뭐냐고 말이다. 책임감인가, 정의감인가. 나도 잘 모르겠다. 굳이 내놓는다면, 싱거운 답뿐이다. "어쩌다, 어쩌다." 위악이 아니다. 풀지 못한 의문을 목표로 삼아 빈칸을 채우는 성취감으로 여기까지 왔다. 호기심이라는 내 안의 동력이 없었다면 결코 할 수 없었다. 다른 기자들이 하면 더 잘할 텐데, 나서는 이가 없었다. 그래서 '어쩌다' 내가 해버렸다.

베트남이 지겨워서 10년 가까이 관심을 꺼둔 시절도 있었다. 2013년 1월 갑자기 비행기를 탔다. 초판 머리말에서 "그 마을이 나를 잊지 못했다. 꿈에 나타나 잡아끌었다. 갑자기 다낭행 비행기 티켓을 끊을 수밖에 없었다"고 다소 모호하게 밝힌 바 있다. 부족한 설명이다. 결정적 배경은 아버지였다. 오래전 세상을 떠난 아버지가 남긴 신문 스크랩 25권을 토대로 2011년부터 1년여간 한국 현대사 연재를 한 적이 있다. 나중에 『대한국민 현대사』라는 책으로 묶인 그 작업을 하면서 1968년에 눈을 떴다. 자동적으로 그해 일어난 퐁니·퐁넛의 세계사적 인과관계가 눈에 들어왔다. 2000년과 2001년 한나절의 마을 취재가 부끄러워졌다. 안 쓰고는 배길 수 없었다.

20년의 세월이 부질없지는 않았다. 1999년 가을엔 관련 시민단체가 없었다. 베트남전 진실위원회(구 베트남전 양민학살 진상규명대책위원회)라는 시민사회 연대회의체가 결성된 때는 2000년 봄이다. 이를 모태로 2003년 평화박물관 건립추진위원회가 세워졌다. 평화박물관의 주요 활동 중 하나였던 베트남전 사죄와 성찰은 2016년 창립한 한베평화재단(이사장 강우일)으로 수렴되었다. 이후 2018년 한베평화재단과 민주사회를 위한 변호사모임(민변)을 중심으로 시민평화법정을 개최했고, 이를 발판으로 2020년 퐁니 피해자 응우옌티탄을 원고로 한 국가배상소송을 시작했다. 퐁니·퐁넛 사건 관련 장교·하사관들의 중앙정보부(국정원의 전신) 수사기록 목록 공개를 요구하는 정보공개 청구소송도 2017년부터 진행 중이다.

퐁니·퐁넛 사건에 관한 대한민국 군 당국의 공식 결론은 "위장용 군복을 입은 베트콩의 소행"이다. 규모와 최고 책임자의 연루 정도가 다르긴 하지만, 이는 제2차 세계대전 중이던 1940년 4월 폴란드 카틴 숲에서 폴란드군 장교 등 2만 5,000여 명을 학살하고 이를 나치의 소행으로 몬 소련 비밀경찰을 연상시킨다. 스탈린의 크렘린 아파트 벽장에서 특별 파일에 담긴 관련 증거가 나오자 1990년 4월 고르바초프 서기장은 소련의 책임을 인정하지 않을 수 없었다. 카틴 학살 규명은 폴란드 정부의 압박으로 이루어졌지만, 퐁니·퐁넛을 비롯한 베트남전 학살의 책임을 추궁하는 주체는 한국 시민사회다. 한국군이 개입된 전체 사건들의 규모와 잔인성은 소련의 카틴숲 학살을 못 따라갈 이유가 없다. 대한민국 정부는 과연 영원히 이 문제를 뭉갤 수 있을까.

다시 20년 뒤를 상상하며 물음표를 던져본다. 그때라면 베트남전 과거사 문제의 매듭이 지어질까? 비관하되 낙관한다. 착착 진행될 리는 없다. 후퇴하는 일이 자주 생길 것이다. 그러다 또 조금씩 전진할 것이다. 매듭을 지으려는 이들의 노력은 계속되리라. 예측 불가한 여러 이슈들이 터질지도 모른다. 그 과정에서 『베트남전쟁 1968년 2월 12일』이 역사의 한 부분을 정확하고 정직하게 기록한 책으로 남기만을 바랄 뿐이다. 그렇다면 나는 20년 뒤인 2040년대에도 베트남전에 매달려 있을까. 설마, 그럴 리는…….

한국 사회에서 베트남전에 관한 이해와 성찰은 전위적이다. 내가 준 상처를, 나에게 당한 남의 아픔과 그 기억을 정면으로 바라보고 이에 관해 소리 높여 미안해 하는 일이기 때문이다. 2018년 문재인 대통령이 학살에 관한 공식 사과를 진지하게 고려한 적이 있지만, 여러 논리가 앞을 가로막았다. 먼저 베트남 정부가 난색을 표했다. 국내에서는 진보를 자처하는 이들조차 "상대 국가가 원치 않는 사과는 외교 상식에 맞지 않는다"는 비판을 했다. '사과는 정부에 하는 것인가, 피해자에게 하는 것인가'라는 질문을 남긴 일이었다. 나/우리의 상처여도 그랬을까.

초판과 개정판 사이에 세상을 떠난 분들을 기억한다. 퐁니의 응우옌쑤 할아버지는 2000년과 2013년 마을을 찾았을 때 가장 먼저 친절하게 맞이해준 분이다. 쩐티드억 할머니는 2019년 1월 마지막으로 뵈었다. 가슴 아프게도 "너는 누구냐"는 말만 되풀이하셨다. 또박또박 거침없는 말투로 한국·베트남 정부에 일침을 가한 퐁니의 쩐티티엣 할머니, 인터뷰 도중 가슴 절절한 혁명시를 낭송해준 고노이의 레훙 할아버지는 100세를 앞둔 나이가 도무지 믿기지 않았다. 두 분 다 첫 만남 이후 1년여 만에 돌아가셨다. 1소대장 출신 최영언 씨는 책을 쓰는 과정에서 마음을 열고 가장 많은 이야기를 들려준 분이다. 귀중한 사진 자료도 아낌없이 제공해주었다. 3소대장 출신 김기동 씨는 2000년에 한 번 만났지만, 2013년에는 인터뷰 요청을 피하기만 했다. 2013년 도쿄에서 만난 다카하시 다케토모 전 릿쿄대 교수는 베헤이렌 자테크 시절 여권 위조를 통해 탈영 미군을 유럽으로 보내던 경이로운 모험담을 들려줬다. 덕분에 이 책이 나왔다. 고인들을 추모하며 마음속의 향을 피운다.

서문을 마치면서 베트남 사람들의 순박한 미소를 떠올려본다. 피해자 분들의 집을 방문할 때마다 받았던 따뜻하고 사려 깊은 환대를 잊지 못한다. 늘 미안하면서도 기분 좋았다. 깜언 Cám Ơn. 은혜를 감사感恩합니다. 지지대 또는 길잡이 또는 조력자가 되어준 구수정, 권현우, 서해성, 임재성, 김남주, 심아정, 정희진, 시내(응우옌응옥뚜옌), 정회엽, 정진항, 권순범 님께도.

마지막으로,

과거를 밝히며 미래를 여는 세상의 모든 사람들에게 경의를 보낸다.

2021년 2월 1일
고경태

그날 하루를 이해한다면
그것은 세상을 모두 아는 것이다

무언가를 폭로하기 위해 이 책을 쓰지 않았다.

진실, 정의, 평화, 사과, 반성, 역사. 이런 좋은 말들은 저 편에 치워둔다. 기록하려는 열망으로 시작했다. 그날 현장에 있었던 사람들의 기억이 더 희미해지기 전에, 잘 적어서 남기려는 욕심. 1999년부터 시작된 베트남과의 인연에서 비롯되었다. 그 추동력으로 여기까지 왔다.

불가사의하다. 다녀온 지 10년이 넘었는데, 기사 쓸 일도 없었는데, 나는 왜 퐁니·퐁녓을 잊지 못했나. 아니다. 그 마을이 나를 잊지 못했다. 꿈에 나타나 잡아끌었다. 갑자기 다낭행 비행기 티켓을 끊을 수밖에 없었다.

2013년 1월, 12년 만에 퐁니촌 들머리의 야유나무를 지나 마을로 들어갔다. 2000년과 2001년에 이은 세 번째 방문. 2014년 2월엔 네 번째로 갔다. 베트남과 한국에서, 생존자와 유가족과 한국군 소대장을 수차례 만났다. 다각도의 목격담과 증언으로 그날 하루의 시공간을 남김없이 보여주는 세밀화를 그려보려고 했다. 못 만난 사람들도 많다. 세상을 떠나서, 연락처를 못 구해서, 허락해주지 않아서.

"누군가의 하루를 이해한다면 그것은 세상을 모두 아는 것이다"라고 박성원의 소설 『하루』는 말한다. 1968년 2월 12일 퐁니·퐁넛 사람들의 하루를 이해한다면 세상을 모두 알 수 있을까. 누가, 왜, 어떻게 그날의 소용돌이를 불렀는지 표면과 이면을 입체적으로 추적한다면 베트남전을 둘러싼 전 지구적인 이해관계의 본질이 한눈에 들어올까. 복잡하고 다기한 국가 간, 인종 간, 계급 간의 대결과 투쟁과 증오와 사랑을 이해할 수 있을까. 그저 그날 하루를 통해 1968년의 세계와 그 너머를 어슴푸레하게나마 보려고 했다. 그러기 위해 안간힘을 썼다.

 '기억의 자격'을 생각한다. 1968년 12월 9일 울진·삼척에 침투한 북한 특수부대원들이 아홉 살 이승복 군의 입을 찢어 죽였다. 한국 사회에서 기득권을 지닌 기억이다. 1968년 2월 12일 퐁니·퐁넛에 진입한 한국군 해병대원들이 다섯 살 응우옌득쯔엉 군의 입에 총을 쏘아 죽였다. 한국인들은 잘 모른다. 배제된 기억이다. 자격을 얻지 못하고 따돌림당한 기억이다. 잊으면 괴물이 될 수도 있다. 나라도 나서 특별하게 기억해주고 싶었다. 그들의 이야기를 복원해주고 싶었다.

 베트남과 연결된 1968년은 대한민국의 어떤 원점이다. 비밀스러운 기원이다. 북한보다도 못살던 한반도 남쪽의 농업국가는 어떻게 국내총생산GDP 기준 세계 13위(2014년)의 경제대국이 되었는가. 박정희는 어떻게 자신의 장기집권 플랜과 경제개발 계획을 착착 진행시키며 대한민국을 견고한 병영국가로 만들었는가. 이 책이 완전한 해답을 선물하진 못하지만 어떤 암시를 줄 것이다.

 1968년 즈음 나는 세상에 태어난 젖먹이였다. 1968년을 지배한 광기 속에서 구축된 군사적 시스템과 더욱 단단해진 반공 이데올로기의 자장 아래서 청소년기를 보냈다. 이 책을 쓰며 1968년 2월 12일 퐁니·퐁넛과 어린 시절 나를 지배했던 사회적 환경이 어떻게 연결돼 있었는지를 많이 생각했다. 독자들도 베트남 시골 마을의 하루를 가득 채운 핏빛 공기를 호흡하며 대한민국의 눈부신 성취와 모순의 뿌리를 돌아봤으면 좋겠다.

구멍이 많다. 완벽한 재현과 기록에의 열망은 미완으로 끝났다. 발포 당사자와 중앙정보부 수사기록을 찾지 못해 아쉽다. 그래도 최선을 다했다. 주변의 도움이 어마어마했다. 운이 따랐다. 그리하여, 네 번째 책이다. 그날 하루의 작은 매듭을 지었다. 행복하다.

2015년 2월
고경태

고노이와 하미 사이

: 한 사람이 죽은 1만 개의 역사

2000년 처음으로 하미에 갔다. 2019년 마지막으로 고노이에 갔다.

하미와 고노이, 고노이와 하미 사이에 퐁니·퐁넛이 있다.

1968년 2월 12일 퐁니·퐁넛을 중심에 놓은 베트남전쟁사를 시작한다.

1.

울었다. 하염없이 울었다.

그렇게 슬픈 표정은 처음이었다. 나는 피사체가 된 그녀를 찍고 또 찍었다. 손에서는 불붙은 향이 희미한 연기를 뿜어냈다. 눈물이 쉼 없이 떨어졌다. 옆에 있는 노인도 함께 울었다. 카메라는 계속 그녀를 따라갔다.

2000년 5월 2일. 땡볕이 쏟아지는 하미Hà My 마을의 들판에 섰다. 참전군인 단체인 '사단법인 월남참전전우복지회' 방문단으로 온 30여 명의 한국인들이 현지 주민들과 함께 행사를 열었다. 위령비 기공식을 한다고 했다. 32년 전인 1968년, 이곳에선 사건이 벌어졌다. 위령비는 그 소용돌이에 휘말려 스러진 영혼들을 위한 것이었다.

그 위령비가 가장 문제적인 위령비가 될 줄은, 당시엔 아무도 몰랐다. 분위기는 엄숙했다. 월남참전전우복지회 김문구 회장이 추도사를 했다. 사건 생존자 대표인 응우옌꼬이Nguyễn Cọi 씨가 답사를 했다. 명복, 위로, 용서, 화해, 고통, 감사라는 뜻의 한국말과 베트남말이 행사장의 식순마다 둥둥 떠다녔다. 그리고 분향의 시간. 주민들이 앞으로 나왔다. 나에겐 하염없이 우는 그녀만 보였다. 행사가 끝나고 나서도, 일주일 뒤 한국에 돌아오고 나서도 그 모습만 뇌리에 남았다.

14년 뒤인 2014년, 옛 필름 더미를 뒤지다가 그녀를 만났다. 슬라이드 필름을 형광등 불빛에 비추어 확인하던 도중 나도 모르게 혼잣말이 나왔다. "와, 다시 봐도 정말 슬프게 운다. 어떻게 이렇게 오장육부를 쥐어짜는 듯 울 수가 있냐?" 그 필름들을 가위로 잘라 스캐너에 옮긴 뒤 파일로 만들어 보관했다.

2017년 2월 20일, 다시 하미 마을의 그 들판에 섰다. 위령비 기공식에 참여한 지 17년 만이었다. 위령비는 2000년 기공식 이듬해인 2001년 준공되었다. 이후 매년 음력 제삿날에 위령제가 열렸는데, 바로 그날이었다. 독경 낭송 등 길고 긴 식순이 끝난 뒤 분향의 시간이 왔다. 위령비 뒤에 서서 향을 든 사람들을 향해 카메라를 들이댔다. 왠지 낯익은 얼굴이 뷰파인더에 들어왔다. 17년 전 사진 속에서 울던 그녀였다. 눈물이 말랐을까. 펑펑 울지는 않았다.

당티카Đặng Thị Khá. 1965년생. 1968년 2월 22일 꽝남성Tỉnh Quảng Nam 디엔반현Huyện Điện Bàn 디엔즈엉사Xã Điện Dương[1] 하미 마을의 학살 현장에서 100명 넘는 주민이 희생될 때 기적적으로 목숨을 건졌다. 온 가족이 죽었지만 세 살이던 당티카만 살아남았다. 총에 맞고 쓰러진 할머니가 어린 당티카를 꼭 끌어안은 채 죽었다. 어머니도 죽고, 언니 두 명도 죽고, 동생 두 명도 죽었다. 아버지는 이미 그전에 저세상 사람이었기에 그날부터 천애고아가 되었다. 당티카는 평생 식모살이와 막노동을 했다.

퐁니Phong Nhị·퐁녓Phong Nhất을 알기 전에 하미를 먼저 알았다. 가만히 헤아려보니, 하미의 당티카는 베트남의 한국군 집단학살 현장에서 내가 처음으로 만난 생존자였다. 온 가족이 죽었는데, 할머니가 죽는 순간에도 꼭 끌어안아준 덕분에 살아난 당티카의 사연은 극적이었다. 이후 베트남 여러 마을의 생존자들을 만나 인터뷰를 했다. 그들은 모두가 당티카였다. 극적이지 않은 사연이 없었다. 하미는 출발점이었다.

2.

그들을 한 번 더 울렸다.

2000년 1월쯤이었다. 한 참전단체 대표와 인사를 나눴다. 당시 국방부를 출입하던 《한겨레》 정치부 선배의 소개로 이뤄진 만남이었다. 선배가 "베트남전 참전단체 대표 한 분이《한겨레21》 베트남전 보도 담당자를 만나고 싶어 한다"고 했을 때, 나는 혹시 기사에 대한 항의 건이냐고 물었다. 당시 시사주간지 《한겨레21》에 매주 실리던 베트남전 민간인 학살 보도에 관해, 참전군인들이 신문사를 직접 찾아와 소란을 피우거나 전화로 목소리를 높여 항변을 쏟아내는 일이 잦았기 때문이다. 그들은 나에게 "악의적 거짓말로 참전자들의 명예를 훼손하지 말라"고 했다. 그해 6월 27일엔 2,000여 명의 사단법인 대한민국고엽제후유의증전우회(고엽제전우회) 소속 회원들이 한겨레신문사에 난입하는 사건이 벌어졌다.

뜻밖에도 그 참전단체 대표는 베트남전 희생자들을 위로하는 기념물을 베트남에 세우고 싶다고 했다. 백마부대 출신으로 카인호아성Tỉnh Khánh Hòa 닌호아Ninh Hòa에서 1년간 복무했다는 그는 적합한 지역을 추천해달라고 했다. 적대적인 태도의 참전군인들만 봐왔던 경험 탓에 그의 뜻이 가상하고 신선해 보였다. 나는 《한겨레21》에 베트남전 민간인 학살 르포를 처음으로 썼던 호찌민Hồ Chí Minh의 구수정 통신원(현 한베평화재단 이사, 호찌민대 역사학 박사)을 연결해주었다. 구수정 통신원은 1999년 여름 과거 한국군 주둔 지역이었던 중부 다섯 개 성²을 한 달 반 동안 취재했던 터라, 위령비를 지을 마을 후보에 관해 누구보다 상세한 정보를 갖고 있었다. 마을 주민들과의 신뢰 관계도 두터웠다. 그렇게 해서 월남참전전우복지회 김문구 회장과 나, 구수정 통신원이 한두 차례 만났다. 구수정 통신원은 꽝남성의 하미 마을을 추천했다.

김문구 회장과 말이 잘 통한다고 생각하지는 않았다. 그는 자꾸 게릴라전이라는 베트남전의 특수성과 민간인 희생의 불가피성에 관해 장황한 설명을 했다. '사과' 대신 '화해'라는 말을 앞세우려고 했다. 참전단체 대표의 기본적 한계라 여기고 넘기려 했다. 참전군인 신분으로 적지 않은 돈을 들여 베트남에 위령비를 세우려는 최소한의 선의는 인정해주고 싶었다.

의사소통 과정에서 파열음이 끊이지 않았다. 내 기억으로, 김문구 회장은 위령비를 통해 베트남 민간인 희생자들과 함께 한국군 사망자를 추모하자고 했다. 한국군 사망자는 여기서 의논할 문제가 아니었다. 베트남 쪽에서 받아들일 리 만무했다. 2000년 5월 2일, 이런저런 잡음과 우여곡절 끝에 마침내 위령비 기공식이 하미에서 열렸다. 기공식 당일 월남참전전우복지회는 디엔즈엉사 인민위원회 쪽에 선금으로 미화 2만 5,000달러를 기탁했다. 이 돈은 위령비를 세우고 주변 진입로에 화원을 조성하는 것은 물론 현장 지하에 뒹굴고 있는 유골 수습에 쓰일 예정이라고 했다. 기공식은 별탈 없이 끝났다.

2021년, 한국 참전군인단체의 돈으로 세워진 하미 위령비는 부끄러운 역사의 현장으로 남았다. 2001년 준공식을 앞두고 하노이Hà Nội 주재 한국대사관 이용준 참사관이 베트남 정부 주요 관리들을 접촉해 한국군의 학살 장면이 묘사된 위령비의 비문을 삭제해줄 것을 요청하는 작업을 한 것이다. 이는 한국 정부의 압력과 다름없었다. 이용준 참사관은 2000년 12월 중부 지방을 답사하다가 하미에서 이 비문을 직접 확인했다고 한다.[3] 1999년 가을부터 《한겨레21》의 베트남전 민간인 학살 보도가 한국은 물론 국제 사회에 파문을 일으키자 한국 정부는 300만 달러의 공적개발원조(ODA) 자금으로 중부 지방에 병원과 학교를 지어주기로 방침을 정한 직후였다.

이용준 참사관은 비문 내용이 한국에 관한 안 좋은 이미지를 전파할 수 있다고 판단했다. 월남참전전우복지회도 디엔즈엉사 인민위원회 쪽에 비문을 철거해달라고 강력하게 요청했다. 이 이야기는 《연합뉴스》에 "베트남 '화해의 탑'이 '규탄탑'으로 변질"이라는 제목으로 보도됐다. 유가족들은 비문 삭제 압력에 반발했지만 한국 정부와 베트남 정부를 이겨내지 못했다. 결국 비문은 연꽃 그림으로 가려졌다. 비문을 철거하는 대신 연꽃으로 가린 것은 유가족들로서는 최소한의 자존심이자 지혜였다.

비문에는 어떤 이야기가 담겼기에 한국 정부가 질색을 했던 걸까. 하미 학살은 특별히 더 잔인했다. 운명의 그날 오전 9

시 30분경 한국군 해병부대는 하미 마을 주민들을 세 곳에 불러 모은 뒤 M60 기관총과 M79 유탄발사기를 난사했다. 그러고는 집집마다 불을 질러 마을을 초토화했다. 이날 30가구 146명이 희생됐다.[4] 당일 몇몇 생존자들이 돗자리로 시신을 말아 얕게 판 구덩이에 묻고 작은 돌멩이나 막대기로 표시를 했다. 문제는 다음 날이었다. 한국 군인들이 D-7 불도저 두 대를 끌고 마을에 들어와 엉성한 무덤들을 짓밟고 미처 묻지 못한 주검들마저 밀어버렸다. 마을 사람들은 "두 번 죽임을 당했다"고 치를 떨었다.[5] 총기 난사는 1차 학살이었다. 불도저 난입은 2차 학살이었다. 비문의 작가는 빼어난 문장으로 그날 하루의 상황들을 처절하게 묘사해놓았다.[6]

하미를 떠올리면 대한민국의 상황이 '웃프다'. 대한민국 정부는 2020년 10월 베를린 미테구Bezirk Mitte 등 제3국에 세워진 평화의 소녀상 철거를 위해 로비를 한 일본 정부를 비난할 자격이 없다. 위령비 비문 사건은 주민들 입장에서 하미의 정신마저 말살하려는 '3차 학살'이었다. 하미를 떠올리면 나 자신도 우습고 부끄럽다. 2000년 초에 그 참전단체 대표를 만나지 말았어야 했을까. 하미 위령비 건립 논의에 애초부터 가담하지 말았어야 했을까. 위령비는 결과적으로 하미 주민들의 눈에 눈물을 보태며 또 하나의 슬픈 이야기를 추가한 셈이 됐다. 역설적이게도 하미는 그 과정에서 한국에 가장 이름이 알려진 베트남 학살 지역 중 하나가 되었다.

하미가 있기 전에 퐁니·퐁넛이 있었다. 하미 학살 10일 전인 1968년 2월 12일 한국군 해병부대는 하미와 같은 디엔반현 소속인 퐁니·퐁넛촌에 들어가 주민들을 모이게 한 뒤 M16 소총을 난사하고 집집마다 불을 질렀다. 이날 74명이 죽었다. 다음 날 아침 생존자와 유가족들은 시신을 인근 1번 국도에 늘어놓고 침묵시위를 벌였다. 아침에 정찰 중이던 한국군 해병부대가 이들 곁을 지나치자 주민 일부가 소리를 지르며 전날의 사건에 관해 성토를 했다. 하미에서 한국군이 왜 특별히 더 잔인했는지를 추리하다 보면 퐁니·퐁넛과 만난다. 다시는 퐁니·퐁넛에서처럼 시신을 거리에 늘어놓는 시위 따위는 하지 말라는 경고 차원에서 불도저로 시신을 밀어버린 것은 아니었을까. 퐁니·퐁넛은 한 출발점이었다.

3.

울고 싶었다.

사람들을 산 채로 우물에 던진 뒤 수류탄을 던졌다는 이야기를 듣는 순간 긴 한숨이 나왔다. 7년 만에 시신을 수습한 이후 귀신이 출몰한다는 소문이 퍼지면서, 앞집에 수십 년 동안 아무도 안 산다는 이야기를 듣는 순간 더 긴 한숨이 나왔다. 속으로 결심했다. '여기까지다.' 여기까지 하기로 했다.

2019년 7월 21일, 고노이Gò Nổi섬을 찾았다. 오전에는 섬 안쪽에 있는 디엔반시사(옛 디엔반현) 디엔퐁사Xã Điện Phong에 갔다가, 오후에는 섬 동북쪽에 위치한 주이쑤옌현Huyện Duy Xuyên 쑤이옌동Xuyên Đông 마을을 찾았다. 주민들이 증언을 했다. 1968년 2월 6일 또는 7일 한국군 해병들이 이 지역에서 매복을 하고 있다가 주민 여섯 명을 잡아 어떻게 했는지, 50년 넘게 세월이 흐른 뒤에도 주민들의 기억 속에 한국군이 어떻게 자리 잡고 있는지를 앞 다투어 이야기했다.[7]

2019년 1월 1일, 고노이를 처음 방문한 뒤 6개월 만의 재방문이었다. 뒤늦게야 접하게 된 고노이는 서울 여의도의 열

배쯤 되는 거대한 내륙 섬이었다. 한-미 연합군이 가한 융단폭격과 포격으로 풀 한 포기 남지 않았던 베트콩의 요새였다. 고노이에 흥미를 느꼈다. 이곳에서 한국군이 무엇을 남겼는지 좀더 추적해보고 싶었다. 증언자만 확보하면 나중에 다시 와 일주일 정도 조사와 취재를 할 생각도 있었다. 그런데 우물 이야기, 귀신 이야기를 듣는 순간 질려버렸다.

진부한 표현을 뜻하는 '클리셰'라는 말을 곱씹어본다. "군인들이 집에 있는 여러 사람들을 불러 한곳에 모은 뒤 총을 발사하고 수류탄을 던졌다. ……옷을 찢어 성폭행을 하고 대검으로 찔렀다. ……주민들을 산 채로 우물에 집어던졌다. ……갓난아이가 죽은 엄마의 몸에 올라가 젖을 빨았다. ……산산이 조각난 살점을 젓가락으로 집어 수습했다. ……목이 달아난 주검, 팔과 다리가 잘려나간 주검, 불에 탄 주검을 목격했다." 베트남의 마을에서 반복적으로 들었던 증언들의 패턴이다. 하도 비슷한 이야기를 들어 진부하다는 느낌이 들 정도였다. 어쩌면 클리셰. 하지만 그 하나하나가 얼마나 몸서리쳐지는가. 하나의 우주가 소멸하는 그 어떤 개별적인 죽음도 진부할 수 없다.

한국군이 베트남전에 파병된 8년 동안 베트남 민간인 1만여 명이 목숨을 잃었다는 통계를, 일본 영화감독 기타노 다케시의 문장을 인용해 이렇게 말해본다. "1만 명이 죽었다는 걸 '1만 명이 죽은 하나의 사건'이라고 한데 묶어 말하는 것은 모독이다. 그게 아니라 '한 사람이 죽은 사건이 1만 건 일어났다'가 맞다."8 그러나 처음부터 하나하나씩 그 끔찍한 죽음들의 자초지종과 함께 피해자의 신원을 파헤쳐 들어갈 엄두가 나지 않았다. 고노이섬에서 도저히 믿어지지 않는 한국군의 만행에 관해 또다시 듣는 순간 두 손을 들어버렸다. 조사 작업을 멈추기로 했다.

　나는 2000년 5월 2일 처음으로 하미에 갔다. 2019년 7월
21일 마지막으로 고노이에 갔다. 20년간 베트남 학살 지역을
다녔다. 가장 집중한 곳은 퐁니·퐁녓이었다. 퐁니·퐁녓 학살은
시간상 고노이와 하미 사이에 존재한다. 퐁니·퐁녓은 사건을
추적할 단서들이 가장 풍부했다. 고노이와 하미뿐 아니라 짜빈
동Trà Bình Đông, 밀라이Mỹ Lai 등의 지역에도 관심을 갖고 증언
자들을 만나러 드나들었다. 호기심의 촉수를 뻗치자면 끝이 없
었다. 베트남전 당시 한국군의 발자국이 찍힌 학살지는 중부
다섯 개 성 130개 마을에 이른다.[9] 아니 어쩌자고 이렇게 많은
마을에서 죽였단 말인가. 130건의 학살은 거미줄처럼 연결돼
있다. 그 학살의 그림자는 20세기를 넘어 2021년에도 한국과
베트남에 길게 드리워져 있다.

　1968년 퐁니·퐁녓을 중심에 놓은 베트남전쟁사를 이제 시
작한다.

주

1. 베트남의 행정단위인 성(Tinh, 띤, 省), 현(Huyện, 후옌, 縣), 사(Xã, 싸, 社), 촌(Thôn, 톤, 村)은 각각 한국의 도道, 군郡, 읍邑·면面, 동洞· 리里에 해당한다. 이후 현의 산업화율이 높아지는 경우 시사(Thị Xã, 티싸, 市社)로 승격했고, 현에 속한 사의 산업화율이 높아지면 시전(Thị Trấn, 티쩐, 市鎮)으로 승격했다. 디엔반현은 현재 디엔반 시사로 승격한 상태다.
2. 베트남전 파병 기간 한국군이 작전을 벌였던 중부 다섯 개 성은 다음과 같다. 꽝남Quảng Nam, 꽝응아이Quảng Ngãi, 빈딘Bình Định, 푸옌Phú Yên, 카인호아Khánh Hòa.
3. 『베트남, 잊혀진 전쟁의 상흔』, 이용준, 한울, 2014.
4. 디엔즈엉사 인민위원회와 디엔즈엉사 적십자회가 2000년 공식 집계한 희생자는 135명이다. 한베평화재단은 2020년 5월까지 유가족들의 증언을 근거로 기존 명단에서 누락된 11명을 추가로 발굴했다. 이를 포함하면 하미 마을 희생자는 모두 146명이다.
5. "원한은 내가 짊어지고 갈게, 한국 친구들한테 잘해줘-팜티호아 할머니의 마지막 선물", 《한겨레》 2013년 7월 6일, 구수정.
6. 연꽃이 가린 비문 전문은 다음과 같다.
   "역사책은 기록하기를, 예로부터 디엔즈엉은 강과 바다가 만나는 곳으로 신성한 기운을 머금은 락롱꿘Lạc Long Quân과 어우꺼Âu Cơ 의 자손들이 호안선Hoành Sơn 산맥을 넘어 남쪽으로 땅을 넓혀 500 년 전 이곳에 나라를 세웠다. 백성들은 하미, 하꽝Hà Quảng, 하방Hà Bàng, 하록Hà Lộc, 지아록Gia Lộc 등에 마을을 세웠으며 본디 어질고 선한 그들은 평화롭게 아이를 낳아 키우며 쟁기질과 괭이질로 땅을 일구고 채소를 가꾸고 물고기를 잡으며 살아갔다. 하늘이 고요하고 바다가 잔잔하며 땅이 평온할 때까지는. (그런데) 누가 알았으랴. 검은 구름이 몰려오고 천둥 번개가 치더니 적들이 사납게 들이닥쳐 땅에 풍파를 일으켰다. 주민들을 한곳에 모아 전략촌을 세우고 강제로 마을과 고향을 버리게 하였으니 칼로 자르듯 창자가 끊어지는 아픔에 주민들은 땅을 잃고 강을 잃고 바다를 잃었으며 농사를 짓고 강과 바다에서 고기를 잡는 삶을 잃었다. 잔악함이여, 고통으로 가득 찬 세상이여. 머리가 땅에 떨어져 구르고 피가 흘러 넘치고 끔찍한 전쟁으로 물야자나무 숲은 마른 머리카락이 빠지듯 산산이 흩어지고 강도 고통으로 몸부림치며 몸을 구부리고 밤새 흘린 눈물이 고여 못을 이루었다. 단두대에 잘린 머리가 굴러다니는 광경이 다시 펼쳐지고 사원은 순식간에 잿더미가 되었으며 하지아Hà Gia 숲은 마른 뼈만 하얗게 남았고 캐롱Khe Long 선착장에는 주검이 더미를 이루었다. 1968년 이른 봄, 정월 24일에 청룡부대 병사들이 미친 듯이 몰려와 선량한 주민들을 모아놓고 잔인하게 학살을 저질렀다. 하미 마을 30가구, 135명의 시체가 산산조각이 나 흩어지고 마을은 붉은 피로 물들었다. 모래와 뼈가 뒤섞이고 불타는 집 기둥에 시신이 엉겨 붙고 개미들이 불에 탄 살점에 몰려들고 피비린내가 진동하니 불태풍이 휘몰아친 것보다도 더 참혹했다. 참으로 가슴 아프게도 집 문턱에는 늙은 어머니와 병든 아버지들이 떼로 쓰러져 있었다. 전쟁을 피할 수 없었던 어린아이들이 끙끙대며 신음하니 또 얼마나 공포스럽던가. 허둥지둥 시체를 쌓아올리는데 악의 탄환이 관통하지 않은 시신이 없었다. 시체에는 여전히 마른 피가 고여 있고 아기들은 어머니의 배에 기어올라 차갑게 시든 젖을 찾았다. 입과 턱이 날아간 아이는 목이 타는 듯 말라도 물을 마실 수가 없었다. 이 일이 있은 후에 또 하나의 참극이 더 해졌으니 탱크의 강철 바퀴가 무덤들을 짓뭉갠 것이다. 황혼이 서린 땅에는 풀이 시들고 뼈들은 말라가고 원혼이라도 나타난 듯 구름은 푸른 하늘에 울부짖었다. 이제 와 생각하니 하늘은 어두울 때도 있으나 밝을 때도 있어 25년간 평화를 일구어 고향에 평온이 찾아왔다. 디엔즈엉 땅에 감자와 푸른 벼가 돌아와 풍년을 이루고 강과 바다에는 물고기와 새우가 넘치며 당의 지도 아래 주민들은 황량한 벌판을 개척했다. 그 옛날의 전장은 이제 고통이 수그러들고 과거 우리에게 원한을 불러일으키고 슬픔을 안긴 한국 사람들이 찾아와 사과를 하였다. 그리하여 용서를 바탕으로 비석을 세우니 인의로써 고향의 발전과 협력의 길을 열어갈 것이다. 모래사장과 포플러 나무들이 하미 학살을 가슴 깊이 새겨 기억할 것이다. 한 줄기 향이 피어올라 한 맺힌 하늘에 퍼지니 저세상에서는 안식을 누리소서. 천 년의 구름이여, 마을의 평안과 번영을 기원합니다. 2000

년 8월 경진년 가을. 디엔즈엉사의 당과 정부 그리고 인민들이 바
침니다."(한베평화재단 홈페이지에 수록된 번역문, 작가는 디엔반현의
저명한 문필가 응우옌흐우동Nguyễn Hữu Đồng.)

7. 2부 "불멸의 아성, 무덤이 된 섬" 참조.

8. "5,000명이 죽었다는 걸 '5,000명이 죽은 하나의 사건'이라고 한데
묶어 말하는 것은 모독이다. 그게 아니라 '한 사람이 죽은 사건이
5,000건 일어났다'가 맞다." (『죽기 위해 사는 법』, 기타노 다케시, 씨
네21북스, 2009.)

9. 2000년 2월 26일 열린 한국인권재단 주최 '제주인권학술회의
2000'에서 구수정 당시 《한겨레21》호찌민 통신원이 발표한 "20세
기 광기와 야만이 부른 베트남전 한국군 양민학살" 통계 자료에 따
르면 베트남전 당시 중부 다섯 개 성에서 발생한 한국군에 의한 학
살은 90여 건, 희생자는 9,000여 명이다(2000년 발표했지만 1999년
집계한 자료라 이 책에서는 통상 '1999년 집계 자료'라고 썼다). 여기에
2020년 8월까지 한베평화재단이 꽝남성을 재조사한 결과를 추가
하면 중부 다섯 개 성 학살지의 전체 통계치는 최소 130건, 1만여
명에 이르는 것으로 추정된다. 3부 "라토학살 유일한 생존자, 타이
브이" 참조.

두 개의 전선

박정희에게 베트남은
아시아의 공산화를 막는 제2전선.
김일성에겐 한반도가
베트남전의 제2전선.
미국과 베트남, 한반도의 삼각관계가
하나의 톱니바퀴처럼
얽혀 돌아갔다.

비열한 거리

: 로안의 권총

사이공의 거리에서 응우옌응옥로안은 두 손이 뒤로 묶인 채
잡혀온 베트콩 용의자의 머리를 향해 과감히 권총 방아쇠를 당겼다.
취재 중인 한국인 기자 김용택은 차마 볼 수 없어 고개를 돌렸다.

흡!

숨이 멎었다. 아니 세상이 멎은 것 같았다. 사내는 눈을 질
끈 감았다. 두 손목을 움직였지만 꼼짝도 안 했다. 정글복에 철
모를 쓴 군인이 오른편에서 인상을 찌푸리며 이쪽을 응시한
다. 저 멀리서 군용차 한 대가 달려오는 모습이 희미하다. 응우
옌응옥로안(38·이하 로안) 장군은 그의 이마에 리볼버 38구경
권총을 들이댔다. 오른손 검지에 힘을 주려는 절체절명의 순
간……《AP통신》카메라 기자 에디 애덤스Eddie Adams(35)가
찍은 스틸 사진은, 보는 이의 심장을 멎게 한다.

이번엔 NBC의 카메라맨 보스Võ Sửu가 찍은 동영상을 본
다. 실제로는 숨 돌릴 틈이 없었다. 두 손이 뒤로 묶인 사내가
서너 명의 무장 군인들에게 끌려온다. 장교로 보이는 이가 옆
에서 걸으며 무언가를 묻는다. 사내가 도착하자마자 로안 장군
은 품에서 권총을 꺼내든다. 1초의 머뭇거림도 없다. 바로 머리

에 대고 방아쇠를 당기자마자 사내는 쓰러진다. 이내 숨이 끊어진다.

유명한 사이공Sài Gòn(당시 남베트남 수도, 현 호찌민) 거리의 베트콩 즉결 처형 장면이다. 1968년 2월 1일 '뗏공세'(구정대공세)[1]의 틈바구니였다. 죽은 사내는 베트콩[2](남베트남민족해방전선) 장교인 응우옌반렘Nguyễn Văn Lém이라고 알려졌지만 확실치는 않다. 이름이 '레꽁나' 또는 '베이롭'이라는 설도 있다. 그는 남베트남 공무원 가족을 살해했다는 혐의로 끌려왔지만 역시 확실치 않다. 심문을 받을 기회도 없었다. 로안 장군은 그에게 묻지도, 따지지도 않았다. 그냥 죽였다. 왜 그랬을까.

하루 전날인 1월 31일 새벽. 설 이틀째. 사이공의 밤하늘엔 폭죽이 터지고 있었다. 베트콩과 북베트남군[3]은 4일 전인 1월 27일 새벽 2시를 기해 7일간의 설 휴전을 통보했다. 총을 내려 놓자고 한 것이다. 고향을 찾아 떠난 사람이 많았다. 폭죽은 설에 들뜬 사람들의 가슴을 한껏 부풀게 했다. 그것은 언뜻 총성과 폭탄 소리처럼 들리기도 했다. 이미 베트콩들은 하루 전날 베트남 전역에서 대공격을 시작했다. 이틀째인 31일 새벽 사이공 시민들은 뭔가 심상찮은 사변이 다가오고 있음을 완전히 깨닫지 못했다. 폭죽에 섞인 기관단총 소리와 박격포 소리가 사이공을 포위하며 가까워지고 있음에도.

베트콩이 쳐들어왔다. 북베트남군이 쳐들어왔다. 휴전 약속은 깨졌다. 그들은 설을 맞아 게릴라와 정규군 8만여 명을 동원해 남베트남 전역에 미리 계획된 일제 공세를 가했다. 사이공을 비롯해 일곱 개 성과 10여 개 도시에 맹렬한 총·포격을 가하고 한·미·월(한국군·미군·남베트남군) 연합군과 여러 곳에서 시가전·백병전까지 펼쳤다. 그들은 사이공의 대통령궁을 향해서도 포격을 가했다.

　가장 급박한 순간은 1월 31일 새벽 4시였다. 베트콩 1개 소대 특공대가 로켓포를 발사하며 사이공 주재 미국대사관 8층 건물에 침입해 아래쪽 다섯 개 층을 여섯 시간 동안이나 점거했다. 미군은 헬리콥터로 대사관 옥상에 공수부대를 내려보냈다. 피 튀기는 총격전이 벌어졌다. 오전 10시 10분께 미 공수부대는 베트콩 특공대 19명 중 마지막 한 명을 사살하고 대사관을 되찾았다. 이 과정에서 미국인 여덟 명과 미 해병대원 19명도 목숨을 잃었다.[4] 마치 10일 전 서울 청와대 코앞까지 몰려와 상호간에 처참한 결과를 남긴 북한 무장 특수부대의 재현 같았다.

　다시 2월 1일의 사이공 거리.

　로안 장군의 즉결 처형은 시원한 복수처럼 보였다. 베트콩의 뗏공세로 가족을 잃은 사이공 시민들이라면 체증이 확 풀렸을지도 모른다. 빨갱이들에게 본때를 잘 보였다며 칭찬한 사람도 적지 않았으리라. 로안 장군은 치안국장이었다. 8개월 전까지는 군사보안국장도 겸임했다. 계급은 준장. 재판 없이 진행된 총살이 법적으로 온당한지는 논외로 하자. 다만 신중하게 처신해야 하는 남베트남 정부의 고위 장성이자 치안 책임자의 행동치고는 즉흥적이었다. 앞서 밝혔듯, 현장에 선《AP통신》과 NBC의 카메라맨이 지켜봤다. 한국의《동아일보》사진부 기자인 김용택(36)도 있었다. 그는 참혹한 광경을 차마 볼 수 없어 베트콩이 쓰러진 뒤에야 셔터를 눌렀다. 기자들 앞에서 대놓고 포로를 처단한 행위는, 로안 장군의 자신감을 증명하는 퍼포먼스였을까. 그는 남베트남에서 손꼽히는 실력자였다.

베트남의 마지막 황제 바오다이Bảo Đại가 물러가고 '베트남공화국'이라는 국호를 지닌 남베트남 정부가 정식으로 수립된 것은 1955년 10월 26일. 초대 대통령은 '베트남의 이승만'으로 불리던 응오딘지엠Ngô Đình Diệm이었다. 그는 불교도 박해와 각종 부패로 민심 이반을 자초하다가 1963년 11월 1일 쿠데타를 일으킨 젊은 장교들에 의해 동생 응오딘뉴Ngô Đình Nhu와 함께 살해된다. 이때 쿠데타의 주축은 즈엉반민Dương Văn Minh, 응우옌반티에우Nguyễn Văn Thiệu, 응우옌칸Nguyễn Khánh, 응우옌까오끼Nguyễn Cao Kỳ였다.

이들은 1964년 1월 30일과 12월 20일, 1965년 2월 20일 등 10여 회 엎치락뒤치락했던 쿠데타 연속극의 주연과 조연, 피해자로 역사 무대에 등장한다. 결국 1965년 6월 19일 35세의 응우옌까오끼가 실권을 쥔 총리에 취임하고 42세의 응우옌반티에우는 명목상의 국가원수 자리에 앉는다. 그러나 2년 뒤인 1967년 9월 3일 민정 이양을 위한 제헌의회 대통령 선거에선 응우옌반티에우가 대통령으로, 응우옌까오끼가 부통령으로 출마해 당선한다. 둘은 숙명의 라이벌이었다. 대선을 앞두고 암투를 벌이다 군 내부 서열에 따라 자리를 정하고 일정하게 권력을 분점하기로 약속한 것이었다. 로안 장군은 바로 그 응우옌까오끼 부통령의 절친한 친구이자 오른팔이었다.

로안은 1930년 12월 11일 베트남 중부 후에Huế에서 태어났다. 투득Thủ Đức 무술학교에 이어 투득 보병학교를 졸업한 해가 1952년. 프랑스-베트남 연합돌격대에서 근무하던 그는 1953년 프랑스 공군학교로 떠난 뒤 1955년 돌아와 남베트남 최초의 폭격기 조종사로 활약했다. 1960년대 초반 냐짱Nha Trang 제2정찰비행단장을 거쳐, 1964년 공군 사령관이던 응우엔까오끼 밑에서 부사령관도 지냈다. 1965년 2월엔 꾸이년Quy Nhơn 미군 숙소 폭탄테러 보복을 위한 한·미·남베트남 연합군의 북베트남 폭격에 지휘관으로 참여하면서 승승가도를 달린다. 이후 대령으로 올랐고, 치안국장과 군사보안국장 지위도 얻었다.

다시 사이공 거리.

이번엔 1968년 2월 9일이다. 로안은 8일 전 베트콩을 쏴죽였던 그 복장 그대로 신문에 등장했다.《AP통신》이 전송한 사진은 한 건물의 발코니에서 베트콩과의 치열한 싸움으로 폐허가 돼버린 사이공 남쪽 지역을 내려다보는 모습이다.[5] 베트콩과 북베트남군의 공세는 계속됐다. 사이공 외곽의 화교 거리 쩌런Chợ Lớn을 장악한 베트콩들은 사이공 시내 중심부를 향해 맹포격했다. 떤선녓Tân Sơn Nhất 공항 근처 경마장도 교전으로 인해 화염에 휩싸여 있었다.

사진 속의 그는 외로워 보였다. 발코니에서 무엇을 생각했을까. 자신을 주인공으로 한, 세계 각국에 전송된 끔찍한 사진을 떠올렸을까. 베트콩의 표적으로 확실히 찍혔으니 몸조심해야겠다는 계산을 하면서 말이다. 그는 사이공의 반공 청년들에게도 찍힌 몸이었다. 자기 지프에 이발사를 태우고 시내를 돌아다니며 장발족만 보면 직접 붙잡아 머리카락을 미는 이상한 취미의 소유자였기 때문이다.[6] 물론 남베트남 관료들 사이에서도 사고뭉치로 찍혀 있었다.

2년 전인 1966년 10월 12일. 남베트남 보건상 응우옌바카Nguyễn Bá Khả와 부총리 응우옌투비엔Nguyễn Tu Viện 등 각료 일곱 명은, 경찰 총책임자로서 전횡을 일삼는 로안의 경질을 주장하며 응우옌까오끼 총리에게 집단 사표를 냈다. 로안은 응우옌바카 보건상의 수석비서관을 영장 없이 구금하는 등 경찰권을 멋대로 행사했다는 비난을 받았다. 로안은 그해 봄부터 군사보안국장으로서 중부 지방 불교도 데모대에 대한 강경한 대처로 이름을 날리고 있었다. 응우옌까오끼의 정적이었지만 중부 지방 불교도들에게는 열렬한 지지를 받던 제1군단장 응우옌찬티 Nguyễn Chánh Thi 장군을 해임하자 내란 직전으로까지 불붙은 데모였다. 다낭Đà Nẵng과 후에의 정부방송국이 점령되고 시가전이 벌어지는 등 중부 지방 데모는 3개월을 끌면서 남베트남 내부를 위협하는 최대의 변수로 부상했다.

해임된 응우옌찬티 장군의 뒤를 이어 제1군단장에 임명된 응우옌바까오Nguyễn Bá Cao 장군도 로안의 진압 명령을 거부하다 해임됐다. 결국 로안이 임시로 직접 데모 진압을 지휘할 지경에 이르고, 응우옌찬티 장군은 미국으로 망명한다. 이 사건을 계기로 로안은 응우옌까오끼의 오른팔로 확고한 자리를 잡으며 준장으로 진급한다. 더불어 그의 악명은 더욱 높아만 갔다.

로안은 각료들의 해임 압력을 견뎌냈지만 대선을 앞두고 특정 후보에게 편파적이라는 원망을 사다 결국 1967년 6월 군사보안국장 자리를 박탈당했다. 11월엔 치안국장 감투도 빼앗길 위기에 몰렸지만 용케 유지했다. 그것이 어쩌면 비극이었다.

1968년 2월 13일, 그는 다시 언론에 이름을 드러냈다. 베트콩 군사정치기구 최고위책으로 거물에 속한다는 소장 쩐도 Trần Độ(45)가 시가전 도중 미군에게 사살됐다는 기자회견이었다.[7] 로안의 역할은 쩐도의 주검이 맞다고 확인해주는 것이었다. 과연 그 주검이 쩐도냐는 의심이 제기됐다[8](실제로 다음 날 주검이 없어졌다는 보도가 나온다). 뗏공세 기간 중 베트콩의 사기를 꺾으려는 심리전이 아니냐는 의혹이 제기됐다.

어쨌거나 로안은 승리자였다. 한 달간의 뗏공세 전투에서 미군과 남베트남 정부군은 각각 2,000명 정도가 죽었지만 베트콩과 북베트남군은 그 열 배에 가까운 3만여 명의 희생자를 냈다. 남부 지역 베트콩 조직은 완전히 구멍이 났다. 뗏공세 작전을 이끈 북베트남 국방상 보응우옌잡Võ Nguyên Giáp 장군은 "이제까지 나타나지 않았던 희귀한 공격 방식으로 미군과 남베트남군이 결코 생각하지 못한, 또한 생각할 수 없는 군중 봉기가 결합된 총공격(1968년 1월 베트남노동당 제14차 중앙회의)"[9]을 기획했다지만, 참패였다. 보응우옌잡은 사이공의 허를 찌르기 10일 전부터 2개 사단을 동원해 비무장지대 아래쪽 꽝찌성Tỉnh Quảng Trị 케산Khe Sanh의 미 해병 전초기지를 집중 공격했다. 이를 막기 위해 미군의 B52 폭격기가 출격하고 병력 7만 5,000명이 배치됐다. 적 정예부대를 북부에 잡아놓고 설에 중부와 남부를 효과적으로 치려는 전략이었다. 뗏공세는 군사적으로 완전히 실패했다. 남베트남 치안 책임자 로안은 의기양양했을지 모른다.

베트콩들은 로안을 잊을 수 없었다. 동지를 공개적으로 모욕하고 능멸한 대가를 돌려줘야 했다. 치명상을 입히거나 처단해야 했다. 석 달 뒤 사이공 거리. 베트콩 기관단총의 조준경에 로안의 얼굴이 잡혔다. 드디어 그가 쓴맛을 볼 차례였다.

로안, 인과응보의 시간

응우옌응옥로안의 잘 알려지지 않은 사진 두 장이 더 있다. 이른바 '사이공식 처형'이라 이름 붙은 1968년 2월 1일의 사진에 나오는 그의 살기등등한 모습은 여기에 없다.

'인과응보因果應報'라는 말이 있다. 행한 대로 대가를 받는다는 뜻이다. 그릇된 행위를 저지른 자는 그 대가로 나쁜 일을 당하기 마련이다. 두 장의 사진엔 인과응보의 시간이 담겨 있다.

먼저 1968년 5월 5일. 사이공 교외의 거리에서 휘청거리는 그를 《AP통신》 사진기자가 담아냈다. 사진 속에서 그는 오스트레일리아 특파원 팻 버제스Pat Burgess의 부축을 받으며 피신하고 있다. 《동아일보》와 《경향신문》도 이 사진을 다음 날 1면 머리기사로 올렸다. 로안은 얼이 반쯤 나간 표정이다. 몸의 중심을 제대로 못 잡고 있음이 확연히 드러난다. 제대로 걷기 힘들었다. 베트콩 저격수의 기관단총에 다리를 맞았다.

5월 5일은 석가탄신일이었다. 그날 새벽 베트콩들은 사이공을 포함한 약 120개의 도시와 군사 시설에 공격을 가해왔다. 1월 30일의 '뗏공세' 이후 규모가 최대였다는 점에서 '2차 대공세'로 불렸다. 북베트남과 미국의 파리 평화협상이 논의되던 시점이었다. 존슨 대통령은 1968년 3월 31일 전국 텔레비전 방송으로 중계된 특별 연설을 통해 "12월에 예정된 대통령 선거에 민주당 후보로 출마도 않고 지명 수락도 않겠다"는 폭탄선언을 했다. 이와 함께 그는 북베트남 폭격(북폭)의 부분 중지를 선언하며 하노이의 북베트남 정부를 향해 평화회담을 제안했다.[10] 베트콩 쪽은 정치·군사적 압력을 극대화해 협상에서 유리한 위치를 차지하려는 속셈이었을까.

5월 5일의 대공세는 1월의 1차 대공세에 비해선 미약했다. 베트콩들은 미군과 남베트남군에 의해 24시간 내 격퇴되었다. 단 하나의 도시도 점령하지 못했다. 그러나 연합군 쪽의 피해도 만만치 않았다. 군과 민간인을 포함해 40여 명이 죽었다. 사이공의 떤선녓 공항을 지키다 B40로켓탄을 맞고 전사한 남베트남군 지휘관 르낌끄엉Lưu Kim Cương 대령(35)도 그중 하나였다. 사이공의 화교거리 쩌런에서는 취재를 벌이던 세 명의 오스트레일리아 기자와 한 명의 영국 기자가 지프차를 타고 현장을 빠져나오다가 베트콩의 총격을 받고 목숨을 잃었다. 서독대사관 1등 서기관 하소 콜렌베르그Hasso Freiherr Ruedt von Collenberg(36)는 쩌런 거리에서 베트콩에 붙들려 손을 뒤로 묶이고 눈이 가려진 상태에서 총살당했다. 가장 주요한 목표였던 로안은 심각한 타격을 입었지만 목숨만은 건졌다.

다음은 5월 7일의 사진. 로안은 병상에 누워 있다. 헬쑥한 표정이다. 그의 앞에서 응우옌반티에우 남베트남 대통령이 훈장을 달아준다. 그 뒤에는 로안의 대부이자 티에우의 경쟁자였던 응우옌까오끼 부통령이 서 있다. 로안의 부상이 어느 정도였는지는 구체적으로 확인할 수 없다. 여러 정보를 종합해볼 때, 그가 총에 맞은 다리를 잘라야 했음은 확실하다.

추락이 시작되었다. 로안은 훈장을 받은 지 한 달 만에 치안국장 자리에서 물러났다. 6월 8일의 일이다. 그리고 뉴스에서 사라졌다.

1975년 4월 30일 사이공이 북베트남군에 의해 함락된 뒤, 로안은 운 좋게 미국으로 건너갔다. 1978년 11월 3일 미국 이민국은 '도덕적 비열함'을 이유로 그에게 미국 거주 허가가 취소될 것임을 통보하기도 했지만 유야무야 넘어갔다. 이후 버지니아주에서 가족들과 함께 피자 가게를 운영한다는 사실이 화제가 되기도 했다. 그러나 암이 발병했고 워싱턴 근교의 자택에서 1998년 7월 14일 세상을 떠났다. 그의 나이 68세였다.

청와대 습격, 투이보 습격

: 북한과 북베트남은 짠 것 같았다

북한 특수부대원들이 비봉에 머물던 시각. 한국군 소대 병력이
베트남의 투이보 마을을 습격했다. 다음 날 북한 특수부대원들은
대한민국 청와대를 습격했다. 서울 세검동에서 총격전이 벌어졌다.

탕!

갑작스러운 총소리가 휴일 서울의 밤거리를 충격과 공포
로 물들인 것은 밤 10시께였다. 탕, 탕, 탕, 쾅. 총성과 폭음은
주변 인왕산과 북악산에 부딪친 뒤 긴 메아리가 되어 울려 퍼
졌다.

1968년 1월 21일. 일요일이었다. 중앙텔레비전(현 KBS)을
비롯한 남한 텔레비전의 마지막 밤 프로그램이 끝난 시각. 집
에서 라디오를 듣던 이들은 볼륨을 줄이고 창문 틈새로 밖을
살폈다. 안방에서 잠을 청하던 이들은 자리에서 일어나 건넌방
가족들을 깨웠다. 서울의 중심 세종로의 유명한 극장인 아카데
미극장에서 9시부터 시작된 영화 〈연상의 여인〉 마지막 회를
보던 관객은 11시쯤 밖으로 나와서야 사태를 감지했다. 총성
은 12시 야간통행금지[11] 시간이 지나서도 울렸다. 맹추위가 한
고비를 넘긴다는 대한大寒. 그날 서울 시민들은 섭씨 영하 9도의

58

날씨와 관계없이 얼어붙었다.

'공비'가 나타났다. 그냥 공비가 아닌 '무장공비'였다. 신문들은 '살인간첩'이라고도 했고 '살인유격대'라고도 불렀다. 서울의 청와대 500미터 앞에까지 쳐들어왔다. 인원은 무려 31명. 나중에 밝혀진 그들의 정체는 조선민주주의인민공화국(북한) 민족보위성 정찰국 소속 124군 6기지 특수부대원들이었다. 1월 16일 오후 2시, 북한 땅인 황해도 연산군 기지본부를 출발해 18일 밤 서부 지역 휴전선을 지키는 미2사단 철책을 뚫고 꽁꽁 언 임진강을 건너 왔다고 했다. 파평산~미타산~앵무봉~노고산~비봉의 험난한 남한 산줄기를 타고 마침내 이날 저녁 서울 인근의 북한산 사모바위에서 세검정 쪽으로 내려온 것이다. 짙은 회색 신사복 코트에 흰 고무줄을 두른 검은색 농구화 차림. 코트 속엔 권총과 기관단총, 수류탄, 실탄을 넣어 허리께가 볼록했다. 청와대를 공격해 들어가 박정희 대통령 등 정부 요인을 살해하고 차량을 탈취해 북으로 돌아가는 임무를 띠고 있었다.

다다다다.

굉음이 남베트남 농촌 마을의 아침을 흔들었다. 중부 지역인 꽝남성 디엔반현 디엔토사Xã Điện Thọ 투이보촌Thôn Thủy Bồ.[12] 두 대의 헬리콥터가 마을 초입인 고소이 지역에 내려앉았다. 프로펠러가 일으키는 바람으로 들판의 키 작은 모들이 춤을 췄다. 모내기 시즌이었다. 1968년 1월 20일 오전 10시. 헬리콥터에서 군인들이 내렸다. 한국군 해병 제2여단(청룡부대)[13]의 소대 규모 무장 병력. 대열을 정비한 그들은 투이보촌을 향해 걸어 들어왔다. 해병 제2여단은 한 달에 걸쳐 본래 근거지였던 꽝남성 남쪽 쭈라이Chu Lai에서 투이보 인근 호이안Hội An으로 주둔지를 옮기는 중이었다. 새 주둔지 정착을 위해 꽝남성 일대에서 '비룡작전'을 수행 중이었다.[14] 산자락을 타고 서울로 넘어온 북한의 무장 특수부대원들이, 서울 도심과 가장 가까운 산악지대인 비봉으로 향하던 시각이었다.

다시 서울의 1월 21일 밤.

첫 총성이 울리자마자, 최규식(38) 종로경찰서장이 쓰러졌다. 같은 경찰서 소속 말단 경찰의 검문 요구를 뿌리치고 산악지대에서 도심으로 내려와 청와대 방향으로 가던 북한 특수부대원들은 "신분을 밝히라"는 최규식 서장과 실랑이를 벌이다 총격전을 시작했다. 현장에서 피를 흘리며 의식을 잃은 최 서장은 경찰병원으로 이송 중 숨졌다. 뿔뿔이 흩어지던 특수부대원들은 전조등을 켜고 내려오던 원효여객 소속 서울영 1813, 1234호 등 시내버스 네 대에 수류탄을 던졌다. 청운중학교 3학년 김형기(17) 군을 비롯한 세 명이 사망하고 두 명이 부상당했다. 청와대 습격은 실패했다. 북한 무장 특수부대원들은 각자 살길을 찾아 튀어야 했다. 민가 골목으로 숨기도 하고, 북한산 쪽을 향해 달리기도 했다. 전두환(37) 중령이 지휘하는 수도경비사령부 제30대대 병력은 조명탄을 쏘아 올렸다. 서울의 밤하늘이 대낮같이 밝아졌다. 도망자들은 곤혹스러웠다. 군경의 추격전은 1월 28일까지 서울을 넘어 경기도 서북부 지역인 고양과 파주, 포천 등지로 확대됐다.

다시 베트남의 1월 20일 아침.

한국군 해병대원들은 투이보촌으로 진입해 들어오며 마

을을 향해 총을 쏘기 시작했다. 피신만이 살길이었다. 응우옌티니Nguyễn Thị Nhi(53)는 세 살배기 외손주를 업고 집 안 동굴로 들어갔다. 군인들은 집집마다 들이닥쳐 동굴을 수색했다. 발견되면 총을 쏘거나 수류탄을 던지거나 즉각 나오라는 손짓을 보냈다. 기어나가면 총을 맞았다. 응우옌티니는 동굴 안에 웅크리고 있다가 외손주의 두개골이 산산조각 나는 장면을 목격했다. 그녀도 총을 맞고 기절했다. 턱 아랫부분과 혀 반쪽이 날아가 버렸다. 군인들은 무언가 단단히 화가 난 모양이었다. 왜 그렇게 화가 났는지, 왜 그렇게 무리한 화풀이를 했는지는 모른다. 작전 중 어디에선가 저격을 받았을까. 그 저격범의 근거지가 투이보촌이라는 증거라도 잡았을까. 그날 투이보촌 주민 145명이 희생되었다.[15]

대한민국은 증오로 들끓었다. 북한의 특수부대원들을 쫓는 과정에서 제6군단 15연대장 이익수(46) 대령이 심장에 기관단총을 맞았다. 22명의 장교와 사병이 전사했다. 민간인까지 포함하면 남한쪽 희생자는 30명에 이르렀다. 북한 특수부대원 대부분도 비극적으로 생을 마감했다. 대원 31명 중 29명(또는 28명)이 죽었다. 최초 현장에서 체포됐던 김춘식은 치안국에 끌려와 수류탄으로 자폭했다. 교전 중 화염방사기에 그을려 타죽거나, 목이 날아가고 다리가 잘린 채 최후를 맞은 대원도 있었다. 한 명(또는 두 명)은 북한으로 도망갔다. 2조 조장이던 김신조(26) 소위만 유일하게 투항했다.

하루 사이, 대한민국 서울과 베트남의 투이보촌에서 습격 사건이 벌어졌다. 하나는 최고 권력기관의 심장부를 향했고, 또 하나는 민가를 향했다. 하나는 언론에 떠들썩하게 알려졌지만, 또 하나는 전혀 알려지지 않았다.

투이보촌 습격 사건은 꽝남성 주민들에게 불길한 그림자를 드리웠다. 꽝남성과 호이안에 정착하기로 한 한국군 해병 제2여단이 범상치 않은 부대일 거라는 예감을 심어주었다.

청룡부대는 남베트남에 가장 먼저 들어온 한국군 전투부대다. 1965년 10월 9일 남베트남 깜라인만Vịnh Cam Ranh에 상륙했다. 10월 25일엔 수도사단(맹호부대) 병력이 꾸이년에 상륙했다. 이듬해인 1966년 9월 5일엔 제9사단(백마부대) 병력이 냐짱에 상륙했다. 매년 5만 명의 군단급 대규모 부대가 남베트남에서 남베트남민족해방전선 대원들을 상대로 수색·소탕작전을 벌이는 동안 '학살'의 소문이 바람처럼 퍼져갔다. 1968년 투이보 사건의 양상은 1965년 10월부터 시작된 것이었다.

한국군이 베트남에서 잔혹한 활약을 벌이던 1966년. 10월 5일부터 12일까지 평양에서는 조선노동당 제2차 당대표자회의가 열렸다. 1,275명의 대표가 참석한 이 회의에서 김일성은 '사회주의 진영의 통일과 국제공산주의운동의 단결 회복'을 강조했다. 대표자회의는 마지막 날 '월남 문제에 관한 조선로동당 대표자회의 성명'을 채택했다.

미 제국주의자들이 월남에 대한 침략 전쟁을 확대하고 있는 형편에서 사회주의 진영, 국제공산주의운동, 로동운동, 민족해방운동을 비롯한 전 세계 반제 역량은 굳게 단결하여 미제를 단호히 반대하고 월남 인민의 투쟁을 적극 도와야 한다. (…) 미제국주의자들이 이미 30만의 침략 군대와 수만 명의 추종 국가 및 괴뢰들의 군대까지 끌어들여 남부 월남(남베트남)과 사회주의 나라인 월남민주공화국(북베트남)을 침략하고 있는 조건에서 사회주의 나라들은 미제 침략자들에게 집단적 반격을 가하여 침략의 마수를 꺾어버려야 하며 싸우는 월남 인민을 지원하기 위하여 가능한 모든 힘을 다하여야 한다. 사회주의 나라들이 월남에 지원병을 보내는 것은 응당한 일이다.

-《로동신문》, 1966년 10월 13일자

'월남 인민을 지원하기 위해 가능한 모든 힘을 다하여야 한다'는 성명을 채택한 이후 북한의 대남 무장 공세는 극심해졌다. 1968년 10월 3일 유엔군 사령관이 유엔에 보낸 보고서는, 남북 간의 중요 사건 발생 수가 1965년 69건, 1966년 50건에서 성명 채택 이듬해인 1967년 566건으로 갑자기 열 배 뛰었다고 밝히고 있다. 1968년에는 더 뛰어 1~8월까지만 해도 661건이었다. 남북 간 교전 횟수도 1965년 29회, 1966년 30회, 1967년 218회, 1968년(1~8월) 356회로 비슷한 증가 추세를 보였다.[16]

북한은 1967~1969년 북베트남에 가해지는 미군의 공중 폭격에 맞서기 위해 전투기 조종사와 미그기를 보냈다. 베트남 일간신문 《뚜오이쩨》의 2007년 8월 보도에 따르면, 북한은 북베트남에 87명의 조종사를 파견했고 14명이 전사했다. 지상군을 파병했다는 기록은 없다. 대신 매해 5만 명의 병력이 남베트남으로 빠져나간 한반도 남쪽을 향해 공격 수위를 대대적으로 높였다. 박정희에게 베트남이 아시아의 공산화를 막는 제2전선이었다면, 김일성에겐 한반도가 베트남전의 제2전선이었다.

결국 1월 21일의 청와대 공격은 '남조선 혁명' 공세의 하나이자, 베트콩 측면 지원 목적을 동시에 띤 인민군 정예부대의 '베트남전 참전'이었다. 하루 전인 1월 20일 북베트남군이 북위 17도선에서 가장 가까운 미 해병대 전초기지 케산을 공격하면서 두 달간 혼전 상태가 지속됐다. 1월 31일부턴 남베트남 전역에서 북베트남군과 베트콩이 기습적인 '뗏공세'를 벌였다. 북한과 북베트남은 서로 짠 것 같았다.

북한 무장 특수부대원들의 청와대 습격 작전은 실패했다. 그래도 성공한 측면이 아예 없지는 않았다. 박정희는 사건 한 달 전인 1967년 12월 21일 오스트레일리아 캔버라에서 만난 미국 린든 존슨 대통령으로부터 추가 파병 요청을 받고 이를 검토 중이었다.[17] 쉽게 수락할 수 없는 상황이 돼버렸다. 이틀 뒤엔 북한 해군의 미군 정보수집함 푸에블로호號 납치 사건이 발생했다.[18] 한반도 위기의 해법을 둘러싸고 한-미 관계가 꼬였다. 존슨은 박정희의 대북 보복 요청을 외면했다. 박정희는 이를 갈았다.

김신조와 대한민국

: 병영국가의 탄생

대한민국 병영화의 기틀이 마련됐다. 대한민국 정부 수립일은
1948년 8월 15일이지만, 군사정부의 진정한 수립은 김신조가
청와대 앞까지 내려온 1968년 1월 21일로부터 시작됐다.

김신조는 한 손을 들었다.[19]

그날은 1968년 1월 19일 오후였다. 해가 뉘엿뉘엿 지고 있
었다. 떠날 시간이었다. 칼바람이 비명을 지르며 몰려왔다. 최
저 기온 섭씨 영하 10도, 체감 온도는 두 배. 빨리 결정을 내려
야 했다. 죽일 것인가, 살려줄 것인가. 눈으로 덮인 경기도 파주
군 천현면 법원리 삼봉산 기슭. 그날 새벽 5시에 도착해 남쪽
능선에 진지를 구축하고 쉬던 31명의 북한 특수부대원들은 거
수 투표를 했다. 우연히 마주친 나무꾼 사형제 우희제(30), 우
경제(23), 우철제(21), 우성제(20)의 운명이 그들의 손아귀에 놓
였다. 함경북도 청진 출신의 조선민주주의인민공화국 민족보
위성 정찰국 소속 124군 6기지 2조 조장 김신조 소위는 한 손
을 들었다. 몽땅 처치하자는 쪽에 한 표.

황해북도 연산군 124군 부대를 출발한 지 3일 만이었다.
상부와의 무전 연락도 두절된 상태. 다수 의견은 살려두자는

쪽이었다. 죽이면 누가 꽁꽁 언 땅을 파서 묻을 거냐고 했다. 남조선의 노동자와 농민을 위해서 혁명하는 판에 이렇게 가난하고 불쌍한 사람들을 죽일 수 없다는 동정론도 폈다. 교육받은 대로 죽여버리고 가자는 쪽은 소수였다. 김신조의 의견은 관철되지 못했다. 그들은 투표 결과에 따라 나무꾼 사형제를 살려두고 그곳을 떠났다.

김신조는 두 손을 들었다.

그날은 1968년 1월 22일 새벽이었다. 서울의 추위에도 뼈가 시렸다. 일기예보엔 눈이 온다고 했다. 결정을 내려야 했다. 죽을 것인가, 살 것인가. 서울시 은평구 홍제동 세검정 계곡 바위 틈새. 얼굴 정면으로 플래시 불빛이 반짝하고 지나가더니 곧이어 확성기 소리가 들렸다. "나오면 살려준다. 손들고 나와라." 수류탄 안전핀에 손가락을 걸었다. 교육받은 대로 자폭해야 할 타이밍이었다. 또다시 확성기의 외침이 마음을 흔들었다. "살려준다. 믿고 나와라." 김신조는 두 손을 들고 나갔다.

살고 싶었을 뿐이다. 기로에 선 순간, 아직 꽃을 피워보지 못한 자신의 청춘을 떠올렸다. 군인들에게 체포돼 서울 종로구 효자동 육군방첩부대(방첩대) 사령부로 넘겨졌다. 당일 저녁 방첩대 식당에서 열린 기자회견장에서 "박정희 모가지 따러 왔다"는 무시무시한 말을 던졌다. 하룻밤을 잤다. 다음 날인 23일 오후엔 무시무시한 뉴스가 떴다. 미 푸에블로호 승무원 83명 납치.

김신조는 이를 앙다물었다.

그날은 1968년 1월 28일 오후였다. 경기도 양주군 송추에 위치한 제6군단 CP(지휘사령부). 검은색 오버코트에 노란 머플러까지 멋지게 차려입은 그가 어느 주검 앞에 섰다. 불과 한 시간 전만 해도 방첩대 조사실에서 수용복 차림이던 김신조였다. 서울 효자동 방첩대 사령부에서 서빙고동 분실로 옮겨져 조사를 받던 참이었다. 6군단장 이세호 중장이 주검의 얼굴을 지휘봉으로 가리켰다. 김신조는 주검이 제124군 6기지 총조장 김종웅(24)이 틀림없음을 확인해주었다.

청와대를 습격하러 함께 서울로 침투했던 김종웅은 김신조와 다른 길을 택했다. 1월 26일 새벽 눈 덮인 경기도 양주군 광적면 비암2리 애기수 바위틈에서 수류탄을 던지며 끝까지 저항하다 가슴에 두 발, 어깨에 한 발, 양쪽 다리에 세 발 등 총 여섯 발의 총탄을 맞고 숨을 거두었다. 벌집이 된 김종웅의 주검을 찬찬히 훑어보던 김신조의 얼굴이 굳어졌다. 31명 중 그만 온전히 남쪽에서 살아남았다. 어금니를 꽉 물었다. 투항을 했지만 전향하지는 않았다. 아직은 적군 포로일 뿐이었다.

3일 뒤인 1월 31일은 설날이었다. 베트남에선 북베트남군과 베트콩들이 한·미·남베트남 연합군을 향해 대대적인 기습 공세를 폈다. 2월 1일엔 베트남 파병 군인들이 흘린 피의 대가로 지어지는 경부고속도로 서울-수원 간 첫 기공식이 열렸다.

1968년 2월 초순의 어느 하루였다. 김신조는 마음을 고쳐먹었다. 방첩대에서 수사관들은 달콤한 말들을 쏟아냈다. 방첩대장 윤필용 소장은 그를 직접 신문하며 다독였다. 적이었지만 군인 정신을 높이 평가해줬고, 식사도 여러 번 같이했다. 협조가 아니면 죽음이었다. 투항을 넘어 전향을 하기로 마음먹었다. 조금씩 흘리던 북쪽 정보와 기밀을 본격적으로 털어놓았다. 남한의 군대를 개조해야 한다며 구체적인 조언도 해주었다. 자신은 20킬로그램의 배낭을 메고 산악지대를 시속 12킬로미터로 주파했다고 과시했다. 남한 군대도 유격 훈련이 혹독하고 체계적이냐고 수사관에게 물었다. 10년이나 되는 북한 인민 군대의 복무 기간에 비해 3년도 안 되는 남한 육군의 복무 기간은 지나치게 짧지 않느냐고 말했다. 북한은 전 인민의 무장화로 가는데 남한 사내들은 군 제대 뒤에 총을 잡아보긴 하냐고 물었다. 북한 특수부대가 곧 또다시 남침을 준비 중이라는 귀띔도 해주었다.

그날은 1968년 2월 7일이었다. 제대 일자를 손꼽아 기다려 온 군인들에게 기절초풍할 일이 벌어졌다. 전 장병 제대 보류! 일주일 뒤엔 군 복무 기간을 6개월 늘리는 방침이 발표됐다. 육군과 해병대는 2년 6개월에서 3년으로, 공군과 해군은 3년에서 3년 6개월로 늘어났다.

박정희 대통령은 2월 7일 "올해 안에 250만 재향 군인 전원을 무장시키고 그에 필요한 무기 공장을 연내에 건설할 방침"이라고 밝혔다. 이는 4월 1일의 향토예비군대 창설로 이어졌다. 미국 존슨 대통령이 2월에 지원하기로 결정한 군사 원조 자금 1억 달러 중 절반이 여기에 사용됐다. 지역마다 예비군 무기고가 설치됐다. 1년 뒤인 1969년부터는 고등학교(주 두 시간, 연 68시간)와 대학(주 두 시간, 연 60시간)에서 교련 수업이 시작됐다.

김신조는 연일 폭로와 증언을 이어갔다.

1968년 2월, 3월, 4월, 5월, 6월의 하루하루가 흘러갔다. 방첩대는 육군보안사령부(보안사, 현 기무사)로 이름을 바꾸며 확대·개편됐다. 보안 사령관엔 김재규 중장이 임명됐다. 2월 말까지 보안사 서빙고 분실에서 한 달 동안 조사받은 그는 미군 첩보부대 수용소로 넘겨졌다. 통역관이 동석한 가운데 미군에게 수사를 받다가, 국내외 기자들의 인터뷰나 방송사의 좌담 요청이 들어오면 양복을 쫙 빼입고 외출했다. 북한이 얼마나 야만적이고 살 데가 못 되는지를 폭로했다. 남한이 얼마나 발전했고 얼마나 자유로운 곳인지를 '간증'했다.

김신조는 후배들에게 호소했다.

그날은 1968년 11월의 어느 하루였다. 경북 울진과 강원도 삼척에 북한 특수부대원 120여 명이 침투했다. 김신조는 서울 여의도 비행장에서 군용 헬리콥터를 타고 현장으로 향했다. 헬리콥터는 태백산 일대를 저공비행했다. 총알이 날아왔다. 김신조는 마이크에 대고 외쳤다. "나 김신조다. 자수하라." 김신조의 후배인 제124군 2기생들은 울진과 삼척 일대에서 두 달간 민가를 습격하며 게릴라전을 벌였다. 남한의 군경과 향토예비군들이 게릴라 소탕 작전에 동원돼 총을 들었다. 북한 특수부대원들은 남한 민간인들을 만나면 인정사정 보지 않고 죽였다. 나무꾼 4형제를 살려주었다가 실패한 1·21 청와대 습격 작전의 철저한 학습효과였다. 12월 9일, 강원도 평창군 진부면 도사리에서 아홉 살 이승복 군이 가족과 함께 무참하게 살해당했다.

11월 21일엔 시·도민증 제도가 폐지되고 주민등록증 제도가 시행되었다. 18세 이상의 모든 국민에게 열두 자리 번호가 부여되고, 죽을 때까지 이 주민등록증을 휴대할 의무가 생겼다. 북한 특수부대원의 청와대 습격사건 이후, 주민등록법 개정안의 국회 처리가 급물살을 탄 결과였다. 12월 5일엔 국민교육의 기본 이념이라는 국민교육헌장이 박정희 대통령에 의해 선포됐다. 초·중·고등학생들은 "우리는 민족중흥의 역사적 사명을 띠고 이 땅에 태어났다. 조상의 빛난 얼을 오늘에 되살려 안으로 자주독립의 자세를 확립하고"로 시작하는 600자짜리 국민교육헌장 전문을 달달 외워야 했다. 일부 학교에선 학생들이 그 전문을 완벽하게 외울 때까지 집에 보내주지 않았고, 못

외우는 학생들은 교사에게 나무막대기로 손바닥을 맞거나 머리를 땅바닥에 대고 엎드리는 벌을 받았다.

김신조는 자유를 얻었다.

1970년대 초반의 어느 하루였다. 울진과 삼척 침투 사건 선무 공작 참여 등의 공로로 1968년 11월 미군 첩보부대에서 서빙고 보안사 분실로 다시 옮겨진 그는, 1970년 4월 10일 풀려났다. 처음엔 남한 생활에 적응하지 못해 술을 자주 마셨다.

롯데백화점 건너편 명동의 칠성클럽이라는 곳에 갔을 때였다. 무대 가수들의 노래를 들으며 맥주를 마시다가 화장실에 갔다. "너 김신조지?" 화장실에서 볼일을 보는데 뒤에서 누군가 물었다. 얼결에 "예"라고 대답하자 욕설과 주먹이 한꺼번에 날아왔다. "쌍놈의 새끼, 너 때문에 군대 생활 개피 쏟았어, 이 개새끼야." 김신조가 남한에 침투할 당시 군인으로 복무했던 이들은, 김신조의 북한 정보 누설로 인해 남한 당국이 군 복무 기간을 연장하고 훈련도 엄격하게 바꿨다며 그에 대해 막연한 반감을 지니고 있었다. 술에 취한 김신조도 가만있지 않고 대들었다. 사람들이 몰려와 뜯어말렸다.

1968년은 대한민국 병영화의 기틀이 마련된 해였다. 대한민국 정부 수립일은 1948년 8월 15일이지만, 군사정부의 진정한 수립은 김신조가 청와대 앞까지 내려온 1968년 1월 21일로부터 시작됐다. 사회 각 부문의 군사체제와 군사교육을 위한 인프라가 착착 깔렸다. 베트남 전선에 투입된 5만 대군이 미국으로부터 군사비를 뜯어오는 가운데, 현역 복무 기간 연장과 향토예비군 창설, 고등학교와 대학의 교련 실시 등을 기본으로 하는 군대식 시스템이 사람들의 일상에 더욱 깊이 뿌리내렸다.

이 모든 것은 김신조 때문이었을까, 김신조를 보낸 북한 때문이었을까. 1967~1968년 남북한 간의 군 교전 횟수가 이전보다 열 배 이상 증가했지만 전부 북한의 선제공격은 아니었다. 남북 간 충돌의 최소 3분의 1은 남한 정부의 도발이었다.[20] 1967년 9월 3일께 국군 특수부대가 군사분계선을 넘어 북한군의 시설을 공격했고, 그해 11월에는 역시 12명의 국군 특수부대가 북한으로 넘어가 인민군 사단본부를 폭파했다는 기록이 있다.

　박정희에겐 지속적인 위기가 필요했다. 주한미군 철수를 막기 위해서였다. 군사정권과 자신의 생존을 위해서였다. 사실 이 모든 것은 박정희 때문이기도 했다. 1968년은 베트남 반전운동을 고리로 혁명의 불꽃이 세계 도처에서 타오르던 해였다. 베트남전에 병력을 보내 미국과 남베트남 편에 섰던 대한민국의 1968년은 희미한 불꽃이 일렁이는 암흑이었다.

용수의 돌림빵

: 평양에 나타난 형 안학수

베트남에서 실종된 형 안학수가 평양에 나타났다.

'빨갱이 가족'이라는 헤어날 수 없는 올가미가 천천히 씌워졌다.

중학교를 막 졸업한 안용수는 보안사에 끌려가

머리에 양동이를 뒤집어썼다.

"야, 돌림빵!"

알 수 없는 말이었다. '돌림빵'이 뭐지? 누군가 그의 머리에 양동이를 거꾸로 씌웠다. 손잡이가 달린 허여멀건 철제 양동이. 군복과 사복 차림이 섞인 예닐곱 명이 다가와 사방을 에워쌌다. 구타가 시작됐다. 배와 가슴으로 주먹이 들어왔다. 정강이와 무릎과 허벅지에 군홧발이 찍혔다. 어깨와 등짝과 옆구리에 몽둥이가 날아왔다. 그들은 한 사람씩 돌아가며 손과 발, 도구를 이용해 고통을 선사했다. 달그락, 달그락, 달그락, 달그락. 머리를 덮은 철제 양동이는 쉬지 않고 소리를 냈다.

가해자의 눈빛을 볼 수 없었다. 때리면, 앉은 채로 그저 맞았다. 20여 분이 흘렀을까. "말해봐. 누가 찾아왔지?" 그를 끌고 온 최 계장이었다. "없어요." "바른 대로 대라니까." "정말 몰라요." 한바탕 취조와 폭행이 끝나갈 즈음, 최 계장이 품에서

72

대검을 꺼냈다. 칼집을 나온 칼이 눈을 찌를 것만 같았다. "오늘 여기서 있었던 일, 입 밖에 냈다간 넌 죽는다."

1968년 2월 20일께였다. 안용수(16)는 고문이 시작된 그날을 잊을 수 없다. 경북 포항시 북구 두호동 집으로 찾아온 낯선 손님, 검은 지프차. 최 계장이라 불리던, 가죽 잠바를 입은 짧은 스포츠머리의 30대 남자. 잠깐 함께 가자는 요구. 입학을 앞둔 포항고등학교(포항시 대신동) 모퉁이에 위치한 '태백공사' 건물. 사실은 육군보안사령부 포항지부. 어두컴컴한 취조실. 다짜고짜 던지던 질문. "정보에 따르면 누가 찾아오게 돼 있는데, 누가 왔지?"

흉흉한 뉴스가 떠돌던 때였다. 북한 무장공비 서울 침투(1월 21일), 푸에블로호 납치(1월 23일), 베트콩 구정대공세(뗏공세, 1월 30일)가 이어지면서 연일 격렬한 반공 데모가 열렸다. 한국전쟁 이후 남북 간의 군사적 긴장이 최고조였다. 북한에 대한 적대감이 극점에서 끓어오르던 시절이었다.《동아일보》는 매일 사회면에 방첩 표어 하나씩을 선정해 실었다. "삼천만 하나 되어 분쇄하자 북괴 만행." "북괴 야욕 무찔러 웃음 피는 우리 동네." "악랄한 북괴적구赤狗 힘 모아 뿌리 뽑자." 대대적인 '빨갱이 때려잡기' 캠페인이었다. 그래도 이럴 줄은 몰랐다. 지방 도시에서 공부밖에 모르던 어린 고등학생의 운명까지 포박할 줄은.

취조와 고문의 빌미가 된 그 사건이 벌어지기 전까지만 해도 평온한 가정이었다. 아버지 안영술(46)은 존경받는 교육자였다. 항일 교육운동 경력을 인정받아 26세이던 1948년부터 국민학교(초등학교) 교장 선생님을 했다. 전국 최연소라고 했다. 1968년엔 포항 동부국민학교 교장이었다. 박정희 대통령이 나온 대구사범을 졸업했다는 학적은 찬란한 후광이었다. 곧 청와 대 교육행정관으로 영입돼 서울로 이사 간다는 풍문까지 돌았 다. 그를 포함한 오형제는 부모의 극진한 사랑 속에서 다들 제 몫을 했다. 큰형 안성수(27)는 공기업에 다니는 직장인이었다. 둘째 형 안학수(25)는 파월 장병이었다. 셋째 형 안인수(19)는 지역의 명문 포항고 졸업반이었다. 넷째인 안용수도 포항고 시 험에 붙었다. 막내 안철수(13)는 포항 동지중학교 입학을 앞두 고 있었다. 11개월 전 그날, 남부러울 것 없던 이 가족을 향해 파멸의 불화살이 꽂혔다.

1967년 3월 27일 아침이었다. 포항중학교 3학년생 안용 수는 등교하기 위해 가족의 보금자리였던 동부 국민학교 교장 관사를 나왔다. 큰길로 가기 위해 국민학교 운동장을 가로질 러 걷는 중이었다. 동네 문방구 주인아주머니가 맞은편에서 기 겁한 표정으로 뛰어왔다. "용수야 큰일 났어, 큰일 났어. 학수 가 평양 방송에 나왔어." 학수, 안학수는 파월 장병인 둘째 형 이었다. 1964년 9월 베트남에 파병되어, 사이공 남부 항구도시 붕따우Vũng Tàu에 있는 비둘기부대 예하 제1이동외과병원에서 전화교환병(통신병)으로 근무 중이었다. 제1이동외과병원 130 명(군의관·간호사·헌병 34명, 행정지원 인력 96명)은 태권도 교관 10 명과 함께 최초로 베트남에 파병된 한국군 병력이었다. 이 병 원에선 남베트남 군인들과 민간인들을 치료했다. 귀국 예정일 은 1966년 9월 16일이었지만, 알 수 없는 이유로 지연됐다. 아 버지가 애타게 둘째 아들의 행방을 알아보던 중이었다. "학수 가 평양 방송에 나왔다고?" 문방구 아주머니는 빨리 집에 가서 라디오를 틀어보라고 했다.

포항에서 잡히는 대구문화방송과 북한 대남방송이 가끔 뒤섞였다. 라디오 다이얼을 대구문화방송에 맞추다 대남방송이 잡히기 일쑤였다. 익숙한 목소리가 나오지 않았다면 다시 다이얼을 대구문화방송 주파수에 맞췄을지도 모른다. 베트남에 있다는 안학수 하사가 북한 대남방송에 월북자로 출연한 것이다. 안학수는 목이 잠기고 약간은 떨리는 음성으로 대략 이런 내용의 말을 했다. '미군이 버린 담배꽁초를 주워 먹으며 남한에서 비참하게 살아왔다. 아버님은 교육공무원이다. 월남에서 북한으로 오려는 남한 군인이 많다. 나는 김일성 수령님 품으로 자진해서 월북했다.'

성격이 활달하고 올곧고 똑똑하던 둘째 형이었다. 경주고등학교를 졸업하고 대학 입시에 한 번 실패한 뒤 재수를 하다가 우연히 모병관의 제안에 넘어가 들어간 군대였다. 1963년 9월 입대해 통신학교를 수석으로 졸업한 뒤 대구 5관구 사령관 암호병으로 근무했다. 사령관의 추천으로 유일한 베트남 파병 통신병에 차출된 것도 가족에게는 자랑거리였다. 아무리 생각해도, 의도적으로 베트콩과 접선해 북한으로 넘어갈 이유는 없었다.

어머니 남금순(46)은 까무러쳐 쓰러졌다. 아버지는 잘 알고 지내던 중앙정보부(중정, 현 국정원) 간부에게 신고했다. 그날 밤 자정, 중정 요원 두 명이 교장 관사로 찾아왔다. 요원들은 정중했다. 한 명이 관사 정문을 지키는 사이, 또 다른 한 명이 안학수의 북한 대남방송 출연 경위를 설명했다. 안학수가 군 헬리콥터를 타고 사이공에 의약품 수령을 위한 공무출장을 나갔다가 베트콩들에게 포로가 된 듯하다고 했다. 북베트남에서 비밀리에 활동하는 북한 군사고문원들한테 넘겨진 뒤 중국을 거처 북한으로 간 모양이라고 했다. 국제적십자사를 통해 포로 송환 요구를 할 계획도 알려주었다. 중정 요원들은 커다란 녹음기로 "우리 학수를 속히 석방해달라"는 가족들의 메시지를 녹음했다. 가족사진도 촬영했다. 딱 거기까지였다.

1967년 4월, 중정 요원들은 다시 오지 않았다. 대신 보안사 요원들이 왔다. 분위기도 180도 바뀌었다. 국방부와 보안사는 북한 방송만을 근거로 안학수를 탈영자, 수배자, 월북자로 규정했다. 아버지는 툭하면 연행돼 조사를 받았고 사직 압력에 시달렸다. 가족 전체가 잠재적 간첩이므로 최하위 계층으로 살아야 한다는 엄포도 들었다. 1968년 1월 21일 김신조를 비롯한 북한 특수부대원 31명의 서울 침투 이후 보안사의 압박은 살벌해졌다. 아버지가 박정희의 대구사범 후배라는 든든한 배경도 오래가지 못했다. '빨갱이 가족'이라는 헤어날 수 없는 올가미가 천천히 씌워졌다. 중학교를 막 졸업한 안용수를 데려가 고문하고 협박할 지경에 이른 것이다.

보안사 포항지부에서 처음으로 이른바 '돌림빵'을 당하고 집에 돌아온 안용수는 입을 닫았다. 누구에게도 그곳에 다녀왔다는 소리를 하지 않았다. 겁이 나서 학교에도 가기 싫었다. 아버지에게 거짓말을 했다. "포항고등학교 안 가렵니다. 서울의 최고 명문 경기고등학교 시험 볼 거예요. 서울에 있는 학원 보내주세요." 안용수는 포항고 입학식에 가지 않았다. 1968년 3월 한 달 내내 출석을 하지 않았다. 4월 초가 되어서야 아버지의 닦달을 못 이기고 마지못해 학교에 끌려갔다. 교장은 "안용수 학생이 입학시험 수석을 했다"며 결석일을 모두 출석 처리해주겠다고 말했다.

고1 담임이던 국어 담당 김아무개 선생님의 눈초리는 냉담했다. 언제부턴가 '빨갱이 동생'이라는 말이 비수처럼 날아왔다.

　　한 학기에 두세 번은 학교 옆 보안사에 끌려갔다. 포항고를 다닌 지 한 달도 안 된 1968년 4월의 어느 날, 보안사 포항지부 최 계장이 수업 시간에 그를 불러냈다. 16절지(A4 용지 크기) 종이를 주면서 가족동향보고서를 작성하라고 했다. 아버지, 어머니, 형제들은 물론 외삼촌과 고모 등 친척들의 동향까지 시시콜콜 적어야 했다. 핵심은 '누가 집에 왔는가'였다. 계급이 중사였던 최 계장(수사계장)은 다양한 방식으로 고문을 했다. 적극적으로 쥐어짜서 건수를 올리면 포상금을 받는 눈치였다. 최 계장은 '열심히' 일했다. 물고문을 했고 밧줄에 거꾸로 매달아놓은 채 취조를 했다. 아무도 없는 뒷산에 데리고 올라가 꿇어앉힌 뒤 "너 하나 죽여도 아무도 모른다"는 겁박을 했다. 가장 소름끼치는 건 권총 장난이었다. 총구를 머리에 대고 방아쇠를 당겼다. 실탄이 장전된 줄 알았다가 머릿속이 하얘졌다.

　　밤이면 아버지의 관사 뒤 대나무 숲이 바람에 스치며 울었다. 서걱 서걱 서걱…… 혹시 정말로 누가 오지는 않을까. 가족들의 귀는 극도로 예민해졌다. 공포였다. 사이공에서 평양으로 점프해버린 둘째 형 안학수는, 오지 않았다. 북한 공작원도 오지 않았다. 가족들은 밤마다 잠을 이루지 못했다. 안용수는 우울증을 앓았다. 대인기피증이 생겼다. 감정 조절이 안 됐다. 이명에 시달렸고 심장이 빨리 뛰었다. 누워 있으면 천장이 무너져 내릴 것 같았다. 귀신이 목을 조르는 환상에 시달렸다. 그 귀신은 둘째 형을 납치해 북한에 넘긴 베트콩이었을까, 보안사 최 계장이었을까.

1968년 10월의 어느 날, 자살만이 복수라고 생각했다. 죽자! 아무도 모르게 학교 건물 옥상에 올라갔다. 그러나 죽기도 쉽지 않았다. 그의 자살 시도는 도합 네 번이나 실패로 끝났다.

베트남전 첫 포로의 탄생

40여 년 뒤인 2009년 4월 28일 통일부는 심의위원회 투표를 거쳐 안학수를 '납북자'로 인정했다. 5월 2일 국방부는 국군포로대책위 의결에 따라 '국군포로'로 공식 통보했다. 미귀환자는 1년 내 전사 처리한다는 규정에 따라 그해 12월 1일엔 전사통지서를 발급했다. 공식적인 첫 베트남전 한국군 포로가 탄생하는 순간이었다.

대한민국 군 당국은 그동안 베트남전 국군포로의 존재를 부정해왔다. 안용수는 가족과 함께 베트남전이 막을 내린 1975년 이후 수십 년간 청와대와 국방부 등을 상대로 지속적인 민원을 제기했다. 2008년 입수한 외교부 기밀문서를 토대로 국정원, 기무사, 국방부, 육군본부에 정보공개를 청구한 것은 진실을 밝히는 결정적 계기가 되었다.

1967년 9월 안학수 실종 직후, 부대 지휘관이 처벌이 두려워 실종자 보고를 하지 않은 채 정상근무자로 문서를 조작한 흔적이 드러났다. 외교부 기밀문서에 따르면, 군 당국은 안학수를 '월남에서 납치된 자'로 확인하고서도 월북자로 처리했다. 안학수가 1975년 북한 탈출을 시도하다 평양 근교에서 총살당했으며, 북한에서 결혼한 부인과 아들 한 명이 정치범수용소로 보내진 사실도 확인됐다.

안용수는 2010년 6월 국가공권력에 의한 가족들의 피해를 보상받기 위해 국가를 상대로 40억 원의 손해배상 청구소송을 냈으나, 1·2심 재판부는 사실규명촉구권 위반(민원 제기에도 정부가 조사하지 않은 것)에 관한 위자료 2억 5,000만 원만 주라고 판결했다. '월북 조작'에 대한 국가의 잘못은 인정하지 않았다. 대법원은 '심리불속행(심리 진행 안 함)' 판결을 내려 상고를 사실상 기각했다.

공부를 잘했던 안용수는 신원이상자라는 이유로 원하는 대학에 갈 수 없었다. 사법고시도 볼 수 없었다. 여권 신원조회가 사라진 1984년, 스코틀랜드 애버딘으로 유학을 떠났지만 보안사 요원들은 그곳까지 따라와 괴롭혔다. 다른 형제들의 처지도 비슷했다. 아버지는 1969년 교장 관사에서 쫓겨난 뒤 1970년 교직을 박탈당했고, 1972년 학습교재 공장인 강원도 횡성군 교재창 임시노무원으로 강제 취업했다. 그마저도 2년 만에 끝내고 야인 생활을 하다 2001년 9월 20일 "원통하여 눈을 못 감겠으니 민원을 꼭 해결하라"는 유언을 남긴 채 세상을 떠났다.

한국과 스코틀랜드에서 신학 공부를 했던 안용수는 2007년 목사 안수를 받았다. 그는 2014년 11월 베트남전쟁 참전 50주년을 기념하는 자전적 에세이 겸 실화 소설 『은폐와 진실』을 펴냈다.

2000년 5월 2일 하미 마을 희생자 위령비 기공식에서 분향하는 당티카.
한국군 학살 현장에서 만난 최초의 생존자. 사람이 그렇게 슬프게 우는 건 처음 보았다.
3살 때 온 가족이 몰살한 현장에서 혼자 살아난 그녀의 사연은 극적이었지만,
이후 다른 지역에서 만난 생존자들 역시 극적이지 않은 경우가 없었다.
모두의 생존은 기적이었고 드라마였다.

2001년 3월 준공식을 앞두고 있던 하미 마을 위령비. 학살에 관해 묘사한 비문 내용은 한국 정부의 압력으로 인해 연꽃 그림으로 가려졌다. 2017년 2월.

두 손이 뒤로 묶인 베트콩 용의자가 남베트남 무장 군인들에게 끌려오고 있다.

곧바로 치안국장 응우옌응옥로안 장군이 리볼버 38구경 권총을 그의
이마에 대고 발사하려는 순간을 《AP》기자 에디 애덤스가 포착했다.

베트콩 용의자가 맥없이 쓰러졌다.

머리에서 흘러나온 피가 도로를 물들이고 있다. 권총 발사 장면을
제외한 세 장의 사진은 《동아일보》 김용택 기자가 찍었다.
『김용택 보도사진집: 역사의 찰나』.

1968년 5월 5일 베트콩의 기관단총을 맞고 휘청거리는 로안 장군.
《AP》 기자가 찍은 것으로, 다음 날인 5월 6일자 《동아일보》에 실렸다.

1968년 5월 7일 병상에 누워 응우옌반티에우 대통령의 훈장을 받는
로안 장군. 5월 8일자 《경향신문》에 실렸다.

1968년 1월 20일 벌어진 남베트남 꽝남성 투이보 마을 학살 사건 현장에 세워진 희생자 추모 위령비. 아기가 쓰러진 엄마의 품 위에서 젖을 먹는다. 2000년 5월.

투이보 학살 때 외손주를 안고
동굴에 있다가 총을 맞고
턱이 날아간 응우옌티니.
2000년 5월.

투이보 학살 희생자들의 집단 무덤. 희생자 명단이 적힌 위령비도 바로 옆에 있다. 2017년 2월.

1968년 1월 남한 군경에게 생포된 직후의 김신조.
저항하거나 자폭하지 않고 생존의 길을 택했다.
『1969보도사진연감』.

사이공에서 납치된 뒤 평양 대남방송에 등장했던 안학수 하사(왼쪽)가
1966년 7월께 근무지인 붕따우의 제1이동외과병원 앞에서 포즈를 취한 모습.
안용수 제공.

미군 헬기들이 투본강 위를 떼지어 날며 고노이섬으로 접근하고 있다.
1969년 5월부터 11월까지 펼쳐진 미군의 '파이프스톤 캐니언' 작전 모습이다.
위키미디어.

1968년 5~8월 고노이섬에서 전개된 '앨런 브룩' 작전.
미군 병사들이 전차를 앞세워 적 은거지로 의심되는 지역을 수색하고 있다.
위키미디어.

2019년 7월에 찾은 고노이섬 풍광은 아름다웠다. 미국과 한국군이 폭격과 포격을 퍼부은 고노이섬은
1975년 4월 전쟁이 끝난 직후에만 해도 생명체는 없고 불발탄만 남은 위험한 허허벌판이었다.
복구에 20년이 걸렸다.

1969년 6월 이후 승룡 12-1호 작전 중 고노이섬 앞에서 투본강을 건너는 한국군 청룡부대원들.
『대한민국 해병대—세계에서 가장 강인한 군대의 족보』.

고노이섬 디엔퐁사에서 만난 레흥(왼쪽)과 그의 열 번째 딸 레티트엉.
레티트엉은 알아듣기 어려운 레흥의 말을 친절하게 옮겨주었다. 2019년 1월.

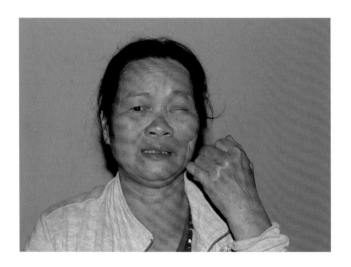

32명이 죽은 고노이섬 학살 사건의 유일한 생존자인 레티빈.
증언 도중 울먹이며 얼굴을 찡그리고 있다. 2019년 1월.

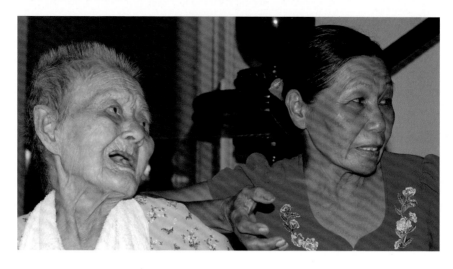

쩐티토 할머니 집 방공호에 처음 숨었다가 다른 곳으로 옮겨 가까스로 살아난 고노이섬의
응오티응옥(왼쪽)과 호티떰 모녀. 그러나 모녀가 보는 앞에서 아버지는 총에 맞아 죽었다. 2019년 7월.

고노이섬 동북쪽 쑤이옌동 마을에서 만난 60대 여성은 한국군이 총을 들고
사방을 두리번거리던 모습을 재현했다. 2019년 7월.

고노이섬 쑤이옌동 마을에서 만난 호떰쯔엉은 한국군이 민간인 6명을
산 채로 우물에 넣고 수류탄을 터뜨린 현장에서 증언했다.
우물이 있던 집은 흉가로 변했다. 2019년 7월.

고노이섬 디엔퐁사 레흥 집 앞의 위령비(왼쪽)와 사당. 위령비엔 미군이
쩐티또 할머니 집 앞에서 32명, 비밀 방공호에서 5명을 죽였다고 돼 있다.
주민들은 한국군이 미군을 도운 용병이라 미군이라 적었다고 말한다.
2019년 1월.

고노이섬 디엔퐁사에 있는 열사 공동묘지 내부. 웅장한 열사비 한구석에 민간인 학살을 증언하는 조그마한 안내판이 놓여 있다. 국가유공자인 열사에 비해 한참 초라하게 대접받는 민간인 학살 희생자의 위상을 보는 듯하다. 2019년 7월.

해병 제2여단 11중대 등이 주둔했던 꽝응아이성 선띤현 띤토사의 옛 짜빈동 기지.
베트남에서는 '꽝탄 언덕'이라 한다. 그 남쪽 끝에 베트남에서 만든 '승전비'(가운데)가 세워져 있다.
승전비엔 "남조선군에게 살해당했던 꽝응아이성 선띤현, 빈선현, 그 외 많은 지역 동포에 대한
복수를 했다"고 적혀 있다. 2018년 12월.

띤토사의 열사묘역. 500기 넘게 묻힌 이 묘역에는 꽝탄 언덕(짜빈동)
전투에서 죽은 군인과 유격대원이 상당수 잠들어 있다. 2018년 12월.

1967년 2월 15일 아침, 짜빈동에서 치열한 전투가 끝난 뒤 해병대원들이
적군의 주검을 살펴보고 있다. 주검엔 북베트남 정규군과 남베트남민족해방전선 병사,
지방유격대원들이 혼재돼 있었다. 『대한민국 해병대—세계에서 가장 강인한 군대의 족보』.

꽝탄언덕 습격 작전 때
북베트남 정규군에게
길을 안내해준
띤토사 지방유격대장
응우옌꽝(응우옌락)의
제단에 놓인 영정.
얼굴 사진에 양복을
입고 넥타이를 맨
그림을 합성했다.
2018년 12월.

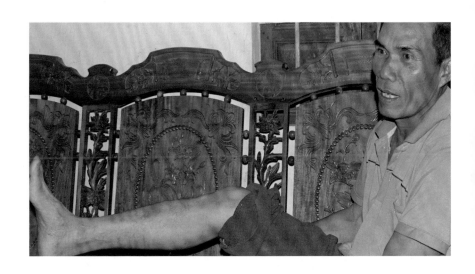

짜빈동 기지 인근 버짜이 논 학살 때 어머니 품에 안겨 있다가 살아남은 도반쯤.
총알이 스친 오른쪽 다리를 보여주고 있다. 2018년 12월.

짜빈동 기지 인근 띤토사 토떠이촌의 버짜이 논 학살 위령비.
희생자들의 이름과 나이, 주소가 적혀 있다. 2018년 12월.

띤토사 반호아촌의 녓 할머니 집 마당 학살 위령비. 한국군이 다른 마을에서 죄 없는 사람들을
차례로 끌고 와 이곳에서 손을 묶고 총을 쏴 죽였다고 적혀 있다. 2018년 12월.

밀라이 학살 생존자 쩐티오안과 그녀의 발. 가족들이 몰살당하는 집 현장에서 총상을 입고도 기어나와 탈출해 병원에서 꿰매고 이어 붙였던 오른발이다. 발목을 잘라야 한다는 의사에게 총상을 입은 할머니가 통사정한 덕분에 발을 지켜냈다. 2018년 12월.

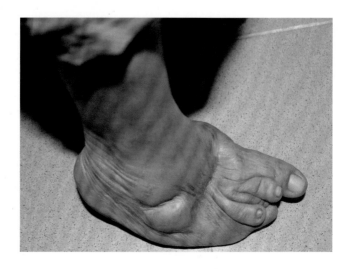

밀라이 학살 생존자 팜티투언이 박물관 내 170명이 떼죽음당한 도랑을 재현한 곳에 섰다. 이곳에서 미군의 세 차례 총격을 받고도 두 딸과 함께 부상 없이 살아남았다. 작은 딸 응우옌티리엔은 박물관 직원이다. 박물관 2층 전시실엔 그들 모녀의 옛 사진이 걸려 있다. 리엔은 사진 속 어머니를 빼닮았다. 2018년 12월.

미군 사진병 로널드 L. 해벌이 찍어 언론에 유출했던 밀라이에서의 민간인 총격 직전 모습.
사진 속 나무는 아직도 살아 있다. 그 옆 작은 비석이 희생자들의 이름과 나이를 알려준다. 2018년 12월.

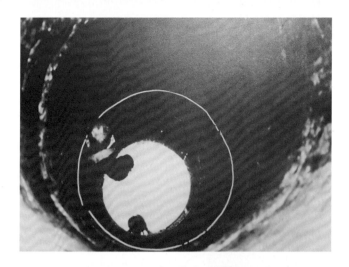

미군들은 선미(밀라이)에서 민간인들을 향해 닥치는 대로 총질을 한 뒤
우물에 던졌다. 당시 미군이 찍어 남긴 사진을 박물관 조형물로
만들어놓았다. 우물 이야기는 한국군이 주둔했던 지역에서도
흔히 들을 수 있는 증언이다. 2016년 1월.

주

1. '뗏Tết'은 베트남에서 음력설을 이르는 말로, '뗏공세'는 한국인들에겐 '구정대공세'로 알려져 있다. 베트남식으로는 '원숭이해 설의 총공격과 봉기Cuộc tổng công kích và nổi dậy Tết Mậu Thân'라 일컫는다.
2. Việt Cộng, 남베트남 정부에 저항하는 남부 베트남의 정치·군사단체인 남베트남민족해방전선NLF을 가리키는 말이다. 미군은 이들을 경멸하는 어조로 비엣공 또는 비시(Viet Cong·越共: 베트남 공산주의자)라고 했는데 한국인들에게는 '베트콩'이라는 발음이 익숙하다.
3. 북베트남의 정식 명칭은 베트남민주공화국Việt Nam Dân Chủ Cộng Hòa이다. 한국에서는 베트남공화국(남베트남)을 월남越南으로 부른 것에 견주어 북베트남을 월맹越盟이라 부르기도 했다. 이 책에서는 편의상 북베트남, 남베트남이라는 호칭을 쓴다.
4. 《동아일보》1968년 1월 31일자 1면 "베트콩, 월남대도시 일제 기습".
5. 《경향신문》1968년 2월 10일자 2면 "폐허화한 사이공".
6. 《동아일보》1968년 4월 23일자 4면 "전시국 체모 갖춘 월남".
7. 《동아일보》1968년 2월 14일자 2면 "베트콩 참모차장 트란도 소장 피살".
8. 《동아일보》1968년 2월 15일자 등 국내외 언론은 현지 소식통을 인용해 다음 날 쩐도의 주검이 없어졌다고 보도했다. 북베트남 출신이면서 1964년부터 남부에 들어와 남베트남민족해방전선의 중책을 맡았던 쩐도는 실제로 죽지 않았고 사이공 해방 뒤 정치총국 총주임을 지냈으며 2002년에야 세상을 떠났다.
9. 『승리의 교훈 베트남전쟁』, 국방부 군사편찬연구소, 2012.
10. 같은 해 5월 13일 프랑스 파리에서 미국과 북베트남 간에 제1차 공식 예비 회담이 열렸지만 큰 진전은 없었다. 두 나라 간의 파리 평화회담은 1969년 11월 25일부터 남베트남 정부와 베트콩의 공식 조직인 남베트남민족해방전선이 참가하는 4자 회담으로 확대되었

다. 공식 회담과 비밀 회담의 전개 속에서 4자 간에 베트남 휴전이 조인된 것은 1973년 1월 27일의 일이다.

11. 1945년 9월부터 1982년 1월까지 존속한 제도로, 1968년엔 정오 0시부터 새벽 4시까지 시민들은 집 밖으로 다닐 수 없었다.

12. 투이보는 퐁니·퐁넛과 같은 디엔반현에 속했으며, 퐁니·퐁넛에서 서쪽으로 15킬로미터 떨어져 있다.

13. 1953년 휴전 직후 동·서해 도서지역에서 철수한 각 국군의 독립 중대와 제5독립대대를 통합하여 1954년 창설한 해병 제1사단 예하 해병 제2연대가 베트남전 파병을 앞둔 1965년 9월 18일 확대 개편한 부대. 해병 제2연대는 1961년 5·16 군사 쿠데타에 가담하여 1개 대대 병력을 가장 먼저 서울로 진입시키기도 했다. 초기엔 3개 포병 대대를 주력으로 포병 대대 한 개와 근무·경비·중화기·의무중대 각 한 개, 그리고 항공대 등으로 구성된 총 4,218명 규모였다.(『대한민국 해병대-세계에서 가장 강인한 군대의 족보』, 327~328쪽, 김재엽, 살림, 2006)

14. 국방부 전사편찬위원회에서 펴낸 『파월한국군전사』와 해병대사령부 정훈감실에서 펴낸 『해병 전투사』엔 해병 제2여단이 같은 날 이 지역에서 작전을 벌였다는 공식 기록이 존재하지 않는다.

15. 투이보에서의 일은 꽝남성 디엔반현 박물관 소장 자료인 "디엔반현 양민학살 사건들"에 기록돼 있다. 1999년 6월 구수정《한겨레21》호찌민 통신원(현 한베평화재단 이사)이 현장답사를 통해 생존자들의 증언을 채록하고 위령비를 확인했으며, 지은이 역시 2000년 5월 투이보에서 응우엔티니 할머니를 포함한 다섯 명의 생존자와 만나 학살 당시 상황에 관해 이야기를 들은 바 있다. 또한 2017년 2월엔 구수정 이사와 함께 투이보 학살 집단 묘역을 답사했다. 투이보에서 벌어진 일은 퐁니·퐁넛, 하미 사건과 함께 베트남전쟁 시기 꽝남성 디엔반현의 3대 학살 사건으로 꼽힌다.

16. 「1968년 푸에블로 사건과 남한 북한 미국의 삼각관계」, 홍석률, 《한국사연구》 113(2001년 6월), 한국사연구회.

17. 「위험한 밀월-박정희 존슨 행정부기 한미관계와 베트남전쟁」, 홍석률, 《역사비평》 통권88호(2009년 가을).

18. 1968년 1월 23일 정오경 미국 첩보함 푸에블로호가 한반도 동해상에서 영해 침범을 이유로 북한 초계정에 끌려간 사건. 이 과정에서 승무원 한 명이 사망했다. 미국 쪽은 일본 사세보 기지에서 베트남

통킹만으로 향하던 핵항공모함 엔터프라이즈호의 기수를 돌려 한 반도 동해상에서 무력시위를 하도록 시킨다. 그러나 아무런 해결 책도 찾지 못한 채 북한에게 끌려다니다 그해 12월 24일이 돼서야 82명의 승무원을 돌려받았다. 푸에블로호 사건과 관련해서는 7부 "쏘지 마, 피곤해"와 "벌레 편에서 싸우다" 참조.

19. 김신조가 청와대 습격 사건 실패 뒤 체포되어 조사받고 풀려나 살 아온 과정은 그의 자서전 『나의 슬픈 역사를 말한다』(두산잡지 BU, 1994)를 참고했다.

20. 「1968년 푸에블로 사건과 남한, 북한, 미국의 삼각관계」, 홍석률, 《한국사연구》113(2001년 6월), 한국사연구회.

따이한의 군화

"저는 여기저기 흩어져 있던
주검들을 지나치면서
계속 이렇게 말했대요.
엄마, 나 버리지 마.
나 버리지 마."

2

불멸의 아성, 무덤이 된 섬

: 고노이에 가다

불멸의 아성, 그 자체로 거대한 요새이자 기지였던 고노이섬.

B52 전폭기의 융단폭격과 함포사격으로 1980년대에도 흙보다

탄피가 많던 섬. 그곳에 한국군의 학살을 기록하는 비가 있었다니.

"섬에 베트콩들 천지였다면서요?"

오른손으로 지팡이를 쥔 레홍Lê Hưng 할아버지가 하얗고 긴 수염을 쓸어내리며 무표정한 얼굴로 뭐라 뭐라 답했다. 치매를 앓고 있다는 94세 노인의 발음은 이 지역 특유의 억센 사투리와 섞여 베트남인조차 해독 불가능했다. 분홍색 스카프를 매고 '라이방'을 머리 위에 올려 쓴 레홍 할아버지의 열 번째 멋쟁이 딸 레티트엉Lê Thị Thương(40)이 그 옆에 찰싹 달라붙어 '통역'을 해주었다.

"다 죽었어 다 죽었어, 하시네요."

다 죽었다. 이 섬의 베트콩들은 다 죽었다. 베트콩이 아니라도 죽었다.

다낭에서 남쪽으로 25킬로미터. 호이안에서는 서쪽으로 5킬로미터. 사방이 투본강에 둘러싸인 내륙 섬, 고노이를 아는 사람은 많지 않다. 베트남전 당시 이 섬에 상상하기 힘든 대규

모 융단폭격과 한·미·월 합동 초토화작전이 2년 동안 집중됐다는 사실도 잘 알려지지 않았다. 이 섬의 한 마을에 '미군의 이름 아래 한국군을 기억하는' 작은 비석이 존재한다는 것과, 그 비석에 새겨진 사실 관계를 증언해줄 레홍 가족이 생존해 있다는 것은 더더욱 모른다.

고노이는 잊힌 섬이다. 뭉텅이째 빠진 베트남전 한국군 파병사의 한 퍼즐 조각이다. 해병 제2여단 병력은 섬에 출몰하는 적을 성공적으로 섬멸했다는 기록을 『파월한국군전사』에 남겼지만, 전쟁이 끝난 뒤엔 망각됐다. 참전군인들의 파편적인 회상과 1960년대 신문의 몇몇 짧은 기사로 전해질 뿐이다. 나훈아와 쌍벽을 이루며 1970년 한국 가요계를 주름잡았던 가수 남진이 청룡부대 2대대 5중대 소총수로 고노이 지역에서 근무한다는 《경향신문》 1969년 8월 23일자 보도가 눈에 띌 정도니까. 1999년에 집계된 한국군에 의한 베트남전 집단학살 사건 통계 '다섯 개 성 90여 개 마을 9,000여 명'에서도 고노이는 비어 있다. 그런데 비석이 존재한다니, 한국군은 이곳 주민들에게 어떤 기억을 남겨놓고 떠난 것일까. 2019년 1월 1일, 호기심을 품고 고노이섬을 처음으로 방문했다.

구글맵에서 고노이를 검색하면 가로로 길게 누운, 사람 입술을 닮은 섬의 형상과 만난다. 인구는 1999년 기준 2만 5,729명. 면적은 서울 여의도의 열 배에 이르는 35제곱킬로미터. 행정구역상 주이쑤옌현 주이쩌우사Xã Duy Châu, 디엔반시사 디엔꽝사Xã Điện Quang, 디엔쭝사Xã Điện Trung, 디엔퐁사Xã Điện Phong가 서쪽에서 동쪽으로 펼쳐져 있다. 호이안이 속한 꽝남성 소속이다. 레홍 할아버지의 집은 동쪽 디엔반시사 디엔퐁사 안하촌Thôn An Hà이다(디엔반은 현재 시사로 승격. 1960년대 상황을 설명할 때는 현으로 표기).

레홍 할아버지 집에 들어가기 전, 말로만 들었던 근처 위령비부터 찾아갔다. 베트남인들은 보통 망자들이 세상을 떠난 장소에 위령비를 짓는다. 비문엔 이렇게 적혀 있었다.

1968년 2월 20일(무신년 정월 9일) 아침 9시, 1번 국도에서 디엔퐁사까지 수색한 미군이 쩐티또Trần Thị Tố 할머니 집 마당에 민간인을 몰아넣고 R15, R16 총[1]으로 32명을 쏘아 죽였으며, 다섯 명은 인근 비밀 방공호 안에서 수류탄으로 죽었다. 쩐티또 할머니 집 마당 학살은 고노이 땅에서 일어난 참혹한 전쟁 증거와 흔적 중 하나다.

관광 차 고노이섬에 들른 한국인이 베트남 통역자의 도움으로 위령비를 읽는다면 안도감을 느낄지도 모른다. 아, 미군 짓이었네.

(…) 나는 이해(1969년) 4월에 들어서면서부터 20여 년 동안 공산군의 아성으로 전초기지를 담당하고 있었던 '고노이섬'에 대한 작전을 감행하기로 계획했던 것이다. 즉 이 섬은 미 해병대가 단독으로 작전하다가 700여 명의 전사상자를 내고 물러선 아주 험악한 지역이었던 것으로서 내가 이 작전을 단행하기까지에는 아주 고심하였던 것이다. 따라서 나는 미 해병대와 합동으로 이 '고노이섬 작전'을 감행하기로 다짐하고(…).
　　　　－해병 제2여단장 이동호 준장 증언, 『파월한국군전사』7.

일본 오키나와와 미국령 괌에서 발진한 미 공군전략사령

부 폭격기 B52가 날아와 비를 뿌리듯 융단폭격을 했다. 인도차이나반도 동해에 떠 있는 미 해군사령부 제7함대가 함포사격을 가했다. 인근 포병부대는 105밀리 곡사포 등으로 집중 포격을 했다. 미군이 지원한 전차, LVT(수륙양용 장갑차), 불도저가 총동원돼 정글을 밀고 들어갔다. 병사들은 뒤따라 수색 활동에 나섰다. 여러 기록을 종합해 그려본 한국군의 고노이 작전 모습이다.

이 섬은 '불멸의 아성'으로 불렸다. 그 자체로 거대한 요새이자 기지였다. 지형은 평평했으나 갈대 등이 우거진 섬 곳곳에 미로 같은 크고 작은 동굴과 땅굴이 투본강과 연결돼 있었다. 여기엔 북베트남 정규군, 남베트남민족해방전선 군대, 지방 게릴라 등 1,000여 명이 '분산 암약'한다고 여겨졌다. 미군은 이 섬을 '다지시티Dodge City'라 불렀다. 서부 개척 시절 무법이 횡행했던 캔자스주 서남부 아칸소강 근처 도시의 이름을 딴 것이다. 결정적으로 이 불온한 섬은 다낭, 호이안과 너무 가까웠다. 그게 문제였다.

미 해병 제1사단 예하 부대는 1968년 5월 4일부터 8월 24일까지 고노이섬에서 '앨런 브룩Allen Brook' 작전을 펼쳤다. 5~8월은 베트남의 우기다. '하늘에서 불이 쏟아지듯 뜨거워' 초주검이 되는 때다. 미군은 고노이섬 정글의 폭염과 폭우 속에서 악전고투했다. 미 해병대 기록을 보면, 5월 한 달에만 138명이 목숨을 잃고 686명이 부상을 입었다. 8월까지 미군 172명이 죽고 1,124명이 다쳤다. 전과는 적 917명 사살. 그러나 '고노이 요새'는 섬멸되지도, 평정되지도 않았다.

미군은 이듬해인 1969년 5월 26일부터 11월 7일까지 재차 이곳에서 '파이프스톤 캐니언Pipestone Canyon' 작전을 펼쳐 적

852명을 죽였다. 이 과정에서 미군은 71명이 죽었다. 같은 해 6월 3일부터 8월 15일까지는 한국군도 고노이에서 승룡 12-1, 12-2, 13호 작전을 실시했는데 이는 '파이프스톤 캐니언'의 일부였다. 해병 제2여단은 이 작전에 1대대, 2대대, 3대대, 5대대, 포병대대 등 거의 전 병력을 동원했다. 『파월한국군전사』는 적 566명을 사살하고 17명을 포로로 삼는 전과를 올렸다면서 아군의 전사는 10명뿐이라고 적었다.

"아, 폭격은 정말 엄청났어."

레홍이 말했다. 옆에 있던 딸 레티트엉이 아버지 말을 또박또박 옮겨주면서 덧붙였다. "저도 알아요. 어릴 때 흙보다 탄피와 폭탄 잔해가 더 많았어요. 그걸 아무리 모아도 다 모을 수 없었어요." 레티트엉은 전후 세대인 1979년생이다. 그녀가 성장기를 보낸 1980년대에도 고노이섬의 전쟁은 계속됐다. "도랑을 파다 불발탄이 터져 죽은 사람이 한두 명이 아니에요. 저도 음식을 만들던 엄마를 등 뒤에서 껴안고 있다 땅에서 불발탄이 터져 죽을 뻔했어요. 며칠 동안 귀가 안 들렸죠."

레홍이 또 입을 열었다. "땅굴은 부비트랩 천지였어. 미군에 저항하려고 만든 거니까 남베트남 군인들한테는 절대 땅굴에 들어가지 말라고 했지." 레티트엉이 다시 덧붙였다. "제가 어릴 때 집 앞 둔덕에 미군 초소가 남아 있었어요. 그 초소 바로 밑 땅굴에까지 베트콩이 숨었을 정도였대요."

폭격이 한창이었는데도 레홍은 떠나지 않았다. 집 기둥을 잡고 엎드려 떠나지 않는 사람들을 '밤쭈bám trụ'라 했는데, 그가 밤쭈였다. 레홍은 대로 한의사 집안이었다. 한약재로 쓰는 약초를 비롯해 지킬 재산이 많았다. 키우는 소가 31마리에

이를 정도였다. 레홍은 베트콩에게 소를 두 마리 빌려준 뒤 못 받았다며 웃었다. 드디어 그가 따이한Đại Hàn(한국군을 이르던 말) 이야기를 꺼냈다. "남베트남 군인들은 우리보고 빨리 이 지역을 떠나 다른 데로 가라고 했어. 자기들이니까 살려주는 거라며, 여기 따이한이 들어오면 다 죽는다고 했어. 따이한 소리만 들어도 무서워 남자들은 다 산으로 도망쳤지. 잔인하다는 소문, 다 쏴 죽인다는 소문."

"요 앞 위령비엔 미군이 민간인을 죽였다고 나오던데요." "미군? 아니야, 따이한이야." "근데 왜……." "이 전쟁은 미국과의 전쟁이었고 따이한은 미군을 돕기 위한 용병이었잖아. 결국 미군이지."

미군이었다. 동시에 따이한이었다.

그들이 사건을 겪은 날은 양력으로 1968년 2월 7일이다. 위령비에 적힌 2월 20일은 계산 실수인 듯하다. 2005년 꽝남성 인민위원회가 이곳을 역사문화유적지로 공인한 뒤 비는 세 번째로 세워졌다. 두 번째로 세워진 옛 비석은 현 위령비 옆에 방치돼 있었다. 드러누운 옛 비석에 묻은 흙먼지를 털어냈더니 1월 8일로 적힌 음력 날짜가 눈에 들어왔다. 세 번째 비의 1월 9일과 하루 차이가 난다. 레홍 가족을 비롯한 유가족들이 실제 제사를 지내는 날짜에 근거해볼 땐, 현 위령비에 쓰인 음력 1월 9일이 가장 유력해 보인다. 양력 2월 7일.

레홍은 그날 아침을 기억한다. 옥수수밭에서 물소를 데리고 일하던 중이었다. 갑자기 하늘에 폭격기가 나타났고, 귀를 찢는 굉음과 함께 폭탄이 쉴 새 없이 떨어졌다. 투본강변으로 급히 달려가 몸을 피했지만, 등과 정수리에 파편상을 입었다.

"따이한들이 동네 사람들을 죽이고 빠진 뒤, 다시 왔다고 하지. 처음에 잘 숨어서 살아남았던 사람들 중 일부는 남의 피를 일부러 자기 몸에 뒤집어쓰고 죽은 척했다는 거야. 두 번째로 온 한국군들은 남베트남 통역병을 대동했다고 해. 그 통역병이 '이 사람들은 민간인'이라고 말해줘서 그냥 간 거야."

레홍은 당시 자신을 제외한 처자식들을 안전지대에 속하는 섬 밖 디엔민사Xã Điện Minh 누나 집에 기거하도록 했는데, 그날 하필 임신한 부인과 두 딸이 고노이에 와 있었다. 임신한 부인과 막내딸이 희생됐다. 생존했다면 90세였을 부인 레티응옷Lê Thị Ngọt의 사진이 세워진 제단은 집 안쪽에 놓여 있었다. 그녀와 함께 있던 첫째 딸 레티빈Lê Thị Binh은 기적적으로 목숨을 건졌다. 한국군의 집단 총격을 받은 32명 중 유일한 생존자다.

1968년 2월 7일은 북베트남군과 남베트남민족해방전선이 총봉기한 '뗏공세' 직후로 해병 제2여단이 호이안 인근에서 '괴룡 작전'을 벌일 때다. 뗏공세 실패 뒤 패퇴하는 적들에게 반격을 가하는 작전이었다. 남베트남 전역엔 계엄령이 내려진 상태였다.

2월 7일 청룡부대 병력이 고노이섬에 갔다는 기록은 『파월한국군전사』에 존재하지 않는다. 다만 고노이섬이 베트남을 남북으로 잇는 1번 국도와 가깝고 한국군 책임 지역인 디엔반현 내에 있었기 때문에, 괴룡 작전 기간 중 수색·정찰 활동을 벌이다 섬 안에 진입했을 여지는 충분하다.

"내 기억으로는 미군과 한국군이 같이 들어왔어. 미군과 남베트남군은 고노이섬 안에 주둔했고, 한국군은 섬을 잇는 육지의 철교 부근에 주둔했어. 이 섬엔 폭격도 잦고 베트콩도 많아 사람들이 다 떠났는데, 우리같이 남은 사람들을 유격대가 굉장히 귀하게 대했지. 내가 다쳤을 때도 혁명군 의사가 치료해줬어."

레홍이 말했다. 레홍의 새 부인에게서 태어났을 레티트엉은 50세 이상 차이가 나는 아버지에게 스스럼없이 장난을 쳤다. 턱수염을 손으로 쥐고 깔깔거리기도 했다. "아버지가 연로해 좀 오락가락하시는데 오늘은 좀 기억을 잘한다"고 했다. 레홍은 갑자기 허공을 응시하며 낮은 목소리로 노래 가사를 읊듯 길게 중얼거렸다. 뭐냐고 했더니, 살아남은 유격대원이 희생된 부대원들에게 바치는 시라고 했다. 그의 기억력은 명징할까? 51년 전 사건에 대한 구순 노인의 말을 신뢰할 수 있을까? 첫째 딸 레티빈(61)이야말로 진짜 목격자다. 소재를 물었다. 차로 한 시간 걸리는 섬 밖 다이록현Huyện Đại Lộc에 산다고 했다. 점심을 먹고 그녀를 만나러 가기로 했다.

"무서워서 한국군을 감히 볼 수 없었어요. 그들은 손에 총을 쥐고 있었고, 옷은 얼룩덜룩한 무늬였어요. 알아들을 수 없는 말을 했는데 '비씨(베트콩), 비씨'라는 말만 또렷해요. 저는 그들에게 '옹런ông lớn(큰아버지), 옹런'이라 부르며 사정했어요. 손을 비비면서 제발 쏘지 말라고 했어요."

레홍의 딸이자 레티트엉의 큰언니 레티빈. 그녀는 한국인 앞에서 처음으로 증언하는 따이한의 고노이섬 학살 생존자다. 그날 아침 8시께, 10세 소녀였던 레티빈은 군인들이 차를 타고 오는 소리를 들었다. 집에 있던 엄마 레티응옷(39), 막내 여동생(3)과 함께 집 마당에 있던 지하 방공호로 들어갔다. 여동생의 정식 이름은 없었고 '엠바이Em Bảy(일곱째)'라고만 불렸다. 임신 3개월의 엄마는 배가 조금 부른 상태였다. 한국군이 방공호 앞에서 나오라고 손짓을 보냈다. 엄마와 동생은 나오자마자 총을 맞았다. 피투성이가 된 동생은 숨이 끊어지기 전 즉사한 엄마의 몸 위에 올라가 젖을 빨려고 했다. 레티빈만이 현재 위령비가 있는 그 자리로 50여 미터 끌려갔고, 모인 주민들 무리에 섰다. 살려면 빌어야 했다. 병사들을 향해 빌었다. "옹런, 옹런."

"한국군이 총을 쐈어요. 그리고 수류탄을 던졌어요. 정신을 잃었다가 깨어나니 다른 사람들 밑에 깔려 있었어요. 피를 철철 흘려 목이 말랐어요. 주변을 맴돌며 물을 찾았어요. 아무도 없어 마을을 향해 기어갔어요. 아는 동네 오빠를 만나, 그 집 엄마의 도움으로 방공호에 또 숨었죠. 불을 피워 밥을 하면 연기 때문에 발각될까봐 물만 조금씩 먹어야 했어요. 그땐 거의 의식이 없었어요."

내가 만나본 학살 생존자들은 예외 없이 증언을 하다 울었다. 레티빈도 마찬가지였다. 말하던 중 눈자위가 붉어졌다. 한기가 끼친다며 위 겉옷을 가져와 입었다. 요즘도 그날 꿈을 꾼다고 했다. 그날의 순간은 그녀의 생애에서 가장 생생하게 살아 있다. 50년이 지나도 고장난 녹음기처럼 계속 재생되는 그 기억, 그 트라우마는 죽어야 끝날지도 모른다.

레티빈은 그나마 운이 좋았다. 사건 현장에서 살아남은 뒤 디엔반 병원에서 수혈받아 생명을 건졌다. 1975년 해방된 뒤에는 사이공에서 가장 큰 쩌라이Chợ Rẫy 병원에서 진료받을 기회를 얻었다. 부자 아버지를 둔 덕분이었다. 서양인 의사가 얼굴을 검사하더니 신경이 다 끊어져 회복이 불가능하다고 했다. 오른쪽 눈은 실명, 왼쪽 뺨엔 총알이 스쳐간 자국, 다 날아간 왼쪽 어금니, 그리고 엉덩이와 허벅지와 왼쪽 손목에 남은

수류탄 파편. 레티빈은 흉터가 새겨진 자신의 몸 구석구석을
보여주었다.

"아버지는 사건 사흘 뒤 집에 왔어요. 그제야 현장에 가서
주검들을 보았어요. 관은커녕 돗자리도 없이 주검을 땅에 묻
고, 나무를 꽂아 표시를 해두었죠. 우리 가족은 결국 섬을 떠나
디엔안사의 남베트남 관할 지역으로 이주했다가 1972년에 돌
아왔어요."

레티빈의 집은 꽝남성 다이록현 다이떤사Xã Đại Tân 푸퐁촌
Thôn Phú Phong이다. 한의사 레홍은 이 지역으로도 환자를 보러
오곤 했는데, 훗날 사위도 진찰하게 되었다고 한다. 레티빈의
남편은 뼈가 곱아드는 증세가 있는 장애인이다. 아버지가 둘을
맺어주었고, 결혼 뒤 이곳에 정착했다.

고노이섬에 위령비가 있다는 사실은 우연히 알게 되었다.
어느 참전군인 출신 미국 교수의 논문 때문이었다. 이름은 제
럴드 웨이트Gerald Waite(72). 미국 인디애나주 먼시의 볼주립대
학Ball State University 강단에서 2010년 은퇴한 인류학자이며, 현
재 이 대학의 '평화와 분쟁연구센터' 비상근 연구원이다. 그는
2014년 8월 발행된《국제웹포털저널IJWP》에 "전쟁의 외주화:
용병의 대가로 무엇을 얻는가Outsourcing a war: What you get for your
mercenary dollar"라는 논문을 게재했다. 이 논문에서 그는 전쟁의
아웃소싱이 끼치는 심각한 폐해에 대해 말하며 자신이 겪은 실
례를 든다. 고노이섬 이야기다.

웨이트 교수는 1969년 12월 말부터 1971년 1월까지 미군
해병 제1사단 민사장교로 고노이에 파견됐다. 그는 고노이 전
략촌 건설 프로젝트의 책임자이기도 했다. 2000년 이후 연구

목적을 포함해 베트남을 총 16차례 방문하는데, 주 관심사는 고노이섬 마을이 어떻게 변했고 주민들이 전쟁의 그늘을 어떻게 극복하는지였다.

그는 레흥 집 근처 위령비의 존재를 2004년에 알게 된다. 2000년 이후 현 위령비 자리에는 최초로 세워진 자그마한 비석과 사당이 있었다. 다만 비문은 없었다. 그는 자신의 전우 한 명이 부비트랩으로 살해된 장소를 찾던 중이었다. 사람들은 비석이 있는 자리에서 한국군이 민간인을 모아놓고 죽였다고 말했다. 한데 2008년 학생들과 함께 다시 방문해보니 새로 단장한 위령비엔 미군의 학살로 기록돼 있었다. 주민들은 한국군을 미군과 동일시했다.

웨이트 교수는 내가 만난 레흥, 레티빈 부녀를 2004년 인터뷰했다. 이 지역이 꽝남성 역사문화유적으로 공인받기 전이었다. 논문에는 사건 일의 양력과 음력을 일치시키기 위해 레흥 가족과 논쟁을 벌이다 좌절하는 대목이 흥미롭게 나온다. 한데 사건 연도가 1970년 닭띠 해다(실제 닭띠 해는 1969년이다). 내가 전자우편으로 웨이트 교수에게 1970년이 정말 맞느냐고 하자, 나름의 근거를 대며 1969년이라고 주장했다. 한국에 돌아온 뒤 레티빈에게 수차례 확인했다. 1968년인가, 1969년인가, 1970년인가. 위령비는 육십갑자(무신년)까지 병기하며 1968년이라고 했다. 레티빈 역시 1968년이라고 답했다.

논문에는 그가 고노이섬에 있던 시절 두 명의 한국군 해병 대원들과 술을 마시며 대화를 나누는 장면이 나온다. "왜 당신들 부대엔 포로가 없는가"라고 묻자 이런 답이 돌아왔다고 한다. "당신들이 베트콩 죽이라고 돈을 줬잖아." 그는 "용병의 전과를 측정하는 가장 쉬운 방법은 주검을 세는 것이었다. 주검만 있다면 전투를 잘한 것으로 여겨졌는데 누가 사법적 측면에서 한국군을 통제할 수 있었겠느냐"고 묻는다. 이런 용병 윤리가 불분명한 지휘체계와 함께 전시 잔혹 행위의 토대를 마련했다는 분석이다. 그렇다면 베트남에서 독자적 작전지휘권을 행사한 한국군을 용병이라 단순히 정의할 수 있을까? 웨이트 교수는 전자우편에서 "용병이냐 동맹군이냐는 대가의 지급 여부가 핵심 요소"라고 말했다.

그는 논문에서 외주화한 전쟁의 비인간성과 책임에 관한 질문을 던진다. 미국의 이라크 전장에서 활동한 민간군사기업(PMC)을 예로 들며, 이런 방식이 전쟁을 종식하고 효과적인 평화 유지에 기여할 수 있느냐는 의문을 제기한다. 그 중심에 한국군이 관여한 고노이섬 사례가 있다.

이 사건은 베트남전쟁 기간에 벌어진 전체 잔혹 행위에서 어떤 비중과 의미를 지닐까. 웨이트 교수는 "당신이 만약 베트남전쟁의 수많은 희생자를 고려한다면 고노이섬 학살은 양동이 또는 연못의 물 한 방울"이라고 논문에 썼다. 연못의 물 한 방울!

한국군과 관계된 유사한 사건이 고노이섬에서 더 있었는지는 알 수 없다. 생존자 레티빈의 증언이 맞다면, 한국군 청룡부대는 1968년 2월부터 고노이섬에 발을 들였다. 1969년에는 승룡 12, 13호 작전을 하러 갔다. 섬이 폭격으로 모래밭처럼 황폐화한 1970년에도 갔다. 웨이트 교수가 한국군과 대화를 나누는 논문 내용으로 미뤄 짐작하면 말이다. 그러나 날짜별로 한국군의 활동을 기록한 국방부 전사편찬위원회의 『파월한국군전사』는 부실하고 안일하다. 미담과 혁혁한 전과만 고색창연하다. 전과와 손실 면에서 (오히려 미군보다) 대성공한 것처럼 보이는 고노이섬에서의 1969년 승룡 작전을 베트남인들은 어떤 눈으로 보았을까. 1968년에 여러 번 갔다면 그 역시 어떻게 비쳤을까. 근접 학살이 아니더라도, 포병부대가 가장 많은 폭탄을 소비했다는 이 섬에서 포격으로 무고하게 죽은 사람은 또 얼마일까.

『파월한국군전사』가 전하지 않은 베트남전의 많은 이야기는 1999년 4월부터 한국 사회에 조금씩 모습을 드러냈다. 만 20년이 된 시점에, 고노이는 이제야 드러난다. 나는 단 하루 섬에 머물며 단 한 가족을 만났다. 아직은 연못의 물 한 방울 수준이다.

아, 산 채로 우물에……

: 고노이의 또 다른 이야기들

"여기서 이러고 있었어요."

60대 여성 한 명이 앞으로 나오더니 쪼그려 앉았다. 손으로는 총을 든 포즈를 취했다. 여러 명의 베트남 주민들이 선 채로 앞 다퉈 말을 쏟아내는 중이었다. 60대 여성은 총을 들고 사방을 두리번거리는 연기를 했다. "이렇게, 이런 채로 숨어 있었다니까. 그러다가……."

마을 입구에서 처음 만났던 호떰쯔엉Hồ Tâm Trưng이 말을 이었다. "지나가는 사람들 팔을 낚아채 우물로 데려갔어. 나는 그때 물소 떼를 몰고 지나가다 보고 말았지. 여섯 명이나 데려갔다고." 옆에 있던 60대 남성이 끼어들었다. "산 채로 모두 우물에 던졌어. 그러곤 수류탄을 터뜨렸지." 호떰쯔엉은 고개를 끄덕거리며 그 폭음을 직접 들었다고 했다. "베트콩인 아들과 어머니가 만나기로 했나 봐요. 한국군 분대가 숨어 있다가 둘 다 잡았는데 어머니는 강간을 한 뒤 우물에 던졌다고 해." 주민들은 이 사건을 1968년 음력 1월의 일로 기억했다.

2019년 7월 21일, 다시 고노이에 갔다. 6개월 만이었다.

1월 1일에 했던 하루 조사로는 허기를 느꼈다. 미군과 한국군이 수년간 융단폭격과 함포사격은 물론 최다 곡사포 공격, 대

규모 지상군 작전을 통해 씨를 말리려고 했던 '베트콩의 아성' 고노이섬. 고노이를 처음 다녀온 뒤《한겨레21》에 한 차례 관련한 글을 썼지만, 허기를 넘어 부끄러웠다. 거대한 코끼리의 새끼 발가락을 더듬은 뒤 코끼리에 관해 아는 척했다는 자성이 들었다. 고노이에 남겨진 한국군의 흔적을 좀 더 조사해보겠다는 만용을 부렸다. 다낭에서 렌터카를 빌렸다. 고노이섬으로 진입하기 전 다리 위에 잠깐 차를 세워 사진을 찍었다. 50여 년 전 나무한 그루도 살아남지 못했다는 섬의 풍광은 아름다울 뿐이었다.

우물에서 벌어진 소름 끼치는 민간인 학살에 관한 이야기를 들은 곳은 고노이섬 동북쪽에 있는 주이쑤옌현 남프억시전 Thị Trấn Nam Phước 쑤이옌동Xuyên Đông 마을. 지금은 물론 베트남전쟁 당시에도 섬에서 내륙으로 연결된 다리 바로 옆에 있는 지역으로, 고노이로 들고나는 관문의 하나다. 여섯 명의 폭사직후 우물은 매립되었고, 시신은 7년 뒤인 1975년 4월 해방 직후에야 수습되었다. 수습 과정에 참여했다는 반푸타인Văn Phú Thành(82)은 "유가족이 와서 함께 유골을 수습했다. 우물을 파보았지만 여섯 구 중 세 구만 수습되었다"고 말했다.

우물 이야기는 귀신 이야기로 뛰어버렸다. 주민들에 따르면, 이후 누군가가 집을 짓고 살았지만 6~7년 만에 떠났다고 했다. 밤마다 귀신 울음소리가 나서 집 주인이 괴로워했다는 소문이 돌았다는 것이다. 지금 그 집은 호땀쩌우Hồ Tâm Châu라는 사람의 소유로 되어 있지만 흉가로 변해 30년 넘게 아무도 안 산다고 했다. 퐁룩 마을에서 접한 '귀신 쌔'² 이야기가 떠오르는 순간이었다.

　그럼 그곳에서 죽은 이들은 어디서 온 누구인가. 호떰쯔엉을 비롯한 사건 현장의 마을 주민들은 "희생자들은 모두 디엔퐁사에서 왔다고 들었다"고 했다. 디엔퐁사는 같은 고노이섬이지만 디엔반시사 소속으로 쩐티토 할머니 마당에서 벌어진 학살 위령비가 서 있는 곳이다. 서쪽으로 차를 몰면 불과 10분 거리다. 사실 디엔퐁사에서 먼저 우물 학살에 관한 증언을 듣고 남프억시전 쑤이옌동 마을까지 온 참이었다.

　2019년 7월 21일 고노이섬을 방문한 날 가장 처음 만난 사람은 디엔퐁사 공산당 서기장 호민리Hồ Minh Lý(52)였다. 그에게 생존자와 유족을 소개받기로 돼 있었다. 한데 약속 장소인 카페에 앉자마자 자신도 유족이라고 밝혔다. 친할머니가 한국군에 의해 우물에 산 채로 빠져 죽었다는 충격적인 말과 함께. 우물뿐만 아니라 방공호에서 벌어진 사건에 관해서도 언급했다. 다만 학살 당시 만 한 살도 되지 않아 자세한 이야기는 둘째 형 호민먼Hồ Minh Mẫn(61)에게 물어보라고 했다. 자신의 형제가 다섯 명인데, 전쟁 중 전략촌으로 잠시 나간 기간을 제외하고는 모두 평생 고노이섬에 살았다는 말도 보탰다.

　호민리의 둘째 형 호민먼은 마침 집에 있었다. 그는 동생의 전언이 사실이라고 확인해주었다. "친할머니가 해 질 무렵 내륙과 면한 곳에서 한국군에 잡혀 우물에 산 채로 들어가 돌아가신 걸로 안다"고 했다. 본인의 집 근처에서 사건 순간을 목격한 남프억시전의 외삼촌 반푸쩌Văn Phú Trợ(1931~2018)에게 여러 차례

들었다고 했다. 친할머니의 이름은 브이티즈엉Bùi Thị Ruộng(나이 미상)인데, 나머지 희생자들의 이름도 외우고 있었다. 응우옌티다Nguyễn Thị Đa, 도안티타이Đoàn Thị Thái와 자식 한 명, 체Chè 아저씨와 자식 한 명 등 여섯 명 모두 디엔퐁사 출신이었다.

호민먼은 "유가족들이 우물의 시체를 수습하러 갔다간 베트콩으로 몰릴 수 있었다. 그날 이후 모두 집을 떠나 전략촌으로 이주해 1975년 해방 뒤 돌아왔다"고 말했다. 호민먼은 한국군의 모습을 기억했다. "미군만 해도 공중폭격을 했지만 눈앞에서 잔인한 행동을 하는 군인들은 보기 힘들었다. 디엔퐁사에는 한국군 초소가 있었는데, 그들은 차갑고 공포스럽기로 소문이 나 있어서 가까이 가기 무서웠다. 다 죽인다고 했다."

호민먼은 학살이 벌어진 장소에 관해서는 섬 동쪽 끝에 있는 사당 근처로만 어렴풋이 알고 있었다. 나는 사당이 있는 곳을 수소문하며 두 시간여를 헤맨 끝에 남프억시전 쑤이옌동 마을에서 주민들을 만나 사건 장소를 확인하고 증언을 들었다. 다만 시기가 일치하지 않았다. 1968년 1월 말(음력)로 우물 사건 시기를 기억하는 쑤이옌동 주민들과는 달리, 호민먼은 그날이 1968년 음력 3월 22일(양력 4월 19일)이라고 했다. 친할머니의 제삿날이 근거였다. 두 사건은 별개일까? 아니면 어느 한쪽이 착각했을까.

사건 날짜는 주민들마다 헷갈리기 일쑤였다. 앞의 글에서 보듯, 고노이섬이 특히 그랬다. 나는 디엔퐁사 레홍 가족이 증언한 쩐티토 집 마당 학살[3]도 서너 가지 설을 종합적으로 검토

한 끝에, 1968년 2월 7일(음력 1월 9일) 발생한 것으로 결론 내렸다. 한데 호민먼이 소개해준 또 다른 생존자 가족을 만나니 그 날짜가 흔들렸다. 주인공은 응오티응옥Ngô Thị Ngọc(99)과 호티떰Hồ Thị Tâm(59) 모녀였다. 호티떰은 2월 6일(음력 1월 8일)이라고 했다. 그 기억을 먼저 따라가보자.

　호티떰과 어머니 응오티응옥, 아버지 호찌예우Hồ Triều(당시 48세)를 비롯해 오빠, 남동생, 친할머니, 고모 등 일곱 명은 사건이 벌어지기 직전 쩐티토 할머니 집 방공호에 숨어 있었지만 너무 좁았다. 호티떰의 외할머니가 자신의 집 방공호로 오라고 했고, 일곱 명 중 친할머니와 고모를 제외한 다섯 명이 자리를 옮겼다. 마을 주민 두세 명이 외할머니와 함께 방공호에 먼저 자리를 잡고 있었다.

　저녁 6시경 군인들이 호티떰 가족과 이웃이 숨어 있던 방공호를 찾아냈다. 군인들의 명령에 따라 방공호 밖으로 나왔을 때 피부가 좀 검은 군인이 아버지를 향해 다짜고짜 총을 쐈다. 아버지는 방공호에 있던 여덟아홉 명 중 유일한 성인 남자였다. 첫 발은 빗맞았다. 군인은 다시 총을 쐈고, 그제야 아버지는 피를 흘리며 쓰러졌다. 자신을 가장 예뻐했던 아버지였다. 여덟 살이었던 호티떰은 통곡했다. 어머니는 옷자락으로 딸의 입을 막았다. 아버지를 쓰러뜨린 군인은 이번엔 어머니를 향해 총을 겨눴다. 피부가 하얀 군인이 나타나 피부가 검은 군인을 말렸다. 다행히 그 자리에서 더 이상의 피해자는 없었다.

　혹시 백인과 흑인으로 구성된 미군은 아닌가? 호티떰은

고개를 저으며 한국군이라고 했다. 사건 직후 어른들이 하도 '따이한, 따이한' 해서 한국군으로 기억한다고 했다. 호티펌은 증언을 시작하자마자 울기 시작했다. "평생 잊을 수 없는 원한"이라고 했다. 그날 이후 한국 사람을 처음 본다고 했다. 이런 질문을 하는 사람도 태어나 처음이라고 했다. 옆에 있던 또 다른 생존자이자 목격자인 어머니 응오티응옥은 아무 표정이 없었다. 우리 나이로 백 살이었다.

호티펌 가족은 처음에 숨었던 쩐티또 할머니 집 방공호에서 옮기길 잘했다. 그곳에 남아 있던 32명은 다 죽었다. 호티펌 모녀를 따라 자리를 옮기지 않은 친할머니와 고모는 나중에 주검으로 발견됐다. 그럼 날짜는 어찌된 것일까. 앞에서 밝혔듯, 호티펌은 2월 6일 저녁 방공호에서 한국군을 맞았다고 했다. 6개월 전에 만났던 레홍 가족은 2월 7일 아침이라고 했다. 그렇다면 한국군은 호티펌 집의 방공호를 찾아온 그다음 날 아침에 쩐티또 할머니 집으로 갔을까. 아니면 두 사건 모두 같은 날에 벌어졌는데, 어느 한쪽이 잘못 기억하는 걸까, 아니면 양쪽 다 조금씩 날짜와 시간을 착각했을까.

'날짜 셈'을 둘러싼 혼선은 끝이 없다.[4] 그날 디엔퐁사에 있는 고노이섬 열사(혁명 활동을 위해 싸우다 죽은 사람들) 공동묘지를 둘러보았다. 짜빈동 등 다른 지역과 하등 다를 바 없이 똑같이 생긴 열사들의 무덤과 웅장한 티를 낸 열사비 한구석에 아주 조그마한 비석이 놓여 있었다. '미군'이라는 말이 적혔으나, 쩐티또 집 마당 학살을 고발하는 비석의 가장 초기 버전임을 알 수 있었다. 열사에 비해 한참 초라하게 대접받는 민간인 학살 희생자의 위상을 드러낸다는 점은 둘째 치고, 나는 다시 비석 속의 사건 날짜가 눈에 들어왔다. 가장 최근 세워진 비석이 음력 1월 9일(양력 2월 20일로 명기, 실제로는 2월 7일), 두 번째 보았던 비석이 음력 1월 8일, 그리고 마지막으로 본 이 비석이 음력 1월 10일(양력 2월 7일로 명기, 실제로는 2월 8일)이었다. 두 개의 비석 안에선 양력과 음력 계산마저 모두 틀려버렸다. 나는 양력 2월 7일, 음력 1월 9일이 정확하다고 보지만, 그걸 고집한다고 무엇이 달라질까 싶기도 하다.

다시 호민먼의 이야기로 돌아가보자. 1975년 사이공 해방 뒤에 돌아온 고향 고노이섬은 생명체는 없고 불발탄만 남은 '위험한 허허벌판'이었다. 북베트남군에 항복한 남베트남 군인들은 불발탄을 제거하는 노역에 강제로 동원되었다. "섬이 정상화되는 데 20년이 걸렸지. 1995년이 돼서야 모든 게 정상화됐어." 그리고 한국인이 그 섬의 존재와 비극에 관해서 알기까지는 또 25년 가까이 걸렸다.

호민먼은 고노이섬 디엔퐁사 서쪽에 있는 디엔쭝사 커무이Kho Muối 마을에도 한국군에 의한 학살 희생자가 있다고 귀띔해주었다. "30여 명이 희생됐다고 들었어. 디엔쭝사 인민위원회를 찾아가 생존자나 유족을 찾아봐요." 한국군이 남긴 강렬한 기억의 자취가 섬 안에 또 있다는 말이었다. 고노이섬에서 수십 년간 발굴됐다는 불발탄의 수만큼이나, 발굴되지 못한 수많은 이야기들이 또 존재할 것이다.

꽝탄 언덕의 비명

: 너의 전설, 짜빈동 신화

절대적인 남성성의 세계. 전쟁 미화의 세계. 무적 해병의
짜빈동 신화는 꽝탄 언덕을 수놓았을 수많은 비명들과 함께
다시 기록돼야 한다. 싸움 실력을 자랑하기 앞서
싸움의 의미부터 묻는 보편적 이성의 눈으로.

무적 해병의 신화는 이렇게 쓰여 있다.

"(3소대) 이수현 소위는 원위치에서 지휘가 곤란하자 일단 예
비진지로 물러나고 제1분대의 조정남 일병은 분투 중 적의 수
류탄에 전신 파편상을 입고 위급한 상황에 처하였는데 이때 세
명의 적이 교통호를 따라 접근하자 그는 죽음을 결심하고 그
자리에서 수류탄을 터뜨려 자신의 소총을 적이 사용하지 못하
게 파괴하고 그들과 함께 폭사하였다. 한편 중상으로 행동이
곤란한 처지에 놓인 동 분대 이학현 상병은 교통호 양쪽에서
가까이 다가오는 적들을 보자 '적에게 죽느니보다는 차라리 내
가 먼저 적을 죽이고 나도 죽겠다'라고 외치면서 수류탄을 터
뜨려 그들을 죽인 다음 자신도 그 자리에서 산화하였다."
"(1소대) 신원배 소위는 향도 임향근 하사에게 말하기를 '나는

이미 죽음을 각오하였다. 따라서 내 몸이 가루가 되더라도 한 조각의 심장이 뛰고 있는 한 어떻게든지 기어가서 기필코 적진지를 파괴할 테니 선임하사가 돌아오면 다행이지만 만일에 나와 같이 죽는다면 향도하사가 소대를 지휘토록 하라'고 비장한 결의를 보인 다음 대원들에게 '나는 지금 전방의 적진지를 파괴하기 위하여 떠날 테니 모든 병사들은 최후의 순간까지 싸워서 반드시 이겨야 한다'라고 강조하고 특공조를 엄호사격할 것을 지시하고는 네 명의 선두에서 비호처럼 돌진하였다."

『파월한국군전사』 2권의 해당 전투 묘사는 흡사 전쟁 영화의 한 장면 같다. 기록에 따르면 장교와 병사들은 죽음을 두려워하지 않고 싸웠다. 1개 중대 규모가 조금 넘는 병력은 혼연일체가 되어 그 열 배가 넘는 적 2개 연대의 기습을 물리쳐내고 완승을 거두었다. 12척 배로 133척을 거느린 왜 수군을 격퇴한 정유재란 때의 명량해전을 연상시킨다. 1967년 2월 15일, 짜빈동에서의 일이다.

『파월한국군전사』는 "종래의 5대 작전에 본 전투가 새로이 추가됨으로써 6대 작전의 하나로서 해병 전투사에 길이 빛나게 되었다"고 말한다. 5대 작전이란 한국전쟁기의 통영지구작전, 인천상륙작전 등을 일컫는다. 추가된 짜빈동은 그중 가장 소규모 부대로, 가장 짧은 시간에, 가장 드라마틱한 승리를 연출한 작전이었다. 해병대는 짜빈동 전투를 베트남전의 전설로 선전해왔다.

2018년 12월 30일, 그 짜빈동을 갔다. 눈으로 직접 보고 싶었다. 전투가 벌어진 지 52년이 흘렀다. 짜빈동은 도전을 받은 적이 없는 신화다. 국회도서관에서 키워드를 넣고 검색해봤더니 찬양 논문 일색이었다. 전쟁이나 파병에 대한 근본적 사유와 함께 다른 질문을 던지는 문헌은 찾아볼 수 없었다. 짜빈동엔 대승리의 신화와 교훈밖에 없을까.

베트남에 짜빈동Trà Bình Đông이라는 공식 지명은 없다. 꽝응아이성Tỉnh Quảng Ngãi 선띤현Huyện Sơn Tịnh에 속해 있다는 기본 정보만으로 탐색을 시작했다. 『파월한국군전사』 전투부도와 현재 지도를 연결해 파악해준 주변 전문가의 도움으로 그곳이 띤토사Xã Tịnh Thọ에 있다는 사실을 확인했다. 현지 인민위원회 관계자의 안내도 받기로 했다. 주민들은 짜빈동이 오래전에 존재한 띤토사의 마을 지명일 것이라 추정했다. 한국군이 왜 짜빈동이라 했는지는 알 길이 없었다.

짜빈동은 1967년 청룡부대 3대대 11중대가 책임지던 전술기지다. 꽝응아이에서 북서쪽으로 12킬로미터, 여단본부가 있던 쭈라이에서 남쪽으로 23킬로미터 떨어진 지역이다. 청룡부대가 1968년 호이안으로 기지를 옮기기 이전 시절이다. 짜빈동은 표고 30미터의 작은 동산으로, 둘레 800미터, 남북 직경 300미터, 동서 직경 200미터의 달걀처럼 생긴 지형이었다. 11중대 말고도, 1중대 1개 소대와 4.2인치 박격포 1개 소대, 80밀리 박격포 1개 반 등이 배속돼 총 294명이 기지를 지켰다.

오후 1시께 약속 장소에 나온 띤토사 인민위원회 관계자가 오토바이를 타고 앞장섰다. 인민위원회 앞에서 출발한 승용차는 곧 숲이 우거진 야산 지대로 들어섰고 10분도 안 돼 목적지에 도착했다. 양쪽에 키 큰 나무들이 도열한 15도 경사 시멘트 길을 오르니 맨 끝에 비석 하나가 있었다. 2008년 이후 띤토사 인민위원회가 옛 짜빈동 기지 남쪽에 세웠다는 전투 기념물이었다. 뭐라고 쓰여 있을지 궁금했다.

비석에 나온 주소는 선띤현 띤토사 트엉토촌Thôn Thượng Thọ 돈돈Đồn 마을. 이름은 '꽝탄 언덕 승전비'였다. 꽝탄 언덕Đồi Tranh Quang Thạnh, 그리고 승전비Di Tích Chiến Thắng. 둘 다 생소한 낱말이었다. 꽝탄은 이곳에서 2킬로미터 떨어진, 습격이 시작된 지명이라고 했다. 그들은 낮은 곳에서 언덕을 올라 쳐들어 왔다. 베트남은 이곳을 '꽝탄 언덕'이라 일렀던 것이다. 다음은 승전비. 해병의 승리 신화를 가슴 벅차게 품어온 이들이라면 '역사 왜곡'이라며 기함을 할지도 모르겠다.

뒤이어 도착한 띤토사 인민위원장 응우옌반이Nguyễn Văn Ý(52)가 비석 앞에서 설명을 해주었다. "전투만 놓고 보면 한국군이 이긴 게 맞지요. 하지만 이곳은 동서를 잇는 전술적으로 중요한 지역이었고, 기습 목적은 한국군 철수였어요. 실제로 한 달 뒤 물러났고요. 전술적으로 졌지만 전략적으로 이긴 셈입니다."

짜빈동 신화를 향해 던져볼 만한 첫 번째 질문이다. 과연 승리한 것인가?

전투에 참여한 병사들은 모두 각종 훈·포장을 받고 1계급 특진했다. 대통령 박정희는 하루 뒤 '찬사와 치하'의 축전을 띄웠다. 병사들은 도회지로 나가 쇼 공연을 관람할 기회도 얻었다. 하지만 적의 습격을 저지한 기지에서 오래 머문 것 같지는 않다. 『파월한국군전사』를 뒤져보면 11중대가 이곳에 주둔하며 부근에서 작전을 한 기록은 더 이상 없다.

1968년 '뗏공세'를 떠올려본다. 미군을 비롯한 연합군은 남베트남 전역에서 설 휴전 약속을 어기고 대대적 기습공격을 감행한 북베트남군과 남베트남민족해방전선 게릴라들을 패퇴

시켰다. 하지만 '뗏공세'에서 미군이 이겼다고 여기는 이들은 없다. 전투에서는 이겼지만 이후 세계 여론과 전황은 불리하게 돌아갔다. 짜빈동 습격은 '미니 뗏공세'였을까.

이제 승전비의 비문을 읽어볼 차례다.

(…) 적군은 두 겹 참호(깊이 1.3미터, 폭은 5미터) 방어망을 구축했다. (…) 1967년 2월 15일 제5군구 2사단 1연대, 그리고 선띤현 부대와 띤토사 주민들이 서로 협력하여 꽝탄 언덕을 습격했다. 전투가 악렬하고 긴장되게 연속 세 시간 동안 벌어졌다. 우리는 청룡여단에 속한 남조선 군대의 한 소단을 소멸시켰는데 420명을 죽음에 이르게 했다. (중략) 남조선군에 의해 살해 당했던 꽝응아이성 선띤현, 빈선현Huyện Bình Sơn, 그 외 많은 지역 동포에 대한 복수를 했다. 꽝탄 언덕의 승리는 제5군구 무장 역량과 꽝응아이성 주민의 적군에 대한 깊은 증오감과 결전의 정신을 생생히 증명해준다.

'적 420명을 죽음에 이르게 했다'는 부분에서 눈길이 멈췄다. 한국 국방부 공식 기록에 한국군 전사자 수는 15명이다(북베트남군과 유격대원 전사자는 243명). 응우옌반이는 엷은 웃음을 띠며 고개를 저었다. 잘 모른다고 했다. 생존자를 만나게 해달라고 했다. 유일하게 한 분이 계신데, 얼마 전 입원했다는 답이 돌아왔다. 전투에 참가한 이들 중 상당수가 타향 출신의 북베트남 정규군이었다. 그는 지방 유격대장으로 싸웠던 분의 제사가 마침 오늘이라고 했다. 그곳에 가보기로 했다.

51주기를 맞는 고인의 이름은 두 개였다고 한다. 응우옌꽝

Nguyễn Quảng과 응우옌락Nguyễn Lạc. 1930년생. 띤토사 유격대장으로서 짜빈동, 아니 꽝탄 언덕 습격 작전 때 지방 유격대원들을 총지휘했으며, 이 지역의 길을 잘 모르는 주력군(북베트남 정규군)을 안내하는 역할을 했다. 전투에서 살아남았지만, 같은 해 다른 곳에서 한국군에게 체포돼 잠깐 감옥에 갇혔다가 풀려난 뒤 또 다른 전투에서 전사했다. 제단 위 고인의 얼굴 사진은 양복에 빨간 넥타이를 맨 몸통 그림과 합성돼 이색적이지만 조악한 느낌을 주었다.

베트남 제삿날은 축제다. 여유가 있는 이들은 이웃들을 초청해 술과 고기 등을 대접한다. 오후 3시 넘어 제사 장소에 도착했던 터라 북적거리던 손님들이 빠지는 중이었다. 세 개 테이블에 10여 명이 남아서 맥주잔을 기울이고 있었다. 그중에 띤토사 전 인민위원장 레타인하Lê Thanh Hạ(64)도 끼어 있었다.

"짜빈동 전투가 한국군 해병의 전설로 알려져 있다"고 운을 뗐다. 전 인민위원장 레타인하가 받았다. "베트남에선 아주 작은 전투였을 뿐이에요. 꽝응아이성 선띤현에서야 기리겠지만 베트남전 전체에선 큰 의미가 없어요." 한국에서는 중대급 해병부대가 연대 규모의 적을 격파한 걸 자랑스러워한다는 이야기를 들려주었다. 이때 누군가가 불쾌해진 얼굴로 술잔을 들고 일어나 소리쳤다. "우리가 미국을 이겼는데 작은 전투 하나 이겼다고 무슨 개소리냐!"

진지한 대화를 나누기 힘든 분위기였다. 취기가 오른 이들이 자리를 뜨지 않고 큰소리로 열을 올렸다. "한국군은 미군의 괴뢰군일 뿐이었어. 같은 아시아인으로서 싸울 필요가 애초에 없었지." 베트남에서 이미 지겹게 들었던 이야기였다. 누군가 건배를 외쳤다. "우릴 침략한 건 일본 제국주의와 미국 제국주의야. 우린 친구야. 단결해야 해. 그런 마음으로 원샷!"

한 시간도 안 돼 자리를 털고 일어섰다. 도반쪽Đỗ Văn Chức(56)을 만나러 가야 했다. 띤토사 학살 사건의 생존자다. 앞에서 본 꽝탄 언덕 승전비엔 이런 대목이 있었다. "남조선군에 의해 살해당한 지역 동포에 대한 복수를 했다." 도반쪽 가족은 한국군에게 살해당했다. 그와 잡은 약속 시간이 다가왔다.

짜빈동 신화를 향해 던져볼 만한 두 번째 질문이다. 부근 마을에서 무슨 일이 일어났는가.

19년 전인 2000년, 짜빈동 전투에서 중상을 입고 후송됐던 참전군인을 인터뷰한 적이 있다. 경남 마산에 사는 김영만 씨였다. 11중대에 배속됐던 4.2인치 박격포 소대 출신이다. 그는 인터뷰에서 전투 이틀 전 11중대원들이 수색정찰 중 잡아온 30대 베트남 남자를 선임 병사들과 함께 아무런 절차도 거치지 않은 채 직접 총살해 묻었고, 이후 죄의식에 시달려왔다고 고백했다. 이런 식의 마구잡이 처형이 2~3일에 한 번씩 있었다는 증언도 했다.[5]

개별적 처형을 넘어 짜빈동 기지 주둔 해병들의 집단 학살에 관한 생존자 증언이 나오긴 이번이 처음이다. 사건 당시 세 살이던 도반쪽은 오른쪽 다리에 총상을 입었지만 어머니 응우옌티뚜이Nguyễn Thị Tui(당시 46세)의 품에 안긴 덕분에 생존했다. 어머니를 포함해 함께 있던 누나(도티브우Đỗ Thị Bửu, 23세)와 형(도반라인Đỗ Văn Lãnh, 8세) 모두 죽었다. 사건 당일 산으로 피신했던 아버지 도띠Đỗ Tý(1915~95)는 화를 면했다.

너무 어렸을 때라 도반쪽은 기억할 수 없다. 아버지 도띠에게 들은 내용이다. 짜빈동 전투 4개월 전인 1966년 10월 17

일 아침 8시께, 띤토사 토떠이촌Thôn Thọ Tây에서의 일이다. "짜빈동 기지에 있던 한국군이 전날 행군하다가 지뢰를 밟아 몇 명 죽었다죠. 그날 아침 주민들을 모았대요. 한국군이 지뢰에 관해 심문하면서 일부 주민을 때렸고 대검을 꺼내 한 여자의 몸을 찔렀나 봐요. 다른 이들이 놀라 소리를 지르며 달아나자 일제히 사격을 했대요. 저는 살아나 죽은 엄마 배 위에 올라가 젖을 빨았다고 합니다." 이날 그곳에서 20명이 희생됐다(다른 장소에서도 16명이 죽어 당일 희생자는 총 36명). 다음 날 18일엔 2킬로미터 떨어진 띤토사 반호아촌Thôn Vạn Hòa의 한곳에 모인 21명이 목숨을 잃었다. 당시 짜빈동 기지엔 1967년 2월 15일의 전투를 치른 11중대가 아닌 9중대가 있었다.

1966년 10월 17일과 18일, 하루 차이로 일어난 두 사건은 각각 '버짜이Bờ Trây 논 학살'과 '녓Nhất 할머니 집 마당 학살'이라 한다. 두 곳의 위령비는 50주기를 1년 앞둔 2015년에야 사건 현장에 세워졌다. 꽝응아이성은 1993년부터 이곳을 역사문화유적으로 인정했지만 예산 책정이 안 돼 위령비 건립을 계속 미뤄왔다고 한다. 버짜이 논 위령비는 이름 그대로 논 한가운데 있었다. 가운데 흙을 쌓아 폭 1미터의 진입로를 만들어놓았다. 그곳에 간 날은 비가 흩날렸는데, 신발이 푹푹 빠졌다. 비가 더 오면 완전히 잠길 듯했다. 진입로 포장은 주민들 숙원이라고 했다. 이 비석에는 도반쪽 가족을 포함해 함께 희생된 20명의 이름을 적어놓았다. 그중 14명이 여자였고, 여덟 명이 열 살 이하였다.

녓 할머니 집 마당 위령비도 귀신이 나올 만큼 으슥한 숲에 숨어 있었다. 위령비 비문을 읽어보았다.

선띤현 띤토 학살. 장소: 반호아촌 동쪼이Đồng Chổi 넛 할머니 집 마당. 1966년 10월 17일 꽝탄 언덕에서 남조선 용병들이 띤 빈사Xã Tịnh Bình, 띤히엡사Xã Tịnh Hiệp, 띤박사Xã Tịnh Bắc까지 대규모 수색 정찰을 했다. 그들은 마을을 불 지르고 파괴하며 죄 없는 민간인들을 잡아서 띤토사 반호아촌 동쪼이 넛 할머니 집 마당으로 몰아넣었다. 그들은 민간인들의 손을 묶고 총을 쏘아서 21명을 죽였다.

희생자들은 이 마을 사람이 아니었다. 비문에 명단이 없는 이유다.

버짜이 논 희생자 유가족들은 2017년 음력 기일에 한국에서 처음 온 10여 개의 조화를 보며 위령비 앞에서 많이 울었다고 한다. 외면당해온 슬픔을 인정받은 느낌이었을지도 모른다. 도반쪽은 말했다. "밀라이는 504명이 희생된 큰 학살이고, 여기는 기껏 20명이 죽은 작은 학살이니, 그동안 관심이 없지 않았겠어요?"

도반쪽은 요즘도 악몽을 꾼다. 지겹게 본 폭격과 미군-유격대의 전투 장면은 트라우마가 됐다. 하늘에서 포탄이 쏟아지다가 군인들이 사람을 모아놓고 쏴 죽이는 장면이 꿈속에서 되풀이된다. 화제를 바꿨다. 학살의 원수를 갚을 목적도 있었던 꽝탄 언덕 습격에 대해 아느냐고 물었다. 그러나 뜻밖의 대답에 허를 찔렸다. "구글을 찾아보세요. 저도 구글에서 읽었어요." 진지한 이야기 도중에 폭소가 터지고 말았다.

베트남 취재를 마치고 한국에 돌아온 뒤, 19년 전 만났던 짜빈동 전투 참전자 김영만 씨에게 전화를 걸었다. 당시 쉰다섯 살이던 그의 나이는 2019년에 일흔네 살이 되어 있었다.

　그날에 관해 물었다. 1967년 2월 14일 밤에서 15일 새벽으로 이어지던 중요한 순간들에 관해 다시 듣고 싶었다.『파월한국군전사』에 따르면, 14일 밤엔 안개가 자욱하고 보슬비가 내렸다. 밤 11시께 적의 1차 공격 시도가 있었지만 아군은 4.2인치와 81밀리 박격포 공격으로 간단히 제압했다. 기지 철조망 15미터 정도가 찢어진 수준이었다. 적은 한 명의 주검을 남긴 채 후퇴했다. 김영만 씨는 "날이 밝으면 적의 시체를 확인하러 가자며 승전의 기쁨으로 소대원들끼리 교통호에서 술을 마셨다"고 회고했다.『파월한국군전사』에는 나오지 않는 이야기다. "병사들 사기 진작을 위해 미군 헬리콥터로 술, 담배, 식빵을 엄청나게 보급해주던 때였어요. 술은 최고급 양주 조니워커였죠. 그날 밤에도 새벽까지 조니워커를 마셨고, 4시께 적의 2차 공격으로 다들 술이 깼죠."

　그는 부상당하기 전 교통호에서 양주잔을 기울이며 후임병과 나눈 이야기를 기억한다고 했다. "평생 잊힐 수 없는 말을 남겼지요. 서울서 대학 다니다 온 오아무개 일병이었어요. 나한테 그랬거든요. '김 수병님, 우리 비겁하게 싸우다가 용감하게 귀국합시다.' 목숨 보전해서 고향에 꼭 가자는 말을 함축한 거지. 근데 몇 시간도 안 돼, 저세상 사람이 됐어."

　김영만 씨는 새벽 5시께 적의 위치를 육안으로 관측해 거리를 재기 위해 교통호 밖에서 서성이다가 포탄 파편에 얼굴을 맞았다. 한 바가지 피가 울컥 솟아오르는 순간, 쓰러지면서도 이런 생각이 먼저 머리를 스쳤노라고 과거 인터뷰에서 밝힌 바 있다. '장가도 못 가고 죽는구나.' 요즘도 가끔 언론사에서 짜빈동에 관한 인터뷰 요청이 들어온다고 했다. "웬만하면 응하지 않아요. 자꾸만 눈물이 나서요. 세월이 흐르면 기억이 멀어질 줄 알았는데 자꾸 더 생생히 살아나면서 말을 잇기 힘들어져요. 그러고 나면 몸이 아파요."

짜빈동 신화를 향해 던져볼 만한 세 번째 질문이다. 누구를 위한 영웅 신화인가.

짜빈동의 주인공은 『파월한국군전사』에 거룩하고 용감하게 그려진 해병들만이 아니다. 학살 뒤 주검 더미에서 거짓말처럼 살아나 죽은 엄마 젖을 빨던 세 살 아기, 젊은 베트남 남자라는 이유만으로 체포되자마자 한국군 기지에서 총살된 포로 아닌 포로, 외세와의 투쟁이라는 거대한 명분 아래 한국군이 점거한 꽝탄 언덕을 기어오르다 비참하게 죽은 북베트남 정규군과 지방 유격대원, '비겁하게 싸우다 용감하게 귀국하고 싶었으나' 허망하게 폭사한 오 일병, 피를 쏟으며 쓰러지면서도 장가도 못 가고 죽는다는 걱정을 했던 김영만 수병, 그리고 조국을 위해서가 아니라 그저 죽고 싶지 않아 두려움을 이기며 참호에서 육박전까지 불사한 끝에 생존에 성공한 수많은 해병 병사들.

절대적인 남성성의 세계, 전쟁 미화의 세계, 무적 해병의 짜빈동 신화는 꽝탄 언덕을 수놓았을 수많은 비명悲鳴들과 함께 다시 기록돼야 한다. 싸움 실력을 자랑하기 앞서 싸움의 의미부터 묻는 보편적 이성의 눈으로.

116

꽝응아이의 마지막 대학살

: 밀라이 사건의 아이러니

한국군 기지였던 곳에서 미군이 당한 최악의 지뢰 사고.
미군들은 눈이 멀었다. 한 달 뒤 찰리 중대는 선미에서
네 시간 동안 504명을 죽이는 미친 파티를 벌였다. 이미 한국군은
그곳 인근 꽝응아이성에서 1,700여 명이나 죽인 뒤였다.

밀라이(선미) 박물관에서 발행한 소책자는 서문에서 밀라이 사건에 비견할 만한 범죄들을 열거해놓았다. 1944년 6월 10일 나치 독일군이 642명을 학살한 프랑스 오라두르쉬르글란, 1937년 4월 26일 독일과 이탈리아 공군의 무차별 폭격으로 1,654명이 죽은 스페인 게르니카, 1940년 봄 소련군이 2만 2,000명을 죽인 폴란드 카틴, 1942년 6월 나치 독일군이 200여 명을 죽인 체코 리디체. 한국군의 범죄는 단 하나도 없다. 꽝응아이(1966~1967년 1,700명), 꽝남(1968~1969년 4,000명), 푸옌Phú Yên(1965~1966년 1,729명), 빈딘Bình Định(1965~1966년 1,581명)의 대학살은 여기에 낄 자격이 없을까. 한국과 떼려야 뗄 수 없는 밀라이 이야기다.

"저는 응오아이Ngoài 마을에 살았어요."

"저는 랑Làng 마을에 살았어요."

팜티투언Phạm Thị Thuận은 스물아홉 살의 엄마였다. 쩐티오안Trần Thị Oanh은 여덟 살의 소녀였다.

"아침에 일어났는데 하늘에 비행기가 날고 마을에 폭탄이 떨어지고 있었어요."

"아침부터 포격 소리 때문에 시끄러웠어요. 들판에 일하러 나갔던 엄마 아빠가 일찍 돌아왔어요."

그날 미군이 들어왔다. 가족들은 긴장했다.

"방공호로 들어갔어요. 조금 뒤 잠잠해 나왔더니 헬기에서 미군들이 내리고 있었어요."

"아빠가 오늘은 밥을 빨리 먹자고 했어요. 여덟 명이 둥그런 밥상에 둘러앉아 식사를 하고 있었어요."

생존자 두 명의 이야기를 듣는다. 그날에 관하여.

"저와 아빠를 비롯해 가족 아홉 명이 쫑Trong 마을로 피신하다가 미군한테 잡혔어요."

"미군이 갑자기 벌컥 문을 열고 들이닥쳐 밥 먹는 가족을 향해 총을 난사했어요."

절체절명의 순간. 이제 끝이라고 생각했다.

"미군이 저희 가족을 비롯해 마을에서 잡아온 사람들을 도랑에 밀어 넣었어요."

"할머니가 미군을 말리다가 오른팔 겨드랑이에 총을 맞았어요. 저는 오른발에 총을 맞았어요."

사랑하는 혈육들의 죽음을 바로 옆에서 목격했다. 최소 다섯 명 이상의 가족이 죽었다.

"미군들이 도랑에 있는 사람들을 향해 마구 총을 쏘았어요. 아빠, 언니, 여동생, 조카들까지 여섯 명이 목숨을 잃었어요."

"엄마, 아빠, 할아버지, 오빠, 남동생이 밥 먹다가 그 자리에서 즉사했어요. 할머니는 저의 또 다른 남동생을 데리고 땅굴에 숨고, 저는 걸을 수 없어 침대 밑으로 숨었어요."

50년 넘게 흘렀지만 침착할 수 없다. 말하다 말고 울먹였다.

"사람이 너무 많아 한꺼번에 죽일 수 없었겠죠. 나중에 들으니 미군들이 총을 한 차례 쏜 뒤 자기들끼리 이야기하다 또 총을 쏘고, 그렇게 세 차례나 일제사격을 했어요."

"침대 밑에 있는데 미군이 다시 집으로 와서 불을 붙였어요. 너무 뜨거워, 더 숨을 수 없었어요. 집이 불타 무너지고 엄마 아빠의 주검도 불에 탔어요. 기어서 탈출했어요."

포기하지 않고 생의 의지를 다졌다. 운도 좋았다.

"저와 두 딸은 사람들 맨 밑에 깔려 있었어요. 깨어보니 사람들이 떼로 죽어 있고 도랑이 온통 핏물이었어요. 셋 다 온몸이 피범벅이었죠. 미군을 피해 몸을 숨기며 윗마을로 도망쳤어요."

"오른쪽 발에서 피가 너무 흘러나와 진흙을 잔뜩 묻혔어요. 기어서 옆집으로 갔는데 다 죽어 있었어요. 다시 나와 고모집으로 기어갔어요. 거기 가족도 다 죽어 있었어요."

살았다. 살아서 오늘처럼 얼마나 많은 증언을 했는지 모른다.

"피를 뒤집어썼는데, 치료하려고 보니까 셋 다 멀쩡했어요. 이런 경우가 굉장히 드물었죠. 그 도랑에서 무려 170명, 170명이나 죽었어요. 생존자는 10명 남짓 되었지만, 우리를 빼면 다들 크게 다쳤다고 해요."

"오후가 돼서 병원에 실려 갔는데 발목을 잘라야 한다고 했어요. 자신도 팔에 총상을 입은 할머니가 의사한테 울며불며 통사정했어요. 우리 손녀 고아가 됐는데 발목까지 자르면 어떻게 먹고사냐고. 너덜너덜한 발을 꿰매고 이어 붙였어요."

2018년 12월 31일, 밀라이에 갔다. 밀라이 박물관에 갔다. 정확히 말하자면, 선미Sơn Mỹ에 갔다. 선미 증적證跡 박물관(이하 선미 박물관)에 갔다. 박물관장 까오티홍한Cao Thị Hồng Hạnh(55)의 주선으로, 팜티투언(81)과 쩐티오안(59)을 만났다.

밀라이 혹은 선미는 20세기 전쟁범죄의 대명사다. 1968년 3월 16일, 미 육군 아메리칼American 사단 11여단 1대대 찰리Charlie 중대원 70여 명은 이곳에서 네 시간 동안 강간과 살인의 미친 파티를 벌였다. 노인과 여성, 어린이 504명이 희생됐다(다음 날 상급 부대에는 적 128명을 사살했다고 보고했다). 박물관은 그 마을 한복판에 세워져 있다. 꽝응아이성 선띤현 띤케사Xã Tịnh Khê 뜨꿍촌Thôn Tư Cung 케투언Khê Thuận. 선미는 띤케사에 있던 한 마을의 지명이고, 밀라이는 선미에 속했던 촌 이름이다. 미군은 이곳을 '밀라이 4구역'이라 했는데, '베트콩 거점'이라며 작전 지도에 빨간 점을 찍었다는 의미에서 핑크빌Pinkville이라고도 했다. 베트남에선 지금 '선미'라 통칭한다.

선미는 '남의 학살'이다. 예전에 선미 박물관을 두 번 방문한 적이 있다. 관람객 마인드로 전시물만 쓱 둘러봤다. 전쟁범죄의 충격은 국적을 뛰어넘지만, 관심의 거리엔 영향을 준다. 선미에 관한 그동안의 보도물도 대부분 외신이었다. 문득 선미 생존자들을 직접 만나보고 싶은 마음이 발동했다. 선미는 베트남전 학살 중에 가장 유명하지만 한국에서는 제대로 조명된 적이 없다.

선미의 미군은 달랐을까. 한국군 학살 생존자 증언과 크게 차이가 없었다. 언어가 안 통하는 외국인 병사들이 마을에 들어와 똑같이 불태우고, 파괴하고, 때리고, 강간하고, 찌르고, 죽였다. 그렇게 총질해도 기적같이 목숨을 건지는 이들은 어디에나 있었다. 누구는 죽고 누구는 살아났다.

그 생사의 고비가 손에 잡힐 듯한 사진 한 장이 있다. 선미 생존자들과 인터뷰하다 그 이미지가 머리에 떠올랐다. 나무 앞에 바짝 붙은 한 무리의 부녀자와 아이들이 흐느끼며 두려움에 떠는 모습이다. 당시 3소대에 배속된 사진병 로널드 L. 해벌 Ronald L Haeberle이 현장에서 찍어 나중에 언론에 유출한 이 사진은 1970년 1월 미국 잡지《라이프》에 처음 실렸고 현재 선미전쟁박물관에 전시돼 있다. 해벌은 이렇게 증언했다. "미군들은 열세 살 소녀의 옷을 벗기고 가슴을 더듬으며 희롱하다 그녀의 어머니가 달려들어 할퀴고 저항하자 발로 차고 때렸습니다." 사진 속에서 맨 앞의 어머니 뒤에 숨은 소녀는 옷 단추를 잠그고 있다. 아이를 안은 오른쪽 여자도 윗옷 단추를 채운다. 해벌은 이들이 촬영 직후 M60 기관총에 몰살당했다고 전했다. 까오티홍한 박물관장은 사진 속 나무가 아직도 그 자리에 있다고 했다. 그곳에 가보기로 했다.

박물관 마당 바로 옆에는 팜티투언이 살아남아 탈출한, 170명이 학살된 도랑을 재현해놓았다. 그날 무장 헬기를 조종하며 하늘에서 피로 물든 도랑을 보았던 브라이언 W. 리빙스턴Brian W. Livingston 대위는 이런 말을 남겼다. "옛날 예수께서 물을 포도주로 바꿨다는 성경의 이야기가 떠올랐습니다." 300여 미터 떨어진 마을로 들어서니 탑 위에서 기관총으로 102명을 쏜 발사 장소와 사람들이 총을 맞은 들판에 각각 안내판이 설치돼 있었다. 그로부터 200미터 거리에는 희생자 75명의 무덤과 위령비가 보였다. 전체 희생자 504명의 이름은 박물관 입구에 모두 적혀 있지만, 사건 규모가 워낙 크다 보니 학살이 집행된 현장마다 위령비가 따로 흩어져 있었다. 미군 사진병 해벌이 죽음 직전의 모녀를 향해 셔터를 누른 키 큰 나무 한 그루 앞에도 작은 비석이 15명 희생자들의 이름과 나이를 알려주었다. 나무는 얼마 전 썩어가다가 수액을 맞고 회생했다고 한다. 비석 옆 대문으로 주민들이 드나들었다.

증언을 해준 팜티투언도 딸과 함께 찍은 사진을 박물관 전시실에 남겨놓았다. 둘째 딸 응우옌티리엔Nguyễn Thị Liên이 열 살 되던 1975년, 들에 나가는 엄마를 따라가다가 마을을 방문한 소련 조사단에 찍힌 것이다. 딸 응우옌티리엔은 현재 박물관의 시설 관리 직원이다. 마침 근무 중이라고 해 전시실에 걸린 모녀의 사진 앞에서 만났다. 그녀가 사진을 가리키며 말했다. "사진 속 엄마는 지금의 저보다 훨씬 젊었죠. 사진 속 엄마랑 지금의 저랑 똑같지 않나요?"

세 살 때였지만 무서웠던 기억은 생생하다고 했다. "도랑에서 나온 뒤 엄마가 저를 안고 요만큼 가서 풀숲에 숨겨놓고, 또 저만치 살금살금 가서 여섯 살이던 언니를 데리고 왔죠. 미군에게 들키지 않고 두 딸을 모두 지키기 위해 그렇게 하셨어요. 저는 여기저기 흩어져 있던 주검들을 지나치면서 계속 이렇게 말했대요. 엄마, 나 버리지 마. 나 버리지 마."

선미가 널리 알려진 건 1969년 11월부터다. 사건 발생 20개월 만이었다. 프리랜서 기자인 시모어 M. 허시Seymour M.

Hersh는 11월 12일 미국 워싱턴의 작은 통신사《디스패치 뉴스 서비스Dispatch News Service》를 통해 첫 기사를 내보냈다. 그는 11 여단 찰리 중대 소속 군인 50여 명과 국방부·국무부 관리에 이 어 병사들 어머니까지 취재했다. 한국군 학살 생존자와 참전군 인의 증언을 담은《한겨레21》기사가 1999~2000년에 나온 점 과 비교하면 정확히 30년 앞섰다. 한국의 민주주의와 언론 자 유가 느리게 온 탓일까. 베트남전에 대한 한국 사회의 무지와 무관심을 고려하면《한겨레21》보도는 오히려 빨랐다고도 볼 수 있다.

선미는 본래 한국군 관할 지역이었다. 선미가 속한 선띤현 의 다른 지역에서 선미 학살의 두 배인 1,068명이 한국군에 희 생됐다는 사실을 아는 이는 많지 않다. 1999년 집계다. 해병 제 2여단은 추라이에 본부를 두었던 1966년 8월에서 1967년 12 월까지 꽝응아이성 선띤현과 빈선현에서 작전을 벌였다. 꽝응 아이 전체로 보면 한국군 학살 희생자는 1,700여 명이다. 특히 빈선현 빈호아사Xã Bình Hòa 아홉 개 촌에서는 1966년 12월 3일 부터 6일까지 나흘 만에 430명이 떼죽음을 당했다. 빈호아 사 건 현장에는 베트남에서도 몇 안 된다는 증오비가 서 있다. "하 늘에 가닿을 죄악, 만대를 기억하리라"는 글과 함께.

아이러니한 것은 찰리 중대가 한국군 청룡부대로 인해 선 미 학살 한 달 전 최악의 사고를 당했다는 추정이다. 찰리 중대 는 1968년 2월 25일 선미 북쪽 부비트랩 지대를 지나다 여섯 명이 죽고 12명이 중상을 입었다. 중대는 발칵 뒤집혔고, 다들 베트콩에 대한 분노로 눈이 멀었다. 찰리 중대 마이클 번하트 Michael Bernhardt 병장은 시모어 M. 허시 기자와의 인터뷰에서 확신에 찬 어조로 말했다. "진실은 (두 달 전 이곳에 머물렀던) 한국군이 베이스캠프를 세우고 지뢰로 둘러쌌다는 겁니다. 그리고 우린 그들이 지뢰를 설치해놓은 바로 그 지역으로 걸어 들어갔던 거고요." 그는 "하지만 중대원들은 이 슬픈 사실을 알고 싶어 하지 않았다"고 했다. 이런 식의 분노를 차곡차곡 충전하던 찰리 중대는 한국군이 수십 차례 작전을 통해 1,700여 명을 휩쓸었던 꽝응아이성에서 504명 통계를 더하며 대학살의 대미를 장식했다.

1975년, 전쟁이 끝난 뒤 뿔뿔이 흩어졌던 선미 사람들이 폐허가 된 마을로 돌아왔다. 생존자 쩐티오안이 말했다. "고아가 된 뒤 스스로 살길을 찾았어요. 1975년에 돌아와 배상에 대한 기대를 했지요. 한 푼도 받지 못했지만." 배상 책임을 져야 할 미국은 새 베트남 정부와 외교 관계를 단절했다. 베트남은 '선미 회생' 프로그램을 가동해 마을을 재건하고 1976년 박물관을 세워 학살 희생자들을 기리기 시작했다. 1995년 미국과 국교를 정상화한 뒤에도 배상 소식은 들려오지 않았다.

그럼에도 선미 학살은 '팩트'로서 시빗거리가 되지는 않는다. 물론 시간이 걸렸다. 1969년 이를 다룬 언론마다 '날조된 학살'이라는 공격을 당했다. "왜 공산주의자들의 학살은 다루지 않느냐"는 이들도 있었다. 지나간 이야기다. 미국에서 베트남전 논쟁은 끝났다. 전쟁 당시 미국 국방장관을 지낸 로버트 맥나마라Robert McNamara조차 『회고록: 베트남의 비극과 교훈In Respect: The Tragedy and Lessons of Vietnam』에서 "베트남전은 미국의 과오였다"고 인정했다.

선미 박물관장 까오티홍한은 한국군에 의해 430명이 죽은 빈호아 이야기를 꺼냈다. "빈호아에 한국 시민단체가 많이 찾아와 위로하고 장학 사업 등을 한다고 들었어요. 요즘은 선미

가 빈호아를 부러워합니다." 다만 그는 빈호아에 비와 무덤만
있어 황량하다고 했다. 선미와 비슷한 규모의 학살인데 방치
돼 아쉽다고도 했다. 선미 학살보다 한 달 앞서 벌어진 꽝남성
의 퐁니·퐁녓 학살도 언급했다. 박물관을 세워 자료를 전시할
사건이 많지 않느냐면서. 박물관은 방대한 기록물과 함께 품격
있게 희생자들을 추념하고 전쟁을 성찰하는 공간이다. 한때 한
국 사회에서 베트남전 평화박물관 건립 운동이 벌어졌으나 허
무한 흔적만 남기고 사라졌다.

　　인터뷰를 마치고 생존자 쩐티오안이 총을 맞았던 오른발
을 보여주었다. 할머니의 애원으로 의사가 차마 자르지 못했
던, 마구 꿰매고 이어 붙여 변형된 발이다. 쩐티오안은 "결혼식
날 오토바이도 없이 신랑 집과 신부 집을 걸어서 오가는데, 발
이 불편했던 기억밖에 없다"고 말하며 웃었다. 살아남은 그녀
의 발에 카메라를 들이댔다. 역사를 견뎌낸, 일그러진 그 발에
서 아름다움을 느꼈다.

야유나무는 보았다

: 퐁니·퐁녓의 어떤 역사

참파군과 대월국군, 앙코르군과 몽골군 주검들이 산을 이루던 땅.
프랑스군과 미군에 이어 1945년 패망 직전의 일본군까지
잠시 머물던 땅. 그 꽝남에 한국군이 바글거렸다.

야유나무cây da dù는 거기 있었다. 바람이 살랑거렸다. 이파
리들이 가볍게 떨렸다. 산들바람이었다. 땅속 깊숙이 뿌리를
내린 나무의 굵은 가지들은 미동도 하지 않았다. 사람들은 이
나무에 신이 있다고 믿었다. 마을로 들어서는 입구였다. 인도
차이나 반도의 동해에서 불어온 바람이 야유나무를 한 번 휘감
고 퐁니를 거쳐 퐁녓으로 달아났다. 폭풍 전야의 미풍이었다.
1968년 2월 12일 아침. 그날도 야유나무는 거기 있었다.

퐁니와 퐁녓은 바람을 함께 맞는 형제 마을이었다. '퐁
Phong'은 한자어 '풍風'에서 유래한 말이었다. '녓nhất'은 첫째,
'니nhị'는 둘째를 뜻했다. 퐁녓은 첫 번째 바람이고, 퐁니는 두
번째 바람이었다. 마을엔 퐁니와 퐁녓에 얽힌 전설이 전해져
내려왔다. 아득히 먼 옛날 베트남의 중부 지방에 정착했다는
바람의 신. 그에겐 다섯 아들이 있었는데, 그들이 장성하자 땅
하나씩을 물려주었다. 그 땅 이름은 퐁니, 퐁녓, 퐁땀Phong Tam,

퐁뜨Phong Tứ, 퐁응우Phong Ngũ. 퐁니와 퐁넛은 세월의 모진 풍화를 견뎌내고 살아남아 야유나무를 수호신으로 삼았다. 야유나무는 무화과나무의 일종으로, 다른 나라에서는 '바니안나무 banyan tree'로 부르기도 한다. 나무의 위상에 중심을 두자면, 한국의 당산나무 같은 것이다.

퐁넛이 서쪽이라면 퐁니는 동쪽이었다. 퐁넛 서쪽엔 정글이 있었다. 베트남의 등뼈인 쯔엉선Trường Sơn, 長山 산맥이 북쪽에서 남쪽으로 뻗어 있었다. 베트콩들의 거점이었다. 하노이에서 사이공으로 내려오는 병력과 보급물자 수송로인 호찌민 루트가 지나는 곳이었다. 서쪽으로 더 들어가면 라오스 국경이 나왔다. 반대편인 동쪽은 평야였다. 먼저 쯔엉선 산맥처럼 남북을 잇는 1번 국도가 나왔다. 이곳은 주로 미군과 한국군, 남베트남군의 활동 무대였다. 더 동쪽으로 가면 바다가 나왔다. 서쪽 쯔엉선 산맥에서 온 바람과 동쪽 바다에서 온 바람은 퐁니·퐁넛에서 만났다. 드넓은 벌판에서 바람은 자유로웠다.

야유나무는 1960년부터 퐁니·퐁넛을 지켰다.[6] 1960년 그해, 베트남은 남북으로 분단된 상태였다. 1954년 7월 20일 제네바협정에 따라 그어진 북위 17도선 이북은 북베트남(베트남민주공화국), 그 이남은 남베트남(베트남공화국)이었다. 제네바협정에 사인한 남북 베트남과 미국, 영국, 소련, 중국은 2년 뒤인 1956년 베트남 남북 총선거를 통해 통일 정부를 구성하기로 합의했지만, 미국의 반대로 총선거를 치르지 못했다. 북베트남의 호찌민이 베트남인들의 압도적 지지를 받고 있었기 때문이다.

북위 16도선 바로 아래였던 퐁니·퐁넛은 남베트남에 속했다. 북베트남에선 1954년 프랑스군을 물리친 호찌민의 베트남노동당(1976년부터 공산당으로 개칭)이 전권을 장악하고, 중국과 소련의 지원 아래 농업 부문의 사회주의화와 공업 발전을 추진하고 있었다. 남베트남의 통치자는 1955년 10월 26일 미국의 도움으로 집권한 응오딘지엠 대통령이었다. 제2차 대전 종료 이후 남베트남국 국가원수로 돌아왔던 베트남 응우옌 왕조의 13대 마지막 황제 바오다이는 프랑스 파리로 망명했다. 퐁니·퐁넛의 운명은 응오딘지엠의 영향권 아래 있었다. 그는 가톨릭 편향이 지나쳐 불교도를 탄압한다는 비난을 받았다. 5만여 명에 이르는 공산주의자들을 검거하는 등 철저한 반공 정책도 폈다. 족벌정치와 부농 중심의 토지개혁으로 농민들의 마음은 대통령에게서 멀어져만 갔다. 중도 우파 민족주의자들마저 등을 돌리고 공산 세력에 동조하는 실정이었다.

1960년, 남베트남에선 두 가지 결정적인 사건이 벌어졌다. 첫째, 11월 공수부대를 앞세운 응우옌찬티 대령의 쿠데타가 대통령궁까지 점령하고도 고위 장성들의 비협조로 실패했다. 우파 내부 분열과 줄줄이 이어질 군부 쿠데타의 서막이었다. 둘째, 12월 남베트남민족해방전선이 조직되었다. 응오딘지엠 정권의 무차별적 반대파 체포가 극심해지고 농민들의 불만이 서서히 고조되는 상황에서 체계적인 저항이 시작된 것이다. 남베트남민족해방전선엔 공산주의자들뿐 아니라 응오딘지엠 정권에 반대하는 농민, 노동자, 지식인, 소수민족, 불교도 등이 망라되었다. 베트남 공산주의자를 칭하는 '베트콩'이라는 이름도 이때 탄생했다. 북베트남 정부는 후방 기지를 자임하며 남베트남민족해방전선에 대한 지원을 약속했다. 남베트남 정부 관리들과 공공건물에 대한 공격이 시작되었다.

야유나무의 나이테가 쌓여갔다. 5년의 세월이 흐른 1965년 3월 8일, 퐁니·퐁넛으로부터 북쪽 25킬로미터 거리인 남베트남 제2의 도시 다낭에 미 해병부대 3,500명이 들어왔다. 4월에는 미 해병 2개 대대가 증파됐다. 미 공군의 북베트남 폭격과 미 지상군의 남베트남 투입 결정으로 이뤄진 조치였다. 1964년 8월 7일 미국 의회는 존슨 대통령에게 베트남전쟁과 관련된 어떠한 결정이든 내릴 수 있도록 의회의 모든 권한을 위임했다. 미국의 언론들이 북베트남의 통킹만Gulf of TonKing, Vịnh Bắc Bộ 기지에서 구축함 매독스호가 피격당했다고 보도한 지 닷새 만이었다. 이른바 '통킹만 사건'이다.

제1차 인도차이나전쟁(1946~1954년, 프랑스-베트남전쟁)이 끝난 지 얼마 안 돼 제2차 인도차이나전쟁(미국-베트남전쟁)의 막이 올랐다. 1965년 10월 9일 깜라인만에 도착한 한국군 해병 제2여단은 1967년 12월 22일 호이안으로 올라왔다. 호이안은 퐁니·퐁녓 남쪽 35킬로미터 거리에 위치한 오래된 국제 무역 도시였다. 남베트남의 권력자도 바뀌었다. 1963년 11월 쿠데타군에 살해된 응오딘지엠 대신, 젊은 장군들이 그 자리를 채웠다. 1967년 9월 각각 대통령과 부통령에 오른 응우옌반티에우와 응우옌까오끼가 그들이었다.

퐁니·퐁녓엔 숨 막히는 긴장과 나름의 평화가 교차했다. 낮에는 남베트남 권력이 작동했지만, 밤의 주인은 베트콩이었다. 베트콩들은 집집마다 찾아다니며 보급 투쟁과 정치 공작을 병행했다. 촌장 등 남베트남 쪽 감투를 쓴 이들은 밤이 되면 다낭으로 피신했다. 가족 전체 또는 일부가 다낭과 호이안으로 이주한 경우도 많았다. 베트콩들은 악랄한 반동분자를 제거하기 위해 부비트랩을 세팅하거나 암살 계획을 세웠다. 특히 퐁녓은 베트콩 조직의 마을 지배력이 높았다. 그렇다고 베트콩에 완전히 장악된 마을은 아니었다. 인근 1번 국도의 끼엠루Kiếm

Lu 초소엔 남베트남 민병대 대원들이 적지 않았다. 그들은 미군들의 지휘를 받았다. 남베트남 민병대원들의 일가친척은 퐁니·퐁녓에 살았다. 키엠루 초소의 미군들과 교류하기도 했다. 마을은 일종의 '안전지대'였다. 남베트남군과 미군은 이곳을 '발포제한구역Control Fire Zone'으로 설정해놓았다. 적의 활동 지역으로 간주돼 움직이는 물체라면 무엇이든 사격할 수 있는 '발포자유구역Free Fire Zone'이 아니었다. 한국군은 퐁니의 관문인 야유나무 근처에서 마음대로 소총 방아쇠를 당겨선 안 되었다

퐁니와 퐁녓은 행정구역상 촌Thôn이었다. 한국으로 치면 동洞이나 리里였다. 퐁니촌에는 럽남Lập Nam 등 다섯 마을이 있었다. 퐁녓촌도 녓동리엔Nhất Đông Liên, 녓지압Nhất Giáp 마을 등으로 다시 쪼개졌다. 두 촌을 합해도 200가구가 채 되지 않았다. 퐁니·퐁녓을 포함한 12개 촌은 타인퐁사Xã Thanh Phong(나중에 디엔안사Xã Điện An로 바뀜) 소속이었다. 타인퐁은 디엔즈엉, 디엔토 등 20개의 사들과 함께 디엔반현에 속했다. 다시 디엔반과 같은 현이 18개 모여 꽝남성(1975년부터 꽝남다낭성으로 바뀌었다가 1997년부터 다시 꽝남성으로 돌아왔다)을 형성했다. 꽝남성의 성청 소재지인 땀끼시Thành phố Tam Kỳ는 베트남의 정중앙이라는 자부심을 지녔다. 북쪽 하노이까지 860킬로미터이고, 남쪽 사이공까지도 860킬로미터였다. 꽝남성 디엔반현 타인퐁사 퐁니·퐁녓촌은 남북으로 길게 늘어진 베트남 땅의 배꼽 언저리에 놓여 있었다.

꽝남은 본래 베트남 땅이 아니었다. 2세기인 192년에 세워진 임읍林邑에서 15세기 점성국에 이르기까지 1,000년이 넘는 기간 동안 이곳엔 인도 힌두문명을 꽃피운 참파Chăm pa 왕국이 존재했다.

9세기에 꽝남은 '인드라푸라Indrapura'라는 이름의 참파 수도였다. 10세기에 중국으로부터 독립한 베트남 최초의 왕조 대월국Nước Đại Việt, 大越國은 현재의 베트남 북부만을 지배하고 있었다. 참파는 북위 18도선에 위치한 꽝빈성Tỉnh Quảng Bình과 그 아래인 꽝남, 그리고 남부 지방인 판랑Phan Rang까지 거느렸다. 대월국은 남진하려 했고, 참파 왕국은 북진하려 했다. 14세기 대월국이 후에까지 내려온 뒤, 두 나라는 후에와 다낭을 잇는 하이반 패스Hai Van pass, đèo Hải Vân, 구름 고개를 사이에 놓고 밀고 밀리는 싸움을 거듭했다. 결국 대월국 레왕조Nhà Hậu Lê, 黎王朝의 레타인똥Lê Thánh Tông, 聖宗은 1471년 3월 하이반 패스를 넘어 현재의 다낭과 꽝남을 함락시키고 당시 참파의 수도였던 비자야Vijaya, 현 꾸이년 지역까지 손에 얻었다.

참파군 6만 명이 살해당하고 3만 명이 포로로 잡혔다. 참파 왕국 점성의 왕이었던 반라짜또안槃羅茶全도 죽음을 맞이했다. 참파 소멸의 시작이었다. 대월국의 레타인똥은 이곳을 '광활한 남쪽廣南'이라 하여 '꽝남'이라 이름 붙였다. 17세기에 대월국이 왕자의 난과 왕위쟁탈전으로 쇠락하다 북부의 찐씨Nhà Trịnh, 鄭主 정권과 남부의 응우옌씨Nhà Nguyễn, 阮主 정권으로 분열되었을 때, 후에에 수도를 둔 응우옌 씨 정권도 '꽝남국'으로 불렸다.[7]

꽝남은 참파 왕국이 절정기를 구가하던 1190년, 라이벌이었던 서쪽 캄부자(캄보디아) 앙코르 왕조 군대의 침략을 받고 32년간 전쟁을 벌이며 숱한 피를 땅에 뿌렸다. 1177년 참파 왕국이 앙코르 왕국을 먼저 침략했다가 보복을 당한 것이었다. 1283년엔 몽골 군대의 침입을 겪었다. 15세기 대월국과의 전쟁 끝에 베트남 왕조의 땅이 된 뒤엔 다낭에서 프랑스 군대를 맞았다. 남부 사이공에 기반한 쟈딘Gia Định 정권의 응우옌푹아인Nguyễn Phước Ánh이 1787년 데려온 1,650명의 병력이었다. 그는 결국 프랑스의 도움을 얻어 남과 북의 응우옌씨 정권과 찐씨 정권을 무너뜨렸던 떠이선Tây Sơn 정권을 전복하고 베트남 최후의 통일 왕조인 응우옌 왕조(1802~1945)를 세웠다. 1804년 청나라는 응우옌푹아인에게 '월남Việt Nam, 越南'이라는 국호를 수여했다. 19세기까지 남부 판랑 지역으로 쪼그라든 채 간신히 명맥을 유지하던 참파 왕국은 월남 2대 민망Minh Mạng, 明命 황제 때인 1832년 월남에 흡수돼 이 세상에서 완전히 자취를 감췄다. 1975년 세계지도에서 사라진 남베트남처럼.

야유나무에서 4킬로미터도 떨어지지 않은 곳엔 참파의 흔적이 있다. 21.5미터 높이의 붉은 참파 석탑 하나가 외롭게 놓인 방안Bằng An 유적지다. 서쪽 30킬로미터 꽝남성의 투본강Sông Thu Bồn 유역 정글 깊은 곳에 자리한 미선Mỹ Sơn 유적지엔 찬란했던 참파 문명을 일목요연하게 볼 수 있는 건축물과 조각 작품들이 풍부하게 남아 있다. 미선 유적지는 전쟁이 끝난 뒤 유네스코 세계유산으로 지정됐다. 베트남전쟁과 자연 파괴 속에서 베트남 전역에 200곳이 넘던 참파 유적은 30여 곳이 남았다.

1968년 2월 12일. 한국군 해병 제2여단 제1대대 1중대원들은 퐁니의 야유나무 곁을 스쳐갔다. 중국군과 싸워 이겨 세운 땅, 참파 왕국일 때 대월국과 앙코르 왕조와 몽골군과의 잇따른 전쟁으로 양쪽 군인들의 주검이 산을 이루던 땅, 프랑스군과 미군에 이어 1945년 패망 직전의 일본군까지 잠시 머물던 땅. 그 꽝남에 한국군이 바글거렸다. 그날 오전, 야유나무의 작은 이파리들을 간지럽히던 바람은 어느 순간 피바람으로 돌변했다.

야유나무는 다 보았다. 퐁니·퐁녓의 민가로 진입하던 군인들을, 총탄에 쓰러지던 노인과 부녀자들을, 불타는 초가집에서 나와 울며 달리던 소녀들을, 환자들을 긴급히 수송하던 미군 헬기를. 언제부턴가 퐁니·퐁녓 사람들은 그 피바람을 이렇게 불렀다.

'야유나무 학살.'

주

1. R15, R16은 옛 모델명이 AR15, AR16이었던 M16 소총을 의미하는 것으로 보인다.
2. 3부 "귀신이 된 쌔" 참조.
3. 레홍 가족 앞에 있는 위령비에는 쩐티또 할머니 집 마당에서 32명, 그 인근 방공호에서 다섯 명이 학살되었다고 적혀 있다. "불멸의 아성, 무덤이 된 섬" 참조.
4. 이 사건을 오랫동안 조사했던 미국 제럴드 웨이트 교수도 날짜 계산 때문에 좌절했다고 한다. 이 대목에 관해서는 "불멸의 아성, 무덤이 된 섬" 참조.
5. 《한겨레21》(제321호), 2000년 8월 9일, "'죄의식이 평생을 따라다녔다'-원호심사 거부한 참전군인 출신 시민운동가 김영만 씨가 용서를 비는 사연", 고경태.
6. 야유나무는 1960년 퐁니 마을에 심어졌다. 이는 2013년 인터뷰한 쩐반찌엔Trần Văn Chiến(1967~) 부주석을 비롯한 디엔안사 인민위원회 직원들의 일관된 증언에 따른 것이다.
7. 참파의 역사와 관련해서는 『잊혀진 문명 참파』(서규석, 리북, 2013)를 참고했다.

야유나무 학살

그날 야유나무는 소녀를 보았다.

소년을 보았다.

일을 하며 아기에게 젖을 물리던 부인을 보았다.

마을로 몰려오던 한 무리의 군인을 보았다.

피와 불의 제전을 보았다.

총성의 소용돌이

: 1968년 2월 12일

마을로 먼저 진입한 1소대장 최영언은 주민들을 2, 3소대가 오는
뒤쪽으로 보냈다. 민가 수색을 마칠 즈음 죽어 있는 구렁이를
보았다. 불길한 예감이 스쳤다. 그때 다시 울린 총소리.
단발이 아니었다. M16 소총을 자동에 놓고 갈기는 듯했다.

탕!

운명의 총소리가 평온하던 마을을 깨운 것은 오전 11시께
였다. 짧은 여운이 채 식기도 전에 또 한 발이 울렸다. 탕!

줄을 지어 근처를 지나던 무장 군인들은 순식간에 땅바닥
에 엎드렸다. 벼를 보러 논에 나갔던 늙은 농부는 불안한 시선
으로 꾹 눌러썼던 삿갓을 추켜올렸다. 초가집 마당 우물가에서
갓난아기를 업고 달래던 엄마의 낯엔 하얀 근심이 서렸다. 동
네 어귀에서 동무들과 장난을 치던 아이들의 눈은 호기심으로
동그랗게 커졌다. 대문 앞을 지키던 개들은 컹컹 짖었다. 마당
을 나온 암탉은 한가롭게 병아리들을 몰고 다니다 푸드덕 날아
올랐다. 하늘은 높고 푸르렀다. 구름 한 점 없었다. 평균 기온은
섭씨 15~30도. 찌는 더위는 없고 습하지도 않다. 베트남 최상
의 계절. 사위는 조용했고, 동네 주민들은 설과 정월 대보름 사

136

이의 농한기에 있었다.

오전의 느닷없는 총소리는 특별하지 않았다. 밤마다 먼 하늘에선 조명탄이 번쩍였다. 낮이나 밤이나 총과 대포의 폭발음이 귀청을 간지럽히는 게 이 마을의 일상이었다. 다만 10여 일 전부터 좀 더 빈번했다. 베트콩이 먼저 싸움을 걸어 전면전이 벌어졌다는 소문이 들렸다. 남베트남 응우옌반티에우 대통령은 계엄령을 선포했다. 이곳은 5년째 전쟁 중인 나라였다. 그냥 지나가는 총성이었다면, 주민들은 여느 날과 똑같은 하루를 보냈을지 모른다. 그날은 1968년 2월 12일이었다.

빡!

땅바닥에 엎드린 무장 군인들 속엔 스물여섯 살의 최영언 중위가 있었다. 3개월 전 수송선을 타고 바다를 건너 이국땅에 온 대한민국의 해병 장교. 청룡부대 제1대대 1중대 1소대장. 중대 작전이 한창이었다. 마을 남쪽 개활지를 통해 서쪽 좌표로 이동하며 수색 정찰을 벌이는 임무. 그가 지휘하는 1소대는 선두에 있었다. 맨 앞에선 1분대·2분대·화기분대가 걸었고, 다음에는 소대장인 최 중위가 통신병·전령과 함께 움직였다. 끝에는 3분대가 있었다. 그 뒤로는 2소대와 중대장이 속한 중대본부와 3소대가 따라왔다. 일렬종대로 대원들 간 2~3미터의 간격. 풀이 사람 키만큼 자란 어느 묘지를 지날 때였다. 빡!

그의 귀는 그날의 총소리를 그렇게 기억한다. '탕'이라는 의성어로는 상황마다 다른 총성을 세분화할 수 없다. 자신의 목숨을 노리며 다가오는 소리는 짧고 굵게 끊어진다. 전투 현장에서 극도로 예민해진 귓바퀴다. 아마도 소련제 AK47 소총. 숲속에 숨은 게릴라의 저격이 틀림없다. 예감은 적중했다. 누군가 단말마의 비명을 질렀다.[1]

고래고래 고함을 터뜨리며 아픔을 호소하는 1소대 부하 병사. 치명적 상처를 입은 자는 말이 없거나 모기만 한 목소리를 낸다. 비명과 고함의 크기는 상처의 심각성과 반비례한다는 걸, 최영언 중위는 그간의 경험으로 익혔다. 부상병을 후송 조치했다. 통신병을 통해 중대장에게 저격과 부상자 발생을 알렸다. 그리고 즉각 응사 뒤 마을 진입. 총알이 날아온 지점은 서쪽 방향으로 추정됐다. M16 소총이 불을 뿜었다.

쾅!

11세 소년 응우옌타인꺼Nguyễn Thanh Cơ는 그날 오전 집 마당에서 쌍둥이 여동생들과 놀다 폭발음을 들었다. 지뢰 소리 같았다. 소년의 집은 남쪽의 호찌민과 북쪽의 하노이를 잇는 1번 국도와 가까운 거리에 위치했다. 방으로 들어와 동쪽 창문을 살폈다. 1번 국도에 서 있는 미군 전차가 눈에 들어왔다. 아버지를 찾았다. 가장인 응우옌쑤(39)는 자식들을 안심시켰다. "괜찮아, 아무 일도 아니야."

총소리가 연이어 들린 것은 그다음이었다. 불길했다. 응우옌쑤는 가족들에게 "나갈 생각 말고 집에 가만있으라"고 일렀다. 응우옌타인꺼는 무서웠다. 다섯 살짜리 쌍둥이 여동생 응우옌티리엔Nguyễn Thị Liên, 응우옌티응아Nguyễn Thị Nga는 엄마 보티찌Võ Thị Trí(41)의 품에 안겨 떨었다. 아버지 응우옌쑤의 마음은 복잡했다. 마을은 낮과 밤의 권력이 달랐다. 해가 뜨면 미군과 남베트남군과 따이한의 세상. 해가 지면 베트콩 천하. 지금은 낮이다. 창문으로 마을 북쪽을 살폈다. 군인들 무리가 보였다. 따이한이다. 조마조마한 정적이 찾아왔다. 가족들은 집 안에서 숨죽이고 있었다. 30분, 아니 한 시간이 흘러도 총소리는 더 이상 들리지 않았다.

탕!

실내 가득 총성이 울렸다. 서울특별시 종로구 청와대 경호실 지하 사격장. 대한민국 대통령 박정희(51)는 권총을 쥐고 표적을 노려보며 천천히 방아쇠를 당겼다.

섭씨 영하 10도의 매서운 한겨울. 군용 점퍼 차림의 박정희는 사격을 계속했다. 한 손으로 권총을 쏜 뒤엔 두 손으로 소총을 들었다. 총성이 울릴수록 적중률은 좋아졌다. 군 장성 출신 박정희는 만족스러운 웃음을 날렸다. 아부인지 덕담인지 측근들이 말했다. "사격 솜씨가 군 재임 시와 다름이 없으십니다."² 그날 대통령 부인 육영수(43)도 잠깐 총을 들었다.

한국 시간으로 1968년 2월 11일 일요일 오후 3시. 최영언 중위가 수풀 바닥에 엎드려 있던 초긴장의 순간으로부터, 소년 응우옌타인꺼가 방 안에 숨죽여 있던 침묵의 시간으로부터 불과 하루 전이었다.

박정희 대통령은 뭔가 작정한 듯 총을 쏘았다. 마음속 표적지엔 어떤 얼굴을 그려 넣었을까. 21일 전인 1월 21일, 무장특수부대를 청와대 코앞까지 내려보내 자신의 생명을 위협한 북한 김일성(56)이었을까? 12일 전인 1월 30일부터 사이공을 비롯한 남베트남 전역에서 미군과 한국군에 기습적 대공세를 펼친 남베트남민족해방전선 게릴라, 베트콩들이었을까? 대북 응징 보복을 간청하는데도 명쾌한 답을 하지 않는 미국 대통령 린든 존슨(60)이었을까?

박정희는 이날 아침 김포공항에 도착한 미국 존슨 대통령의 사이러스 밴스(51) 특사와 예정된 만남까지 미뤘다. 대신 사격장으로 향했다. 사격을 끝내고 총을 내려놓을 땐 옆에 있던 박종규(38) 경호실장에게 이렇게 말했다. "이만하면 나도 급할 때는 싸울 수 있겠지?" 다음 날 한국의 일간지《동아일보》관련 기사의 마지막 문장은 묘하다. "……이날 사격은 글쎄 무엇을 뜻하는 것인지."

타타타!

최영언 중위는 다시 콩 볶는 듯한 총소리를 들었다. 첫 총성이 울린 뒤 한 시간이나 지난 뒤였다. 그동안 소대원들과 함께 마을로 진입해 민가를 뒤졌다. 저격범은 색출하지 못했다. 어디론가 꽁꽁 숨었다. 마을엔 노인과 부녀자와 아이들만 남아 있었다. 젊은 남자는 눈을 씻고 봐도 없었다. 민간인들을 2, 3소대가 있는 뒤쪽으로 보냈다. 최 중위는 민가 수색을 마칠 즈음 작은 물웅덩이 앞에 다다랐다. 똬리를 튼 구렁이가 한 마리 죽어 있었다. 불길한 예감이 스쳤다. 그때 다시 울린 총소리. 마을 쪽이었다. 단발이 아니었다. M16 소총을 자동 모드에 맞춰놓고 갈기는 듯했다.

남베트남 민병대원 응우옌싸(30)는 1번 국도 망루에서 자동소총 소리를 들었다. 현장도 목격했다. 무슨 일이 일어나는지 볼 수 있는 거리였다. 더 자세히 보고 싶었던 그는 쌍안경을 들었다.

부근에 있던 미 해병대 지휘관 실비아J. R. Sylvia 중위도 같은 소리를 들었다. 마을은 불타고 있었다. 상황 파악에 들어갔다. 한국군 해병 제2여단에 무전을 쳤다. 유엔 장교를 찾았지만 연결이 되지 않았다.

쾅!

집 안 동굴에 숨어 있던 여덟 살 소녀 응우옌티탄은 공포에 질렸다. 작은 초가집 안에서 발사된 총탄은 폭격처럼 고막을 찢는 듯했다. 얼굴이 검고 덩치가 산만 한 군인이 어서 나오라는 손짓을 보냈다. 군인은 베트남 사람이 아니었다. 알아듣지 못할 말을 했다. 소름이 끼쳤다. 서서히 지하 동굴에서 위로 올라와 부엌을 지나자마자 다시 쾅! 오른쪽 옆구리에서 피가 쏟아져 내렸다.

탕!

열다섯 살 소년 쩐지엡도 외양간 앞에서 무너졌다. 나오지 말아야 했다. 집 동굴에 숨어 둘째 동생 쩐트Trần Thử(5)를 안심시켜야 했다. 뭔가 타는 냄새가 났다. 외양간에 매놓은 물소가 걱정이었다. 쩐지엡은 잠깐 밖으로 나온 사이 총을 맞았다. 오른쪽 다리가 획 꺾였다. 군인들이 저 멀리서 달려왔다. 그는 용수철처럼 튀어 일어나 쩔뚝거리며 다시 집으로 숨었다.

탕!

응우옌응예Nguyễn Nghệ(68)와 그의 동생 응우옌긍Nguyễn Gừng(66)은 논에서 맥없이 쓰러졌다. 두 사람은 논물 위에 둥둥 떠다녔다. 다음 날도, 그다음 날도 수습해주는 이가 없었다. 동네 주민들은 딴 데 정신이 팔려 그들이 논에 있으리라고는 미처 생각하지 못했다. 일주일 뒤 두 주검은 물에 퉁퉁 불은 채로 발견되었다.

베트남의 작은 마을이 불타오르던 그날 1968년 2월 12일 아침, 미국에서 발행된《워싱턴포스트》는 대한민국 박정희 대통령과의 단독 인터뷰를 실었다. 박정희는 말했다. "미국이 북한의 침략 행위를 방임함으로써 북괴의 도발이 계속 조장되어왔다. 미국은 이제라도 보복 조치를 취하라." 1월 21일 북한 무장 특수부대원 31명이 남한의 청와대 앞까지 내려와 남한 군경과 교전을 벌이다 상호간에 수십 명의 사상자를 낸 전대미문의 사건에 관해 미국 정부가 너무 미온적이라는 불만이었다. 박정희는 이 사건을 빌미로 북한을 공격해야 한다고 미국에 주장했다. 한국 정부는 이날 전국의 철도경비원 550명에게 무기를 지급하기로 결정했다.

1968년 2월 12일, 베트남 중부에 위치한 꽝남성 디엔반현 타인퐁사 퐁니·퐁넛촌에서 벌어진 집단학살 사건의 수수께끼는 온전히 풀리지 않았다. 수수께끼의 중심엔 한국군 해병대가 있다. 총 몇 방으로 그들을 부른 베트콩 전사는 유유히 자취를 감추었다. 한국군 일부 대원들은 바로 마을에 진입했고 어떤 사건이 벌어졌다. 마을에서 한국군이 빠져나간 뒤엔 미군과 남베트남군 민병대가 들어갔다.

같은 날, 박정희 대통령은 전날의 좁은 사격장이 아닌 한반도 북녘을 향해 총을 쏘고 싶어 몸이 근질근질했다. 미국 대통령 존슨은 베트남 전선도 감당이 안 돼 피곤하고 난처한 상태였다. 전선을 한반도까지 확대할 엄두가 나지 않았다. 북위 38도선으로 갈라진 남북한과 북위 17도선으로 갈라진 남북 베트남, 그리고 미국이 얽히고설킨 삼각관계.

탕!

그날 오전 퐁니·퐁넛촌에 총성이 울렸다. 운명이 소용돌이쳤다.

1968년 2월 12일이었다.

소년과 소녀의 전쟁

: 응우옌티탄과 쩐지엡

소녀는 뛰다가 기었다. 손은 핏물로 흥건했다. 옆구리 사이로
창자가 삐져나왔다. 소년도 뛰었다. 총 맞은 다리를 절뚝거리면서
동생을 찾았다. 엄마의 이름을 애타게 불렀다.
이제 엄마 없는 세상이 시작되었다.

엄마!
소녀는 뛰었다. 무작정 뛰었다. 머릿속은 엄마의 얼굴뿐이
었다. 엄마를 찾아야 해. 엄마, 엄마, 엄마. 들판을 가로질렀다.
옆구리를 손으로 누르며 뛰었다. 극심한 통증이 몰려왔다. 손
은 핏물로 흥건했다. 뛰다가 자꾸만 넘어졌다. 일어설 수 없어
기었다. 찢어진 옆구리 사이로 창자가 삐져나왔다. 손으로 눌
러 집어넣고 다시 기었다. 하늘이 빙빙 돌았다. 누군가 손을 잡
았다.
1968년 2월 12일 오후. 퐁니·퐁녓촌은 지옥의 풍경이었
다. 한바탕 총성과 폭음이 머물다 간 뒤였다. 곳곳에 흩어진 주
검들의 침묵을 뚫고 운 좋게 살아남은 자들의 신음이 한 줄기
연기처럼 새나왔다. 현장에 도착한 미군과 남베트남 민병대원
들이[3] 구조 작업을 폈다. 마을 공터와 오솔길엔 주검이 끝도 없

이 이어졌다. 응우옌티탄(8)은 엄마 판티찌 Phan Thị Tri(34)를 어떻게 찾아야 할지 몰랐다. 고개를 두리번거리며 들판을 헤매다가 쓰러졌다. 엄마는 보이지 않았다. 피 흘리며 누워 있는 사람들 속에 섞여 있을까. 확인해봐야 하는데, 기운이 없었다. 창자는 자꾸만 밖으로 나왔다. 이렇게 죽는 걸까. 그때 누군가 그녀의 손을 잡은 뒤 작은 몸을 들어 안았다. 그는 소녀를 근처에 도착한 헬리콥터 안으로 옮겼다. 프로펠러의 소음에 사람들의 고함과 외침이 묻혔다. 헬리콥터는 곧 하늘을 향해 날았다.

그날 오전 퐁니촌 야유나무 근처에 위치한 응우옌티탄의 집에는 오빠 응우옌득상 Nguyễn Đức Sang(15), 언니 응우옌티쫑 Nguyễn Thị Trọng(11), 남동생 응우옌득쯔엉 Nguyễn Đức Trường(5), 이모 판티응우 Phan Thị Ngư(32), 세상에 나온 지 8개월밖에 안 된 이모의 아들 도안테민 Đoàn Thế Minh이 함께 있었다. 마침 동네 오빠 찐쩌 Trịnh Chờ(12)도 왔다. 아버지 응우옌득푸엉 Nguyễn Đức Phường은 없었다. 1년 전(당시 38세) 실종됐다.⁴

홀로 된 엄마는 인근 다낭에서 장사를 하며 억척스럽게 돈을 벌었다. 새벽에 집을 나가 밤 9시가 되어야 돌아왔다. 이모가 엄마를 대신해서 남매들을 돌봤다. 그래도 이날은 엄마가 일찍 오기로 돼 있었다. 정월 대보름 하루 전날(음력 1월 14일)이라 장을 보러 나갔다. 0세부터 15세까지, 친척과 동네 친구가 뒤섞인 여섯 명의 아이들은 소란스럽게 놀았다. 채소 심기 놀이를 하고 병 모으기를 한다며 마당에서부터 집 안 구석구석까지 어지럽게 쏘다녔다. 왁자지껄하게 깔깔거리며 웃고 떠들었다. 총을 든 낯선 한국 군인이 집 안으로 침입하기 전까지는.

총소리가 가까워졌을 때, 이모와 응우옌티탄을 비롯한 이들 일곱 명은 모두 겁을 먹고 동굴로 숨었다. 미군 폭격에 대비해 파놓은 깊이 1미터, 폭 4미터의 작은 공간이었다. 집에 들이 닥친 한국 군인은 동굴을 발견하고 나오라는 손짓을 했다. 이 모는 나가지 말라고 했다. 한국 군인은 수류탄 던지는 시늉을 했다. 아이들은 무서움을 견딜 수 없었다. 언니 응우옌티쫑이 가장 먼저 올라가는 순간……. 지우고 싶은 시간들이 흘렀다. 분명한 것은 응우옌티탄이 배에 총을 맞고도 날쌔게 근처 쩐티 드억(41) 아주머니 집으로 도망쳤다는 사실이다.[5] 쩐티드억은 한 시간 전에 응우옌티탄 집에 놀러온 찐쩌의 엄마였다. 쩐티 드억은 어디로 갔는지 없었다. 찐쩌도 따라오지 않았다. 배와 엉덩이에 총을 맞고 아예 일어서지 못하는 오빠 응우옌득상만 이 옆에 있었다. 목이 말랐다. 주전자가 눈에 띄었다. 목을 뒤로 젖혀 주전자에 담긴 물을 다 비워버렸다.

　나중에야 알았다. 한국군은 6세인 남동생 응우옌득쯔엉의 입에 대고 총을 쏘았다. 동생은 입이 다 날아간 채 죽었다고 했다. 언니 응우옌티쫑과 동네 오빠 찐쩌는 동굴 앞에서 총에 맞아 즉사했다. 이모 판티응우는 집을 불태우려는 군인들을 말리다 칼에 찔려 죽었다. 이모의 아들 도안테민은 엄마 옆에서 주검으로 발견됐다. 응우옌티탄은 오빠 응우옌득상과 함께 헬리콥터로 후송됐다. 집에 있던 일곱 명 중 다섯 명이 죽었다. 그렇다면 엄마는 어디에 있는가.

　응우옌티탄은 인근 다낭의 병원 침상에서 눈을 떴다. 의식을 차리자 곁엔 외할머니 응우옌티소안Nguyễn Thị Soạn(67)뿐이었다. "엄마는 어디 있죠?" "아, 엄마는 집에 일이 많단다. 걱정하지 마라." "동생은요? 오빠는요? 언니는요?" 속사포 같은 질문에 외할머니는 제대로 답을 하지 않았다. 그저 "엄마는 곧 온다"고만 했다. 순진한 소녀는 진짜로 믿었다. 엄마는 괜찮지 않왔다. 마을 구덩이의 주검 무더기 속에 엄마도 있었다. 정월 대보름 전날이 아니었다면, 다낭에서 일하느라 밤늦게 돌아왔을 텐데. 그랬다면 병원에서 딸을 지켜줬을 텐데. 소녀 응우옌티탄은 엄마도 잃고, 언니도 잃고, 동생도 잃었다. 남은 건 중상을 입은 오빠뿐이었다.

엄마!
소년은 뛰었다. 무작정 뛰었다. 엄마는 확실히 없었다. 아기를 낳으러 디엔반현에 있는 병원에 갔다. 아빠도 엄마를 따라갔다. 소년은 책임감이 강했다. 오른쪽 다리에 총을 맞았다. 피가 철철 흐르는 부위를 천으로 묶었다. 입에서는 "엄마" 소리가 터져 나왔지만, 동생을 찾는 게 급선무였다. 들판을 가로질러 달렸다.

쩐지엡(15)은 퐁녓 입구의 집에 있는 동굴에 숨어 있다가 나온 뒤였다. 마을 근처 구덩이에 쓰러진 10여 구의 주검이 눈앞을 가로막았다. 둘째 동생을 찾아야 했다. 안 보였다. 퐁니 쪽으로 달려갔다. 개울 근처에도 여러 구의 주검이 누워 있었다. 주검마다 바나나 잎들로 덮여 있었다. 쩐지엡은 바나나 잎을 하나씩 뒤집으며 얼굴을 확인했다. 하나, 둘, 셋, 넷, 다섯. 마침내 찾았다. 다섯 살배기 둘째 동생 쩐트가 처참한 모습을 하고 엎어져 있었다. 얼굴은 볏짚과 흙 범벅이었다. 가슴과 발에 총자국과 칼자국 투성이였다.

뭔가 불타는 냄새를 맡지 않았더라면, 쩐지엡은 동굴 속에서 나오지 않았으리라. 첫 총성이 나자 할아버지 쩐호안Trần Hoành(70), 할머니 응우옌티응Nguyễn Thị Ưng(77)과 함께 숨었지만, 연기 냄새를 맡는 순간 물소가 걱정됐다. 엄마, 아빠가 애지

146

중지하는 가족의 재산 목록 1호였다. 벽돌로 지은 집과 달리 외양간은 초가집이었다. 물소가 타 죽으면 안 되었다. 가축을 지키겠다는 본능에 이끌려 집 밖으로 나왔다가 다리에 총을 맞았다. 50미터 밖에서 한국 군인들이 떼 지어 몰려왔다. 쩐지옙은 비틀거리면서도 물소를 묶은 줄을 풀었다. 할아버지는 뒤따라 나오자마자 가슴에 총을 맞았다.

쩐지옙은 다시 집 동굴로 들어가 동생 쩐반린Trần Văn Linh(9), 쩐티땀Trần Thị Tám(3)과 함께 한참을 숨었다. 조용해서 나가보니 한국군이 물러간 자리에 미군과 남베트남 민병대원들이 몰려왔다. 그들이 든 총을 보자 다시 공포가 밀려왔다. 또 동굴로 숨었다. 조금 뒤 아버지 쩐탐Trần Thâm(41)과 고모 쩐티옷Trần Thị Ót(30)의 목소리가 들려왔다. 이젠 살았다는 마음으로 나갔을 때 아빠가 물었다. "쩐트는?" 몇 시간 전부터 안 보이던 녀석이었다. 불쑥 엄마의 질책하는 표정이 떠올랐다. 허겁지겁 달려 나가 마침내 개울가에서 찾은 동생은, 바나나 잎사귀에 덮여 말이 없었다.

아빠는 디엔반현의 병원에서 마을이 불탄다는 소식을 접하고 고모와 함께 달려온 터였다. 산후조리 중이던 엄마 응우옌티쑤옌Nguyễn Thị Xuyên(39)은 빨리 집에 가보라며 아빠의 등을 떠밀었다. 마을로 들어가는 1번 국도에선 미군들이 바리케이드를 치고 접근을 막았다. 저 멀리 퐁니·퐁넛에서 시뻘건 불기둥이 솟아올랐다.

미군과 남베트남 민병대원 사이에 실랑이가 벌어지기도 했다. 민병대원 중 상당수는 마을에 가족이 살았다. 그들은 빨리 들어가서 주민들의 희생을 막아야 한다고 주장했지만, 미군들은 고개를 가로저었다. 되레 한국군에게 공격당할 수도 있었다.

아빠와 고모는 마침내 쩐지옙이 찾아낸 쩐트를 목도했다. 고모 쩐티옷이 쩐트를 들어올렸다. 총을 여러 발 맞은 쩐트의 몸은 너덜너덜했다. 아이들의 주검은 도처에 있었다. 돌이 채 안 된 아이도 있었다. 고모는 그날 적나라하게 드러난 사람의 뼈와 내장을 처음 보았다. 이렇게 많은 주검을 보기도 난생처음이었다. 고모는 오전에 먹은 음식물을 몽땅 게워냈다. 그날로부터 일주일간 밥을 먹지 못했다.

엄마는 병원으로 돌아온 아빠에게 체념하듯 물었다. "우리 식구들 다 죽었나요?" 아빠는 "한 명만 죽었다"고 답했다. 엄마는 "다행"이라고 말했다. 아빠가 "안심해도 좋다"고 위로하자 역정을 냈다. "웃기지 마요. 거짓말하는 거 다 알아요. 살아 있다면 내 눈앞에 보여줘요." 다리에 총을 맞은 쩐지옙과 가슴에 총을 맞은 할아버지는 엄마가 있는 디엔반현 병원에서 치료받았다. 나머지 멀쩡한 동생들도 왔다. 실물을 보고서야 엄마는 눈물을 흘리며 믿었다. 한 명만 죽어 다행이라는 역설.

엄마.

두 명의 엄마는 결국 모두 하늘나라로 갔다. 응우옌티탄의 엄마만이 아니었다. 그날 병원에서 막내를 낳고 산후조리를 하던 쩐지옙의 엄마도 두 달 뒤 지뢰를 밟고 저세상 사람이 됐다. 소년과 소녀는 살았다. 다리에 작은 총상을 입었던 소년 쩐지옙은 디엔반현의 작은 병원에서 일주일간 입원 치료를 받았다. 배에 치명적인 총상을 입었던 소녀 응우옌티탄은 다낭의 병원에 1년간 입원했다. 더 크게 다친 오빠 응우옌득상은 같은 병원에 있다가 다낭 앞 바다에 떠 있는 독일 배의 선상 병원으로 옮겨졌고, 호찌민에 있는 큰 병원에서 수술을 받은 뒤 1975년 4

월 돌아왔다. 엄마 없는 하늘 아래서도 그들은 상처를 딛고 꿋꿋하게 살아갔다.

"다섯 명의 미 해병과 26명의 (남베트남) 민병대원과 즈엉Du-ong 준위로 구성된 경비조가 마을로 들어갔고 부상용 수송 헬기 지원을 요청했다. 두 명의 여성과 한 명의 소년이 유일한 생존자였다. 이들은 헬기로 수송됐다. 경비조는 불탄 주택 잔해에 깔려 있는 노인 두 명과 풀로 덮인 채 도랑 근처에 있는 많은 주검들을 발견했다. 몇몇 주검들은 잔해에서 끄집어냈다. 이들은 너무 심하게 불에 타서 신원을 확인할 수 없었다. 성별조차 식별할 수 없었다. 오솔길을 따라가 보니 두 명의 부상당한 여자와 또 다른 많은 주검들이 나왔다. 그들은 우리가 자신들을 죽일까 봐 두려워 신분증을 꺼내들었다. 경비대 일원인 본 상병이 사진을 찍었다."

그날, 현장에서 구조 작업을 했던 미 해병 실비아 중위가 사건 나흘 뒤인 2월 16일 상급 부대에 진술한 내용이다. 헬리콥터로 후송됐다는 두 명의 여성 중 한 명이 응우옌티탄이다. 한 명의 소년은 응우옌티탄의 오빠인 응우옌득상이다. 진술서 맨 끝엔 현장에서 사진을 찍었다는 미군 본 상병이 등장한다. 그는 현장 구석구석을 돌며 카메라를 들이댔다. 사진엔 어떤 장면들이 담겼을까.[6]

응우옌티탄, 한국에 오다

나는 응우옌티탄을 여러 차례 만났다.

초반에는 만남의 횟수를 셀 수 있었다. 언젠가부터 셀 수 없었다. 너무 자주 마주쳤기 때문이다.

일단 셀 수 있는 만남부터 헤아려보자. 첫 만남은 2001년 3월이었다.[7] 퐁니·퐁녓의 주검 사진을 한국 기자가 가져왔다는 소식을 듣고 몰려든 주민들 속에 응우옌티탄이 있었다. 그녀는 한 장의 사진을 찾아내 언니 응우옌티쫑, 남동생 응우옌득쯔엉, 이모 판티응우, 동네 오빠 쩐쩌의 이름을 대며 그들이 자신과 함께 있다가 어떻게 세상을 떠났는지를 설명했다. 그러곤 자신의 윗옷을 들어올렸다. 왼쪽 옆구리는 쭈글쭈글 깊이 패어 있었다. 총상의 흔적이었다. 날씨가 조금만 변해도 배가 당긴다고 했다. 쥐가 나는 것처럼 조이는 통증을 느끼다가 긴 숨을 쉬면 풀린다고 했다.

두 번째 만남은 2013년 1월이었다. 1번 국도변에 위치한 집을 방문했다. 그동안 12년이 흘렀다. 그녀는 나를 알아보았다. "아, 옛날엔 되게 어려 보였는데……"라고 말하며 환하게 웃었다. 사건 당시의 상황은 물론, 그 이후 어떻게 험하게 살아왔는지를 털어놓으며 울먹였다. "총상을 입고 치료를 받던 다낭 병원에서 1년 만에 퇴원했어요. 집으로 돌아왔지만 부모님은 안 계셨죠. 아버지는 사건 전에 세상을 떠나셨고, 어머니는 사건 당일 돌아가셨잖아요. 고아였어요. 함께 살아남은 오빠 응우옌득상은 상태가 위중해 계속 병원에 남아 있어야 했고요. 작은 아버지 응우옌득초이Nguyễn Đức Chơi(1939~)가 있는 다낭으로 갔어요. 그 집에서 초등학교를 다니며 남의 집 아이 돌봐주는 일을 했어요. 그 일을 3년간 하다 1975년 남부 해방을 맞았죠. 퐁니로 다시 돌아와 외할머니랑 지냈어요. 농사짓고, 남의 집 일해주면서 품삯을 받았지요. 악착같이 살았어요."

이제는 생활의 안정을 찾은 듯 보였다. 집 짓는 일을 하는 남편 응우옌드억Nguyễn Được(1956~)과의 사이에 1남 3녀를 두었다. 벼농사도 하고 닭과 오리도 키운다. 베트남 음식인 반짱 bánh tráng(쌀종이)을 만들어 디엔안 시장에 나가 팔기도 한다. 퐁니 여성협회 대표를 맡는 등 사회 활동에도 적극적으로 나선다고 했다.

세 번째 만남은 2014년 2월이었다. 이번에는 가족들의 묘지에 함께 가보기로 했다. 남편 응우옌드억이 동행했다. 어머니, 언니, 남동생, 이모 등 네 명의 고인(이모의 아들인 도안테민의 무덤은 현재 찾을 수 없다고 한다)을 위한 꽃과 향을 준비했다. 다낭에서 렌트한 승용차를 함께 타고 호이안 인근 디엔남사Xã Điện Nam 깜하Cẩm Hà 공동묘지로 향했다. 30분 거리였다.

베트남 묘지는 유럽식이다. 봉분이 없다. 공동묘지는 끝이 보이지 않을 정도로 광활했다. 적어도 수천 구의 주검이 묻혀 있을 듯했다. 먼저 어머니와 언니, 남동생의 무덤이 나란히 있는 곳으로 향했다. 응우옌티탄은 남편과 함께 불붙인 향을 흔들며 예를 갖췄다. 그러고는 주변의 다른 무덤에다가도 향을 꽂아주었다.

"어머니 집에 찾아오니 마음이 편해요. 엄마 고생 정말 많이 했죠. 저희 남매들 키우시느라 새벽 일찍 일어나 저녁 늦게까지 일하셨어요. 함께 보내는 시간이 별로 없었죠. 그러나 여기 올 때마다 슬프기도 해요. 다른 사람들 묘지는 크고 예쁜데 우리 엄마와 언니, 동생 묘지는 초라해요."

그녀는 이어서 이모의 묘지로 이동했다. 공동묘지 구역 안에서도 후미진 곳에 자리 잡고 있었다. "엄마 묘가 있는 곳으로 옮겨야 하는데 아직 형편이 안 되네요." 이모의 묘비는 흙먼지로 이름조차 보이지 않았다. 그녀는 수건으로 묘비 앞부분을 정성스레 닦았다. 드디어 '판티응우'라는 이름이 형체를 드러냈다. "이모는 아들 도안테민을 안고 있었는데, 한국군이 불을 지를 때 말리다가 칼에 찔렸어요. 이모는 사건 며칠 전에 한쪽 손을 다쳐 붕대로 묶은 상태였어요. 그 손으로 아기를 안고 있던 모습이 아직도 생생해요. 사실 이모는 아기는 낳아 길렀지만 결혼도 하지 못했어요. 아기 아빠요? 저는 어렸을 때라 잘 몰라요."

이후 응우옌티탄을 2015년에 두 번, 2016년에 한 번, 2017년에 두 번, 2018년에 두 번, 2019년에 세 번 만났다. 2015년과 2018년과 2019년의 경우 베트남에서는 물론 한국에서도 마주쳤다. 그녀는 2015년 베트남전 종전 이후 최초로 한국을 공식 방문한 민간인 학살 피해자 중 한 명으로 기록됐다. 2015년 4월 빈딘성 떠이빈사 Xã Tây Vinh 피해자 응우옌떤런 Nguyễn Tấn Lân (당시 64세, 2020년 11월 별세)과 함께 사단법인 평화박물관 초청으로 일주일간 방한해 시민들을 만난 것이다.

2018년 4월에는 대한민국 정부를 피고로 한 베트남전 시민평화법정(베트남전쟁 시기 한국군에 의한 민간인 학살 진상 규명을 위한 시민평화법정)의 원고 두 명(한 명은 꽝남성 하미 마을의 또 다른 동명이인 응우옌티탄) 중 한 명으로 참석해 증언했다.[8]

2019년 4월에는 제주4·3평화재단이 주는 제3회 제주4·3평화상 특별상 수상자로 한국에 왔다. 2018년 시민평화법정에 함께 참석했던 하미 마을의 응우옌티탄과 공동 수상이었다. 그녀는 4월 3일 오전에 제주에서 열린 수상식에서 상을 받은 뒤 비행기를 타고 광주로 와, 그날 마침 광주시 서구 내방로 5·18 기념문화센터 전시실에서 열린 '고경태 퐁니·퐁넛 기록전' 개막식에 참석했다. 다음 날인 4월 4일 오전에는 고속 열차를 타고 서울로 가 청와대에 청원서를 접수했다. 한국군 학살 피해를 입은 베트남 중부 17개 마을의 유가족과 생존자 103명이 직접 작성한 청원서였다. 이 청원서는 한베평화재단 구수정 이사가 마을을 돌며 직접 받았다. 청원서에서 생존자와 유가족들은 "한국 정부의 진상 규명과 공식 사과, 피해 회복을 위한 조치"를 요구했다.

사실 응우옌티탄은 2010년대 초반까지만 해도 가족들을 죽인 한국 군인이 떠올라 한국 남자들을 대면하지 못하곤 했다. 두려움이 차올라 심장이 떨린다고 했다. 자신의 집을 찾아온 한국 중고생 방문단 앞에서 끝내 입을 열지 않은 적도 있다. 채 아물지 못한 가슴속 상처를 들추기 힘들었던 탓이다. 그러나 진심 어린 사죄를 하는 한국인들을 만나면서 마음속 응어리가 조금씩 풀렸다. 한국 남자들을 마주하는 일도 감당할 수 있게 되었다. 응우옌티탄은 2015년과 2018년과 2019년 세 차례 한국을 방문할 때마다 거리나 행사장 앞에서 군복을 입고 "민간인 학살 내용이 조작됐다"고 항의하는 한국군 참전군인들을 먼발치에서 보아야 했다. 2015년에는 당황하는 기색이 조금 엿보였지만, 2018년과 2019년에는 시민들과 참전군인들 앞에서 미동 없이 침착하게, 아니 너무나 당당한 달변으로 본인이 당한 일과 대한민국 정부가 이 일을 어떻게 처리해야 하는지 조목조목 말해 박수를 받았다.

응우옌티탄은 베트남전쟁기 한국군에 의한 민간인 학살의 생존자 중 대표적 인물이 되었다. 각종 언론에 보도되면서 한국에서 가장 이름이 알려진 덕분이다.

저기 사람 있어요

: 남베트남군 응우옌싸의 비애

쌍안경에 눈을 계속 붙일 수 없었다. 한국군은 조카들이 사는
마을을 공격했다. 신속하게 마을로 진입하고 싶었지만
미군이 막았다. 남베트남 정부 편에 서 있는 민병대원 응우옌싸는
전의를 상실하고 말았다.

생생한 클로즈업이었다.

　시뻘건 불길을 배경으로 총을 든 한국 해병대원들의 성난
표정이 잡혔다. 노인과 부녀자, 아이들의 주검은 끝없이 나타
났다. 살려달라 애원하는 부상자들의 일그러진 얼굴도 보였다.
실물보다 대여섯 배 확대된 그 처절한 광경에 더 이상 눈을 붙
이고 있을 수 없었다. 남베트남 민병대원 응우옌싸는 쌍안경을
내려놓았다. 육안으로도 충분히 보이는 거리였다. 총소리와 폭
음은 계속 쿵쿵 울렸다. 그는 옆에 있는 동료 한 명에게 쌍안경
을 건네준 뒤 초소에서 내려왔다. 퐁니촌 근처 1번 국도변의 끼
엠루 초소였다. 응우옌싸를 포함한 남베트남 민병대원 26명은
이곳을 근거지 삼아 인근 지역을 정찰했다. 사건이 벌어지면
현장으로 긴급 투입되기도 했다.

　드디어 뭔가 사건이 벌어진 날이었다. 민병대원 전원이 초

소에 집결했다. 초소를 관할하는 미 연합작전중대 산하 경비대(일명 캡소대) 장교와 사병 다섯 명도 모였다. 모두 불타는 서쪽 퐁니촌을 지켜보는 중이었다. 1968년 2월 12일 월요일 오후 1시 30분께.

응우옌싸는 지독한 무력감에 휩싸였다. 아무것도 할 수 없었다. 끼엠루 초소의 벙커 위에서 퐁니촌 옆으로 이동하는 한국군을 발견한 것은 오전 10시께였다. 그들이 마을로 진입해 주민들을 공격하리라고는 상상도 하지 못했다. 그곳에는 남베트남 민병대원들의 가족과 친척이 한둘이 아니었다. 당연히 민병대원들은 신속하게 마을로 진입해 한국군을 말리고 주민들을 구조해야 한다고 주장했다. 미군 장교는 잠자코 기다리라고만 했다. 위험하다고 했다. 한국군 대원들이 흥분한 상태라 자칫 충돌이 벌어질 수 있다고 했다.

초소 근처에는 옆 마을 주민들도 몰려와 웅성거렸다. 남베트남 민병대원들은 발을 동동 굴렀다. 응우옌싸의 집도 퐁니였지만 끼엠루 초소 바로 앞이라 사건이 벌어진 현장과는 거리가 있었다. 문제는 1년 전 베트콩에 끌려간 뒤 실종된 형 응우옌득프엉의 부인, 즉 형수 판티찌의 가족이었다. 형수의 아이들은 4남매였다. 아이들의 이모도 함께 살았다. 닥치는 대로 죽이는 걸로 봐서는 모두 무사하다고 보기 힘들었다. 마음이 급했다.

그 시각, 응우옌티르엉Nguyễn Thị Lượng(31)은 집 안 동굴에 있었다. 총소리가 나자마자 어머니 응우옌티륵Nguyễn Thị Lực(52)과 함께 숨었다. 집 안에 남자는 아무도 없었다. 아버지 응우옌트어Nguyễn Thừa는 이 세상 사람이 아니었다. 응우옌티르엉은 아직 미혼이었다. 미래를 약속한 남자는 있었다. 약혼자 하응옥메

오Hà Ngọc Mẹo는 남베트남 군인이었다. 고향과 멀리 떨어진 정글로 베트콩의 적이 되어 싸우러 갔다. 모녀는 동굴 안에서 한 시간 동안 움직이지 않았다. 그녀의 집은 끼엠루 초소에서 1킬로미터도 안 되는 가까운 거리였지만, 다행히도 불타는 퐁니촌과는 반대편이었다. 퐁니에 사는 친척들을 하나씩 떠올렸다. 다들 괜찮을까. 잠잠해지기만을 기다릴 수밖에 없었다.

응우옌티니아Nguyễn Thị Nghĩa(30)는 동굴에 있지 않았다. 네 명의 자식들을 꼭 끌어안고 퐁녓의 집 근처에 숨어서 퐁니촌 현장을 보았다. 총소리는 심장을 벌떡거리게 했다. 딸 쩐티빈Trần Thị Bình(9), 쩐티봉Trần Thị Bông(7), 아들 쩐반통Trần Văn Thông(3), 쩐반민Trần Văn Minh(1)에겐 손으로 귀를 막고 눈을 질끈 감고 있으라 했다.

응우옌티니아는 쌍안경을 쓰지는 않았지만 모든 것을 너무나 똑똑히 보았다. 믿기 힘든 충격적이고 야만적인 광경이 펼쳐졌다. 한국 군인들은 음식을 말리는 넓고 둥근 나무 채반에 여러 구의 주검을 한꺼번에 올려놓고 논에 버렸다. 그녀의 집 뒤채에도 걸려 있는 커다란 채반이었다. 채반 위의 주검들은 언뜻 엄마 한 명과 아이들 네 명으로 보였다. 사람을 짐승처럼 취급했다. 한국군은 주검을 우물에 던지기도 했다. 농수를 공급하는 우물이었다. 혹시 언니 응우옌티토이Nguyễn Thị Thời(33)가 저 속에 있지 않을까? 언니는 퐁니에 살았다. 그곳은 응우옌티니아의 고향이기도 했다. 조카 두 명도 걱정이었다. 총소리가 멎기만을 기다렸다.

오후 3시께, 응우옌싸는 끼엠루 초소에서 출발했다. 미군들은 한국군이 마을을 빠져나갔다고 판단하고 남베트남 민병대원들과 함께 퐁니촌으로 향했다. 동굴에 숨어 있던 응우옌티르엉도, 집 근처에서 몰래 현장을 목격하던 응우옌티니아도 퐁니촌으로 발걸음을 옮겼다. 가족과 친척들의 생사를 확인해야 한다는 의무감이 그들의 머릿속을 지배했다.

가슴속에 얹혀 있던 큰 돌멩이는 결국 쿵 내려앉았다. 응우옌싸는 마을 초입에서 중상을 입은 조카 두 명과 맞닥뜨렸다. 배와 엉덩이에 많은 피를 흘린 응우옌득상은 일어나지도 못했다. 조카는 마을 주민 판르엉(42)과 응우옌티도이Nguyễn Thị Đôi(35) 부부의 부축을 받고 있었다. 조카는 집에서 여기까지 기어왔다고 했다. 응우옌득상의 여동생 응우옌티탄은 내장 일부가 밖으로 나왔다. 복부 출혈이 컸다. 둘 다 의식이 오락가락 했다. 빨리 병원으로 보내야 했다. 하늘이 도왔다. 마침 미군이 부상자들을 위해 보낸 헬기가 1번 국도변에 도착했다. 다낭의 병원으로 10분 안에 갈 수 있었다.

응우옌싸는 조카들을 헬기에 태웠다. 신원을 알 수 없는, 부상당한 또 한 명의 성인 여자도 탔다. 미군 헬기 조종사는 누가 아이들의 보호자로 함께 갈 거냐고 물었다. 응우옌싸는 곤란했다. 형수와 또 다른 조카들을 찾으러 가야 했다. 마침 먼 친척뻘 동생 응우옌티르엉이 보였다. 집 동굴에 숨어 있다가 퐁니로 들어오던 바로 그 응우옌티르엉이었다. 응우옌싸는 그녀의 손을 잡고 부탁했다. "내 조카들이 많이 다쳤다. 헬기를 타고 가야 하는데 네가 보호자 역할을 해줬으면 좋겠다." 응우옌티르엉은 어리둥절했다. 응우옌싸는 덧붙였다. "혹시 숨이 끊어지면 네가 주검을 지키고 기다려줘. 내가 곧 병원으로 갈게."

응우옌티르엉은 내키지 않았지만 어쩔 수 없었다. 멀리서만 보던 헬기를 난생처음 올라탔다. 응우옌득상과 응우옌티탄은 거친 숨을 몰아쉬고 있었다. 피투성이였다. 살 수 있을 것처럼 보이지 않았다. 아이들보다 더 신경 쓰이는 건 헬기에 탄 미군이었다. 카키색 군복에 선글라스를 낀 덩치 큰 이가 바로 옆에 앉았다. 옆구리에는 권총도 보였다. 미군은 사람들을 많이 죽인다고 들었다. 무서움이 몰려왔다. 헬기에 오르기 전 그녀에게 응우옌싸는 말했다. "괜찮아. 헬기에 올라가서 미국 사람 보지 말고 내 조카들만 보면 돼." 그 말대로, 응우옌티르엉은 미군의 얼굴을 절대로, 절대로 쳐다보지 않았다.

헬기는 10여 분 뒤 다낭 병원에 내렸다. 문이 열리자 하얀 옷을 입은 의사와 간호사 서너 명이 이동침대를 가져와 부상자들을 실어 날랐다. 응우옌티르엉은 그들을 따라갔다. 수술실은 출입 통제 구역이었다. 그저 병원 복도에 앉아 기다릴 뿐이었다. 의사들이 수술실을 수시로 드나들었다. '가위와 칼로 수술하다 죽으면 어쩌지?' 무심코 그런 걱정이 들었다. 하루가 가고 이틀이 갔다. 조카들은 수술실에서 금방 나오지 않았다.

퐁니에 들어간 응우옌싸는 친척 중 온전한 이가 아무도 없음을 알고 절망했다. 형수 판티찌는 처참한 주검으로 발견됐다. 또 다른 조카 응우옌티쫑과 응우옌득쯔엉, 그들의 이모인 판티응우와 아들 도안테민이 다 죽었다. 응우옌싸는 일단 이들의 주검을 수습해야 했다. 다낭 병원으로 보낸 조카 두 명이 어떻게 됐는지도 살펴봐야 했다.

응우옌티니아도 눈물을 쏟았다. 퐁니촌 한가운데 모여 있는 주검 무더기 속에 언니 응우옌티토이가 있었다. 조카 레딘딕Lê Đình Đích(4)은 숨을 거둔 채 그 옆에 말없이 누워 있었다. 엄마와 아이들의 주검이 뒤섞여 있었다. 신기한 장면은 가슴을 내놓고 죽은 엄마 옆에서 꼬물거리는 갓난아기였다. 젖을 먹다 엄마는 죽고 아이만 혼자 살아난 모양이었다. 응우옌티니아는 남편 쩐이Trần É(30)의 존재가 아쉬웠다. 자신을 위로해줄 사람이 없었다. 남편은 공산당 활동가였다. 정확히 어디에 있는지 몰랐다. 가끔 집에 다녀갈 뿐이었다.

응우옌싸는 자괴감에 사로잡혔다. 희생자 유가족과 생존자들을 볼 낯이 없었다. 이번 사건을 어떻게 설명해야 하는가. 베트콩의 짓이라면 분노에 사로잡혀 울분을 터뜨리기라도 할 텐데, 그럴 처지가 못 됐다. 베트콩들은 분명 이번 사건을 정치선전의 호기로 삼을 것이다. 퐁니촌에는 베트콩 지지자와 남베트남 정부 지지자들이 뒤섞여 있었다. 가령 응우옌싸의 형(응우옌티탄의 아버지)은 베트콩에 끌려간 피해자였고, 응우옌티르엉의 약혼자는 남베트남군에 입대했지만, 응우옌티니아의 남편은 베트콩이었다. 마을 사람들 중 누가 어느 편을 지지하는지는 대충 알았지만 모른 척했다. 그렇다고 둘 사이의 긴장감이 아주 없지는 않았다. 남베트남 정부 편에 서 있는 민병대원 응우옌싸는 전의를 상실하고 말았다.

아기는 꿈나라

: 엄마 품에서 살아난 레딘먼

윗옷이 위로 올라간 엄마. 젖가슴이 보이는 엄마.

아기에게 젖을 먹이다 하늘나라로 떠난 엄마. 쿨쿨 잠만 자는 아기.

상처 하나 없는 아기. 슬픔을 모르는 아기. 엄마 품에서 살아난 아기.

꿈결 포근한 엄마의 품. 젖을 먹는 아기. 자장가를 불러주는 엄마. 졸음이 몰려오는 아기. 농부들은 모를 심고, 물소 떼가 지나가고, 강아지들이 어슬렁거리고, 들고양이는 논둑에 숨고, 햇살은 따뜻한데 꿈나라로 간 아기. 그 아기에게 젖을 물리며 슬슬 논일을 준비하려는 엄마. 목가적인 들녘 풍경.

지옥 난데없는 총소리. 불길한 눈길로 주변을 살피는 엄마. 더욱 깊이 잠든 아기. 자식을 감싼 팔에 힘을 꽉 주는 엄마. 세상모르고 깨어나지 않는 아기. 계속되는 총소리에 겁에 질려 뛰는 엄마. 새근새근 잘도 자는 아기. 마침내 총을 맞고 쓰러지는 엄마. 엎드린 엄마의 품 밑에 숨은 아기. 엄마의 비명. 아기는 쿨쿨.

엄마 드러누운 엄마. 집도 아닌데, 안방도 아닌데 밭에 길게 누운 엄마. 엎드려 있다가 뒤늦게 달려온 어떤 사람들에 의해 뒤집혀진 엄마. 윗옷이 위로 올라간 엄마. 젖가슴이 보이는 엄마. 아기에게 젖을 먹이다 하늘나라로 떠난 엄마. 말이 없는 엄마. 아빠 대신 농사와 집안일을 도맡아 하던 엄마. 아이들의 응석을 잘 받아주던 엄마. 딸 셋, 아들 하나를 낳았지만 일찍이 큰딸 하나를 잃어 애통해하던 엄마. 아들 하나를 더 낳아 애지중지 보살피던 엄마. 총소리만 나면 무서워 집 안 땅굴로 들어가 숨던 엄마. 아기를 지키려고 죽을 때까지 품에 넣고 놓지 않은 엄마. 34세. 그녀의 이름은 하티지엔Hà Thị Diên.

아기 엎드려 숨진 엄마를 뒤집자 나타난 아기. 엄마의 피가 묻었지만 상처 하나 없는 아기. 송골송골 이마에 땀까지 흘리며 여전히 잠든 아기. 슬픔을 모르는 아기. 집과 마을이 불타면서 엄마도, 할아버지도, 고모도 잃었지만, 삶과 죽음이 무엇인지 분간할 수 없는 아기. 잠에서 깨어 방긋방긋 웃다가 우는 아기. 잘 먹고 잘 자고 잘 싸기만 하면 행복한 아기. 할머니와 아빠와 형과 누나들이 살아 있어 천만다행인 아기. 네 이름은 뭐니? 아직 아무것도 몰라 답할 수 없는 아기. 엄마가 갑자기 죽어 자신의 생일조차 알지 못하게 된 아기. 고작 3개월이 됐을까 말까 한 아기. 나중에 지어진 아기의 이름은 레딘먼.

아빠 생계를 위해 남베트남 민병대원으로 일하는 아빠. 집에서 2킬로미터 떨어진 끼엠루 초소에서 근무하는 아빠. 아예 초소 옆에 집을 지어놓고 그곳에서 밤을 보내는 아빠. 외로운 아빠. 적지만 꼬박꼬박 나오는 월급으로 네 명의 자식에게 온전히 밥을 먹인다고 위안하던 아빠. 아이들이 보고 싶어 하루 전날 함께 자자고 불렀던 아빠. 덕분에 아이들로 하여금 화를 면하게 해준 아빠. 아기인 막내도 보고 싶었지만 참았던 아빠. 결국 엄마의 주검을 보고 통곡한 아빠. 할아버지와 고모까지 죽어 슬픔을 가눌 수 없었던 아빠. 자신과 똑같이 가족을 잃은 마을 주민들이 주검을 메고 끼엠루 초소로 몰려오자 당황했던 아빠. 속이 까맣게 타 들어갔던 아빠. 미군과 함께 마을을 지키는 남베트남군의 한 사람으로서 속상했던 아빠. 그래도 하늘이 도와 아기가 살아났다며 스스로를 다독인 아빠. 40세. 그의 이름은 레딘특Lê Đình Thức.

형 엄마의 귀여움을 듬뿍 받고 자란 형. 4남매 중에 자신이 엄마의 사랑을 가장 많이 받고 있다고 확신하는 형. 하루 전날 엄마가 아빠 있는 곳에 가서 자라고 하자 환호했던 형. 아빠가 있는 끼엠루 초소에서 까불면서 놀았던 형. 두 여동생의 철없는 어리광을 못마땅해했던 형. 다음 날 오전 마을에 울려 퍼진 총소리에 무감각했던 형. 평소에도 툭하면 들리던 그 소리가 너무 익숙했던 형. 베트콩과 남베트남군이 또 서로 총을 쏘나 보다 생각하고 넘어갔던 형. 마을이 불타오르자 이건 장난이 아니라고 깨닫기 시작한 형. 설마 엄마가 막내만을 남기고 돌아가실 거라고는 상상도 하지 못했던 형. 엄마와 고모와 할아버지의 죽음 앞에서 드디어 삶과 죽음의 경계를 어렴풋이 이해하게 된 형. 더욱 무거운 책임감에 짓눌리게 된 형. 10세. 그의 이름은 레딘묵Lê Đình Mức.

(1968년 2월 12일, 퐁니에서)

엄마 엄마 생각 많이 해요. 특히 아내가 아이들을 재울 때 그래요. 옛날엔 엄마도 나를 안고 재워줬겠죠. 이것도 운명인걸요. 엄마가 있었으면? 그런 생각 안 해요. 원한다고 이뤄지나요? 형은 엄마의 얼굴을 생생히 기억한다지만, 저야 생각나는 모습이 없죠. 전 아기였잖아요. 엄마가 외국 군인이 쏜 총에 맞아 피 흘리며 돌아가셨을 때, 바로 그 엄마의 젖을 먹고 잠만 자던 아기. 엄마의 사랑이 없었다면 지금의 제가 없었겠죠. 엄마가 끝까지 품어줘 기적같이 살아났잖아요.

어릴 땐 엄마 꿈을 많이 꿨어요. 흰옷을 입은 엄마가 문 옆에 우두커니 서 있곤 했어요. 절 쳐다만 보고 아무 말도 안 했어요. 점쟁이는 엄마가 저를 보호해주는 거라 했어요. 정말 그런가 봐요. 두 살 때도 심하게 병을 앓아 죽을 뻔했대요. 3년 전에도 비 오는 날 오후 잔칫집에 다녀오다가 쓰러져 의식을 잃은 적이 있어요. 음식을 잘못 먹었나 봐요. 다행히 동네 사람들이 발견해 응급처치를 해줬어요. 아, 정말 그땐 죽을 뻔했어요. 점쟁이 말이 정말 맞는 거예요. 제가 몇 년생이냐고요? 1967년생이죠. 염소띠(양띠)예요. 11월쯤 태어난 것 같아요. 신분증엔 한 살 더 어리게 돼 있어요. 1968년 11월 28일생이래요, 하하. 대충 만들었나 보죠. 생일을 몰라요. 생일잔치는 한 번도 해본 적이 없어요. 그래도 제가 어릴 땐 장난이 심한 악동이었대요. 엄마 없이 자랐는데도 구김살이 없었나 보죠?

형 엄마가 죽고 4년 뒤인 1972년엔 아빠가 죽었어요. 아빠는 남베트남 민병대원이었잖아요. 베트콩의 총알에 너무 맞아 주검을 확인하기 힘들 정도였대요. 고아가 되고 말았죠. 친척들은 저희 4남매를 동정했어요. 한 명씩 남매를 나눠서 데려가 키워주겠다고 했대요. 형이 강력하게 반대했어요. 형은 우리끼리 무조건 함께 있어야 한다고 주장했어요. 형은 책임감이 강해요. 그러고 보면 다 형 때문이에요. 저보다 아홉 살 많은 형은 닥치는 대로 일했대요. 동생 셋을 위해 돌아가신 엄마·아빠 역할을 했어요. 사랑으로 돌봐주고, 동생들이 제 앞가림을 하도록 이끌어줬어요. 저도 형 덕분에 고등학교까지 마쳤잖아요. 형이 도시에 있는 공장에도 보내줬어요. 여러 군데 돌아다니다가 적응을 못 하고 고향으로 다시 돌아왔지만요. 마을 사람들에게 목수 일을 배웠죠. 농사도 지어요.

아내 친구 소개로 만났어요. 응오티뚱Ngô Thị Tùng이라고 해요. 저보다 세 살 어리죠. 18년 전에 결혼했습니다. 아이 셋을 낳았어요. 첫째는 열일곱 살짜리 아들 레딘민띠엔Lê Đình Minh Tiến. 고등학생이에요. 둘째는 열다섯 살짜리 딸 레티리Lê Thị Ly. 중학생이죠. 가장 귀여운 막내딸은 일곱 살 레티린Lê Thị Linh. 초등학생이랍니다. 아내에겐 늘 미안해요. 말도 못 하게 고생을 시키잖아요.

아내는 2년 전까지 비옷을 만드는 수공업 공장에서 일했어요. 지금은 호이안 근처에 있는 디엔남사 디엔응옥Điện Ngọc 공업단지의 구두 공장에서 일해요. 새벽 4시 30분에 일어나 빨래하고 밥하고 설거지하고 6시 30분에 출근해요. 오후 5시 30분에 퇴근해서 집에 오는데, 또 논에 가서 한 시간 정도 일하죠. 벼농사를 짓거든요. 저도 아내와 같은 시간에 일어나 집안일을 돕고 6시부터 일을 시작합니다. 대패질을 하고, 톱질을 해요. 가구를 만들잖아요. 논에 가서 벼도 살펴야 하죠. 돼지도 세 마리 키워요. 아내는 한 달에 250만 동(약 12만 원) 정도 벌어요. 저는 400만 동(약 20만 원)쯤 법니다. 큰 걱정은 없어요. 벼농사로 1년 내내 먹는 쌀은 충분하니까.

전쟁 저는 외국에 나가본 적이 없어요. 가장 멀리 가본 곳이 하노이 밑에 있는 빈Vinh 시예요. 형편이 안 되죠. 희한하게 국제 뉴스에 관심이 많아요. 특히 전쟁이 터진 나라에 눈길이 가요. 어떻게 군인들이 사람을 죽이는지, 난민들은 국제단체로부터 어떻게 지원받는지 궁금해요. 이라크 전쟁은 말도 안 돼요. 미국이 테러리스트를 제거한다고 들어가 놓고 그 나라 사람들을 너무 괴롭힌 거 아닐까요? 참 이해 안 되죠. 평화가 좋은데 왜 세상 사람들은 전쟁을 할까요. 이유가 있겠죠. 베트남 전쟁도 그렇잖아요. 미국이 베트남에서 뭔가 이익을 얻기 위해 시작한 거잖아요. 싸우기 싫다는데 싸움을 건 거잖아요. 돈이 많으니 다른 나라 군인들도 파병하게 한 거고요. 그래서 한국 군인들이 베트남에 왔고요. 이 마을에 온 한국 군인들은 너무 생각이 없었어요. 양심이 없는 사람들 아닌가요? 우리가 닭한 마리, 오리 한 마리 죽여도 죄 지은 느낌인데 어떻게 사람을 그렇게 죽였죠? 전투 중에 대치했다면, 자기를 해치려는 적이었다면 이해해줄 수 있겠죠. 양민이었잖아요. 논에서 아기에게 젖 먹이는 여자를, 자신들한테 손해 끼친 것도 없는데 왜 죽였냐고요? 무엇이 그리 화가 났나요? 너무 잔인했어요. 집도 태우고, 심지어 돼지와 소와 닭까지. 아니 가축이 무슨 죄가 있어요? 저는 부모님도 일찍 돌아가시고 몸도 안 좋아 군대를 안 갔지만요, 내가 군인이라면요. 내가 살기 위해 적을 해칠 수도 있겠지만요. 양민이랑 가축은, 절대로, 절대로 안 건드릴 거예요.

(2013년 1월 22일, 퐁니에서)

레딘먼 1968년 2월 12일, 마을이 아비규환이 되던 현장의 한가운데서 끝내 잠들어 깨어나지 않던 그 아기는 2021년 2월 현재 쉰네 살이다. 지금도 고향인 꽝남성 디엔반현 디엔안사 퐁니촌에서 가족, 친지들과 함께 작은 행복에 감사하며 살고 있다. 이 글은 2003년 1월과 2014년 2월에 했던 레딘먼과 그의 형 레딘묵 인터뷰에 기초하여 몇 가지 키워드를 중심으로 재구성한 것이다.

물소가 바꾼 운명

: 쩐티드억과 판르엉 가족

쩐쩌는 집에만 있었다면 살았다. 판르엉은 집에만 있었다면 죽었다.

판르엉이 쩐쩌의 감기지 않은 두 눈을 보았다.

쩐쩌 엄마 쩐티드억은 피칠갑이 된 채 주검 맨 밑에서 발견됐다.

심장이 뛰었다.

아무도 죽지 않았다.

판르엉(42)은 복 받은 사람이다. 판르엉 부부와 아홉 명이
나 되는 아들딸들은 모두 무사했다. 그 누구도 털끝 하나 다치
지 않았다. 하늘이 도운 집이다.

1968년 2월 12일, 한국군의 돌발적인 민가 초토화 작전이
벌어진 퐁니촌. 마을에 퍼져가는 총성과 고성, 울부짖음을 통
해 한국군이 진입해 총기를 난사하고 있음을 파악한 판르엉은
가족을 추슬러 집 동굴에 숨었다. 옆에 웅크려 있던 아내 응우
옌티도이(35)가 목소리를 떨며 말했다. "우리 집은 초가집인데
불이 붙으면 어떡하죠?" 판르엉도 그러한 위험이 가장 마음에
걸리던 차였다. 아내는 옆집 응우옌응예 할아버지 집으로 가자
고 했다. 판르엉은 그러자고 했다. 가족은 함께 집 뒷마당을 통
해 응우옌응예 집으로 건너갔지만 곧 경악할 만한 장면과 마

주하고 말았다. 그 집엔 응우옌응예의 며느리 찐티안Trịnh Thị An(33), 응우옌티호아Nguyễn Thị Hòa(5), 응우옌티투언Nguyễn Thị Thuận(2) 등 일가족이 피투성이 주검으로 변해 있었다. 엄마의 젖가슴에 얹힌 꼬마의 두 손이 보였다. 연기가 새어나왔다. 불이 붙은 모양이었다. 얼른 피해야 했다.

판르엉은 가족을 데리고 다시 옆집으로 향했다. 찐떠이 Trịnh Tây(45)가 사는 곳이었다. 물소 한 마리가 입구를 막아섰다. 판르엉은 어지러움을 느꼈다. 더 이상 방법이 없었다. 물소를 달래며 간신히 안으로 들어갔다. 집 동굴엔 찐떠이와 서너 명 되는 그의 아이들이 보였다. 찐떠이의 아내 쩐티드억은 보이지 않았다. 판르엉은 아내와 아이들을 침대 밑으로 들어가게 했다. 그 역시 숨었다. 그래봤자 한국군이 들이닥친다면 발각은 시간문제였다.

군인들의 쿵쿵거리는 군홧발 소리, 달그락거리는 총열 소리가 가까이 들려왔다. 한국군이 당장 집에 들어와 총을 난사할 것만 같았다. 군홧발 소리가 멈췄다. 군인들은 알아들을 수 없는 말로 크게 외쳤다. 물소가 성질을 부리며 군인들을 막아서는 것 같았다. 진로를 방해받은 군인이 짜증을 내는 듯도 했다. 알 수 없는 한국말이었다. 갑자기 엄청난 폭음이 울렸다. 수류탄을 던진 모양이었다. 물소는 미친 듯 단말마적으로 울어대더니 계속 씩씩거렸다. 판르엉 가족과 찐떠이 가족은 그러고도 한참을 숨었다가 집 앞으로 나왔다. 물소는 피를 흘리고 있었다. 한국군 병사는 애꿎은 가축에게 화풀이를 하다가 돌아간 것일까. 물소가 온몸으로 군인을 막아 집 안에 숨은 사람들의 목숨을 살린 셈이었다. 그렇지 않았다면 15명이 넘는 두 가족의 생명이 위태로웠을 것이다.

생명의 은인인 물소는 평소 이 집의 안주인인 쩐티드억이 가장 아끼던 보물 1호였다. 물소는 바쁜 농사철에 기계를 대신해 쟁기질을 했다. 가축 시장에 나가 돈 주고 사려면 거금을 줘야 했다. 쩐티드억의 셋째 아들 찐쩌(12)는 물소와 가장 친한 아이였다. 매일 물소에게 꼴을 먹이러 다녔기 때문이다. 찐쩌는 학교에 다니지 않았다. 물소와 함께 돼지와 닭 등 집에서 키우는 가축들을 돌보았다. 하지만 결정적인 순간 찐쩌는 자신이 매일 꼴을 먹여주던 물소의 보호를 받지 못했다.

이날 찐쩌는 오전에 장을 보러 나가는 엄마 쩐티드억의 바짓가랑이를 잡고 따라나섰다. 쩐티드억은 정월 대보름을 하루 앞두고 같은 마을에 사는 판티찌와 함께 디엔반현 시장에 갈 계획이었다. 제사 음식을 준비하려고 했다. 1번 국도와 가까운 야유나무 근처 판티찌의 집에 도착하자 찐쩌는 엄마 손을 놓고 그곳에서 놀기로 했다. 판티찌의 큰아들 응우옌득상은 친한 동네 형이었다. 그곳에는 응우옌득상의 여동생인 응우옌티쫑과 응우옌티탄, 남동생인 응우옌득쯔엉이 함께 있었다. 집 안에 있는 어른이라고는 유일하게 응우옌득상의 이모인 판티응우뿐이었다. 판티응우는 자신의 8개월 된 아들 도안테민을 안고 서성거리며 아이들이 심한 장난을 칠 때마다 말리곤 했다.

쩐티드억과 판티찌, 두 여인은 마을 입구를 나서다 총성을 듣고 화들짝 놀랐다. 쩐티드억은 찐쩌 생각부터 했다. 판티찌의 집에 잘 있는 걸까. 찐쩌를 찾아 데려가야 했다. 판티찌 역시 집에 남은 아이들의 얼굴이 머릿속을 채웠다. 남편 응우옌득푸엉이 1년 전 실종된 뒤 집에서 아이들을 보호해줄 사람은 이모밖에 없었다. 총소리에 놀란 사람들이 도망치면서 퐁니 마을은 아수라장이 됐다. 판티찌와 쩐티드억은 오던 길을 되돌아갔다.

어떻게든 자신의 아이들을 지켜야 했다. 쩐티드억과 판티찌는 다급하게 뜀박질을 했다. 얼마나 달렸을까. 쩐티드억의 몸이 갑자기 휘청거렸다. 옆구리에서 피가 흘렀다. 걸을 수도 없었다. 오른쪽 다리에서도 피가 뿜어져 나왔다. 쩐티드억은 논바닥에 쓰러졌다. 그 와중에도 이곳은 판티찌의 여동생 판티응우의 논이라는 의식이 가물가물 떠올랐다가 사라졌다. 그러곤 까무룩 정신을 잃었다.

다시 물소의 보호 아래 있던 찐떠이와 쩐티드억 부부의 집. 얼마나 지났을까. 침대 밑에 숨어 있던 판르엉은 집 밖으로 나와 마을을 살폈다. 상황은 끝났다. 한국군은 물러났다. 옆 동굴에 숨어 있던 쩐티드억의 남편 찐떠이도 함께 나왔다. 대나무로 된 벽이 불에 타며 쉑쉑거리는 소리를 냈다. 마을은 온통 불타고 있었다. 판르엉의 집도 재가 되었다. 동굴에 계속 숨어 있었다면 타죽었을 것이다. 퐁니촌에서 불타지 않은 초가집은 오직 한 곳, 찐떠이의 집뿐이었다. 두 사람은 아직도 동굴과 침대 밑에 남아 있던 각자의 아이들을 다 불러 나오게 했다.
찐떠이와 쩐티드억 부부의 셋째 아들인 찐쩌는 눈을 뜨고 죽었다. 찐쩌를 일찍 목격한 사람 중 하나는 판르엉이었다. 찐쩌가 꼴을 먹여 키운 물소 덕분에, 대가족 모두 안전하게 숨을 수 있었던 판르엉이 찐쩌의 감기지 않은 두 눈을 보았다. 찐쩌는 자기 집에만 있었다면 살았다. 판르엉은 자기 집에만 있었다면 죽었다. 찐쩌는 동네 형 응우옌득상의 집에 갔다가 죽었다. 판르엉은 동네 꼬마 찐쩌의 집에 가는 바람에 살았다. 두 사람의 생과 사는 그렇게 엇갈렸다.
그날 찐쩌가 놀던 동네 형 응우옌득상의 집으로 한국군이

들어왔다. 그 집에 있다가 온전하게 살아남은 이는 아무도 없었다. 응우옌득상과 응우옌티탄은 목숨을 건졌지만, 치명적 부상을 입었다. 나머지는 즉사했다. 응우옌티쫑도 눈을 뜬 채 죽었다. 막내 응우옌득쯔엉은 입이 날아간 채 주검으로 발견됐다.

살아남은 응우옌티탄의 증언에 따르면 한국군은 응우옌득쯔엉의 입에 총을 대고 쏘았다. 이모 판티응우와 그녀의 아들 도안테민도 주검 더미 속에서 나왔다. 시장으로 가다가 돌아오던 엄마 판티찌도 근처에서 숨진 채 발견됐다.

판르엉과 응우옌티도이 부부는 쩐티드억 집 근처에서 엉금엉금 기어가는 응우옌득상과 응우옌티탄도 발견했다. 왼쪽 옆구리에 총을 맞은 응우옌티탄의 내장은 자꾸만 밖으로 삐져나왔다. 판르엉은 손으로 응우옌티탄의 내장을 눌러 넣어주었다. 1번 국도 쪽에서 미군과 남베트남 민병대원들이 들어왔다. 헬리콥터도 보였다. 부상자를 병원으로 데려갈 모양이었다. 판르엉은 동네 주민들과 함께 힘을 모아 응우옌득상과 응우옌티탄을 헬리콥터가 있는 곳까지 부축해 데려갔다. 그곳엔 남베트남 민병대원이자 응우옌득상과 응우옌티탄의 작은아버지인 응우옌싸가 기다리고 있었다. 아이들을 응우옌싸에게 인계했다.

쩐티드억은 죽었는가. 판르엉과 함께 구조 활동을 하던 한 주민은 논에 버려진 끔찍한 주검들을 수습했다. 어떤 이는 발이 없어졌고, 어떤 이는 머리가 부서졌다. 내장이 다 쏟아져 나온 이도 있었다. 그 주검들을 다 끌어내니 맨 아래에 피칠갑이 된 쩐티드억이 있었다. 오른쪽 허리와 허벅지가 온통 피범벅이었다. 죽은 게 분명해 보였다. 혹시나 해서 가슴에 손을 대보았다. 심장, 심장이 뛰고 있었다. 쩐티드억의 몸을 홀쩍 둘러업었다. 그는 1번 국도 쪽으로 성큼성큼 뛰어갔다.

귀신이 된 쌔

: 퐁룩 마을 흉가의 비밀

가족 일곱 명과 함께 빈집 지하 방공호에서 한국군과 맞닥뜨린
마흔 살 여인 쌔. 쌔는 정말 귀신이 되어 지금도 퐁룩 마을 빈집에
살고 있을까. 그래서 무성한 소문 속에서 30년 가까이 집은
안 팔리는 것일까.

낮은 초가들 사이로 높고 붉은 기와가 돋보였다. 퐁룩
Phong Lục 마을에 하나뿐인 고래 등 같은 기와집이었다. 기둥과
대들보에 최고의 목재를 썼다고 했다. 이웃집의 서너 배는 될
만큼 크고 웅장했다. 안채와 사랑채는 물론 별채까지 널찍했
다. 부자의 자취가 밴 이곳은, 그러나 빈집이었다. 사람이 없었
다. 쥐와 도마뱀, 벌레들만 들락거렸다. 주인 가족은 2년 전인
1966년, 위험을 피해 도시로 떠났다. 불안한 공기가 마을을 지
배했다. 멀리서 매일같이 들리는 총성과 폭음은 언제 가깝게
다가와 사나운 얼굴을 들이밀지 몰랐다.
　1968년 2월 12일, 오전 11시. 빈집에 사람들이 들어찼다.
옆집에서 온 쌔Xe(40)와 그녀의 자식들, 그리고 여동생까지 모
두 여덟 명이었다. 젖먹이가 포함된 일가족은 지하 방공호에
서 숨을 죽였다. 밖에선 군인들이 마을을 뒤졌다. 쌔는 자신의

172

집을 빠져나온 터였다. 군인들이 초가지붕에 불을 붙일지 몰랐다. 부자 이웃이 버려두고 떠난 빈집으로 오는 편이 안전했다. 쎄는 그 집 방공호와 연결된 외부 입구의 위치를 알았다. 자신의 초가집과 기와집 사이에 쌓아놓은 거대한 짚단 부근의 한 지점이었다. 쎄는 살기 위해 이곳에 기어들어왔다. 바깥은 발걸음 소리로 어지러웠다. 쎄는 아이들을 달래 울지 않도록 해야만 했다. 방공호의 정적이 깨어지는 순간, 장난일 수 없는 숨바꼭질 게임에서 패자가 되는 순간, 어떤 대가를 치러야 할지도 몰랐다.

쎄.

그녀의 정확한 성명은 '응우옌티쎄'. 응우옌Nguyễn은 베트남에서 가장 흔한 성이다. 한국으로 치면 원阮씨다. 티Thi는 여자한테만 쓰는 중간 이름. 본래 '씨氏'라는 뜻이다. 계집애가 태어나면 따로 이름을 안 짓고 성 뒤에 씨만 붙여 부르던 봉건시대의 흔적이다. 쎄는 '바쎄Bà Xe'로 불리었다. '쎄 아줌마'라는 호칭이다. 당시 한국군은 퐁니·퐁녓을 거쳐 서쪽으로 퐁룩까지 갔다. 쎄(응우옌티쎄)는 그 퐁룩 마을의 빈집에서 군인들과 맞닥뜨린 비운의 여인이다. 그날 베트남 시골 마을의 평범한 마흔 살 여인 쎄에게 들이닥친 운명의 행로를 따라가 본다. 쎄가 숨었던 빈집은 49년이 흐른 2017년 3월에도 낡은 기왓장과 벽돌 구조물만 남은 빈집이었다. 나뭇잎이 지붕까지 차오르고, 수풀이 우거져 흉가처럼 방치됐다.

퐁룩 마을 여자들은 잘 숨었다. 쎄만 빼고는 그랬다. 르Lư(37)는 집 방공호 바닥에 머리를 박고 몸을 은폐시켰다. 군인들은 그녀를 찾지 못했다. 소녀인 롱Long(14)은 잽싸게 침대 밑에 들어가 한참을 꼼짝하지 않았다. 군인들은 롱의 집 앞을 그냥 지나갔다. 총소리가 크게 나는 듯했다. 사위가 고요해진 뒤 주민들이 밖으로 나왔다. 빈집 앞 땅바닥에 쎄와 그녀의 가족들이 쓰러져 있었다.

퐁룩 마을에서 동쪽으로 1킬로미터가량 가면 퐁녓 마을이 있었다. 퐁녓에서 동쪽으로 1킬로미터 더 가면 퐁니 마을이었다. 해병 제2여단 1대대 1중대 병사들은 거꾸로, 베트남을 세로로 잇는 1번 국도변에서 퐁니를 지나 퐁녓을 거치고 퐁룩으로 온 길이었다. 퐁은 바람 풍風이었다. 퐁녓이 첫째 바람, 퐁니가 둘째 바람이라 할 때 퐁룩은 여섯째 바람에 해당했다.

쎄의 마지막 순간을 봤다는 이는 없었다. 분명치 않은 목격담이 떠다녔다. 쎄가 소리를 내는 바람에 방공호에서 온 가족이 발각되고 말았다는 추측이 나왔다. 결국 빈집 앞으로 끌려나와 한 줄로 선 채 총알세례를 받았다는 짐작이었다.

쎄는 말이 없고 순하고 착하기만 했다. 150센티미터쯤 되는 키에 마른 체형이었다. 아기를 낳은 바로 다음 날에도 우렁이를 잡으러 논에 나갈 정도로 무모하게 근면했다. 뭔가 모자라는 구석도 있었다. 소학교(초등학교)를 나오지 않아 까막눈이었다. 쎄가 총명하다고 평하는 이들은 없었다. 여덟 명의 주검에 돗자리가 덮였다. 마을엔 이들의 피붙이가 아무도 없었다. 쎄의 남편 봉Bông(나이 미상)이 올 때까지 기다려야 했다.

봉은 30여 킬로미터 떨어진 도시 다낭에 나가 남의 집 머슴살이를 했다. 대대로 머슴 집안이었다. 봉의 형제들도 머슴이었다. 봉도 그저 선하고 남과 다툴 줄 모르는 성품이었다. 쎄는 결혼하기 전 식모 일을 했다. 혼기가 찬 머슴과 식모가 만났다. 마을 사람들은 동네에서 가장 가진 것 없고 천한 일자무식의 남녀가 천생연분을 맺었다고 수군거렸다. 봉과 쎄 부부는 자식을 많이 낳았다. 루언Luôn(1954년생·아들), 응옷Ngọt(11·딸), 벤Bến(9·아들), 배Bé(8·딸), 배Bé(7·딸, 같은 이름의 두 명을 큰 배, 작은 배로 구분했을 것으로 추측), 꾸Cu(2·아들), 붕Bủng(1·아들)까지 4남 3녀를 두었다. 장남 루언은 아홉 살이던 1963년 소떼를 몰고 가다 부비트랩을 밟고 즉사했다. 나머지 3남 3녀는 그로부터 5년이 지난 1968년 2월 12일, 어머니 쌔, 이모 응옷Ngót(30)과 운명을 함께했다. 몰살의 운명.

쌔는 퐁룩 마을의 논두렁 옆 들판에 묻혔다. 봉이 아내와 자식들, 처제를 위해 삽을 들고 땅을 팠다. 주검들은 온전하지 않았다. 기관총을 발사했는지 아내와 아이들은 폭파된 듯 산산조각 나 있었다. 누구의 것인지조차 확인할 수 없는, 잘려나간 팔과 다리가 너덜너덜해진 채로 대나무에 걸려 있기도 했다. 봉은 젓가락으로 대나무 가지에 붙은 살점을 하나씩 떼어내야 했다. 오직 한 살짜리 아기인 막내 붕만 깨끗한 몸으로 눈을 감고 있었다. 봉은 붕을 돗자리로 감아 따로 묻었다. 나머지 일곱 명의 주검은 얼기설기 모아 하나씩 돗자리로 감았다. 얼굴은 구분이 어려웠다. 조각난 여러 명의 신체들이 하나의 돗자리 안에서 섞이고 엉켰다. 일곱 명을 한자리에 모아 매장했다. 주검은 여덟 구였지만, 무덤은 두 개만 썼다.

퐁룩의 희생자는 모두 10명이었다. 퐁룩은 북퐁룩과 남퐁룩으로 나뉘었다. 북퐁룩의 희생자는 두 명이었다. 남퐁룩의 희생자는 여덟 명. 모두 쌔와 그 가족이었다.

퐁룩 마을의 기와집도 방공호에서 발각된 쌔의 운명처럼 폭삭 무너져 내렸다. 쌔가 세상을 떠나고 1970년쯤 벌어진 일이었다. 어느 군대의 소행인지 모르지만, 폭격을 정통으로 맞았다. 빈집 건물 터에는 아무것도 남지 않았다. 이곳에 '요Ông

Do'라는 주민이 다시 집을 지었다. 1975년 남베트남 정부가 패망하고 사회주의 정권이 들어선 직후였다. 퐁룩 마을 내의 작은할아버지 집에 살던 요는, 1954년 제네바협정의 인구 이동 합의(베트남 양쪽 정부가 서로 체제를 인정하고 북베트남 사람은 북베트남으로, 남베트남 사람은 남베트남으로 이주하도록 한 정책)에 따라 북으로 떠났던 작은할아버지 가족이 1975년 이후 마을로 돌아오자 새집을 찾아야 했다. 요는 황무지로 변한 기와집 터를 닦고 건물을 올렸다. 정원을 꾸며 꽃과 채소도 키웠다. 1975년 이전 자본주의 치하에서의 토지소유권은 소멸한 상태였다. 옛날 기와집의 소유주였던 까인Cảnh이 뒤늦게 돌아와 새로 지은 건물을 자신에게 팔라고 요구했지만, 응하지 않았다.

요는 찜찜했다. 새집을 짓고 살 때 마을에는 흉흉한 이야기가 떠돌았다. 원통하게 생을 마감한 귀신들이 이승을 떠나지 못하고 요의 집 주변에 출몰한다는 거였다. 쌔 가족의 가슴 아픈 이야기가 엉뚱한 소문을 빚으며 입에서 입으로 전해졌다. 사실 빈집에 새 둥지를 틀고 사는 동안 요의 가족은 가난을 면치 못했고 별로 화목하지도 않았다. 요는 그것이 귀신 때문은 아닐까 의심을 해보기도 했다. 요는 1990년 형님이 사망하자 즉시 그 집으로 살림을 옮겼다. 15년 만이었다. 전쟁통에 부서지기도 했던 빈집은 평화가 찾아온 뒤 다시 빈집이 되었다.

쌔의 남편 봉은 재혼을 했다. 가난한 삶은 바뀌지 않았다. 봉은 새 아내 드억Được(1923년생) 사이에서 네 명의 자식을 또 낳았다. 막내딸은 일찍 죽고 레Lê(1971년생), 쭝Chung(1976년생), 꿍Cùng(1978년생)이 남았다. 레는 쌔의 막내아들 봉과 세 살 터울이 졌다. 레가 아버지 봉을 따라 퐁룩 마을 들판의 쌔 무덤을 찾은 것은 열여섯 살이 되던 1987년의 일이다. 공동묘지로 이장하기 위해서였다. 논둑 옆 묘를 파내려갔다. 내부는 온통 민물 메기의 소굴이었다. 레는 이후 메기국과 메기조림에 절대 입을 못 댈 만큼 역겨움을 느끼며 충격을 받았다. 돗자리는 썩어 없어졌고 쌔와 자식들의 유골은 더욱 구분할 수 없는 지경이 되어 물에 떠다녔다. 1968년 2월 처음 묻을 때처럼, 붕의 무덤을 따로 쓰고 쌔와 나머지 다섯 명의 자식, 여동생 등 일곱 명을 합장했다.

붕은 1992년 세상을 떠났다. 재혼한 부인 드억도 2009년 남편 곁으로 갔다. 레는 늘 아버지의 전 부인 쌔의 묘가 마음에 걸렸다. 이장을 했다지만 너무 허름하고 초라했다. 한 끼 밥을 굶을지언정 혼령을 달래는 데 돈을 쓰는 게 베트남 사회의 문화이자 관습이다. 아버지의 전 부인이라고 다를 수 없었다. 레는 동생들과 상의해 쌔의 합장 묘와 붕의 묘에 번듯한 비석을 세우고 보기 좋게 단장하기로 했다. 2010년이었다.

빈집의 소유주인 요도 2000년대 중반 저세상 사람이 되었다. 60여 제곱미터에 이르는 빈집의 소유권을 아들 답Đáp(1960년생)이 물려받았다. 답은 그 소유권 등기를 다시 요의 손자이자 자신의 둘째 아들 파이Phái(1994년생)에게 이전했다. 답은 한때 이 집을 팔기 위해 부동산 중개소에 내놓았지만, 매매는 이루어지지 않았다. 유독 이 집의 부동산 거래가 쉽지 않은 이유를 그도 잘 알았다. 귀신 소문 탓이었다. 요가 형님 집으로 옮긴 1990년 이후 28년째 비어 있는 집이었다. 전쟁 당시 이곳은 9년간 빈집과 폐허였다. 전쟁이 끝난 뒤에도 그 세 배가 넘는 28년을 다시 빈집으로 보냈다.[9] 마을 주민들은 흉가를 보며 쌔의 비극을 다시금 떠올리는 듯했다. 귀신의 이미지로 투사된 쌔는 50년째 빈집에 머물며 퐁룩 마을을 떠도는 셈이었다.

쌔.

그 이름은 퐁룩 마을에서 2킬로미터 떨어진 퐁니 마을 입구의 '퐁니·퐁녓 사건 위령비'에 새겨져 있다. 퐁룩은 사건명에서 빠졌다. 당시 생존자와 희생자 유족을 조사했던 미군 당국은 퐁룩의 존재를 인지하지 못했다. 1990년대 중반 들어 디엔반현 문화통신청에서 사건을 기록할 때 비로소 퐁룩 희생자들이 명부에 등록됐다. 쌔는 74명의 사망자 명단 중 36번째다. '36 Nguyễn Thị Xe, 1936, Phong Lục-Điện Thắng.' 퐁룩은 현재 남디엔탕사Xã Nam Điện Thắng 소속이다. 쌔의 자식들 다섯 명과 여동생도 위령비에 있다(막내 봉은 없음). 각각 48번, 51번, 56번, 59번, 70번, 38번.

위령비로 들어가는 길엔 푸른 빈랑나무가 빼곡히 늘어서 있다. 빈랑나무 열매는 베트남의 소박한 전통 결혼 예물이다. 쌔한테도 빈랑 열매를 받던 화사한 청춘의 시절이 있었다. 25세 때였다. 쌔가 봉과 혼인식을 치르던 1953년의 봄. 프랑스가 아직도 베트남에서 물러나지 않던 제1차 인도차이나전쟁 시기였다. 식모와 머슴의 결혼식에 그럴듯한 예복은 없었다. 신랑과 신부는 값싼 천으로 몸을 가렸고, 맨발이었다. 전통 관습에 따라 신랑 봉은 쩌우까우와 쌀로 만든 술 한 병을 들고 신부 쌔집을 찾았다. 쩌우까우trầu cau는 구장나무 잎인 라쩌우lá trầu와 빈랑나무 열매인 꽈까우quả cau를 합한 말이었다. 거기엔 두 형제와 한 여자의 슬픈 사랑에 관한 전설이 스며 있었다. 구장 잎과 빈랑나무 열매를 합하고 거기에 석회를 발라 씹으면 처음에는 맵다가 달콤해졌다. 입에서 빨간 침이 나왔다. 그것은 빨갛게 변하는 부부 사이의 감정을 의미했다. 정열적인 관계의 상징이었다. 쩌우까우를 전한 봉이 쌔를 자신의 집으로 데려오며 평생의 반려자로 맞았다.

봉에게 받은 쩌우까우를 씹으며 빨간 침을 뱉던 25세 신부 쎄를 상상해본다. 마흔 살 중년이 되어 아이들을 품고 빈집 지하 방공호에 숨어 있다가 낯선 군인들을 맞이하던 쎄의 상기된 얼굴을 상상해본다. 쎄는 정말 귀신이 되어 지금도 퐁룩 마을 빈집에 살고 있을까. 49년 전 마을을 찾은 낯선 군인들에게, 쎄는 귀신이 되어서도 묻고 싶을지 모른다.

'당신들은 누군가요? 여기엔 왜 오셨죠?'

퐁니·퐁넛·퐁룩 사건

'퐁룩 마을의 쌔는 왜 퐁니·퐁넛 학살 희생자 명단에 있는 가.' 의문의 출발점이었다.

2000년부터 여러 차례 퐁니·퐁넛 마을에 들어가 생존자와 목격자, 희생자 유가족들을 인터뷰하며 이 사건과 관련한 인물 대부분을 만났다고 여겼는데 구멍이 있었다.

2016년 가을의 어느 날 디엔안사 인민위원회가 발행한 자료집의 사망자와 부상자 명단을 살펴보다 이름 뒤에 붙은 주소에 눈길이 멎었다. 사건 현장인 퐁니·퐁넛촌에 적을 두지 않은 이들이 꽤 많았다. 쌔를 포함해 디엔탕사 퐁룩을 주소지로 둔 사람이 12명이나 되었다. 디엔프억사Xã Điện Phước 라호아La Hòa 마을과 농선Nông Sơn 마을, 디엔호아사Xã Điện Hòa 라토La Thọ 마을 사람까지 합하면 20여 명에 이르렀다. 이들은 어쩌다 남의 마을에 와서 죽음을 맞이했을까. 그 궁금증을 안고 2017년 2월 현지 취재를 했다.

베트남 중부 지방의 농촌 사회는 한국보다 덜 해체됐다. 49년 전 주민들 대부분이 대를 이어 살고 있었다. 각 사 인민위원회 도움을 얻어 명단 속 사람들을 찾아 나섰다. 90퍼센트에 가까운 희생자들의 사연과 마지막 순간에 관한 증언을 들었다.

그 결과 세 가지 사실을 확인했다.

첫째, 퐁니·퐁녓 사건은 퐁니·퐁녓·퐁룩 사건으로 다시 불러야 한다. 해병 제2여단 1대대 1중대가 1968년 2월 12일 퐁니·퐁녓을 거쳐 퐁룩에서도 살상 행위를 한 사실이 처음으로 밝혀졌다. 국방부가 펴낸 『파월한국군전사』의 사건 당일 기록을 봐도, 해병들은 퐁녓에서 서쪽으로 이동한 것으로 나와 있다. 이곳은 퐁룩일 가능성이 높다. 퐁니·퐁녓보다는 적지만, 희생자 규모도 10명이 넘는다.

둘째, 퐁룩을 제외한 나머지 지역의 희생자 대부분은 다낭을 오가기 위해 퐁니·퐁녓 현장을 지나다가 변을 당했다. 취재 전 추론했던 대로였다. 그중에는 베트콩 활동과 연계된 이들이 없지 않았지만, 모두 비무장 상태의 노인이나 여성이었다.

셋째, 퐁룩을 비롯한 이 지역의 생존자들과 피해자 유족들은 사건 이후 49년 동안 마을에 들어온 한국인을 처음 접한다는 반응을 보였다. 퐁니·퐁녓 사건이 한국 사회에 알려진 뒤 시민단체 '나와 우리'는 2004년 퐁니 마을 입구에 한국인들의 성금을 모아 위령비를 세웠다. 매년 기일(음력 1월 14일)이 다가오면 10곳 넘는 시민단체들이 위령비에 조화를 보낸다. 쌔가 죽음을 당한 퐁룩 마을 등은 베트남 평화기행을 비롯해 한국-베트남 간의 과거사 문제를 주체적으로 해결하려는 한국인들의 시야에서 벗어나 있었다.

퐁니·퐁녓 위령비에 적힌 타 지역
희생자들에 관한 증언

1. 디엔프억사 라호아 마을

24번 사망자 타이티카이 Thái Thị Khải, **1926년생**(여)

증언자: 응우옌티트엉 Nguyễn Thị Thương(딸, 1963년생)

"타이티카이는 다낭에 갔다가 동네 주민 판티타인과 함께
고향으로 돌아오는 길이었다. 퐁니를 거쳐 들어오다 총에 맞아
숨졌다. 정월 대보름(음력 1월 15일)을 하루 앞둔 날이어서 집안
일을 보러 오는 중이었다."

35번 사망자 판티타인 Phan Thị Thanh, **1936년생**(여)

증언자: 타이케 Thái Kế(남편, 1935년생)

"판티타인은 당시 다낭으로 온 가족이 피난한 상태였다.
정월 대보름을 하루 앞두고 농사일도 챙기고 쌀도 가져올 겸
고향에 오던 중이었다. 11개월 된 아들 타이터이Thái Thời를 안
고 있었고, 마을 주민 타이티카이와 동행했다. 나도 다낭에 거
주하다 라호아 마을에 잠깐 먼저 와 있는 상태였다. 판티타인
의 죽음을 목격한 퐁니 주민들은 '판티타인이 무서움에 떨며
한국군 다리를 잡고 살려달라고 애원했다'고 한다. 군인이 아
이를 빼앗아 논에 던진 뒤 판티타인을 죽였다. 당시 11개월 된
타이터이는 다친 데 없이 살아남았다. 현재 51세로 고향에서

농사를 지으며 살고 있다."

2. 디엔프억사 농선 마을

23번 사망자 쩐티바이 Trần Thị Bải, **1926년생(여)**

증언자: 응우옌딘토Nguyễn Đình Tho(아들, 1956년생)

"쩐티바이는 다낭으로 거처를 옮기기 위해 아들 응우옌딘 헷, 마을 주민 후인티트 모자와 퐁니를 지나다가 변을 당했다. 주검을 목격한 주민들에 따르면 쩐티바이는 머리에 총을 맞아 골수가 밖으로 나와 있었다."

증언자: 쩐티드어Trần Thị Dừa(마을 지인이자 먼 친척, 1941년생)

"디엔반현에서 관을 공급해주었다. 누군가 관을 묻기 전에 삽으로 흙을 관 안에 던져 넣었다. 쩐티바이의 주검이 부풀어 올라 흙이 배 위에서 소리를 내며 튀던 광경을 잊지 못한다."

69번 사망자 응우옌딘헷 Nguyễn Đình Hét, **1966년생(남)**

증언자: 쩐티드어

"쓰러져 있는 응우옌딘헷의 얼굴에 칼자국이 심했다."

28번 사망자 후인티트 Huỳnh Thị Tư, **1930년생(여)**

증언자: 쩐티드어

"후인티트는 남베트남 군인의 아내였다. 다낭으로 가기 위해 퐁니를 지나다 아들 응우옌딘다오와 함께 죽었다. 두 가슴이 잘린 상태로 우물에 던져졌다."

73번 사망자 응우옌딘다오 Nguyễn Đình Đào, **1967년생**(남)

증언자: 쩐티드어

"응우옌딘다오는 얼굴에 총을 맞았고, 한쪽 발뒤꿈치에
구멍이 나 있었다. 주민들은 '군인들이 발뒤꿈치에 구멍을 내
서 나무에 걸었다'고 이야기해주었다. 나는 구멍에 있는 끈을
직접 풀었다."

74번 사망자 쩐보잔 Trần Vô Danh('**보잔**'은 무명이라는 뜻),
12개월 이내 영아로 추정

※ 확인 못함

3. (남)디엔탕사 (북)퐁룩 마을

5번 부상자(나중에 사망) **도돈**Đỗ Đôn, **1911년생**(남)
45번 사망자 도마이Đỗ Mãi, **1956년생**(남)

증언자: **도꾸**Đỗ Cứ(도돈의 아들이자 도마이의 아버지, 1929년생)

"도돈과 도마이는 할아버지와 손자 관계다. 두 사람은 당
일 군인들에게 잡혀 하루 종일 끌려다니다 오후에 총을 맞았
다. 도마이는 즉사했고 도돈은 귀 뒤쪽에 총을 맞아 피를 많이
흘렸다. 1번 국도 근처 병원에 입원했는데 상처가 너무 심해 아
무 말도 할 수 없었고, 몇 개월 뒤 사망했다. 도마이는 한쪽 뺨

이 날아갔고, 가슴에 총알구멍이 있었다. 나무토막 몇 개를 가져와 대충 관을 만들어 사망 당일 밤 집 뒷마당에 묻었다."

4. (남)디엔탕사 (남)퐁룩 마을

36번 사망자 응우옌티쌔Nguyễn Thị Xe, 1936년생(여)

　　**조사 결과 실제로는 1928년생

48번 사망자 응우옌티응옷Nguyễn Thị Ngọt, 1957년생(여)

51번 사망자 응우옌득벤Nguyễn Đức Bến, 1959년생(남)

56번 사망자 응우옌티배Nguyễn Thị Bé, 1960년생(여)

59번 사망자 응우옌티배Nguyễn Thị Bé, 1961년생(여)

70번 사망자 응우옌꾸Nguyễn Cu, 1966년생(남)

38번 사망자 응우옌티응옷Nguyễn Thị Ngót, 1938년생(여)

증언: "귀신이 된 쌔" 참조

1번 사망자 응우옌티못Nguyễn Thị Mót, 1890년생(여)

증언자: 탕티상Tăng Thị Sáng(손주며느리, 1955년생),

　　　　응우옌티르Nguyễn Thị Lư(1931년생, 마을 지인이자 먼 친척),

　　　　응우옌티니Nguyễn Thị Nhì(1938년생, 마을 지인이자 먼 친척),

　　　　쩐티롱Trần Thị Long(1954년생, 마을 지인이자 먼 친척)

"응우옌티못은 퐁니·퐁녓 사건 사망자 중 가장 연장자다. 손자 판상과 함께 다낭의 약국에 가서 약을 사와 베트콩 활동가들에게 주려고 했다. 다낭에 갔다가 퐁녓의 딸 집에 들러 하루 자고 오는 길에 총을 맞았다. 키가 몹시 작았고 등이 굽은 꼬부랑할머니였다. 검정 바지를 입고 다녔는데 바지 고무줄이 없어 늘 아랫단을 말아 묶어 입곤 했다."

58번 사망자 판상Phan Sáng, 1961년생(남)

증언자: 탕티상

"할머니 응우옌티못과 함께 다낭을 다녀오다 죽었다. 사건 당일엔 실종 상태였는데, 일주일 뒤 퐁녓의 대나무 숲에 걸린 채 발견되었다. 다리부터 가슴 위까지 몸이 찢겨 있었고, 햇빛에 방치되어 주검이 바짝 말라 있었다."

5. 디엔호아사 라토 마을

7번 부상자 응우옌티느Nguyễn Thị Nữ, 1925년생(여)

44번 사망자 응우옌티투이Nguyễn Thị Thụy, 1956년생(여)

49번 사망자 응우옌티투옌Nguyễn Thị Thuyến, 1958년생(여)

증언자: 타이브이Thái Vui(마을 지인, 1956년생)

"세 사람은 어머니와 두 딸이다. 사건 뒤 남은 가족들이 모두 호이안으로 이주했다고 들었다."

라토 학살 유일한 생존자, 타이브이

"아침에 포 소리가 났어요. 한국 군인들이 온다는 소문이 나면서 마을의 남자들은 다 도망갔죠. 아버지도 피난을 갔고 엄마랑 저, 동생들만 남았죠. 엄마는 베트콩한테 음식을 해주는 일을 했지만 설마 여자와 아이까지 죽이랴 싶었나 봐요. 저는 그때 열두 살이었어요. 포 소리가 더 커지더니 큰비가 쏟아지는 듯했어요. 옆집 방공호로 내려갔어요. 저희 가족을 포함해 아홉 명쯤 있었던 걸로 기억나요. 포 소리가 그쳐 방공호에서 나왔어요. 밖을 슬그머니 내다보는데 한국군이 왔어요. 한국군은 대뜸 집 안에 옹기종기 모여 있는 사람들에게 유탄발사기를 쐈어요. 저는 귀에 작은 파편이 박혔어요. 잽싸게 방공호로 되돌아갔는데 아무도 따라오지 않았어요."

타이브이Thái Vui는 라토 학살의 생존자다. 라토 마을은 꽝남성 디엔반현 디엔호아사에 있다. 2017년 2월 19일, 퐁니·퐁녓 학살의 라토 마을 희생자 가족을 만나러 갔다가 우연히 다른 사건을 겪었던 타이브이(당시 61세)를 만났다. 라토 학살은 퐁니·퐁녓보다 이른 1968년 1월 18일 발생했다. 이 사건으로 43명이 죽었다는 게 타이브이의 증언이다. 라토 학살은 소문으로만 떠돌아왔는데, 생존자를 만나 확인하기는 처음이었다.

"한국군이 집에 불을 붙였어요. 저는 무서워서 방공호에 계속 있었어요. 주변이 대나무 숲이었는데 대나무 타는 소리는 총소리만큼이나 컸지요. 탕, 탕, 탕. 정말 장난이 아니었어요. 한참 뒤 조용해져 바깥으로 나왔어요. 엄마(응우옌티옌Nguyễn Thị Yến·당시 36세)는 한국군이 들어올 때 남동생을 안고 있었는데, 뒤채 쪽에 혼자 계셨어요. 팔과 다리가 모두 잘려 나간 상태였죠. 숨은 붙어 있었어요. 남동생(타이바끄어이Thái Bá Cười·당시 4세)은 집 밖 바나나나무 밑에 쓰러져 있었고, 여동생(응우옌티믕 Nguyễn Thị Mừng·당시 7세)은 현관 쪽에 있었어요. 둘 다 죽어 있었죠. 이웃집 가족은 불에 타 새까맣게 그을렸어요. 피투성이가 된 엄마를 끌고 방공호로 다시 내려왔어요. 엄마는 미친 사람처럼 비명을 질렀어요. 피를 너무 흘렸어요. 무서웠어요."

1999년에 집계된 '중부 다섯 개 성 90개 마을 9,000명'이라는 베트남전 기간 한국군에 의한 민간인 학살 관련 통계에 관해, 참전군인 단체 등에서는 터무니없는 숫자라고 반박해왔다. 어쩌면 그럴지도 모른다. 터무니없는 숫자다. 너무 많아서가 아니다. 그 반대다. 9,000명은 실제보다 적은 숫자일 수 있다. 라토 학살처럼 새롭게 밝혀지는 사건을 주목하는 이유다.

"외부와 연결된 방공호 출구를 통해 집 밖으로 나가봤어요. 엄마를 구해줄 사람은 없었어요. 저 말고는 아무도 살아 있지 않았던 거예요. 엄마는 비명을 지르다가 힘이 없어 신음만 흘렸어요. 나중엔 저를 초점 없는 눈으로 쳐다볼 뿐이었어요. 방공호 밖을 나갔다가 들어오기를 반복하는 사이에 엄마의 숨은 끊어졌어요. 저는 밤길을 걷다가 어떤 아주머니를 만나 그 집에서 잤어요. 다음 날 오후 길에서 아빠(타이쭉Thái Chức·당시 29세)를 우연히 만났어요. 부둥켜안고 서럽게 엉엉 울었죠."

라토 학살 이틀 뒤인 1968년 1월 20일엔 서남쪽 2킬로미터 거리에 위치한 디엔토사 투이보 마을에 한국군이 들어왔다. 이날 145명이 주검으로 발견됐다. 디엔토사는 사건 현장 주변에 위령비를 세웠고, 상급 기관인 디엔반현 문화통신청은 1990년대 중반 직원을 마을에 파견해 조사 작업을 벌였다. 라토 마을 주민들이 소외감을 느끼는 이유다. 라토는 본래 디엔토사 소속이었다가 디엔호아사로 편입되었다. 주민들은 디엔호아사 인민위원회의 무관심을 원망한다. 라토 학살이 역사에서 지워졌다고 여긴다.

"제가 엄마를 잃고 밤길을 떠도는 사이 아빠가 마을에 왔다는 사실은 나중에 알았어요. 그날 밤 아버지는 너무 기가 막혀 슬퍼할 겨를도 없었대요. 산에 있는 유격대원들을 불러 밤을 새우며 거리의 공터에 43명의 주검을 묻었어요. 낮에 묻다간 한국군에게 잡혀 죽을 수도 있었으니까. 관은커녕 돗자리도 없었죠. 무덤엔 아무런 표지도 안 했다고 해요. 가족별로 구분해 묻는 자리만 기억해뒀대요. 나중에 가족별로 다시 이장을 했다죠."

한베평화재단이 베트남 신문과 연구 논문, 전화 인터뷰, 현장 답사 등을 토대로 해병 제2여단이 1968년부터 주둔했던 꽝남성 관련 사건부터 다시 통계를 낸 결과 2020년 8월 기준

67건의 학살이 집계됐다. 이는 1999년 통계치인 30건의 두 배를 넘는 수치다. 라토 학살 역시 새로운 통계에 1을 더했다.

"라토 학살은 제가 유일한 생존자예요. 다른 가족은 생존자가 한 명도 없어요. 어떻게 죽었는지 알지도 못하죠. 엄마가 비참하게 죽던 날 한국 사람을 생전 처음 만났어요. 군인들이었죠. 그리고 오늘 두 번째로 보네요. 49년이 흘렀어요."

타이브이는 반세기 만에 만난 한국인 방문객에게 기어코 늦은 점심을 대접했다.

다낭박물관 사진 한 장

: 귀여운 꼬마들의 안부를 물어달라

풍니 생존자 아홉 명이 한꺼번에 등장하는 다낭박물관의 사진 한 장.
진짜 풍니 사람일까, 이름은 무엇일까, 왜 이 사진을 찍었을까.
참을 수 없는 궁금증을 풀기 위해 사진을 들고 풍니를 찾았다.

다낭시 쩐푸Trần Phú 거리에 있는 다낭박물관에서 그 사진
을 처음 본 때는 2017년 2월이었다.

2층 베트남 전쟁범죄 코너에서였다. 손으로 밀면 천천히
돌아가는, 세로로 긴 전시판 아래쪽에 다른 사진들과 함께 붙
어 있었다. 사진 속에서 아홉 명의 인물이 포즈를 취했다. 긴 수
염이 하얗게 센 할아버지, 머리에 수건을 쓴 할머니, 중년의 남
자들, 청년, 사내아이들이 골고루 섞였다. 나무가 무성한 숲이
배경인데 언뜻 보면 산 같기도 하다. 설명문을 자세히 읽지 않
으면 무슨 내용인지 파악하기 힘들다. 베트남어와 영어로 이렇
게 적혀 있었다. "1968년 1월(음력) 미군과 남한군에 의해 127
명이 죽은 꽝남성 디엔반현 풍니 학살의 생존자들." 놀랐다. 미
군을 포함시킨 점이나 희생자 숫자는 부정확하다 치더라도 여
기가 정말 풍니라고?

나는 2000년 5월부터 2019년 7월까지 풍니와 풍녓을

총 11회 드나들며 생존자를 만나오면서 주민들이 소장한 1960~1970년대 사진을 구하려고 애썼다. 미군이 주민관리용으로 찍은 가족사진이 그나마 한 장이었고, 대부분 증명사진이었다. 퐁니 생존자들이 한꺼번에 등장하는 사진은 다낭박물관 전시물이 처음이었다.

사진 속 얼굴을 찬찬히 살펴보았다. 알 만한 사람은 없었다. 그날 마을이 완전히 파괴됐기에, 이 정도 사람들이 모이려면 1975년 이후였을 거라는 추정만 가능했다. 궁금했다. 진짜 퐁니 사람들일까. 이름은 무엇일까. 사진은 누가 왜 찍었을까. 2017년 만난 박물관 관계자도 촬영 정보를 몰랐다. 2011년부터 전시했다고만 알고 있었다. 남은 방법은 한 가지였다. 사진을 들고 마을에 가는 것.

"맨 왼쪽은 찐티티엣 할머니네요. 그 옆은 쿠옹Khuông 할머니. 어? 앞줄 꼬마들은 하나도 모르겠네."(응우옌타인꺼)

"맨 오른쪽은 응우옌득상이에요. 왼쪽 네 번째는 득상의 친척 형인 것 같아요. 다른 사람들은 누구지?"(찐지엡)

"왼쪽 세 번째는 제 외할머니 응우옌티소안이에요. 오른쪽 첫 번째는 제 오빠 응우옌득상 맞고요. 두 번째는 응우옌판 Nguyễn Phán, 세 번째는 응우옌브어이Nguyễn Bưởi. 앞줄 왼쪽 꼬마는 레딘먼이네. 그 옆은 판머우Phan Mậu 아들인 것 같은데, 이름이 뭐더라……. 아, 이제 한 명 남았나요? 뒷줄 가운데? ……아, 맞아요. 저의 먼 친척 아저씨예요. 남쯔엉 Năm Trương이라고."
(응우옌티탄)

싱거웠다. 2018년 2월 25일 퐁니와 퐁녓에 갔다. 그동안 인연을 맺어온 생존자 세 명에게 도움을 청하자 사진 속 주인공 이름이 줄줄 나왔다. 아홉 명 중 뒷줄 노인 네 명은 이미 세상을 떠났다. 가운데에 선 남쯔엉은 소재와 생존이 불확실했다. 나머지 네 명은 살아 있었다. 그중 두 명은 퐁니, 두 명은 호찌민에 거주했다. 두 명은 이미 내가 긴 인터뷰를 했던 사람들이다. 이름을 듣고 사진을 보니 그제야 감이 왔다. 사진 속의 귀여운 꼬마들부터 찾아보기로 했다. 일단 퐁니에 사는 레딘먼.

"맞아요. 왼쪽 꼬마가 저예요. 뒷줄 왼쪽 두 번째는 제 할머니예요. 도안티쿠옹Đoàn Thị Khuông. 1988년에 돌아가셨는데." 그와는 구면이다. 이번이 5회째 만남이다. 레딘먼은 백일 정도 된 최연소 생존자였다. 엄마 젖을 먹다 살아났다. 한국군 총에 맞아 죽을 때까지 자신을 품에 꼭 안고 있던 엄마 덕분이다. 구조를 하러 갔던 미군이 찍은 사진에서 그의 어머니 하티지엔(당시 34세)은 젖가슴을 내보인 채 누워 있다.

"서양 사람이 카메라를 들었다는 것만 어렴풋이 기억나요. 베트남 사람이 아니었다는 건 확실해요." 촬영 장소는 현재의 디엔안사 인민위원회 자리인 것 같다고 했다. "이곳에는 원래 사당이 있었어요. 해방 직후였을 걸요." 레딘먼은 1967년생이니 1975년이라면 만 8세다. 사진 속 몸집으로 봐서는 딱 들어맞는다. "제 옆은 동갑내기 친구 판반한Phan Văn Hạnh이에요. 걔 집에서는 그냥 랑Lạng이라고 불렀죠. 호찌민에 살아요. 가끔 고향에 올 때마다 저랑 술 한 잔 하는데."

랑의 가족들은 아직도 퐁니에 산다. 같은 날 그의 형 판반탄Phan Văn Thành(1954년생)의 집을 찾았다. 판반탄은 사건 당일 엄마가 죽어 자신이 동생을 키웠다고 했다. 생계를 잇기 힘든 극빈층이었다. 결국 랑은 열세 살 되던 해 호찌민에 있는 아버지의 친구 집에 보내졌다. 학교를 다니지 않고 오토바이 수리

기술을 배웠던 랑은 한때 수리점을 운영하다가 현재는 오토바이 택시(세움) 일을 하며 먹고산다. 랑을 타향으로 보냈던 아버지 판머우Phan Mậu는 거실에 앉아 큰아들 탄이 인터뷰하는 광경을 물끄러미 지켜만 봤다. 1928년생으로 거동이 온전치 않았다.

랑 역시 레딘먼과 같은 아기 생존자였다. 똑같이 엄마 젖을 먹다가 살아났다. 다른 점도 있다. 그의 어머니 응우옌티리에우Nguyễn Thị Liễu(당시 40세)는 총이 아니라 수류탄에 폭사했다. 방공호에 함께 숨어 있던 랑의 큰누나 판티홍Phan Thị Hồng(당시 8세)과 작은 누나 판티다오Phan Thị Đào(당시 6세)도 희생됐다. 판반탄은 "랑은 엄마가 품에 안고 엎드렸기에 상처 하나 없이 무사했다"고 말했다.

2013년 레딘먼의 사연을 처음 들었을 때를 잊지 못한다. 아기의 운명에 경탄하며, 영화에서나 나올 법한 이야기라고 생각했다. 그 뒤 여러 생존자들을 두루 만나면서 젖먹이의 극적인 생존은 학살에서 대단히 흔한 경우라는 결론을 내리지 않을 수 없었다. 퐁니·퐁넛 사건에서만 레딘먼, 랑을 포함해 타이터이(디엔프억사 라호아 마을, 1967년생)까지 세 명이다. 다른 지역에서도 죽은 엄마 옆에서 아기만 살아나는 경우가 부지기수였다. 아기가 죽은 엄마의 몸 위에 올라가 젖을 빨려고 했다는 증언도 많이 들었다. 4·3항쟁의 아픔을 형상화한 화가 강요배의 '젖먹이'는 바로 그 순간을 담은 그림이다. 그만큼 학살 현장에서는 대상을 가리지 않고 살육이 이뤄진다. 비극의 한가운데서도 위대한 모성의 본능은 초연하다.

호찌민에 사는 랑을 2018년 5월 12일에 만났다. 약속 장소인 7군(군은 한국의 구에 해당)의 후인떤팟Huỳnh Tấn Phát 거리 커

194

피숍에 오토바이를 몰고 나왔다. "초등학교 3학년 때였어요. 10월로 기억나요." 랑의 생일은 1967년 2월 20일이다. 계산해 보면 1975년이다. "학교에서 수업을 듣는데 선생님이 잠시 밖에 다녀오라고 했어요. 베트남 사람 네 명과 외국인 두 명을 만나 사진을 찍었죠. 제가 학살 생존자라서 찍는다고 했어요."

랑의 기억은 레딘먼보다 상세했다. 어릴 적 이에 관해 아버지 판머우와 대화를 나눈 경험 때문이라고 했다. "카메라를 든 외국인은 아시아계였던 것 같아요. 필리핀 국적일 거라고 생각했었어요. 몇 년 뒤 다낭 전시관에 견학을 갔는데 이 사진이 있었던 기억도 나요. 친구들과 함께 관람했죠."

사진의 배경은 산 같지만 마을이다. 레딘먼은 인민위원회 자리라 했고, 랑은 마을의 다른 장소 같다고 했다. 디엔반시사 문화통신청 공식 기록에 따르면, 1968년 2월 12일 퐁니·퐁녓과 그보다 서쪽에 위치한 퐁룩 사람들까지 74명이 죽었다. 초가집들은 다 불에 타서 남은 집이 하나도 없었다. 전쟁이 끝나고 주민들이 하나둘 돌아올 땐 인적이 끊겼던 자리에 나무와 풀만 무성했다. 이곳에서 주민들은 정부로부터 토지를 불하받고 집을 지었다. 마을을 재건했다.

사진 속 맨 오른쪽은 응우옌득상이다. 1975년이라면, 22세의 새파란 청년일 때다. 그는 최악의 부상자였다. 사건 당시 동생 응우옌티탄과 함께 총을 맞았고, 배와 엉덩이를 크게 다쳤다. 대변을 볼 수 없을 지경이었다. 똥이 배꼽으로 나왔다. 1년간 병원 신세를 진 동생과 달리, 7년이나 병원에 있다가 1975년 4월에 퐁니로 돌아왔다. 그는 2013년과 2017년 인터뷰에서 "다낭 병원과 독일 병원선, 뚜이호아Tuy Hòa 병원, 미국 17병원선, 호찌민의 병원을 거치며 수술을 11번이나 받았다"고 말했다.

2018년 4월 17일 호찌민시 북서쪽 외곽 12군에 있는 응우옌득상의 집에서 그를 만났다. 그는 기억이 오락가락했다. 처음엔 사진 찍은 연도가 1969년인 것 같다고 했다가, 마침 집에 들른 동생 응우옌티탄의 타박을 들었다. 자신의 기억이 부정되자 안절부절못하며 불안 증세를 보였다. 1969년이면 병원에 있을 때다. 1967년생인 레딘먼과 랑이 사진에서처럼 성장했을 리 없다. 응우옌득상은 1975년이 맞는 것 같다고 말을 바꿨다. 사진을 누가 찍었는지에 대해서도 기억이 분명치 않았다. 응우옌득상은 사건 후유증이 커 보였다.

이제 사진 속 마지막 생존 인물을 만날 차례다. 1975년에 54세. 맨 왼쪽에 서 있는 여인, 찐티티엣 할머니다. 레딘먼이 최연소 생존자이고, 응우옌득상이 최악의 부상자라면, 찐티티엣은 최고령 생존자다. 1921년생. 한국 나이로 98세다. 2018년 2월 25일 집을 찾았다.

찐티티엣 할머니는 결혼과 출산을 하지 않아 직계 가족이 없다. 조카손자 찐깝Trịnh Cáp (1963년생) 가족과 5대가 함께 산다. 찐티티엣 할머니는 지팡이를 짚고 성큼성큼 거실로 걸어 나왔다. 증손주들의 부축을 받았지만 기력이 쇠해 보이지 않았다. 할머니는 프린트해 간 옛날 사진을 보고 고개만 끄덕거렸다. 한국에서 왔다는 말에 '한국'이 어디냐고 묻기도 했다. 혹시 치매 증세가 있지 않을까 했는데, '따이한'이라는 말에 금세 반응을 했다. 방문자를 힐끗 보고는 "따이한은 키가 작았어. 키 큰 사람이 없었는데"라고 운을 뗐다.

간발의 차이였다. 찐티티엣은 사건 당일인 1968년 2월 12일 오전 마을에서 친하게 지내던 판티찌(부상당한 응우옌티탄의 엄마)와 빈디엔Vĩnh Điện 시장에 장을 보러 나갈 예정이었다. 약속 시간에 늦는 바람에 참화를 피했다. 대신 그녀는 모든 것을 보았다. 학살과 강간과 방화, 그리고 우물에 던져지던 주검. 사건 뒤 마을 주민들이 항의의 표시로 주검을 큰길에 놓았다는 이야기도 했다. 할머니의 말은 조리 있고 주장이 분명했다. 마지막 한마디가 인상적이었다. "그때로부터 지금까지 30년 넘게(실제로는 50년) 지났는데 한국 정부는 우리한테 안부를 묻거나 인사를 하지 않았어." 안부나 인사는 사과를 뜻했다.

한국 정부는 민간인 학살 문제에 관해 베트남에 사과를 해야 할까? 베트남전 파병의 역사를 비판적으로 되돌아보는 이들 가운데서도 정부 사과의 필요성에 대해 회의적인 이들이 적지 않다. 베트남 정부가 내부의 정치적인 부담 때문에 사과를 전혀 원하지 않는다는 논리도 있다. 100세를 코앞에 둔 생존자 할머니의 발언은 여기에 하나의 가이드라인을 주는 것 같았다. 정부 대 정부의 사과 표명은 논외로 치더라도, 피해를 입은 이들에게 도의적 위로의 인사를 전하라는 이야기다. 할머니는 열사(국가유공자) 가족들만 챙기는 베트남 정부에 관해서도 따끔하게 비판했다.

2019년 1월 2일, 1년 만에 퐁니에 다시 들어갔다. 쩐티티엣 할머니만 한 번 더 만나려고 했다. 집을 찾아갔다. 그러나 할머니는 없었다. 제단의 사진 속에서 방문객을 맞았다. 2018년 12월 7일 눈을 감으셨다고 했다. 정확히 26일 전이었다. 조카손자 쩐깝은 "전날까지 특별히 아프지 않으셨고, 편안히 잠든 것처럼 아침에 누워계셨다"고 말했다. 쩐티티엣 할머니는 한국 정부를 향한 당당하고 명쾌한 발언을 유언처럼 남겼다. 문득 많은 이들의 아쉬움 속에 갑자기 세상을 떠난 '일본군 위안부 피해자' 김복동 할머니가 떠올랐다.

사진 한 장으로 인해 여기까지 왔다. 등장인물 아홉 명은 다 찾았다. 네 명을 만나 확인했고, 그중 한 명은 1년 사이에 세상을 떠났다. 누가 찍었을까 하는 궁금증은 풀지 못했다. 혹시 1975년 미군 학살 지역인 선미(밀라이)를 방문했던 구소련 방문단은 아닐까. 그럴 수도 있고 아닐 수도 있다. 열쇠가 되어줄 다낭박물관 직원이 딱 한 명 있기는 했지만, 그는 2년 전 50대의 나이에 돌연사했다. 다른 경로를 통해 사진의 출처를 계속 추적할 수도 있겠으나, 더 이상 여력이 없었다.

같은 날, 다낭박물관 2층 전시장에 가보았다. 이채롭게도 다낭박물관의 최대 방문자는 한국인이었다. 2010년 이후 다낭 직항 개설과 함께 한국 관광객이 급증했기 때문으로 보인다. 다낭박물관장 후인딘꾸억티엔Huỳnh Đình Quốc Thiên(1976년생)은 "한 해 방문객 27만여 명 중 한국인이 45퍼센트"라고 말했다. 전시장에는 한국군이 다낭 항구에 발을 디디는 대형 사진도 있고, 병사들이 휴양소를 배경으로 찍은 작은 사진도 보인다. 한국군 계급장이나 명찰, 견장도 전시돼 있다. 참전군인들은 추억에 젖을 만하다. 나중에 다낭박물관을 방문할 기회가 있는 한국인이라면 그 옆에 있는 문제의 퐁니 생존자 사진 앞에도 서보기를 권한다. 기분 좋은 사진은 아니다. 불편한 진실이 숨어 있다. 그 진실의 가치를 생각하며 사진의 주인공들에게 감정이입을 해본다면 다낭 여행의 여운은 더 길게 남을지도 모른다. 박물관 입장료는 2만 동(약 1,000원)이다.

—호찌민 취재 협조 권현우

주
─

1. 저격에 관해서는 주민들과 군인 사이에 증언이 엇갈린다. 1소대장 최영언을 비롯해 당일 퐁니·퐁녓을 정찰했던 소대장들은 "적의 기습적인 저격을 받고 부상병이 발생해 후송한 뒤 마을로 진입했다"고 말하고 있지만, 베트콩의 저격 상황을 인지하지 못한 주민들이 많았다. 『파월한국군전사』 4~5는 이렇게 기록하고 있다. "제1중대(장, 김석현 대위)는 8시 15분에 1번 도로를 정찰하며 북진하고 퐁녓 마을에 진입하였다가 공격 방향을 서쪽으로 전환하게 되었다. 이리하여 11시 5분에 중대의 선두부대는 목표를 공격하였는데 이때 서쪽 지역으로부터 30여 발의 적 사격을 받아 4.2인치 박격포로 발사 지점을 포격하여 제압할 수 있었으나 중대는 부상자 한 명이 생겨 후송하였다."
2. 《조선일보》 1968년 2월 13일자 문외문聞外聞.
3. 남베트남의 각 성에서 지방군과 함께 정규군을 보완하며 지역을 방어하던 군인들. 지방군과 민병대의 병력 수는 정규군을 넘어설 정도였다. 미군은 지방군을 RF, 민병대를 PF라 지칭해 불렀다. 반면 남베트남 육군 정규군은 ARVN, 공군 정규군은 VNAF라 불렀다. 퐁니·퐁녓 주민들은 민병대와 정규군을 가리지 않고 남베트남군을 통칭해 응우이꾸옌Nguy quyến(괴뢰정부)이라 했다고 한다.
4. 응우옌티탄은 현재까지도 "아버지 응우옌득푸엉이 사건 1년 전 세상을 떠났다"고 알고 있었다. 그러나 그녀의 작은 아버지인 응우옌득초이는 "당시 베트콩에 끌려가 실종된 상태"였다고 증언했다. 살해당했을 가능성이 높지만 확인되지는 않았다는 것이었다.
5. 당시 쩐티드억의 집에는 판르엉 가족 등이 피신해 있었다. 응우옌티탄은 피신해 있는 다른 주민들의 상황에 대해서는 증언하지 않았다. 3부 "물소가 바꾼 생사" 참조.
6. 미군 상병 본의 사진 촬영에 관해서는 4부 "가장 잔혹한 공격"과 "사진, 찍은 자와 찍힌 자" 참조.
7. 초판에서는 지은이가 미국 국립문서기록관리청 문서에 첨부된 희생자 사진을 들고 퐁니·퐁녓 마을을 찾아 가족을 찾은 시점을

2001년 4월로 기록했다. 하지만 개정판 집필 과정에서 재확인한 결과 베트남 방문 시점이 2001년 4월이 아닌 3월이어서 바로잡는다.

8. 시민평화법정 구두판결문 참조.
9. 쌔가 숨었던 이 빈집은 2020년 11월에도 여전히 비어 있다. 마을 주민 쩐티롱에게 확인한 결과다.

1968년 2월 12일 비극의 주인공이 된 응우옌티탄 일가족.
중상을 입었던 응우옌티탄과 응우옌득상 남매의 젊은 시절,
죽음을 당한 엄마 판티찌, 이모 판티응우(시계 방향).

젊은 응우옌티탄을 처음 만나던 순간. 윗옷을 들어올려 배의 상처를 보여주고 있다. 2001년 3월.

한국을 방문해 서울 마포구 문화비축기지에서 열린 베트남 시민평화법정에 원고로 출석한
응우옌티탄이 1968년 2월 12일 겪었던 일들을 증언하고 있다. 2018년 4월. 한베평화재단 제공.

남베트남 민병대원으로
끼엠루 초소에서 학살 현장을
목격한 응우옌싸와
사건 당시 마을에 있었던
응우옌티니, 응우옌티르엉(위부터).
2000년 5월, 2014년 2월.

쩐지엡(오른쪽)과 그의 막냇동생 쩐반히엡. 학살 당일 산부인과에 갔던 엄마가 낳은 아기가 바로 쩐반히엡이다. 2018년 2월.

일가족이 모두 참화를 피해 마을에서 가장 운이 좋았다는 판르엉(왼쪽)과 응우옌티도이 부부. 아내 응우옌티도이는 이 사진을 찍고 8개월 뒤 세상을 떠났다. 2013년 1월.

피칠갑이 된 채 주검들 밑에 깔려 있다 살아난
퐁니의 쩐티드억. 2013년 1월.

미군이 찍은 사진 오른쪽 아래에서 눈을 뜨고 죽은 찐쩌는 그녀의 아들이다.

퐁룩 마을 쌔 가족이 몰살당한 곳. 예전 집은 사라지고 새 집이 지어졌지만
여전히 흉가로 방치돼 있다. 귀신이 출몰한다는 소문 속에
집은 팔리지 않고 있다. 2017년 2월.

퐁룩 마을 공동묘지에 있는 쌔와 5명의 자녀, 여동생을 합장한
무덤(오른쪽)과 막내 붕의 무덤. 쌔의 남편 붕이 재혼한 뒤 낳은 아들 꿍이
새단장한 무덤을 살피고 있다. 2017년 2월.

다낭에서 집이 위치한 라호아 마을로 돌아오다 퐁니에서 희생당한 판티타인.
당시 11개월이었던 타이터이는 엄마 판티타인의 품에 안겨있다가 군인들에 의해
논두렁에 던져져 살아남았다. 2017년 2월.

다낭으로 가기 위해 퐁니를 지나다가 아들과 함께 죽은 농선 마을의 후인디트.
두 가슴이 잘린 상태로 우물에 던져졌다는 증언이 나왔다. 퐁룩에서 희생된 도돈(왼쪽부터).

라토 학살의 유일한
생존자 타이브이가
집에서 어머니
응우옌티옌의 사진을
들고 포즈를 취했다.
타이브이는 어머니가
비참하게 죽어가는
순간을 목격했다.
2017년 2월.

찐티티엣
(1921~2018)

도안티쿠옹
(?~1988)

레딘먼
(1967~)

응우옌티소안
(?~1987)

남쯔엉
(?)

판반한(랑)
(1967~)

응우옌브어이
(?~2013 추정)

다낭박물관 2층에 전시돼 있는 퐁니·퐁녓 학살 생존자들의 모습.
여러 명의 생존자가 한꺼번에 등장하는 흔치 않은 사진이다.
인물들의 이름은 지은이가 조사를 통해 알아냈다. 2017년 2월.

우옌판
03 추정)

응우옌득상
(1953~)

레딘먼이 본인이 찍힌 사진을 들었다.
사진 속 앞줄 왼쪽 소년이 그다.
2018년 2월.

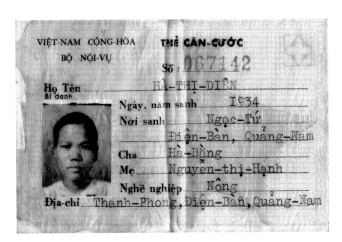

VIỆT-NAM CỘNG-HÒA   **THẺ CĂN-CƯỚC**
BỘ NỘI-VỤ

Số : 067142

Họ Tên _____ HÀ-THỊ-DIÊN
Bí danh

Ngày, năm sanh   1934
Nơi sanh _____ Ngọc-Tứ
_____ Điện-Bàn, Quảng-Nam
Cha _____ Hà-Bằng
Mẹ _____ Nguyễn-thị-Hạnh
Nghề nghiệp _____ Nông
Địa-chỉ Thanh-Phong, Điện-Bàn, Quảng-Nam

아기 레딘먼을 안고 있다가 총에 맞고 쓰러진 하티지엔.
미군이 찍은 사진 속에서 윗옷이 올려진 채 젖가슴이 드러나 있다.
하티지엔이 생전에 소지하던 시민증.

호찌민에서 만난 랑. 그가 든 사진 앞줄 오른쪽 꼬마가 1975년의 그다. 2018년 5월. 권현우 촬영.
랑을 안고 엎드린 채 수류탄을 맞고 폭사했던 랑의 엄마 응우옌티리에우. 2018년 2월.

호찌민에서 만난 응우옌득상. 사진 맨 오른쪽 청년이 그다. 사건 당시 동생 응우옌티탄과 함께
최악의 부상을 당하고 7년간 병원에 있다가 돌아온 직후였다. 2018년 4월. 권현우 촬영.

97세로 최고령 생존자였던 찐티티엣이 옛날 자신의 모습이 담긴 사진을 보고 있다.
들고 있는 사진 속 맨 왼쪽 여성이 그녀다. 2018년 2월.

11개월 만에 찐티티엣을 다시 찾아갔을 때는 고인이 되어 있었다. 2019년 1월.

미군 상병 본이 사건 현장에서 촬영한 뒤 f와 g로 명명했던 응우옌티탄의 사진 두 장.
촬영자 본은 "가슴이 잘린 채 살아 있는 여자"라는 설명을 달았다.

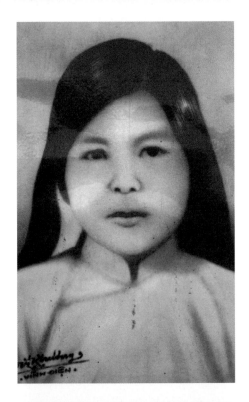

생전에 옷 만드는
기술을 배우며 일했던
응우옌티탄의
젊은 시절 모습.

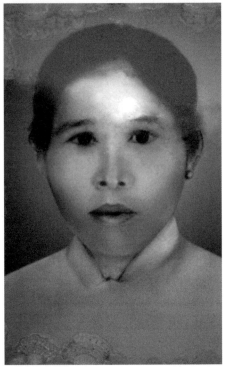

함께 세상을 떠난
엄마 팜티깜.

생후 5개월에
중상을 입고 10살에
극단적 선택을 한
응우옌디엔까인.

9살 때 사건 현장에서
응우옌티탄이 한국군에
희롱당하던 장면을
목격했던 쩐티투언.
쩐티투언은 2008년
암으로 세상을 떠났다.
2001년 3월.

다낭병원에서 응우옌티탄의 마지막 모습을 본 아버지 응우옌전. 2013년 1월.

응우옌쑤(뒷줄 오른쪽) 가족의 1963년 사진. 미군이 주민 관리용으로 찍은 사진이라고 한다.
왼쪽이 부인 보티찌, 쌍둥이 딸 응우옌티응아(왼쪽)와 응우옌티리엔.
앞줄 왼쪽부터 응우옌타인꺼와 응우옌타인끄엉 형제.

응우옌쑤와
둘째 아들
응우옌타인꺼.
2014년 2월.

15살이던 1972년 입산해 베트콩 유격군으로 활동한 쩐반타가 1975년 해방 뒤 호이안에서 동지들과 함께 찍은 기념사진. 앞줄 왼쪽에서 두 번째가 쩐반타.

집에서 인터뷰에 응한 쩐반타. 2014년 2월.

저격수 활동을 한 쩐반남이 풍녘의 들녘에 섰다. 2014년 2월.

"타버린 집들."

"잿더미에 묻힌 마을 주민."

"근거리에서 총에 맞은 여자와 아이. 어린이의 머리에 있는 벌어진 상처를 보면 근거리 사격이 분명하다."

"여자와 아이가 발견된 집단."

"논의 모에 가려진 채 도랑에서 발견된 여자와 아이들의 주검."

"이 아이는 몸 어느 곳에도 상처가 없다."

미군 상병 본은 사진이 첨부된 진술서 맨 마지막에 이렇게 적었다.
"마을을 순찰하면서 나는 우리가 발견한 주검들 주변엔 폭격으로
움푹 파인 곳이 전혀 없다는 점을 발견하고 의아한 생각이 들었다.
이 마을 주민들은 모두 근거리에서 총격을 당하거나
총검에 찔렸다는 것을 입증한다."

복수의 꿈

무엇을 해야 하는가.
선택의 폭은 좁았다.
산에 들어갔다.
총을 들었다.
피 흘리며 쓰러지는 적들에게
연민이 생길 때면
죽은 가족들의 얼굴을 떠올리며
분노를 충전했다.

4

가장 잔혹한 공격

: f와 g로 명명된 응우옌티탄

1948년 제주에서 그랬던 것처럼, 1980년 광주에서 그랬던 것처럼
같은 나라의 군인들은 베트남에서 무자비한 성폭력을 일삼았다.
젊은 여성을 발가벗겨놓고 유방을 도려냈다.

"토벌대는 집집마다 돌아다니며 사람들을 모두 끌어내 수
룡국민학교 마당에 집결시켰어. 그때는 학교 교실을 모두 짓기
전이어서 마당에는 장작들이 많았지. 토벌대는 큼직한 장작으
로 무지막지하게 때렸어. 그러다가 여자고 남자고 할 것 없이
모두 옷을 홀랑 벗겼지. 나는 당시 마흔한 살이었는데 체면이
고 뭐고 가릴 여지가 있나. 그냥 속옷을 벗으라고 하니 벗을 수
밖에. 토벌대는 옷을 벗긴 채 또 장작으로 매질을 했어. 그런데
매질도 싫증이 났던지 얼마 안 돼 처녀 한 명과 총각 한 명을 지
목해 앞으로 불러내더니 모든 사람이 보는 앞에서 그 짓을 하
도록 강요했어. 인간들이 아니었지. 두 사람이 어쩔 줄 몰라 머
뭇거리자 또 매질이야. 그러다 날이 저물어가자 주민 네 명을
끌고 가다가 총을 쏘아버렸지."(1948년 5월 30일, 제주시 한림면 청
수2구 좌봉 할아버지의 증언. 『4·3은 말한다』, 제민일보 4·3취재반, 전예
원, 1995)

202

"여기저기 피를 보고 쓰러지고, 보다 못해 말리는 노파를 단검으로 찔러 쓰러지게 하고, 반 알몸이 된 여학생들은 유방까지 칼로 찔리고, 네 살 먹은 어린이까지 그네들의 구둣발에 채여 죽고. 그 자리에서 숨이 끊어진 사람, 반죽음이 된 시민과 학생은 그 무서운 얼룩무늬 트럭에 어디론가 실려가 버리고 거리는 온통 아비규환의 수라장이 된 것입니다."(『5·18 광주민주항쟁 자료집』, 전남사회문제연구소 편, 도서출판 광주, 1988)

"(1980년 5월 19일) 광주역 앞 분수대에서 여학생을 발가벗겨놓고 유방을 도려내어 죽였다는 소문에 시민들이 더욱 흥분(후에 계엄분소 부사령관도 그런 시체가 있다고 시인했지만, 대검으로는 할 수 없는 행위이며 불순분자의 면도칼에 의한 소행이라고 잡아뗌)."(위의 책)

"공수부대와 시민 간에 접전이 치열했던 19일부터 22일까지는 병원 응급실은 물론 1층 환자 대기실 수납 창구와 복도까지 매트리스나 보조 침대를 깐 환자들로 인산인해를 이루었다. '공수부대가 처녀의 유방을 대검으로 도려냈다'는 소문과 관련, 대검으로 가슴을 찔린 여자 환자를 치료한 적이 있다. 가슴 부위와 등을 대검에 찔린 최미자(당시 19세) 양이 실려온 것은 19일 오후라고 생각된다. 최양이 찔린 정확한 부위는 겨드랑이와 젖가슴 사이로 계엄군이 젖가슴을 목적으로 찔렀는지는 이상 부위만 갖고 쉽게 판단할 수 없다."(전남대 흉부외과 의사 오봉석의 증언. 《광주일보》 1989년 1월 14일자)

1948년 제주 4·3사건으로부터 20년이 흐른 뒤였다. 1980년 5월 광주항쟁을 12년 남겨둔 때였다. 1968년 2월 12일의 베트남은 제주와 광주의 중간에 놓였다. 그날 오후 퐁니·퐁넛촌에서는 제주 4·3사건의 시간이 재현되었다. 5월 광주의 시간이 흘렀다. 열아홉 살 처녀 응우옌티탄은 옷이 벗겨진 채 논바닥에 쓰러져 신음했다. 두 가슴은 난도질당해 피가 흘렀다. 왼쪽 팔도 마찬가지였다. 20년 전 제주에 들어온 토벌대원들처럼, 12년 뒤 광주에 투입될 공수부대원들처럼, 마을에 들어온 해병대원들은 포악했다. 과거의 토벌대원들과, 미래의 공수부대원들과, 오늘의 해병대원들은 생김새가 닮았고 같은 언어를 썼다. 1948년, 1968년, 1980년. 공격을 당한 마을과 도시엔 공포가 지배했다. 그들은 총을 쏘았고 칼을 휘둘렀고 수류탄을 던졌다. 그리고 성폭력. 응우옌티탄은 1968년 한국군에 의한 베트남의 성폭력 피해자 중 한 사람이다.

2001년 3월, 한국 기자가 사진을 들고 와 그녀의 이름을 확인하기까지는 아무도 사진 속 그녀의 이름을 몰랐다. 그저 f와 g라는 알파벳 기호로 명명되었을 뿐이다. f와 g, 두 장의 사진 속에서 그녀는 이렇게 설명돼 있었다. "가슴이 도려진 채 아직도 살아 있는 여자." 설명을 적은 이는 미군 상병 본이었다. 그는 그날 끼엠루 초소에서 불타는 마을을 바라보다 한국군이 떠난 뒤 미군 소대원, 남베트남 민병대원들과 함께 그곳에 진입했다. 미리 준비한 카메라로 마을 입구에서부터 참혹한 정경을 담다가 논바닥에 쓰러진 그녀와 만났다. 상태가 심상치 않아 보였다. 윗옷이 찢겨져 있었고, 두 가슴과 팔에서 피가 흘렀다. 예리한 대검에 의한 것임을 알았다. 숨은 붙어 있었다. 그는 논에 들어가 셔터를 눌렀다. 오른쪽 측면에서 한 번, 앞에서 한 번. 그러곤 남베트남 민병대원들을 불러 후송시켰다.[1]

응우옌티탄은 다낭 병원으로 실려 갔다. 그날 그녀의 아버지 응우옌전Nguyễn Dân(41)은 다낭에서 비보를 들었다. 큰딸 응우옌티탄이 크게 다쳤다는 소식만이 아니었다. 부인 팜티깜 Phạm Thị Cam(40)과 넷째 딸 응우옌티흐엉 Nguyễn Thị Hường(11)은 현장에서 즉사했고, 생후 5개월 된 젖먹이 막내아들 응우옌디엔까인 Nguyễn Điển Canh은 심각한 부상을 입었다고 했다. 모두 설을 맞아 고향에 내려간 식구들이었다. 응우옌전은 응우옌티탄과 응우옌디엔까인이 함께 입원한 다낭 병원으로 먼저 향했다. 응우옌티탄의 상태가 더 위중했다. 두 가슴과 왼쪽 팔에 출혈이 컸다. 다낭 병원 의료진은 수술을 통해 왼쪽 팔을 잘라냈다. 그날 저녁이 되어서야 응우옌전은 창문 밖에서 응우옌티탄의 얼굴을 보았다. 얇은 이불을 덮고 있던 딸은 침대에 누워 있다가 창문 쪽으로 얼굴을 돌렸다. 서로의 눈이 마주쳤다. 응우옌티탄은 들릴 듯 말 듯한 목소리로 말했다. "뭐예요?" 그 말이 마지막이었다.

다음 날 동이 트기 전 응우옌티탄은 숨을 거뒀다. 고향에 내려간 가족 네 명 중 세 명이 죽고, 젖먹이 응우옌디엔까인만 살아남았다. 응우옌디엔까인은 엉덩이가 날아갔다.(응우옌디엔까인은 불구로 생활하다 열 살이 못 되어 숨을 거뒀다. 같은 마을의 생존자 응우옌득상은 응우옌디엔까인이 농약을 먹고 극단적 선택을 했다고 증언했다.[2])

부인 팜티깜이 세 아이를 데리고 자신의 고향이자 시댁이기도 한 퐁넛촌에 내려간 것은 설을 이틀 앞둔 1월 28일이었다. 응우옌전 가족은 전쟁이 시작된 이후 퐁넛촌이 위험하다고 판단해 일찌감치 아홉 명이나 되는 형제자매를 이끌고 다낭에 올라와 세를 얻어 살았다. 응우옌전은 남베트남 정부와 베트콩 중 어느 편도 지지하지 않는 무당파였다. 총알이 튀고 폭탄이 터지면 민간인만 몹쓸 일을 당한다는 생각에 상대적으로 안전한 대도시로 옮겨온 것이었다. 퐁녓 집은 응우옌전의 아버지 응우옌주Nguyễn Dụ 부부만이 지켰다.

팜티깜은 본래 설 제사만 지내고 돌아오려고 했다. 그런데 예상치 못한 베트콩들의 '뗏공세'와 한국군 반격 작전의 틈바구니에서 오도 가도 못 하는 신세가 되고 말았다. 꽝남성에선 베트콩 1개 연대 규모가 호이안을 점령하고 외곽 지역을 공격했다.[3] 한국군 해병 제2여단 3대대는 베트콩에 점령당한 호이안에 투입되었고, 1대대를 비롯한 나머지 대대는 외곽 지역을 차단했다. 남베트남 정부는 계엄령을 선포했다. 팜티깜은 돌아가려 해도 교통편이 없었다. 결국 정월 대보름 하루 전까지 계속 퐁녓에 눌러 있다가 화를 당한 셈이었다.

응우옌전은 본래 설에도 고향에 내려가지 말자고 주장한 터였다. 목수 일로 가족을 먹여 살려야 했다. 다행히도 일감은 밀렸다. 혼자는 감당할 수 없어, 둘째 아들 응우옌디엔록Nguyễn Điển Lộc(15)에게 기술을 가르치며 함께 일했다. 설에 내려가 제사를 지내고 집 청소도 해야 한다는 부인 팜티깜의 고집을 꺾지 못한 것은 평생의 한이 됐다. 청소 일을 돕기 위해 응우옌티탄이 따라나섰고, 젖먹이 응우옌디엔까인을 돌봐주기 위해 응우옌티흐엉도 함께 나섰던 것이다. 두 자매는 엄마와 함께 돌이킬 수 없는 길을 떠나고 말았다. 나머지 다섯 명의 남매가 모두 따라나서지 않은 것은 불행 중 다행이었다.

응우옌티바Nguyễn Thị Ba(17)는 다낭에 남아 무사한 남매 중 한 명이었다. 그녀는 남매들 중에서 유일하게 아버지 응우옌전과 함께 다낭 병원을 찾아 언니 응우옌티탄의 생전 마지막 모습을 지켜보았다. 응우옌티탄과는 두 살 터울로 가장 가까운 동생이었다. 둘 다 초등학교를 다니다 말고 다낭으로 올라가 돈을 벌었다. 응우옌티바는 건설 현장에서 시멘트를 섞는 잡부로 일했다. 언니 응우옌티탄은 옷 만드는 일을 했다. 통통한 몸매에 성격이 유순했다. 병으로 일찍 죽은 오빠 응우옌디엔다이Nguyễn Điển Đai를 대신해 집에서 맏이 역할을 했다. 옷 만드는 기술을 지닌 터라 설 때마다 동생들 옷을 많이 만들어주었다. 1968년 설에도 응우옌티탄은 응우옌티바에게 설빔을 손수 만들어주었다. 하늘색 바탕에 꽃무늬가 있는 생활복이었다.

응우옌티호아Nguyễn Thị Hoa(13)는 아버지 응우옌전과 언니 응우옌티바를 따라 병원에 가보지 못했다. 줄곧 다낭의 집만 지켰다. 어리다는 이유로 평소에도 집안일만 했다. 학교는 다니지 않았다. 엄마와 언니와 동생들이 죽거나 다쳤다는 이야기를 아버지에게 듣기만 했다. 언니 응우옌티탄의 죽음이 가장 끔찍했다. 대부분 총을 맞았는데, 응우옌티탄만 몸에 총상 대신 자상이 있다고 들었기 때문이다. 응우옌티호아는 한국 군인이 언니를 칼로 공격하는 장면을 떠올리며 몸서리를 쳤다.

퐁넛촌의 사건 현장에서 응우옌티탄은 무슨 일을 겪었을까. 한국군의 총격을 받고도 살아남은 쩐티투언Trần Thị Thuận(9)이 유일한 목격자였다. 쩐티투언은 총을 맞아 쓰러진 무리들 맨 밑에 깔렸다. 살았다. 정신을 차리고 기어 나왔을 때 응우옌티탄이 한국군들에게 희롱당하는 모습을 보았다. 쩐티투언은 "한국군이 응우옌티탄 언니를 성폭행한다"고 생각했다. 응우옌티탄의 윗옷은 찢겨져 있었다. 군인들이 손에 쥔 대검도 보았다.⁴ 응우옌티탄의 집 바로 옆에서였다. 퐁니촌이 끝나고 퐁넛촌이 시작되는 지점으로, 주검이 무더기로 가장 많이 발견된 곳 중 하나였다.

퐁니·퐁넛촌에 진입했던 한국군 해병 제2여단 1대대 1중대원들은 왜 그랬을까. 뗏공세 이후 계속된 정글 작전이 가져다준 누적된 피로감과 스트레스의 과잉 표출이었을까. 전시에 처절하게 억눌려 있던 병사들의 욕망이 젊은 여성의 육체를 만나 선을 넘어버렸을까. 성적 희롱을 넘어 대검으로 여성의 젖가슴을 엽기적으로 난자한 이유는 무엇이었을까. 젊은 여성의 몸을 유린해 그녀를 구하지 못한 마을의 남성들에게 극도의 모멸감과 수치심을 안기려는 고도의 전술이었을까. 한국군에 대한 공포를 최고치로 끌어올려 베트콩의 사기를 꺾으려는 속셈이었을까. 제주 4·3항쟁 진압 과정에서 토벌대인 서북청년단원과 군경이 그랬던 것처럼, 제2차 세계대전 중 중국 난징의 일본군과 폴란드의 독일군이 그랬던 것처럼, 전쟁 또는 준전쟁 상황에서 성폭력은 의례적인 일이었을까.[6]

그리고 광주. 1980년 5월 18일. 그날 0시를 기해 대한민국에선 계엄령이 전국으로 확대됐다. 광주시 북구 용봉로 전남대학교 정문 앞에서 공수부대원들의 무자비한 구타와 살상이 시작되었다. 공수부대원들은 18일, 19일 미친 듯 광주 거리의 시민들을 향해 곤봉을 내리치고 대검을 찍었다. 특히 19일 광주역 앞 분수대에서 여학생을 발가벗겨놓고 유방을 도려내 죽였다는 소문에 시민들의 분노는 하늘을 찔렀다. 이는 훗날 〈5월의 노래〉라는 노래 가사에도 담겼다. "꽃잎처럼 금남로에 뿌려진 너의 붉은 피, 두부처럼 잘리어진 어여쁜 너의 젖가슴……." 공수부대원들의 만행은 언론에 일절 보도되지 않았다. 그 진압 작전에서 시민들을 대검으로 찌르고 머리를 진압봉으로 강타하는 등 가장 악랄한 진압을 펼친 공수부대원 중 상당수는 베트남 파병 복무를 마치고 돌아온 하사관들이었다.[5]

그보다 12년 전, 1968년 1월 31일. 그날 0시를 기해 남베트남에선 계엄령이 전국에 선포됐다. 뗏공세를 벌인 북베트남과 베트콩에 대한 한·미·월 연합군의 사상 최대 반격 작전이 벌어지는 가운데 수도 사이공엔 24시간 통행금지령까지 떨어졌다. 한국군은 한 달 넘게 이 일대에서 무자비한 수색·소탕 작전을 벌였다. 특히 2월 12일 퐁넛촌에선 한국군 해병대원들이 젊은 여성을 발가벗겨놓고 유방을 도려내 죽였다는 소문이 퍼져갔다. 소문은 사실이었다. 미군 정보기관은 한국군 해병부대원들의 만행에 대한 정보를 수집했지만, 언론의 접근은 차단됐다. 응우옌티탄의 죽음이 한국인들에게 처음 알려진 것은 그로부터 광주항쟁까지 12년이 지나고도 20년이 더 흐른, 32년 뒤인 2000년이었다.

원수를 갚자, 산으로 가자

: 응우옌쑤와 쩐반타의 충격

1년 전 어머니는 미군에 살해당한 뒤 우물에 던져졌다.
이번엔 한국군이었다. 소년은 집 동굴에서 보지 말아야 할 것을
보았다. 남베트남 군인이 될 수는 없었다. 원수를 갚아야 했다.

딸이 사라졌다.

판쑤언리엔Phan Xuân Liện(38)은 급보를 들었다. 마을의 젊
은 여자 두 명이 저녁에 1번 국도 근처에서 한국군 해병대원들
에게 연행돼 갔다고 했다. 딸 판티쑤옌Phan Thị Xuyên(18)과 또래
친구 쩐티쑤언Trịnh Thị Xuân이었다. 아버지의 심장은 철렁했다.
왜 의심을 샀을까. 별일 없으리라 마음을 진정시켰지만 별일
없으리라는 보장은 없었다. 전쟁 기간이었다. 1968년 2월 12일
을 하루 앞둔 11일 오후 퐁니·퐁넛촌.

『파월한국군전사』에 따르면, 2월 11일에도 퐁니·퐁넛촌
인근엔 한국군 해병 제2여단 1대대 1중대 1소대가 있었다. 소
대장은 최영언 중위. 2·3소대와 만나기 위해 1번 국도를 정찰
하며 북상하던 1소대는 오후 1시 대전차지뢰에 반파된 미군 차
량 한 대를 보호하라는 임무를 부여받았다. 위치는 미군 캡소
대(정보 수집·관측을 위해 소대보다 적은 규모로 편성한 부대. 일명 마

이너스 소대) 주둔지 서남쪽 500미터 교량 부근으로, 좌표상 퐁니·퐁넛촌 바로 옆이었다. 제1대대 1중대 1소대 해병대원들이 이날 이곳에서 정찰과 경계 활동을 벌였다면, 1중대 1소대나 연계 작전을 폈던 2·3소대원들에 의해 판티쑤엔과 찐티쑤언이 연행됐으리라는 추정이 가능하다.

딸은 곧 풀려났다. 친구도 무사했다. 아버지 판쑤언리엔의 얼굴엔 화색이 돌았다. 딸은 의료팀에 소속된 베트콩 대원이었다. 다행히도 들키지 않았다.

당시 해병 제2여단은 꽝남 지역의 면적을 28제곱킬로미터, 인구를 16만 5,014명으로 파악했다. 이 지역에서 작전하던 해병 제2여단의 병력 규모는 4,800여 명. 미 해병 LTV(수륙양용 장갑차) 중대와 전차소대, 미 해병 제1비행사단과 미 해군 제7함대가 해병 제2여단을 도왔다. 아군에 맞서는 적의 병력은 8,700명으로 파악됐다. 퐁니·퐁넛촌으로부터 서쪽 쯔엉선 산맥 부근에 위치한 북베트남군 제2사단 병력 7,400명에 베트콩 지방군 1,300명을 더한 통계라는 거였다. 남베트남 정부는 이곳의 적성 인구를 30퍼센트, 회색 인구(중간지대)를 50퍼센트로 분석했다. 아군에 우호적인 인구는 20퍼센트뿐으로 적세가 우세한 지역이라고 보았다.

다음 날인 2월 12일 오전, 퐁니촌 입구에서 울린 총소리에 창밖을 내다보던 응우옌쑤 역시 적성 인구에 포함된 사람이었다. 남베트남 정부의 블랙리스트에도 올랐다. 고향에서 프랑스식 초등학교와 중학교를 졸업하자마자[7] 공산당 활동에 참가했다. 열여섯 살이던 1945년부터 스물다섯 살이던 1954년까지 인도차이나공산당(1951년 베트남노동당으로 개칭)에 입당해 해방군선전대에 참가한 것이다. 촌락 내부에 침투해 조직과 선전 활동을 하는 임무였다. 10년간 10번 넘게 프랑스 군인들에게 끌려가 감옥 생활을 했다.

1955년 남베트남 정부 수립 이후, 함께 당 활동을 하던 동지들 대다수는 북으로 갔다. 그는 남았다. 북베트남과 남베트남 혁명 세력을 연결해주고 외곽에서 그들을 지원하는 임무를 맡기로 했다. 얼마 안 가 연락선이 끊어졌다. 조직과 떨어진 채 조용히 농사만 지었지만, 보이지 않는 강력한 베트콩 지지 세력이었다. 아버지의 영향 때문인지 큰아들 응우옌타인끄엉 Nguyễn Thanh Cường(14)도 베트콩의 일원이었다. 그날도 가족 중 응우옌타인끄엉만 집에 없었다. 남베트남 정부 관리들의 해코지는 없었다. 응우옌쑤를 마을의 리더로 따르고 존중하는 이가 많았기 때문이다.

빗발치는 총성은 어떤 폭음이 있고 나서였다. 폭음은 미군 LTV가 지뢰를 밟고 내는 소리였다.[8] 응우옌쑤는 부인 보티찌(41)와 함께 귀를 막고 웅크렸다. 보티찌는 둘째 아들 응우옌타인꺼(11)와 쌍둥이 딸 응우옌티리엔, 응우옌티웅아(5)를 다독였다. 큰 사고라는 예감이 왔다. 전날 밤 젊은 여자 두 명의 연행은 어떤 전조였던 셈이다.

마을은 시뻘겋게 불타고 있었다. 고함과 비명이 뒤섞였다. 불과 몇백 미터 밖에서 벌어지는 일이었다. 응우옌쑤는 무기력했다. 아무것도 할 수 없었다. 가만히 숨어 있는 게 최선이었다.

바로 그 시각, 열한 살 소년 쩐반타는 퐁니촌 입구에 있는 가옥에서 어찌할 바를 몰랐다. 원래 살던 집보다 안전하다고 하여 세든 곳이었다. 남의 집 농사일을 거들어주는 아버지 쩐본Trần Bốn(38)은 들에 나갔다. 주인집 할머니와 세 남매만 집을 지켰다. 화염에 휩싸인 마을은 아비규환이었다. 작게 들리던 군인들의 발소리가 갑자기 커졌다. 집에 있는 동굴은 이미 피신 온 마을 주민 서너 명이 차지했다. 동굴로 함께 들어갈까 망설였지만 들어가지 않았다. 대신 부엌에 숨었다. 쩐반타는 두 여동생 쩐티티엣Trần Thị Thiệt(8), 쩐티쭈어Trần Thị Chua(6)를 꼭 끌어안았다. 심장이 쿵쾅거렸다. 이가 덜덜 떨렸다. 옆에 있는 주인집 할머니도 눈을 감은 채 두 손으로 귀를 막았다. 동굴에 들어가지 않은 것은 천행이었다. 집에 들어오자마자 한국군은 동굴 입구를 발견했다. 총을 쏘며 소리를 질렀다. 안에 사람이 숨었다고 판단한 모양이었다. 그들은 땅굴에 수류탄을 까 넣었다. 폭음과 함께 집이 들썩거렸다. 동굴 속에서 비명이 가느다랗게 새어나왔다. 몰살이었다. 쩐반타는 미동도 하지 않았다. 여동생들을 끌어안은 팔에 더욱 힘을 주었다.

쩐반타의 본래 집은 퐁녓촌 녓지압 마을이었다. 1년 전 그곳에서도 죽을 고비를 넘겼다. 1967년 3월 30일(음력 2월 19일)이었다. 그때는 미군이었다. 『파월한국군전사』를 참고할 때, 미 해병 제1사단 소속 제5연대 휘하의 병사들일 가능성이 높다. 그들은 마을에 들어와 닥치는 대로 총을 쏘고 수류탄을 던졌다. 마을 주민 10여 명이 죽었다. 왜 그랬는지는 알지 못했다. 다행히도 그때는 혼자 서쪽으로 1킬로미터 떨어진 디엔안사 찐쭈Chín Chủ 마을 외할머니 집에 놀러 갔던 터라 큰 화를 피했다. 어머니 다오티르Đào Thị Lự(당시 35세)와 막내 여동생 쩐티무어Trần Thị Mua(당시 1세)가 목숨을 잃었다. 미군은 어머니를 성폭행하고 살해한 뒤 주검을 우물 속으로 던졌다. 어린 소년의 가슴은 원한으로 사무쳤다. 1년 뒤엔 미군이 아닌 한국군이었다. 하지만 살았다. 지난해에도 살았고 이번에도 살았다.

한 시간이나 흘렀을까. 쩐반타의 집을 수색하던 한국군 해병대는 마을을 떠났다. 총성이 잦아든 고요함의 틈새로 곳곳에서 잔불 타오르는 소리가 들렸다. 집에서 애만 끓이던 응우옌쑤도 상황이 끝났음을 눈치챘다. 마을로 진입하는 미군들과 남베트남 군인들이 창밖으로 보였다. 그들은 한국군의 동맹군이었지만, 이날만은 전혀 다른 편처럼 보였다. 응우옌쑤는 부인과 함께 마을 쪽으로 달려갔다. 살아남은 사람들이 바깥으로 쏟아져 나왔다. 현장은 눈뜨고 볼 수 없었다. 널브러진 주검들 사이로 간간이 목숨을 건진 이들이 보였다. 미군과 남베트남 군인들은 그들을 치료하거나 후송했다. 불을 끄는 작업도 했다. 10구가 넘는 주검이 한곳에 모여 있었다. 모아놓고 죽인 흔적이었다. 그런 주검들이 세 곳에 있었다. 불에 그을리거나 우물에 빠진 주검도 있었다.

초가로 이은 집들은 대부분 불에 탔다. 주검을 수습할 공간이 없었다. 1번 국도에 있는 사당 앞으로 옮기기로 했으나 나를 도구가 없었다. 음식 말리는 둥근 채반에 주검을 올렸다. 사당 앞에 빈집이 하나 있었지만, 주검을 다 보관하기엔 좁았다. 몇 구를 제외하고는 죄다 바깥에 놓아야 하는 운명이었다. 소식을 듣고 사당 앞에 디엔반현 현장이 도착했다. 흥분한 마을 주민들이 삿대질을 하며 항의의 목소리를 높였다. 대참사가 벌어질 때 관리들은 도대체 뭐 했느냐는 질책이었다. 주검을 담을 관도 없었다. 인민위원회에서 관 수십 짝을 가져왔지만 태부족이었다. 주검을 묻어줄 사람도 없었다. 장례를 어떻게 치러야 할지 막막했다.

다음 날인 2월 13일, 퐁니·퐁녓촌 주민들은 아침 일찍 1번 국도상에 주검을 늘어놓았다. 일종의 시위였다. 전날 마을에 들어갔던 해병 제2여단 1대대 1중대 병력들도 다시 퐁니·퐁넛 촌 주변을 맴돌았다. 1중대는 아침 7시 50분부터 전날 정찰했던 1번 국도를 남쪽에서 북쪽 방향으로 밟았다. 미 공병대와 협업해 서쪽 교량 보수 작업을 엄호하기 위해 가는 길이었다. 퐁니촌 근처 국도변에 수십 명의 주민들이 보였다. 도로 맞은편 쪽이었다. 주민들이 이쪽을 바라보았다. 저격이 날아올지도 몰랐다.

중대원들은 이상한 기운을 느꼈다. 앞으로 나아갔다. 가까이서 보니 서 있는 주민들 옆으로 누워 있는 사람 형체가 보였다. 더 가까이 가자 희끄무레하던 그것이 또렷하게 드러났다. 주검이었다. 맨 앞에 첨병으로 가던 2소대 류진성(22) 일병은 맨 앞에 선 자신을 향해 주민들이 다가와 사나운 얼굴로 언성을 높이자 두려움을 느꼈다.[9] 알아들을 수 없는 베트남어였지만 잡아먹을 기세임은 분명했다. 살기 위해서는 물러서면 안되었다. 그는 M16을 움켜쥔 양손에 힘을 주었다. 총을 흔들며 앞을 헤쳐 갔다. 주민들이 움찔거리며 물러섰다. 그 행렬의 뒤쪽엔 1소대장 최영언 중위도 있었다. 주민들과 주검을 바라보는 그의 머릿속이 빠르게 돌아갔다. '아, 어제 뒤에서 총소리가 났는데, 그 희생자들이구나.' 그러고 보니 마을 주민들의 눈초리엔 원망이 서려 있었다. 빠르게 이곳을 빠져나가야 했다. 주민들 무리 속엔 응우옌쑤도 있었다. 그날 아침, 베트남 주민 응우옌쑤와 한국군 해병대 최영언 중위, 류진성 일병의 눈빛은 부딪쳤을까.

쩐반타의 아버지도 주검을 수습하는 자리에 있었다. 남베트남 군인들은 어린 쩐반타를 안전한 곳으로 옮겨 식사를 챙겨

주고 보살펴줬다. 고마움을 느꼈지만, 마음속으로 남베트남 군
인은 되지 않으리라 다짐했다. 어머니와 여동생을 죽인 미군과
한통속인 남베트남 군대였다. 그들은 자신의 집 동굴에 수류탄
을 투척하고 총을 쏜 한국군과 연합했다. 원수를 갚아야 했다.
4년 뒤, 열다섯 살이 되던 1972년. 그는 유격대를 자원했고 산
으로 들어갔다.

"미군의 음모라고 생각했다"

: 마을 원로 응우옌쑤

응우옌쑤는 퐁니 마을의 최고 원로였다.

2013년 1월 퐁니를 방문했을 때다. 일주일간 주민들을 인터뷰하고 떠나기 하루 전날, 그의 집을 찾았다. 그는 거실에서 책을 읽고 있었다. 무슨 책이냐고 물었더니 "베트남 부수상 도안주이탄Đoàn Duy Thành(1929~)이 은퇴 후 쓴 수상록"이라고 했다. 독서를 하는 그의 평온한 모습이 보기 좋았다.

평생 베트남 혁명 정신에 따라 살아왔다고 했다. 프랑스 식민지 치하에 살던 10대 시절 인도차이나공산당에 입당해 민족해방운동에 직간접 참여하며 마을에 영향력을 행사해왔다. 그는 이렇게 말했다. "나는 처음부터 비시(베트콩)가 이길 거라고 생각했다. 퐁니가 미군과 한국군의 점령 지역이나 마찬가지였지만 나는 진다고 생각해본 적이 없다. 왜냐고? 정의는 우리 편이었으니까." 그에게 "정의가 무엇이냐"고 물었다. "정의는 호찌민에게 있었다. 호찌민은 프랑스 치하에서부터 해방운동을 했고, 민족통일을 이루는 밑거름이 되었다."

2000년 5월 처음으로 퐁니를 찾았을 때 가장 먼저 만난 사람이 바로 그였다. 디엔안사 인민위원회는 그가 당일 사건에 관해 가장 많이 알고 있다고 소개해주었다. 그 자리엔 항상 둘째 아들 응우옌타인꺼가 동석했다. 응우옌타인꺼는 연로한 아버지의 알아듣기 힘든 말을 '통역'해주었다. 2013년 만남 때 응우옌쑤는 미군 음모설을 이야기했다. 아무리 생각해도 남조선 군인(베트남인들은 한국군을 따이한이라고도 부르고 남조선 군인이라고도 한다)들은 베트남 시민을 죽일 이유가 없다는 거였다. 미국 놈들이 나쁘고, 한국군은 어쩔 수 없었을 거라고 얘기했다. 그러면서 한국에 화나는 감정이 없지는 않다면서 친척 누나의 딸이 한국 사람과 결혼했다는 이야기를 듣고 농담 반 진담 반으로 "왜 원수랑 같이 살게 됐냐"는 뼈 있는 농담을 했다고 털어놓았다.

2013년과 2014년의 응우옌쑤는 확연히 달랐다. 2013년엔 방문자의 눈을 쳐다보며 얘기하는 느낌이었다. 느릿느릿하지만 힘이 있었다. 2014년에 만났을 땐 방문자와 눈을 잘 맞추지 못했다. 눈에 초점이 없었다. 말도 거의 못했고 혼자 잘 걷지도 못했다. 그는 미국과의 전쟁은 물론 프랑스와의 전쟁까지 증언해줄 마을의 유일한 어른이었다. 2015년 1월 말, 그가 병석에 누워 있다는 소식을 들었다. 2018년 다시 마을을 찾았을 때, 그는 고인이 돼 있었다. 2016년 세상을 떠났다.

지뢰를 밟고 숨을 헐떡이던 동지

: 쩐반타의 산 생활

쩐반타는 1972년 미군과 한국군에 대한 증오를 품고 산에 올랐지만, 이미 미군과 한국군은 철수한 뒤였다. 미군은 일찌감치 떠났고, 꽝남 지역 인근 호이안에 주둔하던 해병 제2여단도 1972년 2월 29일 다낭 항구를 통해 베트남을 빠져나갔다.

쩐반타가 활동한 곳은 퐁니·퐁녓 서남쪽에 위치한 꾸에선Quế Sơn 지역으로, 산이 절반을 차지하는 정글이었다. 해방군 부대원은 40~50명이었다. 1972년 열다섯 살에 입산한 그는, 처음에는 호신술과 총기 사용법, 차량 정비 기술을 배웠다. 그 뒤엔 저격병의 임무를 부여받았다. 지뢰 제거도 그의 몫이었다.

상대는 남베트남군이었다. 적이 소수일 때를 노려 공격했다. 주요 무기는 AK47 소총. 어깨에 올려놓고 쏘는 B40과 B41 로켓포를 사용할 때도 있었다. 주로 지뢰를 묻는 적, 지휘관, 통신병, 관측병을 대상으로 삼았다. 한 주에 두 번쯤 총을 메고 마을로 내려가 해치울 적을 물색했다. 자신의 총탄을 맞고 고꾸라져 숨을 거두던 이들의 모습이 아직도 뇌리에 있다. 저격 직후 인근 마을로 진입한 남베트남 군인들이 애꿎은 민간인들에게 화풀이하는 모습도 목격했다. 부대의 근거지가 간헐적으로 적의 포탄 세례를 받을 때면 산속 동굴로 피신했다.

자신이 쏜 총과 로켓에 사람이 죽거나 다치면 괴로웠다. 진심으로 하고 싶지 않은 일이었다. 그러나 전쟁이었다. 어머니와 여동생, 할머니, 고모, 큰아버지, 조카들이 모두 억울하게 목숨을 잃었다. 이 일을 끝장내기 위해선 미국을 물리치고 베트남을 통일시켜야 한다고 생각했다.

몇 차례 근거지를 옮겼다. 1975년 4월 전쟁이 끝났을 때 자신의 부대원 절반이 사라지고 없었다. 1974년 겨울, 함께 지뢰 제거 작업을 하다 바로 옆에서 지뢰가 터지는 바람에 동료 흐어히엔Hứa Hiển이 피 흘리며 몸부림치다 숨졌다. 가장 슬픈 기억이다. 당시 흐어히엔은 열여덟 살이었다. 또 다른 이는 적이 버리고 간 총을 쏘다가 총이 폭발해 두 손이 다 잘렸다. 직속 상관 응우옌타인끄엉이었다. 그는 퐁니촌 원로였던 응우옌쑤의 첫째 아들이다.

잠은 산에서 천막을 치고 잤다. 나무 두 개에 천을 잇대어 잠자리를 만들었다. 밥을 해주는 사람은 따로 있었다. 자우무엉rau muống이라는 채소를 길러 자급자족했다. 말라리아에 걸려 2주를 앓아눕기도 했다. 고열로 사경을 헤매기도 했다. 이대로 죽을 수는 없다고 생각했다. 그나마 살아남아 자신을 기다려줄 아버지와 두 명의 여동생이 있었다.

1975년 이후 통일된 베트남에서 그는 군인의 길을 걸었다. 1986년 대위로 전역할 때까지 밀림에서 지뢰를 제거하는 일을 했다. 이후 디엔반사 공안công an(공안경찰)으로 일했고, 2004년부터 2010년까지는 디엔반사 인민위원회 주석을 역임했다.

나는 스나이퍼다

: 베트콩이 된 탈영병 쩐반남

정글에서 예고 없이 불을 뿜던 정체불명 총탄의 주인공.

기껏해야 서너 발에 불과하지만, 공포는 강력했다.

치명적 타격을 남긴 채 흔적 없이 사라지는 유령. 나는 스나이퍼다.

왔다. 드디어 왔다. 몇 시간을 기다렸던가. 몸을 마음대로 뒤척이지 못해 얼마나 갑갑했던가. 수풀 속에 엎드린 그는 오른팔로 소련제 AK47 소총을 감아 끌어당겼다. 적의 예상 이동 경로 부근에서 매복하는 중이었다. 얼굴엔 고구마 줄기를 짠 물로 검은 칠을 했다. 둥근 갈색 챙 모자엔 나뭇잎을 얼기설기 꽂았다. 조악한 위장술이었다. 전혀 눈치채지 못한 적들은 길을 지나가기 위해 이쪽으로 다가왔다. 남베트남군 병사 10여 명이었다. 총을 가슴팍에 바짝 붙였다. 방아쇠만 당기면 된다. 옆에 있는 베트콩 동료 두 명과 눈빛을 교환했다. 조금 더 기다리라는 사인. 이제 표적이 뚜렷이 보인다. 심장박동 수가 빨라졌다. 소총 가늠자 안으로 사람 하나가 들어왔다. 숨을 멈췄다. 하나…… 둘…… 셋!

1968년 12월 초순의 어느 날 오후. 한 달 뒤면 1969년 새해였다. 퐁니촌 인근 숲속 나무 밑에 엎드린 쩐반남(24)의 눈빛이 불타올랐다. 그는 스나이퍼Sniper, 즉 저격수였다. 미군과 한국군, 남베트남군을 향해 정글에서 예고 없이 불을 뿜던 바로 그 정체불명 총탄의 주인공이었다. 기껏해야 서너 발에 불과하지만, 공포는 강력했다. 짧고 굵은 총성과 치명적 타격을 남긴 채, 흔적도 없이 사라지는 유령. 저격수들은 베트남전이 비정규 유격전임을 실감케 해주는 강력한 존재였다.

악!

명중이었다. 비명이 귓전을 파고들었다. 남베트남군 한 명이 땅바닥에 털썩 주저앉는 순간의 소리가 생생하게 잡혔다. 부상자를 향해 다급히 뛰어오는 발소리가 쿵쿵 울렸다. 그들 중 일부는 울음을 터뜨렸다. 망원경을 눈에 갖다 댔다. 총을 맞은 이는 고개를 숙인 채 피를 흘리며 헐떡였다. 저격수도 무섭긴 마찬가지였다. 가슴 깊은 곳에서 미안한 감정이 일렁였지만 마음을 다잡았다. '나는 지금 전쟁을 하고 있다.' 쩐반남 일행은 유유히, 빛의 속도로 저격 장소에서 빠져나왔다. 155센티미터의 키에 깡마른 체구를 지닌 쩐반남의 움직임은 재빨랐다. 남베트남군은 주변을 긴급히 수색했지만 아무런 흔적도 발견하지 못했다.

쩐반남은 집으로 돌아왔다. 그의 거처는 산속이 아니었다. 퐁니 서쪽에 위치한 퐁녓촌 녓지압 마을에 살았다. 본래 살던 고향집은 1966년 10월 6일 미군 폭격에 의해 파괴됐다. 아버지 쩐느억Trần Nhược(생년 미상)은 미군 폭격으로 목숨을 잃었다. 쩐반남은 집 근처에 가건물을 대충 지어 살았다. 평소에는 농사도 지었다. 그는 마을에서 주민들과 함께 생활하며 정치 선전과 군사 활동을 병행하는 베트콩 유격대원du kích tập trung이었다. 정치 선전이란 북베트남군과 남부 해방군의 전투 성과를 은밀히 또는 공공연하게 퍼뜨리는 일이었다. 호찌민의 생애와 독립 정신을 전파하기도 했다. 쩐반남과 달리 산에서 생활하며 조직적으로 군사훈련을 하고 전투 작전을 펴는 베트콩은 정규군Lính chính quy이라는 이름으로 구분해 불렀다.

퐁녓은 거의 베트콩들의 해방구였다. 퐁녓에서 활동하는 유격대 조직원은 80여 명이나 됐다. 마을 인구는 300여 명. 촌장도 베트콩이었다. 퐁녓은 서쪽에 위치한 터라, 동쪽 1번 국도를 중심으로 유지되던 남베트남 정부의 행정력이 덜 미쳤다. 여기에 비해 1번 국도 주변에 위치한 퐁니는 남베트남 지지자가 더 많았다. 쩐반남이 소속된 타인퐁사 베트콩 조직이 퐁니 인구 260명의 정치 성향을 일일이 집계한 결과, 남베트남 지지자의 비율은 60퍼센트였고 공산당 지지는 40퍼센트였다. 퐁니 주민들 중 젊은 남성의 상당수가 미군과 협력하는 남베트남 민병대원인 점과 무관하지 않았다. 퐁니에서 활동하는 베트콩 유격대원도 20명은 됐다. 쩐반남은 퐁녓에 살면서 퐁니 인접 도로를 주 무대로 저격 활동을 벌였다.

쩐반남은 집에 오자마자 대자로 누웠다. 저격에 사용한 AK47 소총은 멜빵을 적당히 조여 옷걸이에 걸었다. 긴장이 풀리자 몸이 노곤해졌다. 눈을 감았다. 남베트남군 병사가 토하던 비명의 여운이 귓전을 맴돌았다. 긴 한숨이 터졌다. 집에는 자신밖에 없었다. 아버지가 폭격에 비명횡사한 사건을 전후로 가족은 한 명씩 저세상 사람이 됐다. 자신보다 먼저 베트콩 활동을 했던 형 쩐방Trần Bằng(1937년생)은 1965년 8월 남베트남 경찰에 체포돼 빈디엔 감옥에 들어갔다가 의문의 죽음을 당했다. 어머니 응우옌티릭Nguyễn Thị Lịch(생년 미상)은 아버지처럼 미군 폭격에 희생됐다. 1968년 5월 18일이었다. 같은 해 4월 11

일 큰누나 쩐티록Trần Thị Lộc(1934년생)은 마을에 들어온 미군들의 총격을 받고 쓰러졌다. 유일한 혈육은 작은누나 쩐티항Trần Thị Hằng(33)이었지만, 오래전 결혼해 다낭에 나가 살았다. 쩐반남은 죽은 가족들의 얼굴을 떠올리며 분노를 충전했다. '나는 오늘 무고한 사람을 쏘지 않았다. 복수를 했을 뿐이다. 남부 베트남의 해방과 조국의 통일을 위해 임무를 수행했을 뿐이다.'

지금은 정반대편에 서게 되었지만, 쩐반남도 한때 남베트남군 병사였다. 만 20세였던 1964년 1월, 퐁니·퐁녓에서 북쪽으로 약 100킬로미터 떨어진 옛 응우옌 왕조의 수도 후에의 남베트남군 신병 훈련소에 입소했다. 제식훈련을 받았고, 미국제 AR16, AR18 소총(M16)으로 혹독한 사격 연습을 했다. 그는 입소 3개월 만에 부대를 탈출했다. 고향으로부터 멀리 떨어진 정글로 보내질까 봐 불안했기 때문이다. 배가 아프다며 화장실을 가는 척하다가 부대를 빠져나와 후에 터미널로 향했다. 고향 퐁녓으로 가는 버스에 올라 요금을 내자, 기사는 짐짝 싣는 곳을 가리키며 숨는 방법을 알려주었다. 쩐반남의 행색을 보고 탈영병이라 짐작한 듯했다. 남베트남 전역에서 탈영병이 쏟아져 나오던 때였다.

고향에 도착하자마자 한 달 만에 게릴라들이 있는 산으로 갔다. 자연스러운 결정이었다. 형도 베트콩, 친구들도 베트콩이었다. 어릴 적 함께 놀던 여자 동무들마저 베트콩이 됐다는 소식을 들었다. 중학교만 졸업해 많이 배우지는 않았지만, 해방군으로 불리는 그 베트콩들의 노선이 옳다고 확신했다. 쩐반남이 보기에 진실은 복잡하지 않았다. 베트남은 베트남 사람들의 나라였다. 미국의 나라가 아니었다. 미국이 싸움을 건 이상 싸워야 했다. 호찌민이 옳았다. 그뿐이었다.

베트콩이 된 뒤 처음 맡은 임무는 무기 운반이었다. 베트콩의 물자 보급선이 지나가는 꽝남성 일대 산에 올라 무기를 받았다. 소총과 실탄은 가방에 넣어 어깨에 둘러메고, 수류탄은 허리에 찼다. 이런 상태로 밤길에 산속을 걷고 또 걸어 다낭의 오행산Ngũ Hành Sơn 부근 비밀 거점까지 갔다. 그 무기로 베트콩들은 꽝남 지역 곳곳에서 미군과 한국군을 괴롭혔다.

베트콩이 된 지 4년이 흘렀다. 쩐반남은 주로 저격수 노릇을 했다. 저격보다 먼저 한 일은 부비트랩 설치였다. 늘 조마조마했다. 미군이 남기고 간 불발 수류탄 따위를 철사와 연결해 건드리기만 하면 터지도록 숲속에 고이 모셔놓는 것이었다. 설치를 하다가 폭탄이 잘못 터질 수도 있었다. 적이 다니는 길목에 부비트랩을 설치해놓은 동료 베트콩 한 명이 매설 위치를 내부에 알리기도 전에 목숨을 잃어 비상이 걸리기도 했다. 쩐반남은 또 대전차 지뢰인 '봄바깡bom ba càng'을 설치했다. 이는 한국군의 병력 이동을 지원하는 미군의 장갑차 바퀴를 수시로 무력화했다.

비교적 근거리에서 적을 상대하는 저격은 더욱 조심스러웠다. 물리적 타격을 가하려는 목적이 없지 않았지만, 단지 겁먹게 만드는 것만으로도 효과는 충분했다. 언제 어디서든 누군가 나를 노릴지 모른다는 불안에 사로잡힌 상대는 심리적으로 쪼그라들 수밖에 없었다. 안전한 저격 장소 선정과 정확한 사격, 망원경을 통한 결과 확인과 신속한 도주가 생명이었다. 자주 훈련을 했지만 매뉴얼대로만 되지는 않았다. 처음 몇 번은 손을 너무 떨어 포기했다. 집중력이 강하지 않으면 할 수 없는 일이었다. 저격 직후 망원경으로 적의 상태를 확인하지도 않은 채 냅다 도망치기도 했다. 적의 규모를 살펴 저격 여부를 판단하는 일도 중요했다. 함부로 방아쇠를 당겼다간 자멸할 수 있었다. 쩐반남처럼 퐁넛에 거점을 둔 베트콩 유격대원들은 10명 이하의 소규모 병력만을 노렸다. 소대나 중대급 적 병력을 타격하는 것은 산속에 은신하는, 상대적으로 무장 상태가 좋은 베트콩 정규군들의 몫이었다.

쩐반남에겐 남베트남군이 가장 만만했다. 미군과 한국군은 부담스러웠다. 한번은 한국군 해병 분대 규모 병력을 향해 저격을 했다 혼비백산한 적이 있다. 예상외의 강력한 반격에 부딪혔기 때문이다. 자신이 저격에 참여하지는 않았지만, 그날 한국군은 저격을 당했다는 이유로[10] 마을에 들어온 뒤 일대를 불바다로 만들어놓았다.

10개월 전인, 1968년 2월 12일. 쩐반남은 집에서 쉬고 있었다. 오전 11시께 지뢰 터지는 소리 비슷한 걸 들었다. 조금 뒤 퐁니촌에 진입한 한국군들을 목격했다. 중대 규모였다. 쩐반남은 옷걸이에 걸어놓은 AK47 소총을 챙겨 어깨에 메고 잽싸게 서쪽에 위치한 라토 마을로 향했다. 걸어서 30분 거리였다. 이럴 땐 숨는 편이 상책이었다.

그날 퐁니·퐁넛 마을이 불타올랐다. 쩐반남이 퐁니로 온 건, 서너 시간 뒤 총소리가 잠잠해지고 나서였다. 쩐반남은 뜨악했다. 적이라 할 미군과 남베트남 민병대원들이 마을에 들어와 구조 활동을 벌이고 있었다. 그들 곁에 가까이 가기엔 께름칙했다. 한데 이 순간만큼은 적이 아니었다. 한국군을 제외하고 모두가 동지였다. 한국군이 남긴 학살의 현장을 미군과 남베트남군, 베트콩이 함께 수습하는 기묘한 상황이었다.

쩐반남은 멀찍이 떨어져 논을 뒤졌다. 주민들이 벼 사이에 버려진 주검을 찾는 중이었다. 쩐반남도 이를 도왔다. 한쪽에서는 주검을 들것이나 채반 등에 올려 1번 국도까지 옮겼다. 그는 팔짱을 끼고 움직이지 않았다. 미군과 한국군이 공공연하게 지나다니고 있어 위험했다. 쩐반남은 퐁녓 집으로 그냥 돌아갔다.

1968년 2월 한 달간 퐁녓촌에 설치된 마을 확성기에선 한국군을 성토하는 구호가 울려 퍼졌다. 학살은 바람처럼 지나갔다.

다시 1968년 12월의 어느 날. 남베트남군 저격에 성공한 지 10일 만이었다. 쩐반남은 AK47 소총을 품고 퐁니 근처 숲속에 엎드린 채 전방을 주시했다. 누가 또 걸려들 것인가. 미군이냐, 아니면 괴뢰군이라 부르던 한국군 또는 남베트남군이냐.

말로 싸운 쩐뜨우

쩐뜨우Trần Tửu는 쩐반남의 둘도 없는 친구다. 둘 다 1944년생 동갑이다. 퐁녓촌이 고향이다. 베트콩 활동도 함께했다. 쩐반남이 저격수로 군사 활동을 했다면, 쩐뜨우는 정치 선전 담당이었다. 쩐반남은 총으로 싸웠고, 쩐뜨우는 말로 싸웠다.

쩐뜨우는 퐁녓의 고향집에 지금도 산다. 이곳을 떠난 적이 한 번도 없다. 디엔안의 옛 이름인 타인퐁 초등학교를 나와 인근 빈디엔의 응우옌주이히예우Nguyễn Duy Hiệu 중학교를 졸업했다. 이후 농사를 짓다가 공산당 활동에 뛰어들었다. 남베트남군 징집은 거부했다. 일종의 해방구였던 퐁녓에서 쩐뜨우는 타인퐁사 공산당위원회 비서로 얼굴을 드러내고 일했다.

주민들을 설득해 내 편으로 만드는 것은, 적을 공포에 떨게 하는 저격수의 총탄만큼 중요했다. 그는 석 달에 한 번쯤 마을 주민 300여 명이 모인 집회에서 연설을 했다. 왜 혁명을 해야 하는지 논리적으로 설파했다. 가령 베트남 혁명은 반드시 승리해야 한다고 운을 띄운 뒤 "왜 그래야 하느냐"고 청중들에게 물었다. 청중들이 쭈뼛거리면 "베트남의 역사를 보자"면서 중국 지배에 맞서 싸웠던 조상들 이야기를 꺼냈다. 조상들이 중국과 싸웠다면 우리는 미 제국주의와 전쟁하는 것이고 그것은 역사적 필연이라고 설명했다. 그러고 나서 호찌민과 베트남공산당에 관한 지식을 들려주었다. 그의 선창에 따라 집회에 모인 주민들은 구호를 외쳤다. "단호하게 구국 항미 전쟁! 자유 독립 쟁취! 남부 해방 조국 통일! 미군을 물리치고 괴뢰군을 몰아내자Kiên quyết kháng chiến chống Mỹ cứu nước, giành độc lập tự do giải phóng Miền Nam, thống nhất đất nước. Đánh cho Mỹ cút, đánh cho Nguy nhào."

소모임을 조직해 주민들에게 정치 의식화 교육을 하기도 했다. 교육의 요점은 이러했다. "남베트남 정부는 미국을 따르지 말고 호찌민을 따라야 한다. 미국에게 당하면 안 된다. 베트남 혁명은 반드시 성공한다. 우리는 반드시 독립한다. 혁명을 위해 지원하라. 남베트남군인 가족이 있으면 베트콩으로 보내라. 돈과 쌀, 옷감을 기부하라."

쩐뜨우는 본래 말하기에 소질이 있었다. 그렇다고 정치 선전 기술을 모조리 혼자 익힌 건 아니다. 그는 "산에서 배웠다"고 말했다. 타인미Thanh Mỹ, 혼떠우Hòn Tàu라는 산 이름들을 지금도 기억한다. 1966년부터 1969년까지 세 차례에 걸쳐, 효과적으로 말하고 설득하는 기술과 노하우를 전문가들로부터 전수받았다. 한 번은 산에서 3개월간이나 먹고 자며 교육받았다.

쩐뜨우도 1968년 2월 12일 퐁넛에 있었다. 그는 한국군이 물러난 뒤 공산당 차원의 대책을 세웠다. 일단 현장에 가서 주민들을 돕는 거였다. 확성기로 퐁니 마을을 향해 "한국군은 학살에 책임을 지고 물러가라"는 선전 구호를 외쳤다. 그러나 말은 무력했다. 죽은 사람을 살릴 수도, 복수를 할 수도 없었다.

사진, 찍은 자와 찍힌 자

: 미군 상병 본과 소녀 쩐티드억

카메라를 챙겨 마을로 들어간 미군 상병의 눈에 주검이 펼쳐졌다.
부상당한 팔에 앙증맞은 팔찌를 찬 소녀도 촬영했다.
사진을 찍은 미군은 누구인가. 사진에 찍힌 소녀는 누구인가.

나는 사진을 찍었다.[11]

사진작가냐고? 아니다. 나는 군인일 뿐이다. 미합중국 정
부의 명령에 따라 베트남에 왔다. 해병 제3상륙전부대 소속인
나는 남베트남 제2의 도시 다낭으로 입국해, 남쪽으로 25킬로
미터 떨어진 꽝남성 디엔반현 1번 국도에 위치한 연합작전중
대 산하 경비대에 배치되었다. 일명 '캡소대'라 불린다. 정보
수집과 관측이 주 임무다. 인원은 소대 규모보다 적다. 그래서
'마이너스 소대'라는 이름도 얻었다. 미군은 나를 포함해 다섯
명이다. 남베트남 민병대원 26명이 우리를 돕는다.

그날의 사진 촬영은 우연이었다. 오후 1시 30분께, 서쪽에
있는 퐁니 마을에서 총소리가 들렸다. 나의 상관인 실비아 중
위는 오전 10시 30분께 그쪽으로 행군하는 한국군 중대 병력
을 보았는데, 그들인 듯하다고 했다. 마을에서 작전을 벌인다
고 했다. 민가가 불에 타는 모습이 육안으로 보였다. 시뻘건 연

230

기가 치솟았다. 포 공격을 한 모양이었다. 총성은 끊기지 않았다. 자동소총과 기관단총을 사용하는 듯했다. 남베트남 민병대원 한 명이 마을에서 부상당한 소년들과 여성 한 명을 부대로 데리고 왔다. 상황이 심각해 보였다. 마을 안에 부상자가 더 많을 게 분명했다. 들어가서 구조 활동을 벌여야 했다. 실비아 중위는 잠자코 있으라고 했다. 여기저기 무전으로 교신한 뒤, 한국군이 미군과 남베트남군의 마을 진입을 허락하지 않는다는 말을 전했다. 우리는 총소리가 멎을 때까지 기다렸다. 한 시간 30분쯤 지났을까. 오후 3시께 상급 부대로부터 퐁니 마을로 들어가라는 무전 명령을 받았다. 나는 카메라를 챙겼다. 평소 베트남전을 사진으로 남겨보겠다는 생각을 하던 터였다.

넓은 길을 택했다. 오른쪽에 매복한 적군이 있을지도 몰랐다. 실비아 중위는 "2주 전 이 마을에서 저격수가 공격해 미군 한 명이 부상당한 적이 있으니 조심하라"고 말했다. 우리는 왼쪽 진입로를 선택했다. 마을의 풍경이 한눈에 들어왔다. 차마 눈뜨고 보기 힘들었다. 나는 카메라 뷰파인더에 오른쪽 눈을 갖다 댔다. 처음 도착한 집에서 남베트남 민병대원 한 명이 불을 껐고, 또 다른 한 명은 M16 소총을 오른손에 쥐고 집 주변을 수색했다. 그 장면을 담았다. 완전히 타버린 집도 보였다. 그곳엔 큰 항아리 두 개만 덩그러니 남았다. 카메라 셔터를 더듬던 나의 손가락이 불길하게 떨렸다. 왠지 다음엔 심상치 않은 피사체가 등장할 것만 같았다.

예감은 적중했다. 잿더미가 된 집 안에서 사람의 형체 하나가 나타났다. 절반이 넘게 타버린 주검이었다. 반듯하게 누운 주검의 무릎 아래로만 살덩이가 온전해 보였다. 상반신 뼈의 구조들이 그대로 드러났다. 머리는 보이지 않았다. 새까만

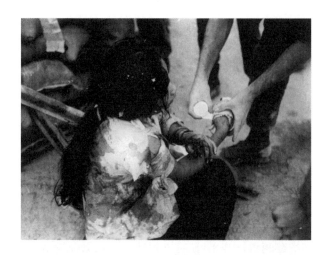

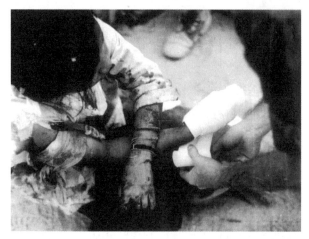

미군 상병 본이 퐁니·퐁녓 마을에서 마지막으로 찍은 사진.
미군 병사가 16세 소녀 쩐티드억의 부상당한 팔을 치료하고 있다.
이는 사건의 진상을 담은 미군 보고서에 O번과 P번 사진으로 첨부되었다.

쩐티드억이 총상을 입은 채 기절해 있고 그 왼쪽에 아버지 쩐반끄(가운데 대자로 누운 주검)가
숨진 채 누워 있는 모습. 미군 본 상병이 찍은 이 사진은 미군 문서에 사진번호 i로 분류돼
있었다(위). 2001년 3월 퐁니에서 만난 주민들이 사진 속 인물들을 확인해주었다.
아래 사진 역시 쩐디드억과 쩐반끄의 모습이 보인다. 사진번호 j1로 분류돼 있었다.

미군 상병 본이 "처음으로 간 집"이라는 설명을 붙여놓은 사진.
남베트남 민병대원이 불타는 집 주변을 살피고 있다.

재 같은 것에 덮였다. 옆으로는 나무인지 기둥인지 모를 것들
이 쓰러져 있었다. 내 오른손 검지는 반사적으로 계속 셔터를
눌렀다. 역겨움이 코를 쑤셨다. 뼈와 살점이 타는 냄새였다.

　마을로 더 깊숙이 들어갔다. 길을 따라 사방이 논이었다.
넘어진 벼 사이로 젊은 여자 한 명이 누워 있었다. 오른팔 밑에
흰색 삿갓이 놓였다. 나는 물컹한 논바닥에 군화를 신고 들어
갔다. 그녀의 오른편에서 조금 거리를 두고 사진을 찍은 뒤, 정
면으로 가까이 다가가 한 컷을 더 찍었다. 아직 숨이 붙어 있었
다. 뭔가 이상했다. 가슴에 칼자국이 보였다. 유방이 잘렸다. 팔
도 잘린 것 같았다. 나는 남베트남 민병대원들을 향해 손짓하
며 소리를 질렀다. "여기 사람이 있다. 살아 있다. 빨리 병원으
로 옮겨야 살 수 있다."¹²

　갈수록 태산이었다. 또 다른 공터에는 여성들과 아이들의
주검이 10구가 넘었다. 그들은 한곳에 있었다. 대부분이 죽었는
데, 두 명의 심장은 뛰었다. 미군 동료가 이들을 수습하는 모습도

234

찍었다. 남베트남 민병대원들은 살아 있는 이들을 들것에 실었다. 엎드려 누운 여자아이 한 명은 바지가 벗겨진 채 죽었다. 임신한 여자도 있었는데 머리 앞이 날아갔다. 근거리 사격이 분명했다. 어떤 주검엔 아무런 상처도 없었다. 논둑 옆에도, 연못 근처에도 주검들이 나타났다. 끝이 없었다. 뷰파인더 속을 들여다보는 나의 눈동자는 주검에 면역이 된 듯, 아무 느낌조차 없었다.

마을을 돌면서 이상한 사실 한 가지를 발견했다. 주검들 주변에 폭격으로 움푹 팬 곳이 전혀 없다는 점이었다. 한 시간 전만 해도 한국군이 마을을 포로 공격한 뒤 소총을 난사했다고 추론했다. 착각이었다. 마을에 연기가 피어오르는 모습만으로 한국군이 박격포 공격을 했으리라 단정했던 것이다. 실비아 중위가 한국군 쪽에 무전으로 "81밀리 박격포 공격을 중단하라"고 요청하는 소리까지 옆에서 듣지 않았던가. 폭격의 자취는 전혀 없었다. 대신 마을 주민들은 대부분 가까운 거리에서 총격을 당하거나 대검에 찔려 죽었다. 젊은 남자의 주검은 없었다. 노인이거나, 여성이거나, 아이들이었다.

주검만 찍지는 않았다. 손과 팔에 부상을 입었지만 목숨에는 이상이 없었던 소녀의 모습을 찍을 수 있어 기뻤다. 두 팔과 손가락에 큰 출혈이 있어, 미 해병대원들이 응급조치를 한 뒤 병원으로 보냈다.

O번과 P번 사진이다. 오른손에 붕대를 감아주는 장면을 머리 위에서 촬영했다. 앳된 소녀의 얼굴은 자세히 보이지 않는다. 하얀 상의를 입었고, 왼쪽 손목에 앙증맞은 팔찌를 세 개나 둘렀다. 멋 내기를 좋아하는 모양이다. 손과 팔의 상처는 어떻게 되었는지 궁금하다. 불구가 되었을까.

나는 사건 5일 뒤인 2월 17일 다낭에 있는 상급 부대에 불려가 이상의 내용을 진술했다. 조사관인 컴퍼넬리J. M. Campanelli 소령이 그날 보고 겪은 일을 빠짐없이 말하라고 명령했다. 소령은 내 이야기를 토대로 진술서를 작성했다. 내가 찍은 사진도 진술서에 첨부했다. 총 20장이다. 사진 설명도 적었다.

나는 사진에 찍혔다.

O번과 P번 사진에 나온 사람이 바로 나다. 나는 곧 다낭 병원에 입원했다. 키가 큰 미군 장교가 베트남어 통역관을 대동하고 병원으로 와 말을 걸었다. 얼마나 다쳤냐고 물었다. 어쩌다 이렇게 됐는지 설명해달라고 했다. 그는 내가 말하는 대로 적었다. 손과 팔에 총상을 입었지만, 손가락이 두 개밖에 남지 않았지만 대수롭지 않다. 죽은 가족을 생각하면 잠을 잘 수 없다.

그날 한국군들이 내가 사는 퐁녓 마을로 왔다. 그들은 집에 있던 마을 주민들보고 전부 나오라고 했다. 집 땅굴에 숨었던 사람들까지 전부 찾아내 다른 장소로 이동하라고 했다. 통역해주는 사람이 없으니, 말은 통하지 않았다. 알아들을 수 있는 건 손짓뿐이었다. 그들은 총을 들고 말했다. 따르지 않으면 죽일 것 같았다. 어떤 장소에 이르자, 그들은 민가로 들어가 사람들을 향해 총격을 가했다. 밖에 있던 우리는 겁에 질렸다.

한국군은 우리를 향해서도 총부리를 들이댔다. 내 주변에 있던 아줌마와 아이들이 비명을 지르며 쓰러졌다. 나도 함께 넘어졌지만, 다행히 총알에 맞지는 않았다. 죽은 척해야 했다. 한국군 병사 한 명이 내가 살아 있음을 눈치채고 다가왔다. 나는 손을 모아 제발 살려달라고 빌었다. 그는 매정하게도 방아쇠를 당겼다. 의식을 잃었다. 눈을 떠보니 어떤 미군이 내 팔에 붕대를 감고 있었다. 또 다른 미군은 내 오른쪽에서 사진을 찍었다. 무섭기는 마찬가지였다.

사진을 찍은 나의 이름은 본이다. 사건 당시 계급은 상병이
었다. 나이는 스무 살. 얼떨결에 현장을 목격하고 카메라를 챙겨
갔는데, 다녀와서 인화한 사진들이 엄청난 자료로 남을 줄은 몰
랐다. 이 사진들은 미군 상급 부대 보고서에 첨부된 뒤, 주월미
군사령부와 대사관을 거쳐 미 국무부와 국방부에까지 올라갔
다. 주월한국군사령부 등 한국의 군 당국에까지 건너갔고, 해병
제2여단 헌병대와 중앙정보부 요원들이 당시 퐁니·퐁녓에서
작전을 했던 부대의 장교와 하사관들을 수사하는 자료로까지
활용됐다. 1970년 2월 미 의회의 사이밍턴 청문회를 앞두고 미
국이 한국 정부를 압박하는 수단으로 쓰였다는 것도 잘 안다.[13]
나는 사건이 있은 뒤 얼마 지나지 않아 미국으로 돌아왔
다. 그 뒤 무엇을 하고 살았는지, 베트남에서 그 참혹한 사진을
찍은 현장 경험이 내 심성과 가치관에 어떤 영향을 끼쳤는지는
말하지 않겠다. 2000년 11월, 한국 기자가 워싱턴을 방문해 나
를 수소문했다는 것도 안다. 그는 사건 발생 30년이 지나 미국
국립문서기록관리청에서 비밀 해제된 그 사진들을 용케 처음
으로 얻었고, 그날의 사건과 사진에 얽힌 이야기를 듣고 싶어
했다. 베트남전 참전군인 단체에 전화를 걸어 내 연락처를 물
었지만 원하는 결과를 얻을 수 없었다. 나는 이미 죽었으니까.
1994년 46세의 나이로.

본 상병의 사진에 찍힌 나의 이름은 쩐티드억이다. 사건
당시 열여섯 살이었다. 나는 열한 살 때부터 다낭의 부잣집에
서 식모살이를 했다. 5년 만에 고향에 돌아온 지 몇 달 되지 않

아 그날 사건을 겪었다. 한국군에 아빠 쩐반끄Trần Văn Cự(44)는 물론 엄마와 남동생을 둘이나 잃었고, 부상을 당했던 3개월짜리 여동생도 곧 세상을 떠났다. 혼자가 되었다. 나는 이를 악물고 살았다. 저녁에 어둠이 찾아오면 집에서 촛불을 켜놓고 홀로 생각에 잠겼다. 엄마, 아빠를 그리워하며 애달프게 울다가, 이제 내가 앞으로 무엇을 해야 할지 정신을 바짝 차리고 고민했다. 4년이 지났다. 스무 살이 되어 소녀티를 벗게 되었을 때 나는 공산당 해방군 지하조직에 들어갔다. 적들은 나 같은 이들을 '베트콩'이라 불렀다. 조국의 해방과 통일에 몸을 바치는 여전사가 되기로 했다. 그것이 엄마와 아빠의 죽음을 초라하지 않게 하는 길이라고 여겼다. 적의 근거지나 이동로에 몰래 접근해 부비트랩을 설치하는 일이 나의 임무였다.

어느 날 퐁녓에서 조금 떨어진 빈디엔의 남베트남군 초소 근처에 부비트랩을 설치하다가 체포되고 말았다. 폭탄 조작을 잘못해 일찍 터지고 만 것이다. 그 폭탄에 남베트남군이 아무도 죽지 않은 건 다행이었을까 불운이었을까. 나는 감옥에 끌려갔고 1975년 4월 해방이 되어서야 풀려났다.

그 뒤 나는 다낭에서 잡화점을 운영했다. 한 남자의 아내로, 두 딸의 엄마로 살았다. 더 자세한 이야기는 하지 않겠다. 2001년 3월 한국 기자가 내 사진을 들고 퐁니·퐁녓 마을을 방문했음을 안다. 본 상병이 찍은, 그 붕대 감는 사진 말이다. 한국 기자는 마을 사람들에게 내 전화번호를 물었다. 총상을 입던 그날, 이후 혼자 견디던 하루하루, 베트콩이 되어 겪은 투쟁담, 1975년 해방 뒤의 삶이 궁금했겠지. 마을 사람들은 고개를 저었다. 나는 세상에 없었으니까. 유방암이 발병했다. 나는 1999년 8월, 마흔일곱 살의 나이로 눈을 감았다.

까인의 발가락[14]

: 마지막 사진 한 장의 픽션

20여 장의 사진 중에서 유일하게 하얗게 지워져 있던 당신의 사진.

다 불타고 다 무너진 곳에서, 당신의 몸을 이불처럼 덮어준 재.

그 사이로 삐죽 나온 당신의 신체 일부 사진을 20년 만에 찾았어요.

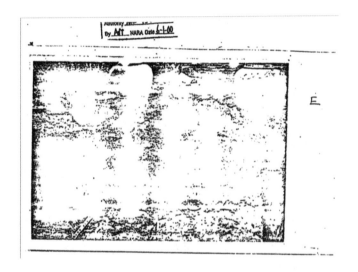

"안녕하세요."

"아, 안녕하세요. 그런데 어떻게 저를……."

"드디어 우리가 만났네요. 반갑습니다."

"무슨 말씀이신지. 제 얼굴도 보여드리지 못하는 처지인데."

"괜찮아요. 할 수 없는 일이죠."

"저는 당신에게 발가락밖에 보여드리지 못해요."

"그래도 저는 알아요. 당신이 누구인지."

"정말요? 어떻게요?"

"마을에 여러 차례 가서 사람들한테 물어봤어요. 추리 능력도 발휘했죠."

"그렇군요."

"사실, 20년 전인 2000년에 당신을 만날 수 있었는데, 죄송해요."

"그게 무슨 말씀이세요."

"그때 20장의 사진을 구했는데, 당신 사진만 하얗게 지워져 있었어요."

"저만요? 왜요?"

"아마 미국 국립문서기록관리청에서 복사를 해준 분이 실수를 한 것 같아요. 다른 사진을 워낙 어렵게 구한 터라, 나머지 한 장에 신경을 못 썼어요."

"그래도 다행이에요. 20년 뒤에라도 끝내 저를 찾으셨으니까요."

"한참 나중에 그곳을 방문하신 어떤 선생님이 그 사진을 제대로 복사해 가져온 덕분이죠."

"고마운 분이군요."

"그분의 도움으로 당신 사진이 지난해 어느 전시장에 걸렸는데 모두가 무심히 지나쳤죠. 하지만 저는 단숨에 알아봤어요. 바로 당신이 그 사진의 주인공이라는 사실을."

"저를 정말 아세요?"

"알아요. 당신은 남편 쩐로Trần Lọ와 함께 단둘이 살고 있었죠."

"어머 맞아요."

"남편은 당신보다 세 살 위였잖아요."

"금실이 좋았던 우리 부부는 전쟁 중이지만 평화롭게 농사를 짓고 살았어요."

"당신은 1904년생. 예순네 살 여성이었죠. 당신 부부 사이엔 아이가 없었고요. 당연히 손주도 없었을 테고. 마음이 편한 부분도 있었겠네요?"

"잘 아시네요. 아들딸이 있는데 전쟁에 휘말리면 얼마나 애를 끓였겠어요."

"운명이란 참. 힘없는 당신 부부가 그 일을 당하다니."

"그러게나 말이에요. 순식간이었어요."

"도대체 무슨 일이 일어난 거죠?"

"밭에서 일을 하다 낯선 외국 군대가 몰려오는 걸 보았어요. 사람들이 웅성거리며 도망갔죠."

"왜 군인들이 총을 쏘았죠?"

"모르겠어요. 고막이 터질 것 같은 총소리였다는 것만 기억나요. 무서워서 심장이 떨렸어요. 남편과 함께 집에 들어가 땅굴에 숨었어요."

"들켰나요?"

"아뇨. 근데 집에 불이 나면서 너무 뜨겁고 연기가 가득 차 숨이 막혀 견딜 수가 없었어요."

"군인들이 초가집마다 불을 붙였다고 들었어요."

"숨죽이고 있다가 땅굴을 나와 집밖으로 뛰쳐나왔지만 시뻘건 화염에 휩싸이고 말았지요. 불이 붙은 채로 몸부림을 쳤어요. 온몸이 활활 타는 고통을 아세요? 그러다 제 배가 뻥 터지면서 한가운데 구멍이 뚫리는 느낌을 받았어요. 총에 맞은 거죠. 그리고도 한참을 불에 탔어요. 얼마 뒤 머릿속 끈이 뚝 끊어졌어요. 그리고 몸 위로 무언가 서서히 내려와 앉았어요. 한없이 따뜻함을 느꼈어요. 아이러니하죠? 제 몸은 한없이 차갑게 식고 있었는데 말이에요."

"집이 모두 불타 무너진 뒤, 재가 당신을 덮었군요."

"마지막 온기를 기억해요. 다 부서지고 무너지고, 제 몸을 이불처럼 덮어준 재."

"오른쪽 발가락만 남겨뒀지요. 재가 당신의 그 발가락마저 덮었다면 저는 당신을 찾지 못했을 테고 이름도 알지 못했을 거예요."

"너무 신기해요. 발가락만 보고 어떻게."

"당신의 사진은 하얗게 지워졌지만 당신 남편의 사진은 있었어요."

"남편도 불에 탔나요?"

"차마 말씀을 못 드리겠어요. 눈뜨고 제대로 볼 수 없었어요. 얼마 전 누군가 페이스북에 그 사진을 올렸는데 '폭력적이거나 자극적 내용이 포함된 사진일 수 있다'는 이유로 차단되더군요."

"슬퍼요. 너무 슬퍼요."

"당신 남편뿐이 아니에요. 논에서 일하다 총에 맞고 쓰러진 1890년생 응우옌응예는 숨이 끊어진 채 논바닥에 둥둥 떠다녔는데 일주일 만에 발견됐대요."

"어머나. 저희 가족이랑 친했던 응예 아저씨."

"머리통이 통째로 날아간 주검도 있었어요. 팬티가 내려

간 채 총에 맞은 여성과 임신부도 발견됐고요. 10구가 넘는 주
검은 우물 속에 방치됐어요. 열 살 이하 아이들도 20명 넘게 죽
었죠. 그날 무려 74명이나 희생됐어요."

"우리가 뭘 크게 잘못했나요? 왜 그랬대요?"

"저도 정확히 모르지만 당신들이 잘못한 것은 없어 보여
요."

"이해가 안 돼요."

"앞에서도 말했지만, 저는 당신이 살던 마을에 갔어요. 그
사진들을 들고 말이에요."

"그리워요. 그곳 마을과 사람들 모두. 다들 잘 있나요?"

"당신 또래 이웃들은 다 돌아가셨죠. 19년 전 처음 갔을
때, 아이들은 청년이 되고, 청년들은 노인이 되어 있더군요. 20
장 사진 속에 있는 사람들 이름을 물어봤는데, 누군가 불탄 시
신의 사진을 짚으며 당신의 남편이라고 했어요. 부부가 모두
불에 탔다고 증언하면서 말이죠. 그다음 사진이 하얗게 지워진
당신 거였는데 결국 나중에 제대로 찾았으니 이제는 확신해요.
이 발가락은 당신 거예요."

"덜 부끄럽고 덜 모욕적인 일인지도 모르겠네요. 제 벗겨
진 살가죽과 산산이 부서진 뼈까지 전신이 드러나지는 않았으
니 말이죠. 발가락만 보여서 어쩌면 다행이에요."

"당신의 기일을 기억하나요?"

"그게 그러니까, 1968년 1월 14일……. 그날은 아마……."

"기억하는군요. 정월대보름 하루 전이었죠. 그건 음력이
고, 양력으로는 2월 12일이었어요."

"이제 누가 저를 애도해줄까요? 자식이 없는데 말이죠."

"걱정하지 말아요. 당신의 제사를 매년 지내주는 사람이

있어요."

"누가요?"

"하푹마우Hà Phước Mậu. 1957년생 남성이에요. 7년 전에 만났어요. 당신의 사연을 잘 알더군요."

"저는 전혀 모르는 사람인 걸요?"

"전쟁 이후에 마을에 이사 왔대요. 당신이 살던 집터에 살고 있어요. 죽은 영혼한테 잘해야 본인도 죽은 뒤 좋은 데로 가지 않겠냐고 하더군요. 그분이 당신을 위해 늘 기도해줘요."

"감사하다고 전해주세요."

"코로나19 때문에 지금은 베트남에 가기 어려워요. 다음에 마을에 가면 꼭 전해줄게요."

"아주 조금 위안이 되네요."

"참, 잊을 뻔했어요. 당신의 이름을 불러보지 못했네요. 보티까인Võ Thị Canh, 보티까인."

"고맙습니다. 까인으로 줄여서 불러주시겠어요?"

"까인."

"제 발가락만으로 저를 찾아내 기억해주시고, 제 이름까지 불러주시다니."

"까인. 늦어서 미안해요."

"미안해하지 말아요."

"그거 말고도 여러 이유로……."

"네?"

"미안하다고요, 까인."

"뭐가 미안하죠?"

"당신이 인생의 마지막 순간에 그런 사진을 찍게 되어 정말이지…… 미안해요."

244

"……."

1968년 2월 18일.

베트남공화국(남베트남) 북부 다낭시에 위치한 주월미군사령부 해병 제3상륙전부대 벙커.

조사관 컴퍼넬리 소령이 살렘 담배를 입에 물고 찡그린 얼굴로 무언가를 응시하고 있다.

오른손엔 사진 한 장이 들려 있다.

소령은 고개를 갸우뚱하더니 전화기 다이얼을 돌렸다.

"교환병, 디엔반 1번 국도 캡소대 소대장 연결해."

"소령님. 소대장 전화 연결됐습니다."

"실비아 중위? 도대체 이 사진 속에 뭐가 있다는 거야?"

"무슨 말씀입니까?"

"6일 전 사건 관련 보고서 문서에 첨부한 그 20장의 사진 말이야."

"네."

"그중 E라고 표시한 사진을 지금 보고 있거든."

"불에 탄 마을의 전경 사진 말씀하시는군요."

"그렇지. 설명문에는 한 명이 보인다고 적혀 있어. 아무리 봐도 없는데?"

"그러실 줄 알았어요. 저도 바로 못 찾아서 사진을 찍은 본 상병한테 물어봤었거든요."

"아무도 없잖아."

"있습니다. 잘 찾아보십시오."

"없어."

"돋보기 쓰셔야 하는 거 아닙니까?"

"중위, 자네 지금 나랑 농담하자는 건가?"

"앗, 죄송합니다. 잘 찾아보십시오. 가운데에서 왼쪽 아래로 조금 내려가면……."

"으음."

"보이십니까?"

"이런, 아……."

"발가락 찾으셨죠?"

"……."

미군 상병 본은 이렇게 사진 설명을 적었다.
"마을 주민 두 명이 불에 탄 채 발견된 집의 전경에 한 사람이 보인다."

주

1. 미군 본 상병에 관한 이야기는 "사진, 찍은 자와 찍힌 자" 참조.
2. 응우옌득상은 이렇게 증언했다. "가슴이 잘린 채 다낭 병원에서 숨을 거둔 응우옌티탄은 나의 부인 쩐티꾸엇Trần Thị Quất의 이종사촌이었다. 나보다 네 살 많았는데, 집이 가까워서 남매처럼 친하게 지냈다. 그녀의 동생 응우옌디엔까인은 한국군이 다리를 찍은 뒤 눌러 돌렸다고 들었다. 퐁넛 집에 남아 있다 화를 당한 가족 중 유일하게 살아남았지만 열 살 때 농약을 먹고 자살했다."
3. 『파월한국군전사』 4~5, 국방부 전사편찬위원회 편.
4. 쩐티투언의 증언을 들은 것은 2001년 3월, 퐁니에서였다. 응우옌티탄과 어렸을 적 동네에서 알고 지낸 그녀는 유일한 현장 목격자이자 증언자였다. 2013년 1월 퐁니를 방문했을 때는 그녀를 다시 만날 수 없었다. 주민들은 쩐티투언이 2008년 암으로 세상을 떠났다는 소식을 전해주었다.
5. 5·18 당시 특전사 제11공수여단 63대대 소속 지대장(장교 한 명·부사관 등 12명으로 11·13여단만 편제)으로 광주에 투입됐던 윤성식(가명, 60, 당시 중위) 씨는 2017년 5월 《광주일보》와의 인터뷰에서 이렇게 말했다. "5·18민중항쟁 당시 사태 악화 배경의 하나로 월남전(베트남전쟁) 참전 경험이 있는 하사관(부사관)들 중 일부를 지목했다. 그는 '시민들을 대검으로 찌르고 머리를 진압봉으로 강타하는 등 악랄한 진압을 펼친 군인들 일부가 월남전에 다녀왔던 하사관이었던 것으로 기억한다'면서 '당시 일부 하사관들의 경우 인명 살상 경험이 있는데다 나이나 전투력이 월등해 솔직히 통제가 안 됐다. 책임을 떠넘기는 게 아니라 그런 경우가 많았고 사실이 그랬다는 것'이라고 주장했다." ("5·18도청 앞 집단 발포 공수부대 현장 지휘관의 최초 고백", 《광주일보》 2017년 5월 15일 김형호 기자)
6. 이 글은 「의례로서의 성폭력-전쟁 시기 강간의 의미에 대해서」(『국가주의를 넘어서』, 하세가와 히로코, 삼인, 1999)와 「국가폭력과 여성체험-제주 4·3을 중심으로」(김성례, 《창작과 비평》 1998년 12

월)를 참고했다.

7. 응우옌쑤는 초등학교 졸업 시험인 소학예우르억Sơ học yếu lược, 初學要略을 보았다고 했다.

8. 지뢰 소리와 관련 『파월한국군전사』 4~5는 당일의 상황을 이렇게 기록하고 있다. "중대의 후속부대는 미군 LVT 한 대가 1번 도로상에서 부비트랩에 접촉하여 이에 탑승하고 있던 미군 한 명이 부상을 입고 차체가 크게 파손된 사고가 발생하였기 때문에 제1소대(장, 최영언 중위)로 하여금 이를 경비케 하였다." 지뢰 소리에 관해서는 마을 주민 대다수가 기억한다. 하지만 지뢰 사고와 당일 사건 사이에 구체적으로 어떤 연관 관계가 있는지는 밝혀진 바 없고 증언 역시 존재하지 않는다.

9. 6부 류진성 인터뷰 "중대장이 손으로 목을 긋는 시늉" 참조.

10. 쩐반남은 1968년 2월 12일 한국군을 향해 저격했노라고 자인한 동료 베트콩은 없었다고 말했다.

11. 1968년 2월 12일 퐁니·퐁녓 사건과 관련한 미군 비밀 보고서(비밀 보고서에 관해선 5부 참조)에 담긴 두 사람의 진술 내용을 기초로, 생전에 쩐티드억과 알고 지낸 마을 주민 응우옌티사우Nguyễn Thị Sáu(1945~) 등의 증언을 섞고 살을 붙여 구성한 내용임을 밝힌다. 쩐티드억은 3부 "소년과 소녀의 전쟁"과 "물소가 바꾼 생사"에 나오는 쩐티드억과는 동명이인이다.

12. "가장 잔혹한 공격" 참조.

13. 사이밍턴 청문회와 관련해서는 6부 "절대로, 절대로 언론에는……" 참조.

14. 이 글은 지은이가 20년 조사 과정을 통해 확인한 사실을 토대로 추리와 추정과 상상을 덧붙여 구성한 픽션이다. 2000년 미국 국립문서기록관리청에서 30년 만에 기밀 해제된 퐁니·퐁녓 사건 문서에 등장하는 미군 장교와 사병의 실명을 사용했다. 보티까인은 디엔안사 인민위원회가 집계했던 사건 희생자 명단에 등장하는 퐁녓 마을 주민이다. 1968년 2월 12일 온몸에 치명적 화상을 입고 사망했다. 총상 여부는 확인되지 않았다. 보티까인의 것으로 추정되는 사진은 2000년 지은이가 입수한 사진 묶음에서 유일하게 하얗게 지워져 있었다. 19년 뒤인 2019년 성공회대 강성현 교수(동아시아연구소)가 미국 국립문서기록관리청에서 온전한 사진을 구해 한베평화재단에 제공했다.

해병의 나날

해병제2여단은 추라이에서
'짜빈동 전투의 전설'을 남겼다.
새롭게 이동한 호이안과 꽝남성에서도
전설을 남길 것인가.
해병은 공군에 져서는 안 되었다.
베트콩에 져서는 더더욱 안 되었다.

패싸움의 머나먼 추억

: 최영언 중위, 호이안에 가다

〈나가자 해병대〉와 〈청룡은 간다〉를 부르며 해병 장교 128명이
달렸다. 겁을 상실한 해병 장교들의 공격 대상은 김해 공군비행학교
조종사 숙소. 공군에 져선 안 되었다. 베트콩에 져선 더더욱
안 되었다. 비극이 예고되어 있었다.

프로펠러가 미친 듯이 돌기 시작했다.

스물다섯 살 최영언 중위는 한 손으로 귀를 막고, 또 한 손
으로 더플백을 고쳐 잡았다. 선글라스를 쓴 미군 조종사가 타라
는 손짓을 했다. 뒷문이 스르르 열렸다. 달랑 혼자였다. 내부엔
실탄과 포탄, 시레이션¹과 물통 등 각종 보급품을 실은 상자가
한가득이었다. 빈자리를 찾아 쪼그려 앉았다. 헬리콥터는 서서
히 고도를 높였다. 우기의 비 폭탄을 견뎌낸 나무들이 선명하게
녹색을 드러냈다. 말로만 듣던 정글이었다. 울창한 숲과 곳곳에
박힌 암석은 한국의 강원도 산악지대를 방불케 했다.

부산항에서 남미 수송함 파레트호를 탄 게 2주 전. 처음 타
보는 큰 배였다. 멀미를 못 이긴 병사들은 속을 다 게워냈다. 폭
풍까지 만났다. 일본 근해로 잠시 피신하느라, 베트남의 추라
이 항까지 도착하는 데 일주일이 걸렸다. 추라이의 여단본부

에서 일주일을 대기했다. 이제 최 중위는 치누크(CH-47) 수송 헬리콥터에 편승해 중대 기지로 가는 길이었다. 해병 제2여단 1대대 1중대 진지가 위치한 143고지. 마중을 나온 병사가 심드렁하게 맞았다. "새로 부임하시는 1소대장님이시죠?" 1967년 12월 하순의 어느 한낮이었다.

동기보다 늦었다. 해병학교² 입교 1년 9개월 만이었다. 같은 중대 2소대장 이상우 중위는 36기로, 35기인 그보다 해병학교 한 기수 후배였다. 3소대장 김기동 중위는 37기. 둘 다 최 중위보다 일찍 왔다. 최 중위는 사실 아예 못 올 뻔했다. 베트남전 파병이 없었다면, 그는 몇몇 동기생과 함께 아직 군 감옥 신세를 지고 있었을지 모른다. 어쩌면 부끄럽고, 어쩌면 자랑스러운 기억. 최 중위는 1년 4개월 전 기초군사반 교육을 받던 소위 시절을 떠올렸다. 그날, 1966년 8월 8일 아침.

퍽!

김해 공군비행학교 위병소에서 졸던 헌병이 나동그라졌다. 순식간의 일이었다. 최영언 소위는 주먹을 맞고 쓰러진 헌병을 일으켜 세웠다. 그러곤 그의 옆구리에 꽂혀 있는 권총을 낚아챘다. 전화선을 끊고 전화기도 부쉈다. "조종사 숙소가 어디지? 안 내해!" 헌병 두 명은 꼼짝 없이 무장해제당한 채 포로 신세가 됐다. 최 소위 뒤엔 80여 명의 진해³ 해병학교 35기 동기생들이 열을 맞춰 서 있었다. 또 다른 40여 명은 조금 늦게 다른 버스를 타고 오는 중이었다. 총 128명. 그들은 모두 1966년 3월에 입대해 3개월간 교육을 받고 소위로 임관, 6월부터 기초군사반 과정에 있는 장교 학생들이었다. "돌격!" 해병 소위들은 발을 맞춰 뛰었다. 구보 중엔 군가 〈나가자 해병대〉와 〈청룡은 간다〉를 불렀다. 공격 대상은 김해 공군비행학교[4] 조종사 숙소. 한국군 장교들이 또 다른 한국군 장교들을 습격하기 위해 달리는 중이었다. 하루 전날 벌어진, 어떤 해프닝이 발단이 되었다.

하루 전날로 돌아가보자.

최영언 소위는 1966년 8월 7일 저녁 부산 시외버스터미널에서 진해시로 가는 버스 티켓을 끊었다. 오후 7시 20분 막차. 고향인 부산으로 1박 2일 휴가를 나갔다가 진해의 해병학교로 귀대하는 길이었다. 오랜만에 만난 고교 동창들과 한잔하며 회포를 풀었다. 내일부턴 다시 힘겨운 교육 훈련이 기다리고 있었다. 승강장 앞에서 낯익은 해병학교 동기생 10여 명을 만났다. 터미널은 북적거렸고, 시외버스는 만원이었다. 공군 조종사를 양성하는 김해 공군비행학교 장교복을 입은 대여섯 명의 모습도 보였다. 1964년 개봉한 공군 배경의 스펙터클 영화 〈빨간 마후라〉가 인기를 끈 뒤 사회적 선망의 대상이 되었던 공군 조종사들이었다. 빨간 마후라는 공군 조종사가 목에 두르는 빨간 머플러를 이르는 말이었다.

버스는 부산에서 김해 공군비행학교를 경유해 진해로 가게 돼 있었다. 젊은 장교들 사이에 과시적인 경쟁심이 작용했는지도 모른다. 버스가 흔들리는 와중에 어깨가 부딪혔을까. 사소한 말다툼이 일었다가 잦아드는 듯했다. 사달은 버스가 김해비행학교 후문 앞 정류장에 섰을 때 발생했다. 공군 장교 한 명이 내리면서 해병 장교를 향해 손가락질을 했다. 뭔가 언짢은 소리를 하는 눈치였다. 그가 비행학교 정문으로 들어가려는 순간이었다. "저 새끼 잡아!" 해병 장교 한 명이 창문으로 잽싸게 뛰어내렸다. 짧지만 강력한 주먹과 발길질 세례. 공군 장교는 쓰러졌다. 해병 장교는 손을 털고 다시 승차했다.

시외버스는 한참 고요하고 어두컴컴한 밤길을 달렸다. 사방은 논이었다. 해병의 승리는 오래가지 못했다. 갑자기 트럭 두 대가 전조등을 번쩍이고 경적을 울리며 따라왔다. 그중 한 대가 버스를 추월해 앞을 막아섰다. 시커먼 어둠 속에서 공군 장교 수십 명의 눈빛이 번뜩였다. 각자 손에는 몽둥이를 들었다. 복수를 하러 온 것이다. "다 내려!" 공군 장교들은 몽둥이로 유리창을 난타했다. 승객들이 비명을 질렀다. 유리창 몇 장이 깨졌다. 여고생 한 명이 깨진 유리에 찔려 피를 흘렸다. 해병 장교 두 명도 다쳤다. 나가서 싸워봤자 낭패를 보기 십상이었다. 해병 장교들은 끝내 버스 문을 열어주지 않았지만, 자존심에 상처를 입었다.

다음 날 새벽 2시. 128개의 그림자가 진해 해병학교 철조망 아래를 낮은 포복으로 빠져나갔다. 초소 위병들이 교대하러 간 사이의 눈 깜짝할 순간이었다. 해병학교 35기 142명 중 부상자를 제외한 128명 전원이 구보로 인근 기차역에 도착했다. 공군 장교들에게 보복당하고 돌아온 이야기를 전해들은 전체 동기생들이 당직사령(당일 근무를 책임진 간부) 몰래 모의를 한 것이다. "망가진 해병의 위신을 세워야 한다." 결론은 김해 공군비행학교 습격. 무장은 하지 않기로 했다. 동기생들 내부에서 지휘체계도 정했다. 중대장 김도삼, 1구대장 ○○○, 2구대장 최영언, 3구대장 전도봉.[5] 인근 기차역에 집결한 그들은 열차를 타고 김해 공군비행학교 부근 기차역에 내린 뒤, 다시 버스 세 대를 빌려 김해 공군비행학교 정문 앞에 도착했다. 아침 5시 50분.

"김해 공군비행학교장은 해병학교장에게 폭행 사건에 대해 정식으로 사과하십시오." 중대장 김도삼 소위가 다음 버스로 늦게 도착하는 바람에 2구대장인 최영언 소위가 대신 나섰

다. 헌병을 앞세우고 무리지어 2킬로미터 거리의 김해 공군비
행학교 조종사 숙소에 도착한 뒤 당직사령 이양호[6] 대위에게
겁 없는 요구를 한 것이다. 당직사령은 기가 막혀 말을 잇지 못
했다. 지휘계통에 보고하겠다고만 했다. 주변 분위기는 심상치
않게 돌아갔다. '치지직' 무전기 소리가 들리고 연병장에선 전
원집합을 알리는 사이렌이 울렸다. 정문으로는 비행학교 간부
들의 지프차가 속속 들어왔다. 기상 시간 전 비행기를 점검하
러 나갔던 장교와 사병들이 몰려왔다.

조종사 숙소에서부터 싸움이 벌어졌다. 해병 장교들은 숙
소 복도에 비치된 방화 삽과 갈고리를 휘둘렀다. 상호 간에 부
상자가 속출했다. 연병장에 모여 있던 200여 명의 공군 사병들
이 숙소를 포위해 들어왔다. 일부는 돌멩이를 던졌다. 수에서
밀린 해병 장교들은 활주로 쪽으로 도주했다. 비행기 보호를
위해 공군 사병들이 돌멩이를 던지지 않으리라는 계산이었다.
그래도 돌멩이는 날아왔다. 최영언 소위는 동기들과 함께 전투
기 날개 아래로 피했다. 심지어 해병 장교 중 항공대 출신인 박
윤필, 정규호 소위는 시동이 걸린 TS28A호 항공기와 TA858호
항공기를 직접 몰고 몇 미터 전진하기도 했다.

돌이킬 수 없는 비극은 최후 탈출의 순간 벌어졌다. 쫓기
다가 철조망을 넘고 늪을 헤엄치는 와중에 해병학교 이의일 소
위가 늪 속 풀에 발이 엉키고 만 것이다. 동기들에 의해 구출돼
공군 병원에 후송됐지만 두 시간 만에 숨을 거뒀다.

대한민국 군대를 발칵 뒤집어놓은, 이른바 '8·8 사건'. 한
국 해병사는 물론 대한민국 군 역사에 길이 남을 전무후무한
희대의 일이었다. 해병 장교들은 왜 이토록 막무가내로 일을
벌였던 것일까. '지면 안 된다.' 최영언 소위가 교육과정 중 귀

에 못이 박이도록 들었던 말이다. '무적 해병, 귀신 잡는 해병은 절대 지면 안 된다.'

박정희 대통령은 8월 10일 이 사건에 관해 유감을 표명했다. 해병학교장(대령)이 구속·예편되고 중대장(대위)이 구속됐지만, 분위기는 한껏 관대했다. 최영언 소위는 주모자로 찍혀 동기생 10명과 함께 진해 해군사령부 헌병대 감옥에서 45일을 지냈다. 군법회의 최종판결은 '근신 15일'. 술 먹다 행패 부린 것만도 못했다. 기죽을 일은 없었다. 베트남전 복무를 끝내고 돌아온 선배 장교들의 양담배 선물과 위로 방문이 이어졌다. 후배들은 군 감옥 바깥에서 응원의 함성을 보내기도 했다. "선배님들, 힘내십시오."

베트남전 때문이었다. 현지에 보낼 젊은 장교가 태부족인 상황에서 이들의 사기를 꺾지 말아야 했다. 1966년 8월은 해병 제2여단과 수도사단(맹호부대), 제9사단(백마부대)의 파병이 거의 완료된 때였다. 신문과 방송은 날마다 한국군의 베트남 승전보를 알렸다. 베트남에 갈 해병 장교가 모자라자, 해병대사령부는 1967년 4월 단기복무장교의 복무 기간을 3년에서 5년으로 강제 연장할 정도였다. 1967년 5월, 이에 불만을 품고 연판장을 돌리던 대위들은 구속됐다.[7] 1년에 한 번 뽑던 해병학교 간부후보생 모집도 2회로 늘어났다. 베트남 파병이 더 중요했다.

다시 1년 뒤인 1967년 12월 베트남의 정글.

최영언 중위는 추라이의 중대 기지에 도착한 뒤 바짝 긴장했다. 다행히도 별일은 없었다. 소대 단위로 매복을 나가고 정찰을 돌았지만, 적들의 공격은 없었다. 끝물이라 그랬을까. 그가 속한 해병 제2여단은 한 달도 안 돼 북쪽으로 38킬로미터를 올라가 호이안과 인근 꽝남성 일대에 주둔하게 된다. 1965년 10월 깜라인만에 상륙한 이후 뚜이호아(1965년 12월~), 추라이(1966년 8월~)에 이어 또다시 북상하는 해병대의 세 번째 이동이었다.

당시 미 해병 제3상륙전사령부는 북위 17도선 비무장지대 20킬로미터 아래 지역인 케산의 군사적 대치 상태가 심각하다고 여겼다. 이곳의 통제력을 강화하면서, 그 아래 미 해병대 사령부가 있는 남베트남 제2의 도시 다낭의 안전도 확보해야 했다. 이를 위해선 한국군 해병 제2여단을 좀 더 가까운 곳으로 끌어와야 했다. 때마침 한국군 해병 제2여단도 미 해병대와 지리적으로 가까운 곳에 주둔하길 원했다. 그래야 한미 연합작전을 통해 좀 더 원활한 전력 지원을 받을 수 있었기 때문이다. 호이안으로의 이동은 1967년 12월 22일부터 시작됐다. 총이동 병력 4,800여 명. 최영언 중위가 속한 1대대는 가장 늦게 헬리콥터를 타고 떠났다. 1968년 1월 28일. 뗏공세 2일 전이었다.

지면 안 된다. 누구든 까불면 죽는다. 해병 제2여단은 추라이에서 '짜빈동 전투의 전설'을 남겼다. 한국해병사는 짜빈동 전투에 관하여 "1967년 2월 14~15일, 한국군 진지를 공격해오는 북베트남군과 베트콩 적 2개 연대 병력(2,400여 명)을 1개 중대(294명)만으로 물리쳤다"고 기록하고 있다.[8] 짜빈동은 한국전쟁과 베트남전쟁에 모두 참전했던 한국 해병대가 가장 자부하는 전투명이었다. 짜빈동 전투 6개월 만에, 이젠 같은 한국군 공군장교학교를 습격하는 지경에까지 이른 것이다. 거침이 없었고, 겁이 없었다. 한국군 해병들은 짜빈동에 이어 호이안과 인근 꽝남성에서도 전설을 남길 것인가. 해병은 공군에 져서는 안 되었다. 베트콩에 져서는 더더욱 안 되었다. 해병 지휘부는 베트콩을 압도해야 한다고 생각했다. 비극이 예고되고 있었다.

"병신 새끼들아"

: 1966년 잡지 《아리랑》에 실린 어느 부상 참전군인의 절규

이 글은 1966년 12월 발행된 월간 잡지 《아리랑》이 실은 독자 투고다. 최영언 중위는 1966년 8·8습격 사건의 주동자로 45일간 영창을 살고 소대장으로 복귀한 뒤 베트남전 파병에 대한 마음의 준비를 하는 과정에서 이 글을 접했다고 한다. 자신의 소대장실 벽에 해당 지면을 붙여놓고 틈날 때마다 음미할 정도로 깊은 인상을 받았다. 글은 전투 현장에서 부상당하고 귀국한 참전군인들에 대한 사회 분위기를 잘 보여준다. 잡지 게재는 서울해군병원 정훈관 해군 대위 김상모가 제안해 이뤄진 것으로, 글 앞에는 김상모 대위의 다음과 같은 추천사가 실려 있다. "5월 1일 월남전선 투이호아 휴엔 성토람(뚜이호아현Huyện Tuy Hòa 토람촌Thôn Thọ Lâm으로 추정-지은이 주) 마을 소탕 작전에서 영예의 전상을 당한 청룡 제2대대 제6중대 제1소대장 최우식 중위가 6월 7일 서울 해군병원에 후송된 후, 차차 회복하면서 그가 병상에서 최근에 느낀 것을 적어놓은 글을 귀사에 추천하니 가능한 한 많은 사람이 읽고 병신 된 대한의 아들들에게 추호도 섭섭한 대접이 없도록 하여주기 바랍니다. 귀사의 무궁한 발전을 빕니다." 당시 베트남 참전군인들의 정서를 이해하는 데 도움이 될 만한 기록물이라는 점을 감안해 그대로 싣는다.

《아리랑》 1966년 12월호 표지와 본문에 실린 부상 참전 소대장의 편지.

해병 중위 최우식

병신이 되고 싶어 병신이 된 줄 아나? 허공에 대고 눈을 부릅
떠도 아무 반응이 없다. 반응이 있을 수 없지. 소용없는 노릇인
줄 알면서도 어디다 화풀이라도 해야만 속이 시원할 것 같다.
이래 보여도, 인마, 월남 전선에서는 어땠는 줄 알아? 자식들
모르겠지! 말만 들어선 모를 테니까. 자식들, 내가 이렇게 절름
발이가 됐다고 깔보는구나. 병신 새끼라고. 허지만 난 지금 판
잣집 막걸리집 황해옥에서 이빨이 싯누렇고 겨드랑이에 속 때
가 보이는 분홍색 긴 치마를 입은 작부와 수작을 부려본다. 그
래야 속이 좀 풀릴 것 같으니까. 얼큰해진 몸에는 용기가 일어
난다. 무엇이고 집어던지고 깨고 싶은 욕망에 사로잡히게 된다.
야, 너까지 날 깔보기냐? 다리가 없다고 말이야! 공연히 신경
질이라고? 그렇지 공연한 신경질이지. 허긴 그러고 보면 네가
제일이다. 애란이라고 그랬지? 애란이, 더 가까이 오라고. 어
디 한번……. 야, 비싸게 노는구나! 너도 다른 놈과 마찬가지로
나를 멸시하기냐? 다른 놈들 말이야, 개새끼들! 출출해서 음식
점에 들어가면, 주인아주머니 쌍통 좀 보라지. 얼굴이 온통 일
그러지면서 주방으로 쑥 들어가버리잖아! 음식을 주문하지 않
으면 언제까지라도 앉혀놓고 볼 작정인지. 내 근처에는 얼씬
도 안 한단 말이야. 계집아이를 불러 음식을 시키면 그제야 마
지못해 가져다준다 이 말이지! 개쌍년들! 다른 사람들이 들어
오면 그 쌍통에 아양을 떨며 무얼 잡수시죠? 하면서 얼른 음식

을 내다주면서! 날 보라는 듯이, 내가 돈을 안 낼 것도 아니고, 뭐 땡깡을 피는 것도 아닌데! 그 쌍년들이 하는 짓을 보면 울화통이 터져서 그냥 내 고무다리를 빼서 머리통을 쥐어 박아주고 싶단 말이야! 너무들 하더군. 그래서 이렇게 날 반겨주는 애란 이가 좋다는 거지. 이렇게 말이야.

난 월남에 갈 땐 으스대고 갔어. 다리를 잃으리라고는 생각도 않았지. 너 한번 생각해봐라. 얼룩 위장복에 철모를 쓰고 BAR 자동소총(기관총의 용도로 쓰인 분대 지원화기 M918 브라우닝 자동소총—지은이 주)을 메고는 앞에 나타나는 베트콩들을 따따따 갈길 때, 내 용감했던 그 모습을 상상해보란 말이야. 그때 내 다리에는 근육이 불끈거렸지. 그리고 전에 수영장에 가면, 덩치가 좋다고들 그랬었다. 특히 하체가 쭉 뻗었다고.

그런데 이게 뭐냐? 너 한번 만져볼래? 이 말랑말랑한 고무다리를 말이야. 그래도 밤에 잘 땐 머리맡에 모시고 주무신다, 이거야! 야, 이게 그렇게도 징그럽냐? 이게 그렇게도 밥맛이 떨어지냐? 개새끼들! 이것을 보면 질겁을 해서 도망을 안 가나, 밥맛이 없다고 투덜대질 않나! 야, 세상일 누가 아냐? 저들도 언제 다리몽둥이가 부러질지. 어떻게 다쳤냐구? 음, 그건 말이야, 청룡 1호 작전이라구. 월남 전쟁 이래 가장 큰 우리 해병대 작전이었어. 그 작전 때 새벽에 우리 중대는 공격 목표를 향해 공격을 했지. 공격 중 놈들이 나타나면 거침없이 해치우면서 정글을 헤쳐나간 거야. 험한 바위들을 넘으며 전진했지. 그런데 산 중턱에 큰 동굴이 있었어. 그 속에서 베트콩 놈들이 숨어 총을 쏘는데, 보이지는 않고 총알이 날아오는데 미칠 지경이었던 거야. 그래서 나는 BAR 자동소총을 쏘아대며 동굴을 향해 돌격했지.

동굴 앞에까지 갔을 때야. 꽝 하며, 불이 번쩍하더니, 나는 나가동그라졌어. 놈들이 묻어놓은 지뢰를 밟은 거야. 그래도 나 때문에 결국 그 동굴은 점령됐지. 그때 난 아픈 줄도 모르고 붉디붉은 피를 바라보며 전우들이 붕대를 감아주는 모양만 쳐다보고 있었어.

이 가슴에 단 거 말이야, 야 너 이게 뭔지 알아? 이게 인헌무공훈장이고, 이쪽 것이 월남 은성무공훈장이야. 그다음 난 헬리콥터로 병원에 실려 와서 눈을 뜨니, 이 왼쪽 다리가 없더군. 난 그때 내 다리를 보는 순간, 가만히 절단된 다리를 어루만졌지. 하지만 비애라든가 실망 같은 건 느끼지 않았어. 한국에는 내가 사랑하는 애인이 있지. 또 반겨 맞아줄 사람들이 많다는 것을 생각할 때, 난 오히려 자랑스러웠던 거야.

사실 한국으로 후송되어올 땐 얼마나 기뻤는지 몰라. 비록 다리 한쪽을 월남에 두고 가지만, 내가 병원에 왔다는 소식을 듣고 애인이 달려와 주었을 땐 너무나도 기뻤지. 그런데 그 개쌍년이 한 번 왔다간 후로는 종내 무소식이더니, 한 달 후에 들으니 다른 놈과 약혼을 했다지 뭐야. 난 그날 온 세상이 싫어졌어. 결국 나는 울음에 지치다가 군의관 몰래 쎄코날 15알을 먹고 죽으려고 했지만, 이렇게 또 살아 있단 말이야. 병신 새끼가 말이지.

헌데 병원에 드러눕고 있기가 하도 갑갑해서 운동도 할 겸 바람 쐴 겸 병원 밖을 나서니, 너무나도 기대에 어그러지게 냉대지 뭐냐. 애란이 너만 빼놓고 말이야. 그때부터 나는 심통이 사나워진 거야. 그리고 우리를 꺼려할 때마다 뗑깡을 피우게 된 거야. 놈들이 뗑깡을 피우고 싶도록 마음을 뒤흔들어놓는단 말이야.

내가 지금 한쪽 다리가 없지만, 없다고 생각할 땐 드물다 이거야. 무의식적으로 다리가 있던 옛날같이 행동하다가는 놈들의 냉대에 내가 다리 없는 놈이란 걸 깨닫게 된단 말이야. 저네들이 상이군인이라고 냉대시한 건 생각하지 않고 우리보고만 행패가 심하다고 하니, 요절복통할 노릇이지 뭐냐! 라디오에서 떠들지만, 이 개새끼들이 들어먹어줘야지. 히네리가 안 먹는단 말이야. 병원에 오는 꼬마들의 재롱, 또 중·고등학생들의 단체 위문 등 많은 고마운 위문들이 오지만, 대한민국 국민의 몇 분의 일이나 될까?

어디 비곗덩이 회전의자 주인님들, 돈에만 눈깔을 뒤집지 말고 좀 생각해보시지? 그리고 한민족이여! 병신새끼라고 외면하지 말고 좀 따뜻하고 부드럽게 대해줄 수 없을까?

하얀 정글

: 죽든지, 아니면 죽이든지

적의 로켓 공격에 사색이 되기도 했지만, 적 11명을 소탕해
대통령 표창도 받았다. 표창이 불안을 잠재우진 못했다.
비정상적 행동을 하는 병사가 생겨났다. 흔들리는 나뭇잎을
적으로 오인해 소리를 질렀고, 자기 발에 M16 소총을 쏘았다.

"너도 죽자, 이 새끼야!"

정글 한가운데서 김 중사가 악을 썼다. 소대 2인자인 향도
하사관이다. 그는 M16 소총을 들어, 미군 메디백Medevac 조종
사의 이마를 겨눴다. 철커덕. 노리쇠까지 장전했다. 오른손 검
지가 방아쇠에 닿았다. 미군 조종사는 사색이 되었다. 메디백
은 환자를 수송하는 헬리콥터. 동맹군인 한국군을 돕기 위해
급히 날아왔는데, 오히려 소총으로 위협받고 있었다. M16을
든 중사의 험악한 표정과 이글거리는 눈동자로 봐서는 정말 쏠
것만 같았다. 조종사와 처음부터 실랑이를 벌이던 소대장 최영
언 중위가 나섰다. "그러니까, 그냥 다 실읍시다."

소대는 적의 로켓 공격을 받았다. 탐색 작전 중 베트콩으
로 보이는 10여 명을 발견하고 그들의 뒤를 쫓아온 터였다. 서
쪽으로 너무 깊이 들어온 탓일까. 사방은 갈대숲이었다. 적의

로켓은 아군 병력을 정확히 타격했다. 여섯 명이 쓰러졌다. 아예 일어나지 못하는 중상자도 있었다. 다행히도 무전 연락을 받은 미군 헬리콥터가 바로 도착했다. 다 실어 보내야 했다. 부상자를 교대로 부축하며 그들이 지녔던 소총과 배낭과 각종 장비를 나눠 들고 갈 여력은 없었다. 적의 공격에 무방비 상태가 될 수 있었다. 미군 조종사는 고개를 저었다. 헬리콥터가 낡아 부상자 전원을 실을 수 없다는 거였다. 두 사람만 가능하다고 했다. 설득을 해봤지만 안 통했다. 이럴 때 해결책은 하나였다. 우격다짐.

청명한 하늘 위로 헬리콥터가 솟구쳐 날았다. 프로펠러의 소음이 멀어졌다. 조종사는 굴복했다. 한국군 해병들의 '부상자 전원 후송' 요구를 거부할 수 없었다. 여섯 명은 짐짝처럼 다 실렸다. 좁은 뒷좌석에 덜 다친 병사들을 먼저 눕게 했다. 중상자들은 닥치는 대로 그 위에 포갰다. 장비도 몽땅 욱여넣었다. 최영언 중위의 마음은 한결 가벼워졌다. 1968년 3월 2일,[9] 그날 오후 잠시 정신적 혼란에 빠졌던 소대장과 소대원들은 정글을 성공적으로 빠져나와 안전한 거처로 이동했다.

청룡부대는 꽝남성 일대에서 괴룡 2호 작전을 수행 중이었다. 최영언 중위는 베트남에 온 지 4개월째였다. 1대대 1중대 1소대장을 맡고 나서 두 번째로 참여하는 작전이었다. 1월 30일부터 2월 29일까지 전개한 괴룡 1호 작전이 베트콩의 '뗏공세'에 대한 반격을 목표로 삼았다면, 괴룡 2호 작전은 '잔당 소탕'에 주안점을 뒀다. 괴룡 1호 작전으로 적의 기반이 어느 정도 와해됐다고 판단한 것이다. 3월 2일은 그 첫째 날이었다. 운이 나빴다. 된통 당했다.

그날 1소대가 공격받기 직전 다른 소대에선 작은 전과를

264

올렸다. 『파월한국군전사』 4~5는 이렇게 기록한다. "중대는 일대의 낡은 가옥을 샅샅이 수색하던 중 동굴 한 개를 발견, 주변을 자세히 살펴본 결과 동굴 안으로 사람이 들어간 흔적이 엿보였다. 사면을 포위한 다음 동굴 안을 향하여 투항할 것을 외쳤으나 아무런 응답이 없어 수류탄을 투척하고 확인한 결과, VC(베트콩) 한 명이 죽고 CAR 소총(카빈소총) 한 정과 수류탄 일곱 정을 노획하였다."

동굴 앞에서 투항을 권고했다지만 동굴 속의 베트남인이 한국말을 알아들었을까. 상대를 죽이겠다는 고함으로 느끼지 않았을까. 무서워서 나갈 엄두를 못 냈을 것이다. 동굴 밖에서 수류탄을 든 병사도 두려움에 떨긴 매한가지였다. 안에 누가 있는지, 무기는 갖고 있는지 알 도리가 없었다.

작전을 나가면 최영언 중위의 머릿속은 백지상태가 됐다. '하얀 정글'이라는 표현은 적당할까. 대한민국도, 고향 부산도, 공무원인 아버지도, 늘 자식 걱정을 하는 어머니도, 대학과 고등학교에 다니는 세 동생도, 친구도 모두 지워버렸다. 그저 오늘 하루만이 중요했다. 괴룡 1호 작전 때는 한 달 동안 기지를 떠나 유랑 생활을 했다. 작전의 이름이 '괴룡 1호'인지는 나중에 알았다. 소대장은 작전 개요와 진행 상황을 알 수 없었다. 상급 부대에서 하달된 지침에 따를 뿐이었다. 지도를 보며 정해진 좌표 지점으로 정찰을 나갔고, 경계를 나갔고, 저격이 날아오면 응사를 하거나 상부에 무전 보고를 한 뒤 수색을 했다. 밤에는 소대별로 돌아가며 매복을 나갔다. 중대기지로 돌아가지 못할 땐 취침 시간이 따로 없었다. 텐트를 치지도 않았다. 판초우의를 덮어쓴 채 밀림이나 개활지에서 쪽잠을 잤다. 식사 시간은 따로 없었다. 배고프면 각자 틈나는 대로 조리가 필요 없는 시레이션을 까먹었다. 미군 헬리콥터는 실탄과 식량, 물을 부지런히 공수했다.

2월 12일 퐁니·퐁넛촌을 지나치다 저격을 받고 나서 마을로 진입한 것은 괴룡 1호 작전 유랑의 한가운데에서였다. 그날 분명히 중대의 어느 소대, 어느 분대에서 찜찜한 사건이 벌어졌다. 다음 날 중대원들은 어제 일을 돌아볼 여유가 없을 만큼 피로에 절었다. 전우들이 눈앞에서 피 흘리며 쓰러졌다. 다치지 말아야 했다. 죽지 말아야 했다. 정신을 바짝 차려야 했다.

최 중위가 지휘하는 1소대는 40여 명이었다. 분대별로 13명. 여기에 화기소대원들이 1·2·3소대 안으로 나누어 섞여 각소대의 화기분대를 구성했다. 이에 따라 실제 1소대 병력은 50여 명이었다(중대 병력은 150여 명). 화기분대원들은 캘리버30 기관총으로 무장했다. 중대장 휘하엔 60밀리 박격포가 따라다녔다. 해병들은 1개 분대에 하나씩 M79 유탄발사기가, 세 명에 하나씩 로켓포가 지급됐다. M16 소총은 각자 기본이었다. 실탄과 수류탄과 연막탄과 조명탄과 방독면과 대검과 수통과 판초 우의와 시레이션도 휴대해야 했다. 크레모아와 탄약 박스도 있었다. 이 모든 것을 어깨에 메거나, 가슴과 허리에 차거나, 손으로 들어야 했다. 아니면 배낭에 넣었다. 악과 깡뿐 아니라 화력에서도 육군 보병을 능가한다는 것은 해병들의 자부심이었다. 그 무기들이 일개 분대에서만 불을 뿜어도 수백 명을 얼마든지 몰살시킬 수 있었다.

숲과 늪에 숨은 베트콩들은 끊임없이 이들의 신변을 노렸다. 소대장은 통신병과 함께 행동했다. 안테나가 꽂힌 무전기를 멘 통신병은 가장 쉽게 눈에 띄는 적의 먹잇감이었다. 그 옆의 소대장도 위험했다. 해병들은 시레이션 박스의 얇고 긴 철판을 떼어내 배낭 위에 안테나처럼 꽂고 행군했다. 베트콩이 볼 땐 전부 다 통신병처럼 보였다. 위장 전술이었다. 낮에 참호를 파는 것도 위험했다. 때로는 밤에 그곳을 향해 적의 박격포나 로켓포가 내리꽂혔다. 해병들은 쉴 새 없이 이곳저곳으로 은신처를 옮겼다.

호이안과 꽝남 일대에서 한국군은 사실상 미군의 협조 없이는 한 발짝도 나아가기 힘들었다. 첫째, LVT[10]의 지원이었다. 이 지역은 투본강을 비롯한 많은 강이 서쪽 내륙에서 동쪽 해안으로 흘렀다. 베트콩들은 강변과 늪을 이용해 은신처를 만들어가며 공격했다. 아군의 기동과 수색 작전에는 적지 않은 장애 요소였다. 매일 작전 때마다 중대별로 서너 대의 장갑차가 앞장을 섰다. 강과 늪 지역에서 병력 수송을 책임지며 작전의 효율성을 높여준 것이다. 장갑차는 곳곳에 매설된 부비트랩을 차단하는 기능도 했다. 둘째는 헬리콥터였다. 앞에서 본 것처럼, 정글에서 긴급한 사태가 발생할 때 헬리콥터만큼 기동력 있는 수단이 없었다. 미군 헬리콥터는 해병들을 꼼짝달싹 못하게 하는 '빅브라더'이기도 했다. 밤에 중대장의 판단에 따라 좀 더 안전한 곳으로 좌표를 조금만 벗어나도 대대로부터 무전 연락이 왔다. 하늘에서 헬리콥터로 항공사진을 찍은 미군 쪽이 한국군의 위치 이동에 관해 따졌기 때문이다. 베트남에서 작전을 하는 한국군 해병들에게 장갑차와 헬리콥터의 굉음은 일종의 배경음악이었다.

최영언 중위에게도 짜릿한 순간이 있었다. 4월 13일 '서룡 1호 작전' 때였다. '괴룡 2호 작전' 다음으로 '베트콩 잔당 박멸'을 기치로 내건 작전이었다. 이번엔 운이 좋았다. 호이안과 별로 떨어지지 않은 1번 국도 근처였다. 소대별로 돌아가며 적이 침투할 것으로 예상되는 지점에 야간 매복을 나갔다. 그날은 1소대 차례. 저녁 8시 30분께였다. 최 중위는 전방 200미터 앞에서 1개 분대로 추산되는 적의 접근을 발견했다. 총을 들고 소리를 내지 않기 위해 과잉된 포즈로 살금살금 걷는 모습이 우스꽝스럽기까지 했다. 중대본부에 무전을 쳤다. 적이 더 접근하기를 기다리라는 답변이 왔다.

마침내 50미터 앞이었다. 그들이 마지막 논둑 하나를 넘으려는 순간, 대대본부에서 쏜 조명탄이 터졌다. 불꽃이 일며 주변이 환하게 밝아졌다. 전방은 확 트인 개활지였다. 크레모아 스위치를 누른 뒤 M16 소총과 캘리버30 기관총으로 일제사격을 했다. 수류탄이 작렬했다. 적을 11명이나 사살했다. 『파월한국군전사』4~5에 따르면 이날 1중대는 AK자동소총 두 정과 82밀리 포탄 세 발, 수류탄 일곱 발 등 기타 장비를 노획했다. 최 중위는 소대원들과 함께 대통령 표창장을 받았다.

대통령이 격려한다고 불안이 가시지는 않았다. 비정상적인 행동을 하는 병사가 하나둘 생겨났다. 디엔반현 인근에 있는 중대본부에서[11] 밤에 경계를 서다 헛소리를 하는 병사도 있었다. "저기 앞에 누군가 새까맣게 오고 있다"며 고래고래 소리를 질렀다. 달이 밝던 밤이었다. 아무것도 보이지 않았다. 무언가 흔들렸지만 나뭇잎뿐이었다. 일부 병사들은 자기 발을 향해 M16 소총을 쏘는 자해행위를 했다. 후송을 보냈다.

최영언 중위는 5월부터 전투의 부담에서 벗어났다. 1소대장에서 부중대장으로 보직이 변경됐다. 부중대장은 중대 진지의 경계와 보급을 책임지는 자리였다. 정글로 정찰이나 매복을 나가지 않아도 되었다. 다낭에 있는 미군 휴양지에서 해수욕을 할 기회도 얻었다. 처음으로 고향의 부모님께 편지를 썼다. 베트남에 올 땐 아무런 연락도 취하지 않았었다. 장남으로서, 공연히 부모님의 근심을 살 이유가 없다고 여겼다. 해변에서 수영복을 입고 동료들과 세상에서 가장 느긋하고 평화로운 모습으로 사진을 찍어 동봉했다. "저는 월남에서 편하게 잘 있습니다. 부모님, 아무런 걱정 하지 마십시오."

　여유가 생기고 나선 가끔 주말에 외출증을 끊어 다낭 또는 호이안 시내로 나갔다. 옛 유적이 즐비한 복고풍 도심의 카페에서 커피나 맥주를 마셨다. 주머니엔 초콜릿과 사탕이 가득했다. 시레이션 상자에서 꺼내온 것이었다. 어린 시절 고향 부산에서 미군들에게 "기브 미 초콜릿Give me chocolate"을 외치던 추억을 떠올렸다. 그 시절의 미군들처럼 베트남 아이들에게 초콜릿과 사탕을 나눠주었다. 아이들은 손을 벌리며 좋아했다. 근원을 따지자면 자신이 나눠주는 그 초콜릿 역시 미국에게 받은 것이었다. 베트남 사람들이 보기에 그는 친절한 한국군 해병 장교였다.

알랭 들롱의 사인처럼

: 전투보다 중요한 어떤 작전

갑자기 뒤편의 지프차 한 대가 비상등을 켜고 옆으로 따라붙었다.
사복을 입은 미국인이 얼굴을 내밀었다. 갓길에 차를 대자,
미국인은 미군 정보부대 신분증을 보이며 동행을 요구했다.

슝슝슝.

머리 위로 폭탄이 날아갔다. 최영언 중위를 비롯한 병사들
은 귀를 막았다. 조금 뒤 경기를 일으킬 듯한 폭발음이 연이어
울렸다. 쾅! 쾅! 쾅! 쾅! 폭탄은 1분 간격으로 날아가 목표물을
수차례 때렸다. 전방 200여 미터 지점의 작은 숲은 초토화됐다.
그곳에 무언가 생명체가 있다면 뼈를 추릴 수 없었을 것이다.
자신의 보고와 중대장의 지원 요청에 따라 호이안에 있는 포병
대대에서 발사한 155밀리 곡사포였다. 폭탄은 무려 10킬로미
터를 넘게 날아 꽝남성 디엔반현 서쪽에 위치한 정글의 한 지
점을 무참하게 유린했다. 포격이 그친 뒤 정적이 찾아왔다. 전
방의 숲속에선 연기만 피어올랐다. 누군가 쾌재를 부르며 말했
다. "시원~하네."

적의 폭탄은 공포였지만 아군의 폭탄은 신나는 게임과 같
았다. 들입다 퍼붓는 폭음을 들으면 스트레스가 풀리고 기분이

좋아졌다. 그것이 '가라'일지라도 말이다. '가라'는 군대에서 많이 쓰는 일본말로 '가짜'라는 뜻이다. 이날 155밀리 포탄이 무전 보고체계를 통해 날아오기까지의 각본도 그러했다.

푹푹 찌는 1968년 4월 초순의 어느 날 오후. 동남아 특유의 고온다습한 날씨가 한국에서 온 병사들을 지치게 했다. 청룡부대 1대대 1중대 병력은 2열 종대의 행군 대열을 갖춰 수색·정찰 임무를 수행 중이었다. 돌아가며 맡는 선두 첨병소대의 역할은 이날 1소대 차례였다. 1소대장 최 중위가 책임자였다. 첨병소대는 적의 공격과 가장 먼저 맞닥뜨릴 가능성이 컸기에 한층 예민하게 신경을 곤두세워야 했다. 한 시간쯤 지났을까. 맨 앞에 가던 분대의 선임하사가 병력을 정지시켰다. 최 중위에게 다가와 전방의 작은 숲을 가리켰다. "기분이 안 좋네요. 꼭 뭔가 튀어나올 것 같지 않습니까?" 갈대 같은 풀들이 빽빽하게 솟아 사람 키를 넘을 것 같았다. 그러고 보니 분위기가 음산했다. 저격병이 숨어 있을지도 몰랐다. 굳이 숲으로 들어가 수색을 시도하기에는 위험해 보였다. 하지만 그냥 놔두고 지나치기도 찜찜했다. 이럴 땐 제3의 묘책이 있었다.

최 중위가 '작전'을 지시했다. 분대장이 카빈총을 가져왔다. 그는 중대장이 있는 뒤편 허공을 향해 서너 발을 갈겼다. 피융~. M16과는 전혀 다른 소리가 났다. 곧바로 중대장 은명수[12] 대위로부터 무전 연락이 왔다. "방금 뭐야?" "전방에 적들이 있는 모양입니다." "그래?" "대대에 포 지원을 요청해야겠습니다." "알았어. 좌표 불러." 최 중위는 전투 지도를 보며 표적의 위치를 정확히 불러주었다. 어쩌면 중대장도 뭔가 이상함을 눈치챘을지 모른다. 속아주는 척해서 나쁠 건 없다. 대대와 여단본부에 일 좀 했다는 티를 낼 수 있다. 이걸로 오늘 작전을 종칠 수도 있다. 대대에는 "적의 저격을 받고 155밀리 곡사포 지원 요청을 해서 제압했다"고 전투상보를 올릴 것이다. 1중대장으로부터 포격 요청을 받은 대대본부의 155밀리 포병들도 좋아할 것이다. 오랜만에 몸 좀 풀고 밥값 했다며 보람을 느낄 테니까.

카빈총은 본래 '백업용'이었다. 한국군이 '적 사살' 전과를 상부에 보고하려면 반드시 적으로부터 노획한 무기를 증거물로 첨부해야 했다. 북베트남군과 베트콩들이 주로 쓰는 소총은 AK47과 카빈이었다. 각 소대마다 아군 보급품목이 아닌 그 소총을 어딘가로부터 구해왔다. 아마도 남베트남군 쪽과 거래를 했으리라. 그러한 카빈을 평상시 작전 때 '잉여 무기'로 두어 정 갖고 다녔다. 혹시나 '적 사살' 전과를 보고할 기회가 있을 때 노획 무기가 모자라면 이걸로 채워 넣었다. 적의 저격이 있었던 것처럼 상황을 연출할 때도 카빈이 제격이었다. 정글은 매일 총탄이 빗발치는 현장이 아니었다. 아무리 휘젓고 다녀도 쥐새끼 한 마리 만나지 못할 때가 있었다. 적이 없으면 가공의 적을 만들어냈다.

두 달 전인 2월 12일에도 마찬가지였다. 최영언 중위가 속한 1중대는 발포제한구역인 퐁니·퐁넛촌에 들어갔다가 엉뚱한 주민 수십 명을 향해 총을 쏘는 사고를 쳤다. 뒤에서 오던 아무개 소대, 아무개 분대의 짓이라는 소문이 파다했다. 미군이 한국군 쪽에 사건의 진상을 해명하라는 서한을 보냈다. 어김없이 '가라'가 괴력을 발휘했다. 한국군 해병 헌병대가 중대장과 일부 소대장, 선임하사들을 조사하고 작성한 보고서에 따르면, 1중대원들 중 그날 퐁니·퐁넛촌에 들어가 총을 쏜 대원은 아무도 없었다. 대신 '한국 군복을 입은 베트콩'이라는 가공의 존재가 만들어졌다.[13]

최영언 중위는 '가라 카빈 작전' 한 달 뒤 1소대장에서 부중 대장으로 보직이 바뀌었다. 호이안의 중대기지에 상주하며 중대의 살림을 책임지는 자리였다. 이것은 또 다른 시작이었다.

1968년 여름. 부중대장을 맡고 몇 개월이 흘렀다. 최 중위는 남베트남군 지프차를 타고 다낭의 미군 PX(Post Exchange · 영내 매점)에서 쇼핑을 하고 나오는 길이었다. 남베트남군 운전병이 핸들을 잡았다. 뒤편에는 소니 흑백텔레비전 한 대와 함께 살렘 담배, 코카콜라 등의 음료수가 한가득 쌓였다. 중대기지가 있는 호이안으로 가려면, 다낭 시내에서 1번 국도를 타야 했다. 그런데 갑자기 뒤편에서 고물 지프차 한 대가 비상등을 켜고 빠른 속도를 내며 옆으로 따라붙었다. 차 위에는 작은 안테나가 달려 있었다. 사복을 입은 미국인이 얼굴을 내밀었다. 정지 신호를 받고 갓길에 차를 대자, 미국인은 미군 정보부대 신분증을 보이며 동행을 요구했다. 한국군 해병 장교가 남베트남군 지프차를 타고 미군 PX에서 나오는 걸 이상히 여긴 게 틀림없었다. 불법적인 물품 유통과 거래의 어떤 정황으로 의심한 듯했다. 미군의 각종 보급품과 PX 제품들이 남베트남군을 거쳐 암시장으로 흘러 들어갔다가 베트콩 쪽으로 넘어가는 일은 비일비재했다.

지나친 의심이었다. 최 중위는 억울했다. 일말의 거래가 없었던 건 아니지만 그 수준은 대단히 소박했다. 그 전말을 되짚어보자.

부중대장 최 중위는 호이안의 중대기지 옆에 있는 남베트남군 포병장교에게 지프차 기름을 넣어주겠다고 제안한다. 한국군 중대 단위엔 지프차가 없었다. 대신 대대 보급계를 통해 미군으로부터 공급받은 휘발유는 얼마든지 구할 수 있었다. 남베트남군 포병장교는 공짜로 얻은 기름의 일정 부분을 시장에 나가 어떻게든 현금으로 바꿀 것이다. 최 중위는 기름을 넣어주는 대신 필요할 때 지프차를 이용하기로 했다.

어느 날 최 중위는 남베트남군 운전병과 함께 그 지프차를 타고 다낭의 미군 PX로 향했다. 한 시간 거리였다. 귀국길에 오르는 병사를 위해 24인치 흑백텔레비전 한 대를 사주기로 했다. 간 김에 필요한 물품도 사려고 했다. 한국에 TV가 귀한 시절이었다. 한국군 사병들은 아무리 돈이 많아도 TV를 살 수 없었다. 군 당국은 송금을 장려하기 위해 고가의 전자제품 구매를 금지시켰다. 최 중위는 TV 값 107달러를 귀국 예정 병사에게 미국 군표(전시에 군대에서 쓰는 화폐)[14]로 받았다. 병장이라면 한 달 전투수당이 54달러. 대부분의 금액을 송금하고 1년 내내 이 돈을 모았을 것이다. 최 중위는 이미 자신의 장교 아이디카드로 미군 PX에서 흑백TV 한 대를 구매한 적이 있다. 더 이상은 불가능하다. 자신의 아이디카드에 뚫린 작은 구멍 한 개는 그 사실을 숨기지 못한다. 다른 방법을 찾아야 한다.

최 중위는 다낭의 미군 PX에 도착했다. 개방형 구조를 갖춘 PX는 백화점 매장만큼이나 넓었다. PX 전체를 한 바퀴 둘러본 최 중위는 바깥에 있는 잔디밭으로 발길을 돌렸다. 휴가를 나온 미군 병사들이 삼삼오오 모여 노닥거린다. 그중 한 명을 잡아 말을 건넸다. "커티삭(미국산 스카치위스키) 한 병 사줄까?" 젊은 미군 병사들은 위스키에 군침을 넘기지만 군표가 많아도 살 수가 없다. 한국군 장교는 얼마든지 가능했다. 그의 표정이 환해진다. 최 중위는 조건을 제시했다. "그럼 대신 TV 한 대 사줘라."

어렵지 않다. 미군 병사는 TV를 살 수 있다. 거래는 끝났다. 각자 소니 TV와 커티삭 위스키를 사온 뒤 교환했다. 최 중위는 내처 담배 코너로 향해 베트남 사람들이 좋아서 환장한다는 3S 중 하나인 살렘 담배를 몇 보루 집어 들었다. 3S는 살렘 Salem과 함께 소니 Sony, 세이코 Seiko를 일컫는다. 이 일본산 제품들은 암시장에서 현금 호환성이 최고라고 했다.

안타깝게도 최 중위는 PX에서 나온 뒤 미군 정보요원에게 적발됐다. 미군들은 한국군 해병 제2여단 헌병대에 연락을 취했다. 곧바로 헌병대 요원들이 최 중위를 인계받아 데리고 갔다. 그는 여단 헌병대에서 자초지종을 설명했다. 수사요원은 "사정은 이해하지만 그냥 풀어주기는 힘들다"고 했다. 미군 쪽에 눈치가 보인다는 이유였다. 결론은 TV를 포함한 모든 물건의 압수.

대반전이 일어났다. 그 힘은 '가라'였다. 최영언 중위는 열심히 사인 연습을 했다. 대대 인사계 서류철에서 찾아낸 여단 참모장 염태복 대령의 사인을 되풀이해 베껴보았다. 그는 공문 하나를 만들어냈다. 발신인은 염태복 참모장, 수신인은 헌병대장. 그는 맨 끝에 멋지게 참모장의 사인을 휘갈겼다. 내용은 이러했다. "1중대 부중대장 최영언 중위로부터 압류한 물품들을 즉각 돌려줄 것." 프랑스 영화감독 르네 클레망의 〈태양은 가득히〉에서 얻은 아이디어였다. 그는 주인공 알랭 들롱이 친구의 사인을 도용해 편지를 보내는 장면을 떠올렸다. 최 중위가 만든 공문은 즉각 효력을 발휘했다. 헌병대는 모든 압류 물품을 돌려주었다. 최 중위는 적어도 사리사용을 취하려는 목적은 아니라며 스스로를 변호했다. 귀국하는 병사에게 TV라는 큰 선물을 안겨주지 않았는가.

　시레이션 때문에 여단본부로부터 기습적인 감사를 당한 적도 있다. 1번 국도에서 십자성부대(제100군수사령부)의 군 보급품 수송 차량 경계를 서다가 부산고 동창생 수송장교를 만난 게 일의 시작이었다. 친구의 호의로 여단본부 창고에서 수십 박스의 시레이션을 챙겨 트럭에 싣고 온 거였다. 중대 창고에 시레이션을 가득 쌓아놨지만, 병사들은 매일 먹는 인스턴트 음식을 질려했다. 어떻게 처치할지 고민하다 중대 보급하사를 통해 남베트남군에 팔아 넘겼다. 바꾼 돈으로는 버드와이저 맥주를 사와 회식을 했다.

　여단본부에서 감사를 나온 건 미군의 문제 제기 탓이었다. 항공사진에서 베트남 민간인들이 개미떼처럼 무언가를 머리에 이고 길게 줄지어 어느 산속 마을로 들어가는 모습이 포착됐기 때문이다. 판독 결과 그것은 시레이션 박스였다. 한 박스에 12인분짜리였다. 그 시레이션이 1중대로부터 흘러갔는지는 알 수 없었다. 미군 쪽은 암시장을 거쳐 산으로 들어가 베트콩들의 식량이 되었을 가능성을 우려했다.

　감사 요원들은 중대 보급계 서류와 창고에 비치된 물품을 맞춰보았다. 아무 이상을 발견 못 했다. 서류는 흠잡을 데 없이 완벽하게 맞춰져 있었다.

　베트남 전쟁은 총과 폭탄의 전쟁이자, 동시에 '쩐의 전쟁'이었다. 이면에선 크고 작은 '가라'가 춤을 췄다. 사실 그 가장 강력한 주인공은 미군이었다. 1968년 가을, 1중대 부중대장에서 대대 인사행정관으로 옮긴 최영언 중위는 그 실상을 목도했다. 장대비가 억수로 퍼붓던 날이었다.

양키, 쩐의 전쟁

: 12시간 내에 군표를 수거하라

폭우가 쏟아지던 날, 갑자기 기존의 모든 군표가 무효화됐다.

구 군표를 신 군표와 교환하는 데 딱 12시간이 주어졌다.

무기의 그늘엔 돈이 흘렀다. 군표가 흘렀다. 달러가 장난을 쳤다.

날씨가 엉망진창이었다.

1968년 10월, 비가 폭탄처럼 쏟아졌다. 한 주 내내 거센 바람이 불었다. 베트남 중부 지방은 폭우에 취약했다. 물에 잠긴 길은 저수지처럼 변했다. 1번 국도엔 높다란 전신주만 보였다. 집 천장에 비상용으로 설치해놓은 작은 보트를 꺼내 노를 저어 이동하는 주민들이 보였다. 간간이 지프차도 다녔다. 물속에서 차체의 절반가량만 내놓고도 지프는 시동이 꺼지지 않은 채 용케 앞으로 나아갔다. 그 유명한 M151A1 지프였다. 1959년 미국에서 처음 개발된 뒤 1965년부터 베트남전에 투입된 이 지프는 완벽 방수를 자랑했다. 클러치를 비롯한 각종 장치는 물이 스며들지 않도록 특별 설계됐다. 배기가스를 내보내는 머플러는 물에 잠기지 않도록 뒤쪽 위에 달렸다. 미군들은 이를 '케네디 지프'라 불렀다. 케네디 지프는 5~10월 우기 때 폭발적인 강우량을 보이는 베트남 지형에서 수륙 양용의 기능을 톡톡히

해냈다. 덕분에 '베트남전의 영웅'이라는 호칭까지 부여됐다. 미군은 한국군에게도 케네디 지프를 지원했다. 해병 제2여단 1대대엔 두 대가 배당되었다. 대대장과 대대참모의 몫이었다.

그날은 정확히 1968년 10월 21일이었다. 1대대 인사행정관 최영언 중위는 하늘에서 땅 위를 오가는 케네디 지프를 바라보았다. 미군 헬기에 탑승해 작전지역으로 가는 중이었다. 1중대 1소대장과 부중대장을 거쳐 1대대 인사행정관으로 보직이 바뀐 그의 오늘 임무는 전투와는 관계가 멀었다. 육상으로 접근하기 힘든 지역에 위치한 각 중대원들로부터 군표를 걷어 와야 했다. 케네디 지프로도 접근하기 힘든 곳이었다.

시간이 촉박했다. 가능한 이동 수단은 헬기뿐이었다. 헬기가 작전지역인 정글 부근에 이르자 고도를 낮췄다. 지표면이 모두 범람해 착륙할 엄두를 낼 수 없었다. 물에 닿지 않는 선에서 최대한 고도를 낮췄다. 헬기 문을 열었다. 아래에서 기다리던 중대 장교가 손을 흔들었다. 최영언 중위도 손짓을 보냈다. 가까운 거리에서 중대 장교가 비닐백을 던졌고 최 중위가 이를 낚아챘다. 문이 닫혔다. 헬기는 다시 날아올랐다. 그는 비닐백을 열었다. 5센트, 10센트, 25센트, 1달러 등 조잡한 액수의 군표가 한가득이었다. 헬기는 또 다른 곳으로 향했다. 한 번 더 군표를 걷으러 가야 했다.

12시간이 주어졌다. 10월 21일 아침 7시를 기해 주월미군 사령부 당국은 긴급조치를 발표했다.[15] "지금 이 시간부터 종래의 모든 군표를 무효화한다. 구 군표는 12시간 내에 신 군표와 교환한다." 즉각 여단본부에서 대대별로 병사들이 소지한 군표를 정리하고 취합해 다낭의 해병대 휴양소로 와서 새 군표와 교환하라는 명령이 떨어졌다. 어이없는 조치가 아닐 수 없었다. 강풍과 호우를 동반한 이 악천후에 12시간 내에 1대대 관할인 1·2·3중대의 군표를 모두 모아오라니. 일부 중대는 정글로 작전을 나간 상태다. 왜 하필 물난리통에 군표를 교환한다고 생난리를 치는 걸까. 뭐가 이리도 급하단 말인가. 투덜거려봤자 입만 아프다. 최 중위는 각 중대에 무전 연락을 했다. 개인별 군표 보유 액수를 정리한 뒤 군표를 모아 중대의 현재 작전지역에서 대기하라는 내용이었다. 전투를 위한 군사작전보다 더 긴박한 군표 수거 작전이 시작됐다.

군표란 무엇인가. 특수 화폐다. 외국에서 전쟁을 하거나 군대가 주둔한 경우, 군대와 군인들이 필요한 물품을 사는 데 쓰기 위해 정부 또는 군 당국에서 발행한다. 베트남전의 경우 미국의 파병 요청에 응한 연합군 군인들에게 미군 당국이 발행하는 군표가 지급되었다. 군표는 미국 연방준비제도이사회(연준)에서 발행한 이른바 '본토불'과는 전혀 다르게 생겼다. 베트남의 한국 군인들은 월급처럼 군표를 한 달에 한 번씩 받았다. 정글에서 수색·정찰을 하는 와중에도 군표 지급일은 잘 지켜졌다. 정확히 말하자면 그것은 월급이 아닌 전투수당이었다. 가령 장교인 최영언 중위는 베트남에서 하루 4.5달러를 전투수당으로 받았다. 사병 중 일병의 경우 1.35달러를 받았다. 이를 30일 한 달치로 환산하면 중위는 135달러, 일병은 40.5달러였다(1968년 당시 환율은 1달러당 282원 가량).

대한민국 국방부가 주는 월급은 파병 직전에 1년치를 한꺼번에 받았다. 장교나 사병들은 베트남에 파병돼 본래 월급의 두 배 이상을 챙겼다. 목숨이 담보로 잡혀 문제였지만.

군표 교환이란 일종의 화폐개혁이었다. 군표 교환이 선포되는 순간 기존의 군표는 구 군표로 명명되었다. 정해진 시간

안에 신 군표와 교환하지 않으면 휴짓조각이 되었다. 군표 교환은 군인들에게 심각한 사건이 아닐 수도 있었다. 군 당국에 군표를 제출해 바꾸면 그만이었다. 보유한 군표도 얼마 되지 않았다. 당시 한국 정부는 미군 당국으로부터 받는 군인들의 전투수당 중 80퍼센트를 고국에 강제 송금토록 했다.

한국에서는 경제개발이 한창이었다. 송금된 군표는 국내에 유입돼 외환보유고를 높여주었다. 1968년 한 해에 송금된 전투수당이 2,940만 달러였다(1965~1967년 송금 총액은 1억 9,500만 달러).[16] 이렇게 베트남 현지 한국군에겐 전투수당의 20퍼센트만이 지급됐으니, 실제로 중위는 한 달에 27달러, 일병은 8.1달러를 받았다. 장교야 조금 쓸 만한 금액이었지만 사병들에겐 그야말로 푼돈이었다.

미군이 대규모로 주둔한 다낭과는 달리 한국군 해병 제2여단이 주둔한 호이안엔 미군 PX가 없었다. 사병들은 간혹 민가 부근을 지나다 작은 가게가 보이면 들어가 군표를 내고 담배와 술, 콜라, 과일을 사먹는 수준이었다. 가게 주인인 베트남인은 그 군표를 받아두었다가 나중에 미국 본토불이나 베트남동으로 바꿔 사용했다. 군표와 본토불의 교환가치는 본래 1대 1이었으나 지하시장에선 1.2대 1 정도로 군표의 가치가 낮았다. 민간인들이 군표로 상품을 거래하는 일은 엄밀히 말하자면 불법이었다. 현실은 달랐다. 미군과 한국군이 보유한 군표는 공공연히 부대 바깥에서도 실제 화폐처럼 통용되었다.

최영언 중위가 탄 헬기는 해가 지기 전 다낭으로 향했다. 12시간 안에 대대원 전원의 군표를 다 모았다. 각 대대 인사행정관들은 다낭에 있는 해병대 휴양소 숙소에 저녁까지 집합하기로 돼 있었다. 여단본부 간부들이 각 대대에서 온 장교들을 맞았다. 최 중위는 각 중대에서 걷어온 군표 다발과 함께 개인별 보유 액수를 적은 보고서를 내놓았다. 파견 나온 미군 경리 장교가 이를 검토했다. 최 중위는 눈치를 살폈다. 100달러짜리를 묶은 또 다른 고액권 다발이 그의 품에서 숨죽이고 있었다. 이 군표 교환을 미군 장교에게 요청할 것인가 말 것인가.

100달러 뭉치는 그날 아침, 동이 트자마자 달려온 한국인 사업가 두 명에게 받은 군표였다. 그들은 평소 안면이 있는 영관급 간부의 소개를 받고 대대 인사행정관인 최 중위를 찾아왔노라고 말했다. 그중 한 명은 자신을 '아리랑 식당' 사장이라고 소개했다. 다낭엔 한국인이 운영하는 식당 두 곳과 카바레 한 곳이 있었다. 간혹 한국인 장교들이 다낭에 휴양이나 출장을 갈 때 들르는 공간이었다. 술과 음식, 노래로 한국군 장교와 사병들의 향수를 달래주었다. 식당에선 김치찌개와 소주를 즐길 수 있었다. 카바레에선 이미자의 〈동백아가씨〉 같은 뽕짝을 들으며 춤을 추었다. 주 고객은 군인, 그중에서도 한국군이었다. 군인들의 지불수단은 당연히 군표뿐이었다.

그렇게 모은 군표가 몽땅 휴지가 될 위기에 처하자 다급하게 SOS를 치러 온 것이었다. 두 사람은 군표 뭉치를 내놓으며 "신 군표와 바꿔주면 절반을 주겠다"는 약속까지 했다. 최 중위는 "시도는 해보겠지만 기대하지 않는 게 좋겠다"고 솔직히 말했다. 예상대로였다. 미군 경리장교는 최 중위 담당의 1대대가 보유한 군표 금액이 얼마가 될지 예측하고 있었다. 대대 전체 예상 금액을 훨씬 웃도는 고액권 군표 다발을 내밀자 고개를 저으며 단호히 교환을 거부했다. 고액권이 존재할 리 없음을 꿰뚫고 있었기 때문이다.

이미 한 달 전 예행연습까지 치른 군표 교환이었다. 그땐 완전히 속았다. 이번처럼 각 부대 장교와 사병들의 군표 보유 액을 적어 내라고 한 점은 똑같았으나, 실제 군표를 걷지 않은 점이 달랐다. 취합된 액수가 얼마인지 정리하고 난 뒤에야 연습이라는 통고를 받았다. 단순한 연습이 아니었다. 일종의 '도상 훈련'이었다. 실제 군표 교환을 앞두고 각 부대에서 받는 전투수당과 송금 액수, 병사당 평균 군표 보유 액수에 대한 데이터를 확보하려는 목적이었다. 그리고 폭우가 쏟아지며 이동이 쉽지 않은 날을 디데이로 정했다. 미군 PX는 일제히 문을 닫았고, 영내의 군인들에겐 외출금지령이 떨어졌다. 민간인들이 대책을 세울 수 없도록 발을 묶어놓고 기습적으로 군표 교환을 선포한 것이다.

호이안과 다낭의 상인들은 완전히 허를 찔렸다. 군인들에게 군표를 받고 물건을 팔며 생계를 꾸려온 그들은 망연자실할 수밖에 없었다. 베트남 동이나 본토불로 바꿔놓지 않은 군표는 아무짝에도 쓸모없는 종이에 불과했다. 미군 최고위급 장교들과 비밀스러운 선이 닿아 있다면 모를까, 12시간 내에 폭우를 뚫고 묘책을 써서 신 군표와 교환하기는 쉽지 않았다. 두 명의 한국인 사업가들은 지푸라기라도 잡는 심정으로 최 중위에게 매달렸다. 군표를 시중에 유통하도록 방치한 미군 당국은, 막대한 통화량으로 물건을 구매해 이익을 취하고 뛴 셈이었다. 화폐 디자인을 바꾸는 것만으로도 상대를 무력화하는 기가 막힌 작전이었다. 최 중위는 '참으로 악랄한 도둑놈 심보'라고 생각했다.

미군 당국은 긴급한 군표 교환 조치에 대해 "군표 위조와 암거래에 대처하기 위함"이라는 명분을 댔다.[17] 실제로 군표의 위조나 불법 유통의 흐름이 존재했다. 불법 유통은 미군 당국의 방조와 묵인이 있기에 가능한 일이었다. 위조 역시 군표 교환의 핑계로 삼기엔 미미한 수준이었다. 그 결과로 얻는 미군 쪽의 이익과 반대편의 손실이 지나치게 컸기 때문이다.

다낭에는 주월미군사령부가 운영하는 PX가 있었다. 백화점 규모를 능가하는 PX는 미국 사회의 물질적 풍요로움을 압축해놓은 듯했다. 담배와 위스키, 생필품은 물론 TV와 냉장고 등 각종 전자제품에 더해 귀금속까지 팔았다. 한국군 장교들은 귀국 뒤 결혼에 대비해 미군 PX에서 130달러 정도 하는 다이아몬드 반지를 사가는 게 유행이었다. 최 중위는 가끔 의문에 휩싸였다. '전쟁터에서 왜 다이아몬드 반지까지 판단 말인가.' 그는 동료 장교들과 화제로 삼던 영국군 PX 이야기를 떠올렸다. 한국전쟁 때 영국군이 전투부대 1개 중대당 대대급의 PX를 붙여 보내더라는 것이었다. 배보다 배꼽이 더 크다는 그 말은, 전쟁의 본질이 장사라는 메시지를 담고 있었다. 무기의 그늘엔 돈이 흘렀다. 군표가 흘렀다. 달러가 장난을 쳤다.[18]

중앙정보부에서의 하루

: 왜, 누가 쏘았습니까?

중앙정보부는 왜 1968년 2월 12일의 해병 장교와 사병들을,
1년 9개월이 지난 시점에 불러 조사했을까. 최 중위는 수사관의
한마디를 잊지 못했다. "각하께서 진실을 알고 싶어 하십니다."

"걱정 안 하셔도 됩니다."

수사관은 그 말을 몇 번이나 반복했다. 혹시나 불이익을
받을지 모른다는 염려는 붙들어 매라고 했다. 경험한 사실 그
대로만 말해달라고 했다. 수사관의 손에는 베트남 작전 지도가
들려 있었다. 그가 지도를 펼쳐놓은 뒤 한 지역을 가리키며 말
했다. "그러니까 1번 국도 여기서 서쪽으로 들어간 거죠?"

1969년 11월의 어느 날. 어느덧 스물일곱 살이 된 해병 포
항 상륙전기지사령부 훈련교장관리대 사격장 보좌관 최영언
중위는 해병대사령부 상급 간부로부터 한 통의 전화를 받았다.
"내일 ○○시 통일호를 타고 서울역에 내려라." 통일호를 타려
면 경북 포항에서 버스를 타고 대구로 나가야 했다. 그는 대구
역에서 역무원에게 군인용 후불증을 보여주고 경부선 상행선
열차를 탔다. 무엇 때문에 서울행을 명령했는지는 알 길이 없
었다. 서울역에 내리자 사복을 입은 헌병대 요원들이 기다렸

다. 그들은 최 중위를 서울 명동 라이언스 호텔로 데리고 갔다. 헌병대 요원들은 말했다. "뭔가 조사할 모양인데 큰 걱정 안 해도 됩니다. 별일 없을 겁니다." 최 중위는 라이언스 호텔에서 하룻밤을 묵었다. 다음 날 아침을 먹자마자 헌병대 요원들의 안내를 받아 길 건너편의 어떤 건물로 향했다. 그곳은 '남산'으로 불리던 중앙정보부였다.

최 중위는 작은 방으로 들어갔다. 책상 건너편에는 두 명의 수사관이 앉았다. 태도는 친절했다. 고압적이지 않았다. '장교 대접을 해준다'는 생각에 편안해졌다. 수사관들은 질문을 던진 뒤 최 중위가 답하는 내용을 종이에 볼펜으로 메모했다. 녹음을 하는지는 알 수 없었다.[19]

수사관 : 귀관은 1968년 2월 월남에서 해병 제2여단 1중대 1소대장이었죠?[20]

최 중위 : 맞습니다.

수사관 : 1968년 2월 12일 월남 작전지역에서 발생했던 사건에 대해 알아보려고 합니다. (지도를 보여주며) 그날 아침 1소대는 호이안 인근 꽝남성 1번 국도에서 서쪽으로 이동 중이었어요. 무슨 일이 있었죠?

최 중위 : 당일 마을을 지날 때 1소대가 첨병소대로 맨 앞에 있었습니다. 일렬종대로 행군했는데, 저는 소대 대열 중간에 있었어요. 갑자기 총소리가 나 모두가 엎드렸습니다. 베트콩의 저격 같았어요. 한 명이 총에 맞아 부상을 당해 뒤로 뺐습니다. 그리고 중대장한테 무전을 쳤죠. 마을로 들어가라고 하더군요. 그래서 위협사격을 하면서 마을로 들어갔습니다.

수사관 : 퐁니 마을로 들어갔는데 가보니 어떻던가요?

최 중위 : 죄다 부녀자와 노인, 아이들뿐이었어요. 집으로 들어가 모두 나오라고 했습니다. 그들을 전부 뒤로 보냈어요. 그리고 마을을 관통해 끝까지 갔습니다.

수사관 : 또 총소리를 듣지 않았나요?

최 중위 : 네, 마을 끝까지 간 뒤 총소리를 들었습니다. 콩 볶는 듯한 소리였어요. 기분이 좀 안 좋았습니다.

수사관 : 무슨 일이 있었던 거죠?

최 중위 : 글쎄요. 저희 소대 다음에 2소대, 그다음에 3소대가 있었는데 뒤에서 발생한 사건이라 정확히 모르겠습니다.

최 중위는 눈을 감고 그날을 떠올려보았다. 마을에서 만난 베트남 사람들의 형상이 머릿속 검은 스크린 위에 보였다. 위에 흰옷을 걸치고, 좀 짧은 듯한 까만 바지에 삿갓을 쓴 키 작은 농촌 사람들. 한국의 농촌 마을 풍경과 별다를 바가 없었다. 그날 자신을 포함한 1소대원들은 무엇을 했던가.

"라이 라이." 그랬다. "라이 라이"라고 열심히 외치며 베트남인들에게 손짓을 보냈다. 한국 군인들이 가장 잘하는 베트남어였다. '다 나오라'는 뜻이라고 생각했지만 정확한 어법은 아니었다. '라이 라이'는 중국어였다. 베트남어에도 '라이'가 '오라'는 뜻으로 쓰이긴 했지만, 베트남인들의 귀엔 좀 어색하게 들렸다.

왜 굳이 집에서 다 나오라고 했을까. 수색이었다. 마을에 어떤 사람들이 있는지 파악하려는 목적이었다. 집을 뒤져 젊은 남자를 찾으려고 했다. 만약 집에 젊은 남자가 있다면 용의자로 몰릴 가능성이 높았다. 그 위험성을 알기에 베트남 민가의 청년들은 한국군이 작전하는 지역에서 미리 피했다. 그날도 그랬다. 노인과 여자, 아이들만 있었다. 1소대가 뒤로 보낸 마을 주민들은 2소대를 거쳐 뒤따라오는 3소대 쪽으로 보내졌다. 이들은 한곳에 모였다.

수사관: 마을 사람들이 저항하지는 않았나요?

최 중위: 노인과 여성, 꼬마들뿐이었는데 무슨 힘이 있겠어요. 무기도 찾지 못했어요.

수사관: 그럼 왜 총소리가 났나요?

최 중위: 1소대에서부터 마을 사람들을 뒤로 보내니까 뒤에선 다 모아놓았을 텐데, 병력이 이동하는 걸 보고 마을 사람들이 겁을 먹고 도망가다가 불상사가 난 건 아닌지 모르겠습니다.

수사관: 몇 소대에서 발포한 거죠?

최 중위: 저도 보지 못했습니다. 소리만 들었으니까요.

조사는 점심시간에 잠시 쉰 뒤 오후에 계속 이어졌다. 수사관은 사건 당일 보고 겪은 일에 대해 꼬치꼬치 상세하게 물었다. 조사를 받으러 온 1중대 장교는 최영언 중위뿐이 아니었다. 1968년 2월 12일, 함께 퐁니 마을로 들어갔던 2소대장 이상우 중위(당시 경남 진해 해병학교 구대장)와 3소대장 김기동 중위(당시 포항 파월특수교육대 근무)도 그 시각 중앙정보부에서 조사를 받고 있었다. 2소대장 이 중위의 조사실로 가보자.

수사관: 1소대에 이어 퐁니 마을로 진입한 뒤 무엇을 했나요?

이 중위: 저는 마을 사람들을 거의 보지 못했어요. 우리 소대원들은 집을 뒤졌어요. 집에 있는 동굴에 수류탄을 던지기도 했습니다.

수사관: 동굴에 사람이 있었나요?

이 중위: 네, 수류탄 투척 뒤 부상을 입은 사람들이 줄줄이 나왔어요. 그래서 전부 뒤로 뺐습니다. 70~80명 정도 된 것으로 기억해요. 그러곤 앞으로 가는데 뒤에서 총소리가 났어요.

2소대장 이상우 중위는 "소대원들이 땅굴에 수류탄을 던졌다"고 말했다.[21] 본격적인 살육전이 어느 소대의 책임인지는 명백하게 드러나지 않았지만, 2소대원들에 의해 주민들이 피를 보기 시작했다는 추정은 가능하다. 수류탄의 폭음과 일부 주민들의 피 흘리는 모습은 공포감을 심어주기에 충분했으리라. 이 과정에서 사망자가 발생했을 수도 있다. 서로 언어가 통하지 않는 가운데, 주민들은 한국 군인들이 집을 수색하는 모습을 보고 자신들을 해칠지 모른다고 판단했을 수 있다. 1·2소대원들에 의해 집 밖으로 나와 3소대원들이 있는 쪽으로 가면서 주민들은 겁에 질렸을 것이다. 마지막으로 3소대장 김 중위.

수사관: 이 시체 사진 보입니까? 본 적 있어요?

김 중위: 네, 봤습니다. 1968년 2월 12일 그다음 날인 13일 아침 1번 국도를 정찰하는데, 주민들이 시체를 길거리에 늘어놓는 것을 봤어요. 그 사진 같은데요.

3소대장 김기동 중위의 말은 틀렸다. 그 사진은 다음 날 찍은 것이 아니었다. 1968년 2월 12일 오후, 1중대 1·2·3소대원들이 퐁니·퐁넛을 빠져나간 뒤 바로 마을에 진입한 미군이 주검을 촬영했음을 한국군 장교가 알 리 없었다. 물론 김 중위가 의도한 거짓말은 아니었다. 착각이었다. 1968년 2월 13일 아침 퐁니·퐁넛촌 주민들이 인근 1번 국도에 전날 한국군에 피살당한 주민들의 주검을 늘어놓았던 건 사실이다. 그때 1중대원들은 1번 국도를 정찰하며 그 주검들을 목격했다. 목 없는 주검, 팔 없는 주검을 보면서 대원들은 소름이 끼쳤다. 김 중위는 어디선가 총알이 날아올 것만 같아 사주를 경계하며 잔뜩 긴장의 날을 세웠던 기억을 떠올렸다.[22] 어쩌면 주검 사진은 부차적인 문제였다. 3소대장에게는 다음 질문이 핵심이었다.

수사관: 1·2소대장은 마을 주민들을 3소대 쪽으로 뺐다고 하는데 3소대에서는 무슨 일이 있었죠?
김 중위: ······.
수사관: 3소대에서 주민들을 향해 발포했나요?
김 중위: ······.

그날 3소대장 김 중위는 무어라 답했을까. 일부 마을 주민들이 군인들이 지시한 방향대로 가지 않고 다른 길로 가자, 이를 도망이라고 여긴 일부 3소대원들이 총질을 시작해 사건이 벌어졌다고 했을까. 아니면 1소대원이 저격당했다는 소식에 흥분한 3소대의 한 분대 하사관이 주동해 "다 죽여버리자"며 분대원들을 선동해 생긴 일이라고 말했을까. 아니면 "3소대는 모르는 일"이라고 발뺌했을까.

1·2소대장은 물론 1·2소대원들의 증언은 일치하는 편이었다. 수류탄 투척에 따른 부상자를 제외하고 1·2소대에서는 집단 학살이 없었다는 것이다. 사건 당일 1중대는 1소대-2소대-중대본부-3소대 순에 따라 일렬종대로 퐁니 마을에 들어갔다. 중대본부엔 중대장과 전령을 포함해 함포와 항공 지원을

위한 미군 무전병 두 명이 있었다. 2소대원들이 뒤쪽으로 안내한 주민들은 분명히 3소대 쪽으로 갔고 한곳에 모여 있었다. 한두 명을 향한 우발적 발포는 소대장의 허락이나 묵인 없이도 가능할 수 있다. 그러나 70여 명이라면, 그렇게 많은 수가 총에 맞고 쓰러지는데 소대장이 모를 수 있을까. 중대 안에서도 3소대원들이 가장 강력한 의심을 받았다.[23]

중앙정보부 조사실에서 3소대장 김 중위가 무어라 답했는지는 알 수 없다. 다만 그로부터 31년 뒤인 2000년 4월 어느 날 해병대를 전역해 민간인이 된 김 중위는 이런 말을 했다. "앞에서 총소리가 들렸고 부락이 불타는 게 보였다." "서너 구의 시체와 댓 명의 부상자들이 아이를 안고 있는 모습을 지나쳐갔던 게 생각날 뿐이다."[24] 13년이 흐른 2013년 10월엔 이렇게 증언했다. "앞 소대에서 일어났지, 우리 3소대는 아무 상관없다. 행군을 하면 1소대만 100미터 길이다. 2소대도 그 정도 된다. 우린 뒤에서 쫓아가는데, 중대본부가 바로 앞에 있는데 쏠 수가 있는가. 아, 뭐 총이야 지나가는 개새끼한테 쏠 수도 있고 허공에다 쏠 수도 있고."[25]

다시 1969년 11월의 중앙정보부. 각자 다른 방에서 조사를 받던 최 중위, 이 중위, 김 중위는 화장실 앞에서 조우한다. 세 명의 장교들 외에도 사건 당시 중대장이던 김석현 대위가 와 있었다. 김 대위는 이 사건 직후 바로 본국으로 돌아왔다. 장교들의 통상적인 파병 기간은 1년이었다. 1967년 11월 20일 베트남에 온 김 대위는 이와는 달리 3개월 13일간 베트남에서 근무하고 1968년 3월 2일 귀국했다. 김 대위 역시 중앙정보부에서 무엇이라 증언했는지 알 길이 없다. 그는 2000년 4월 전화 인터뷰에서 이런 말을 남겼다. "산개散開해서 전투하기 때문에

'인디비주얼 액션(개인 행동)'밖에 안 된다. 난 모르겠다." 그는 베트남에서 돌아오고 얼마 있다가 브라질로 이민을 떠났다.[26]

사건 직후 급거 귀국한 것은 김석현 대위만이 아니었다. 해병 제2여단장인 김연상 준장도 사건 이후 6개월이 되지 않아 한국으로 돌아왔다. 둘의 귀국이 퐁니·퐁녓 사건에 대한 문책성 인사라는 명시적인 기록은 없다. "그럴 것"이라는 추측이 나돌았을 뿐이다.

중앙정보부에선 장교들만 조사를 받지 않았다. 하사관은 물론 이미 전역한 병장도 있었다. 조사는 해가 지기 전에 끝났다. 서울 용산구 후암동에 있는 해병대사령부에서는 작은 버스를 보내 10여 명의 '옛 1중대 병력'을 해병대사령부로 실어 날랐다. 해산할 시간이 됐다. 최 중위는 이 중위와 김 중위에게 "야, 오랜만인데 저녁이나 먹자"고 제안했다. 몇몇 하사관도 합세했다. 그들은 명동의 번화가 식당을 찾아 저녁 식사를 했다. 그들은 소주잔을 부딪치며 1968년 2월 12일을 화제에 올렸을까. 그 일을 입 밖으로 꺼낸 사람은 아무도 없었다.

중앙정보부는 왜 갑자기 1968년 2월 12일 퐁니·퐁녓에 진입했던 해병 제2여단 1중대 장교와 사병들을, 1년 9개월이 지난 시점에 불러 모아 조사했을까. 최 중위는 수사관이 내뱉은 한마디를 잊지 않았다. "대통령 각하께서 진실을 알고 싶어 하십니다." 대통령이 '특별히 지시한' 특명수사였다. 박정희 대통령은 사건의 진상이 몹시 궁금했던 것이다. 왜?

주

1. '시레이션C-Ration이란 불을 전혀 사용하지 않고 즉석에서 먹을 수 있는 전투 식량을 의미한다. 불을 조금 이용해야 하는 반가공식품은 '비레이션B-Ration', 채소, 과일, 육류 등은 '에이레이션A-Ration'으로 분류한다.
2. 현 해병대교육훈련단의 전신. 1953년 2월 1일 해병교육단으로 창설되었다. 대한민국 해병대의 모든 해병 훈련병, 사관/부사관 후보생에 대한 교육 및 훈련을 맡고 있는 해병대 사령부 직할 부대. 현재는 경북 포항시 남구 오천읍에 있다.
3. 진해는 현재 창원시 진해구로 재편되었다.
4. "1964년 6월 1일 공군 당국이 한미 공군의 합의 아래 제일초등비행전대第一初等飛行戰隊를 승격시켜 설립한 공군 조종사 훈련기관." (《동아일보》 1964년 5월 27일자 1면).
5. 전도봉은 1942년생으로 1996년 해병대부사령관을 거쳐 제22대 해병대사령관에 임명되었다. 해병대사령관으로 재직하던 1998년 해병대 진급 인사 청탁 비리와 뇌물 수수 혐의로 강제 예편 및 구속됐으며 2002년 대법원 최종심에서 유죄 확정 판결을 받았다. 한전KDN 사장 등을 지냈다.
6. 이양호는 1937년생으로 1992년 공군참모총장을 거쳐 1993년 공군 출신으로는 처음으로 합동참모본부 의장을 지냈으며, 이듬해인 1994년 국방부장관에 올랐다. 1996년 로비스트 린다 김 사건에 연루되어 장관직에서 해임되었다.
7. 《동아일보》 1967년 5월 10일자 3면 "네 해병 장교 입건".
8. 짜빈동 전투에 관해서는 2부 "꽝탄 언덕의 비명" 참조.
9. 『파월한국군전사』 4~5, 국방부 전사편찬위원회 편.
10. 1942년에 개발된 미국의 수륙양용 장갑차. 1930년대 중반 미국 플로리다의 습지대에서 구난을 위한 수륙양용 트랙터로 쓰였으나 태평양전쟁 발발과 함께 미국 해병대 상륙 작전을 위한 차량으로 개발되었다(두산백과).

11. 1중대는 디엔반현 1번 국도와 609번 도로 교차점에 있는 1대대 본
   부로부터 서쪽 4킬로미터상에 있었다. 참고로 해병 제2여단본부
   는 호이안의 하미동 Hà My Đông(하미 동쪽 마을 - 지은이 주) 해변에
   있었다(『통계로 본 베트남전쟁과 한국군』 76쪽, '제2해병여단 배치 및
   전술기지', 최용호, 국방부 군사편찬연구소, 2007).
12. 은명수 대위는 퐁니·퐁녓 사건으로 인해 조기 귀국한 김석현 대위
   의 후임으로 3월 초순부터 약 3개월간 중대장직을 수행했다. 은 대
   위에 관해서는 6부 류진성 인터뷰 "중대장이 손으로 목을 긋는 시
   늉" 참조.
13. 6부 "베트콩의 사악한 음모" 참조.
14. 군표와 관련해서는 "양키, 쩐의 전쟁" 참조.
15. 《경향신문》 1968년 10월 21일자 1면 "주월미군표 바꿔".
16. 『통계로 본 베트남전쟁과 한국군』, 최용호, 국방부 군사편찬연구
   소, 2007.
17. 《경향신문》 1968년 10월 21일자 1면 "주월미군표 바꿔".
18. "내 얘길 잘 들어요. 우리가 여기까지 와서 양놈들한테 뒤통수 맞
   을 수는 없잖아. 군표를 바꾼대요. 아마 저희 사령부에서는 오늘 발
   표했을걸. 미군은 지난주부터 외출금지라니까." (『무기의 그늘』 하
   303쪽, 황석영, 창비, 1992) 『무기의 그늘』에서 소설 속 인물 오혜
   정이 돈을 버는 방식은 미군의 통제를 벗어나 유통되는 군표 달러
   를 미군 당국이 휴짓조각으로 만들어버리는 화폐가치 조작에 편승
   하여 일종의 환차익을 노리는 수법이다."(같은 책 363쪽에 나오는 임
   홍배의 해설 "베트남전쟁과 제국의 정치") 소설 속 군표의 교환은 달
   러로 일확천금을 꿈꾸는 자들의 파멸을 암시하는 대목에서 중요한
   장면의 전환으로 등장한다.
19. 민주사회를 위한 변호사모임(민변) 베트남전 TF는 2017년 8월부
   터 국정원(구 중앙정보부)을 상대로 퐁니·퐁녓 사건 참전 장교와 하
   사관을 조사한 1969년 문건의 목록을 공개하라는 정보공개 청구
   소송을 2021년까지 5년째 진행 중이다. 연표 2017~2020년 부분
   참조.
20. 중앙정보부 조사실에서의 대화록은 소대장들의 기억과 증언을 재
   료 삼아 재구성했다.
21. 《한겨레21》 2000년 5월 4일자 커버스토리 21쪽, "양민학살, 중앙
   정보부에서 조사했다"(고경태·황상철). 2소대장 출신 이상우 씨는

부산의 한 대학 교수직을 정년 퇴임한 상태다. 2013년 가을 해당 대학 학과에 주소를 확인해 인터뷰 요청 편지를 두 번 보냈으나 수취인 불명으로 반송되었다. 2020년 10월에 연락이 닿았으나 인터뷰 요청은 거절했다.

22. 1968년 2월 13일의 상황에 관해서는 6부 류진성 인터뷰 "중대장이 손으로 목을 긋는 시늉" 참조.

23. 6부 최영언 인터뷰 "그 부대 일원이었다는 게 오명이지"와 류진성 인터뷰 "중대장이 손으로 목을 긋는 시늉" 참조.

24. 《한겨레21》 2000년 5월 4일자, "양민학살, 중앙정보부에서 조사했다".

25. 2013년 10월 3소대장 출신 김기동 씨와 연락이 닿아 중랑구 면목동 그의 자택에서 인터뷰를 하기로 약속을 잡았다. 당일 정해진 시간에 집을 방문했으나 아무도 없었다. 휴대전화로 연락을 하자 그는 "깜빡 잊고 해병대 모임에 나왔다"며 다음에 보자고 말했고, 이튿날 전화를 걸어와 "당분간 대구로 거처를 옮겼다"고 주장했다. 그는 이후 여러 차례 통화에서 "3소대는 1968년 2월 12일 발포 책임과 무관하다"고 부인했다. "만나서 베트남전 참전 경험을 자세히 듣고 싶다"는 요청에 대해선 다양한 이유를 대며 피했다. 2020년 여름 작고했다.

26. 2000년 당시 상파울루에 거주했던 중대장 출신 김석현 씨는 《한겨레21》 상파울루 통신원 오진영 씨를 통한 대면인터뷰 요청을 일거에 거절했다. 2021년 1월 현재 연락이 닿지 않는 상태다.

조작과 특명

한번 짜맞춘 수사결과는 32년간 봉인되었다.
중정을 다녀온 군인들은 입을 닫았다.
베트남 유족들의 아우성과 미국발 태풍에
잠깐 들썩였지만 소용없었다.
그렇게 영원히 묻힐 것만 같았다.

전쟁범죄 사실이오?

: 웨스트몰랜드가 채명신에게

제네바협약의 서명국으로서 응당 관심을 기울여야 할 일.
채명신 사령관은 미군 사령관이 보낸 '해병 제2여단의 잔혹행위
의혹 사건'에 관한 문서와 사진을 살펴보았다.
이것이 만약 사실이라면…….

친애하는 채명신 장군. 당신도 알고 있겠지만, 나는 전쟁범죄
에 관한 주장이나 불만이 제기되면 적절한 절차에 따라 모든
미군에 대해 지시할 권한이 있습니다. 이는 제네바협약[1]의 서
명국으로서 미국의 책임을 다하기 위한 것입니다.
내 지시에 따라 미 해병 제3상륙전사령부[2] 소속 군인들은 제네
바협약에 대한 위반 의혹이 제기된 사건, 즉 1968년 2월 12일
꽝남성 디엔반현 퐁니·퐁녓촌에서 발생한 일에 대한 조사에 착
수했습니다. 제한된 조사 결과 이 사건은 역시 제네바협약의
서명국인 귀국이 응당 관심을 기울여야 할 일임이 인정됐으며,
우리의 조사는 종료되었습니다. 동봉한 증언, 사진 자료, 그리
고 다른 문서들은 해병 제3상륙전사령부의 기초 조사 과정에
서 수집된 것입니다. 우리의 조사가 완전하고 광범위한 것이었
다는 말을 하려는 것이 아닙니다. 이 점과 관련하여 나는 디엔

퐁니·퐁넛에 들어갔던 청룡부대(해병 제2여단) 1중대 1소대장 출신 최영언 씨. 2013년 7월.

1968년 봄, 디엔반현 인근에서 캘리버30 기관총을 거치해놓고
작전을 벌이는 청룡부대 1중대원들.

1중대원들이 작전을 마치고 중대기지로 돌아오고 있다.

1중대원들이 베트남 할머니를 발견하고 상부에 무전 연락을 취해 처리 방법을
묻고 있다. 삿갓 쓴 할머니 오른편에서 무전기로 통화하는 이가 1중대장
은명수 대위, 수건으로 땀을 닦는 이가 1소대장 최영언 중위.

1중대원들이 미군이 제공한 수륙양용 장갑차(LVT)를 타고
작전지역으로 이동하고 있다.

최영언 중위가 호이안 시내에서 베트남 아이들에게 시레이션
상자에서 가져온 사탕과 비스킷을 나눠주고 있다.

1967년 12월, 추라이의 해병 제2여단 본부 입구 나무 위에 있던 베트콩 허수아비의 모습. 적에 대한 경각심을 가지라는 취지로 제작했다고 한다.

포복奇襲 實戰방불

海兵·空軍 패싸움의 自初至終

매맞은 海兵새벽에 逆襲
4百名얽혀 亂鬪10分間

發端은 술醉한 海兵8名이 세 空軍버스 못타게

＜새벽의 기습으로 난장판이된 金海비행학교내무반＞

진해 해병학교 장교 학생들의 김해 공군비행학교 습격을 보도한
《동아일보》 1967년 8월 9일자. 기어서 기습했고 실전을
방불케 했다는 내용이 제목으로 뽑혀 있다.

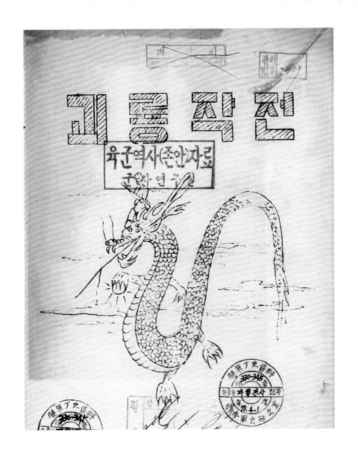

1968년 2월 해병 제2여단은 뗏공세 반격작전인 괴룡 작전을 폈다.
퐁니·퐁넛 사건은 괴룡 작전 중에 일어났다.
국방부가 보관 중인 괴룡 작전 자료 표지.

최영언 씨와 함께 퐁니·퐁넛에 들어갔던 2소대장 이상우, 3소대장 김기동 중위(왼쪽부터).
2000년 4월. 한겨레 자료사진.

1967년 7월 22일 닌호아의 백마부대에서 열린 사단장 이·취임식에서 연설하는 채명신 주월한국군사령관. 『대한민국정부기록사진집』.

2000년 11월 서울 후암동 자택에서 만난 채명신 전 주월한국군사령관. 한겨레 자료사진.

CONFIDENTIAL

HE___ ___RS
UNITED STATES MILIT___ ___CE COMMAND, VIETNAM
OFFICE __ ___MANDER
APO SA___ ___0 96222

MACJA

29 APR 1968

Lieutenant General Chae, Myung Shin
Commander
Republic of Korea Forces, Vietnam
606 Tran Hung Dao
Saigon, Vietnam

Dear General Chae:

As you are probably aware, I have a standing directive to all U. S. Forces concerning procedures to be followed whenever complaints or allegations of war crimes are received. This directive is designed to fulfill the responsibilities of the United States as a signatory to the Geneva Conventions.

In attempting to comply with my directive, personnel of the III Marine Amphibious Force initiated an inquiry into alleged breaches of the Geneva Conventions, which reportedly took place in the hamlets of Phong Nhi and Phong Nhut (2), Dien Bau District, Quang Nam Province, on 12 February 1968. After a limited investigation it was recognized that this matter is more properly a concern of your country, as a signatory to the Conventions, and our investigation was terminated.

The inclosed statements, photographs, and other documents were compiled during the preliminary investigation by III Marine Amphibious Force and do not purport to be a complete or comprehensive investigation. In this regard, I am informed that the District Chief, Dien Bau District, has discussed this incident with the Commanding General, 2d Republic of Korea Marine Corps Brigade. Accordingly, a full report may already be available to you.

CONFIDENTIAL NO FORN
GP4

CONFIDENTIAL

29 APR 1968

MACJA
Lieutenant General Chae, Myung Shin

Due to the serious nature of possible implications, I will appreciate being advised of the ultimate disposition of this matter.

Sincerely,

W. C. WESTMORELAND
General, United States Army
Commanding

1 Inclosure
As stated

CONFIDENTIAL

2

웨스트몰랜드 주월미군사령관이 퐁니·퐁넛 사건에 대한 해명을 요구하며
채명신 주월한국군사령관에게 보낸 영문 편지.

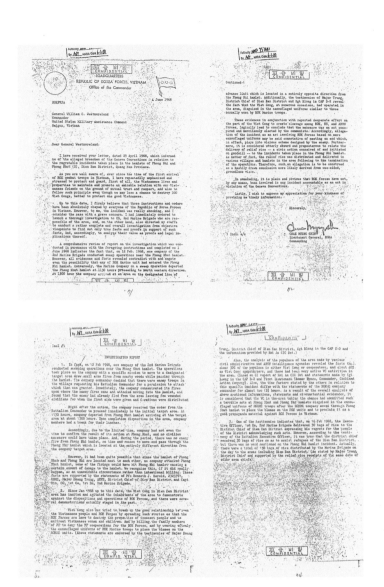

채명신 주월한국군사령관이 웨스트몰랜드 주월미군사령관의
민간인 학살 해명 요구에 답한 편지와 관련 문서.

퐁니·퐁녓 마을 희생자 유가족들이 사건 1주년을 맞은 1969년 2월
베트남 하원의회 의장에게 보낸 탄원서. 유가족들의 지장이 찍혀 있다.

한국군이 베트남 민간인 수백 명을 학살했다는 의혹을 보도한
《뉴욕타임스》 1970년 1월 10일자 1면 기사.

한국군의 베트남인 대량학살설이 공산 측의
허위선전이라고 보도한 《동아일보》
1969년 11월 26일자 1면. 기사엔
퐁니·퐁녓이 속한 '디엔안' 지명이 담겨 있다.

청룡부대 1중대 2소대 출신 류진성 씨. 가장 오른쪽이 류 씨다.

2018년 6월에 만난 류진성 씨.
두 번이나 병원에 후송됐던 그는
피해자이자 가해집단의 일원이었다.

퐁니·퐁녓 사건 장교와 사병을 조사했던 한국군 해병제2여단 헌병대 수사계장 성백우 중사(앞 왼쪽).

1968년 10월 21일 아침 7시를 기해 선포된 주베트남 미군당국의
군표 교환으로 구군표가 된 661시리즈와 신군표 681시리즈.
12시간 안에 교환되지 않은 구군표는 휴지 조각이 되었다.

1968년 2월 11일, 사이러스 밴스 미국 대통령 특사가 한국에 도착해 기자회견을 하고 있다.
그는 김신조 사건 뒤 대북 무력공격을 고집하는 박정희를 달래러 왔다. 『1969보도사진연감』.

1968년 1월 21일, 사세보항에 정박 중이던 미국 핵항공모함
엔터프라이즈호에 작은 어선을 타고 접근해 미군 병사들의
탈영을 호소하는 베헤이렌 대표 오다 마코토와 그의 동지들.

1967년 11월 13일 베헤이렌은 기자회견을 열어 미군 탈영병들의 존재와 이들이 요코하마항에서
소련 바이칼호를 타고 탈출했음을 밝혔다. 사진은 이날 기자회견장에서 공개된 기록영화의 한 장면.
왼쪽부터 베헤이렌 대표 오다 마코토와 발기인 쓰루미 슌스케, 탈영 병사인 마이클 린드너,
크레이그 앤더슨, 리처드 베일리, 존 바릴라.

MESSAGE from JAPAN TO AMERICAN SOLDIERS

Let's Stop and Think

How we wish we could meet you under different circumstances!

In 1931, our Government launched an undeclared war against China, disguising it under the name of the Manchurian Incident. Few people realized then that it was the beginning of the Second World War.

Now in 1966, we feel that another undeclared war going on in Asia, may turn out to be the beginning of World War III.

According to polls conducted by the Japanese newspapers, more than 80 per cent of the Japanese people are opposed to the U.S. policy of war in Vietnam.

The politics of Vietnam should be left to the people living there. Whatever type of government the Vietnamese people may choose, the Americans have no right to interfere.

This war as it goes on in Vietnam belies the American tradition of democracy. It belies the words of the Declaration

es caro in Canard Enchaîné, Paris

of Independence which marked the founding of the United States of America as an independent state. At the same time, we are heartened by the news of the three American soldiers in Fort Hood who refused to take part in the Vietnam War and preferred imprisonment to fighting.

Give some thought to this

(Continued on Page 2)

Japanese Fear, Critical of U.S. Vietnam Policy

Do you know that the overwhelming majority of the Japanese people are opposed to your policy toward Vietnam? A public opinion survey held last year by the nation's leading daily, Mainichi Shimbun indicated that 46 per cent of the people asked what the initial step should be for settlement of Vietnam said definitely that it was cessation of bombing of North Vietnam by the United States. Another 40 per cent were of the opinion that the first step should be withdrawal of American troops from Vietnam, while only 4 per cent believed that a ceasefire by Viet Cong should come first. None supported intensified bombing of North Vietnam.

In February this year, the National Broadcasting Corporation conducted a nationwide opinion poll on issues of peace and war, and it turned out that only 27 per cent favored the idea of Japan remaining an ally of

(Continued on Page 4)

1966년 12월 10일, 베헤이렌 회원들이 요코하마의 요코스카 기지 정문 앞에서 처음 뿌리기 시작한 "미군 병사에게 보내는 일본의 편지"라는 4쪽짜리 영문 삐라. 이 삐라가 미군들의 마음을 움직였다.

오다 마코토가
미국 유학 시절
하버드대의
도서관에서 찾은
《뉴욕타임스》의
마이크로필름.
1945년 6월 15일
미군 B29기의
오사카 대공습 때
도시가 소이탄 연기로
불타오르는 모습이다.
그는 이 사진을 보며
새가 아닌 벌레의
편에서 싸우기로 했다.

1960년대 말
도쿄에서 열린
반전집회에 참석한
오다 마코토(오른쪽).

1968년 4월 말 스웨덴 스톡홀름 공항에 도착한 김진수(맨 왼쪽). 그 오른편으로
마크 샤피로, 테리 위트모어, 필립 캘리코트, 조지프 크메츠, 에드윈 아네트.
그들은 모두 베헤이렌의 도움을 받은 미군 탈주병이었다. 《AP》 기자가 촬영했다.

カン詰のまま一ヵ月半

キューバ大使館の亡命米兵

元気で語学に熱中

出たら逮捕の運命

亡命したキューバ大使館の庭で大使館員と卓球を楽しむケネス・グリッグス二等兵

쿠바 대사관저에서 나오지 못하고 생활하던 김진수의 근황을 전한
《아사히신문》 1967년 5월 17일자 사회면. "갇힌 채 한 달 반"이라는
제목을 달고, 김진수가 쿠바 대사관저에서 대사관 직원과
탁구 치는 사진을 크게 실었다.

미군 탈주병 존 필립 로의 스웨덴 위조 여권 실물. 미국으로 돌아간 당사자가
일본에 기증했다. 현재 릿쿄대 공생사회연구센터가 보관하고 있다.
릿쿄대 공생사회연구센터 제공.

도쿄의 한 호텔 커피숍에서 만난 다카하시 다케토모 전 자테크 대표.
2013년 11월.

1968년 10월 15일 멕시코올림픽 육상 남자 200미터 결승에서 각각 금메달과 동메달을 딴 미국 흑인 선수 토미 스미스와 존 카를로스가 미국 국가가 울려 퍼지는 시상식 도중 주먹을 추켜올려 '블랙파워 설루트 Black Power Salute'라는 침묵 시위를 하고 있다. 마틴 루서 킹에게 큰 영향을 받은 이들의 행동은 미국의 인종차별과 흑인 민권운동을 세상에 알리는 중요한 계기가 되었다. 그러나 두 선수는 정치적 행동을 했다는 이유로 메달을 잃고 미국팀에서 제명됐다. 《라이프》.

고엽제후유의증전우회 회원들은 한겨레신문사에서 난동을 피우며
《한겨레21》과《한겨레》의 보도가 참전군인들을 학살자로 매도했다고 비판했다.
2000년 6월 27일. 한겨레 자료사진.

풍니·풍녓 마을에 찾아가 미국 국립문서기록보관청에서 2000년 비밀 해제된
사진을 주민들에게 나눠주며 주검의 이름과 가족을 찾았다. 2001년 3월.

퐁니와 퐁녓의 중간에 있는 대나무 숲. 주검 무더기가 발견된 장소는
총 세 곳이었는데, 이 대나무 숲이 있는 곳에서 가장 많은 주검이
발견되었다. 2014년 2월.

2014년 2월 12일 퐁니·퐁넛촌의 푸른 들녘 풍경. 논에선 허수아비가 하늘거린다.

2014년 2월 12일 오전, 어머니 하타지엔의 품에서 살아남은 레딘먼(왼쪽)과 형 레딘묵이 어머니 제사의식을 시작하면서 향을 피우고 있다.

2014년 2월 12일 오전 응우옌전(앞줄 가운데) 할아버지 식구들이 이른바 '따이한 제사'를 마치고 기념촬영을 했다. 앞줄 맨 왼쪽이 둘째 응우옌티바, 한 사람 건너 셋째 딸 응우옌티호아.

BIA TƯỞNG NIỆM

74 NGƯỜI DÂN BỊ LÍNH NAM TRIỀU TIÊN
THẢM SÁT TẠI CÂY DA DÙ XÃ ĐIỆN AN,
HUYỆN ĐIỆN BÀN - TỈNH QUẢNG NAM
NGÀY 12 - 2 - 1968
(NHẰM NGÀY 14 THÁNG GIÊNG NĂM MẬU THÂN)

71	TRẦN THI AN	1967	PI - Đ. AN
72	TRẦN VĂN MANH	1967	PI - Đ. AN
73	NGUYỄN ĐÌNH ĐÀO	1967	NS-Đ. PHƯỚC
74	TRẦN (VÔ DANH)	1968	NS-Đ. PHƯỚC

퐁니촌 입구 야유나무 옆의 학살 희생자 위령비. 74명의 이름과 나이, 주소가 적혀 있다. 2014년 2월 12일 한국의 시민단체에서 보낸 조화들이 서 있다. 위령비 아래엔 2018년부터 인형들이 놓였다. '베트남 프렌즈'라는 한국의 청소년단체 회원들이 피해자의 이름을 새겨 만들어놓은 것이다.

2013년 1월 위풍당당하던 퐁니 들머리의 야유나무는 2019년 7월 몸통이 부러진 채 검게 그을려 있었다.

반현 현장이 이 사건을 한국군 해병 제2여단 여단장과 논의했다는 보고를 받았습니다. 따라서 이 사건에 대한 상세한 보고서를 장군께서도 받아보셨을 것입니다. 이 사건이 갖는 심각한 성격 때문에 이 사건에 대한 최종 조처를 내게 통지해주길 고대합니다.

1968년 4월 29일

주월미군 사령관[3]

W. C. 웨스트몰랜드

주월한국군사령관인 채명신(42) 중장은 사이공의 사령관 공관에 앉아 편지를 읽었다. 주월미군사령관 윌리엄 웨스트몰랜드(54) 대장이 보내온 편지 끝머리엔 친필 사인이 적혀 있었다. 내용은 짤막했고 문체는 건조했다. 미군이 조사한 한국군 해병 제2여단의 잔혹행위 의혹 사건에 관해 한국군사령부 쪽이 어떻게 조치할지 묻는 내용이었다.

웨스트몰랜드 대장은 자신보다 열두 살 위인데다 별 하나가 많았지만, 나이와 계급 따위에 꿀리지는 않았다. 남베트남에 주둔하는 미국과 한국 군대를 각각 대표하는 사령관으로서 둘의 위치는 대등하다고 생각했다. 3년 전인 1965년 10월 20일, 사이공에 도착하자마자 한국군의 미군 사령부 휘하 배속을 당연히 여기는 미군 수뇌부에 맞서 독자적 작전지휘권 행사를 강력히 주장한 채명신 사령관이었다. 작전지휘권 문제는 일국의 사령관으로서 결코 양보할 수 없는 중대한 원칙이었다.[4]

그가 독자적 작전지휘권을 고집하자 미군 장성들은 "한국군을 지금까지 키워주고 가르쳐주고 돈과 물자도 다 주었는데 이제 미군을 깔보고 말도 듣지 않는다"며 비아냥거렸다. 미군이 베트남의 한국군 쪽에 모든 군수 지원은 물론 장교와 사병들의 수당까지 지급해주는 마당에 온전히 틀린 지적은 아니었다. 그럼에도 채명신 사령관은 뜻을 굽히지 않았다. 한국군의 독자적인 지휘권 보장이 한국 국민과 한국군의 명예, 사기에 지대한 영향을 준다는 신념을 버릴 수 없었다. 결국 웨스트몰랜드 사령관이 참석한 주요 지휘관 회의에서 자신의 파란만장한 한국전쟁 전투 경험까지 곁들여가며 미군 장군들을 직접 설득했다.

한국군의 독자적 작전지휘권만이 청부전쟁·용병 운운하는 공산 세력의 모략 선전을 봉쇄할 수 있고, 이는 결국 한·미 양국에 공동의 이익을 가져다줄 거라는 힘 있는 연설에 일부 미군 장군은 감동한 표정까지 지었다. 연설이 끝나자 웨스트몰랜드 사령관은 권투 심판이 판정하듯 채 사령관의 오른팔을 덥석 잡아 추켜올렸다. 베트남에 오기 전 만난 박정희 대통령도 넘어서기 난감해하던 벽을 야전 사령관의 힘으로 허무는 순간이었다. 그런데 이 편지는 무어란 말인가. 사령관이 지켜왔다고 생각했던 한국군의 존엄과 명예에 생채기를 낼 수도 있는 사건이었다.

편지는 한 장에 불과했지만 봉투는 두툼했다. 1968년 2월 12일 해병 제2여단 작전지역인 꽝남성 디엔반현 퐁니·퐁넛촌에서 벌어진 사건에 관한 미군 쪽의 조사 보고서와 사진 사본이 동봉됐다. 조사 보고서엔 사건 현장을 목격한 미군들과 남베트남군 민병대, 베트남 민간인들의 진술이 담겼다. 사진은 한국군이 다녀간 뒤 발견된 베트남 민간인 희생자를 미군 병사가 찍은 것이었다. 채 사령관은 고개를 주억거렸다. 간헐적으로 한국군 병사들이 저지른 불미스러운 사건에 대한 미군이나 남베트남군 쪽의 조사 요청은 있었다. 채 사령관이 관할관으로서 민간인 사살 사건과 연루된 장교·사병의 구속과 선고 형량에 최종 동의를 해준 적도 있다.[5] 이번에도 순리대로 하면 된다.

채명신 사령관은 냉철한 군인이었다. 반공주의자로서 한국전쟁 때 30만여 명의 지상군과 해·공군 병력을 파병해 '대한민국을 공산화의 수렁에서 건져준' 미국에 진심으로 경의를 표했지만, 웨스트몰랜드 사령관의 전략에 경의를 표하지는 않았다. 미군이 베트남전에서 실행하던 '수색과 섬멸Search & Destroy' 작전에도 근본적으로 냉소적이었다. '수색과 섬멸'이라는 작전 방식은 당치도 않았다. 걷잡을 수 없는 희생자만 낼 뿐이고, 베트콩은 다시 나타날 게 뻔했다. 정글에서 수행하는 베트남전은 민간인과 전투원을 구별하기 힘든 게릴라전이기에 여기에 대응할 만한 방책을 고민해야 했다.

채명신 사령관은 "100명의 베트콩을 놓치는 한이 있어도 한 명의 양민을 보호하라"는 한국군만의 슬로건을 만들어냈다. 베트남전의 군사적 측면보다 정치적 측면에 주목한 아이디어였다. 이는 중국 혁명을 성공적으로 이끈 마오쩌둥毛澤東(75)에게서 배운 것이었다. 한국전쟁 직전이던 1949년 10월, 제25연대 1대대 2중대장으로 경북 영덕·청송·봉화 지역에서 태백산 공비 토벌 작전을 지휘하던 시절, 게릴라를 잡으려면 그들의 행태를 연구해야 한다는 생각으로 마오쩌둥의 유격전에 관한 책을 탐독했다. 마오쩌둥은 국민당의 장제스蔣介石(81)를 대만으로 몰아내고 중국 본토에 공산국가를 세운 적성국의 최고 지도자였지만, 충분히 존경할 만한 지략가였다. 그 책들은 태백산 인근의 빨치산 소탕 작전을 지휘하는 그에게 깊은 영감을 주었다.

먼저 마오쩌둥이 대장정을 위해 창설한 홍군의 '3대규율 8항주의三大規律 八項注意'를 작전을 위해 거쳐 가는 농촌 부락에서 실천했다. 3대규율 8항주의는 이런 내용이었다. "첫째, 명령에 신속하게 복종하라. 둘째, 민중으로부터 바늘 하나, 실 한 오라기라도 받지 않는다. 셋째, 일체의 노획품은 공공의 것으로 한다.(3대 규율) 언행은 정중히 하며 매물買物을 공정히 하라. 빌린 건 꼭 반환하고 민간인의 물건을 파손했다면 반드시 변상하라. 농작물을 짓밟지 말 것이며 구타나 욕설은 안 된다. 부인들에게 추잡한 행동은 금물이며 포로를 학대하지 말라.(8항주의)"

마오쩌둥은 "게릴라가 고기라면 인민은 물"이라고 했다. 채 사령관이 보기에도 그것은 명언이었다. 베트남에서 물과 고기, 즉 민간인과 베트콩을 분리해야 했다. "100명의 베트콩을 놓치는 한이 있더라도 한 명의 양민을 보호하라"는 말은 이렇게 탄생했다. 이는 민간인들의 신뢰를 얻기 위한 심리전의 방편이기도 했다. 그들의 마음을 얻어 우리 편으로 만들어야 베트콩은 민간인들 속에 뿌리내릴 수 없고, 전쟁에서 승리한다고 믿었다. 채 사령관은 틈만 나면 한국군 병사들에게 민간인 보호와 대민 봉사를 강조했다. 그 결과 베트남전쟁에서 한국군에 의한 민간인 희생 수는 남베트남군이나 미군에 비해 훨씬 적다는 판단을 내렸다. 사령관의 명예를 걸고 언제 어디서건 그렇게 말할 자신이 있었다.

"연합전투소대의 민병대원이자 남베트남 국민인 응우옌싸의 진술: 2월 12일 약 10시께 우리 여섯 명은 CAP D-2에 있는 벙커 위에 앉아서 한국 군대를 바라보고 있었다. 퐁니 마을에 공격이 시작됐을 때 우리가 있던 곳은 1번 도로와 아주 가까운 지점이었기 때문에 어떤 일이 벌어지는지 확실하게 목격할 수 있었다. 우리는 쌍안경을 하나 가지고 있었다. 한국군은 마을로 진입해 주민들을 그룹별로 잇따라 죽였다. 우리는 세 곳에서 이런 일이 벌어지는 것을 볼 수 있었다. 첫 번째 장소에서는 한 번에 17명이 사살됐고, 두 번째 장소에서는 14명이, 그리고 다른 장소에서는 여섯 명, 세 명이 사살됐다. 이날 오후 우리가 그 마을을 수색했을 때 나는 내 친척 10명이 사살됐다는 사실과 두 명이 부상당했음을 확인했다."[6]

채명신 사령관은 얼굴을 찡그렸다. 웨스트몰랜드 사령관이 보낸 편지에 동봉된 미군 조사 보고서의 한 대목을 읽는 중이었다. 미군 장교들이 진술한 내용도 크게 다를 바가 없었다. 이 조사 보고서가 사실이라면 한국군은 사령관이 내세운 슬로건과는 정반대로, 한 명의 베트콩을 잡는다는 구실로 100명의 양민을 죽인 꼴이었다. 물과 고기를 분리하기는커녕, 고기들이 활개 치도록 물을 갈아준 셈이었다. 병사들이 실수했을 수도 있다. 전우들의 죽음 앞에서 이성을 잃은 채 닥치는 대로 민간인을 향해 발포하지 말란 법은 없다. 그러고 나서 상부엔 허위 보고를 했을 수도 있다. '아니다, 모략일지도 모른다.' 채 사령관은 고개를 저었다. 조사 보고서는 한국군이 조직적이고 의도적으로 민간인을 학살한 것처럼 적고 있었다. 그는 한국군의 작전 뒤 마을에서 발견됐다는 베트남 민간인들의 주검 사진을 살펴보았다. 사진만으로는 한국군이 관계했다는 직접적인 증거나 흔적을 찾기 힘들었다. 한국군을 궁지로 몰기 위한 베트콩의 음모는 아니었을까.

조금 더 생각해보면, 웨스트몰랜드 사령관이 서명한 이 편지와 조사 보고서는 권위와 무게감이 좀 떨어졌다. 웨스트몰랜드는 발톱 빠진 호랑이였다. 그는 이미 한 달 전인 3월 22일 존슨 미국 대통령에 의해 주월미군사령관직 해임이 결정돼, 이임을 두 달 앞둔 상태였다. 1968년 2월 북베트남과 베트콩의 뗏 공세 이후 국내외의 반전 여론에 밀리던 존슨 대통령은 갑자기 웨스트몰랜드 주월미군사령관을 육군참모총장으로 지명했다. 주월미군사령관 후임엔 부사령관이던 에이브럼스Creighton W. Abrams(54) 대장이 임명됐다.

형식은 더 높은 지위로의 영전이었지만, 대부분의 미국 언론들은 '문책성 인사'라고 썼다. 웨스트몰랜드 사령관은 북폭 제한 철폐와 라오스·캄보디아로의 전선 확대, 전투부대 증파 등을 미국 의회에까지 나와 역설한 베트남전 주전파의 상징이었다. 평가는 야박했다. 채명신 사령관의 판단처럼, 수색과 섬멸 작전은 아무런 효과를 못 낸다는 의견이 대세였다. 뗏공세 때도 전황을 너무 낙관했다가 미군 피해를 키웠다는 비난을 샀다. 사이공의 미국대사관이 잠깐 베트콩에 점령된 일도 치욕이었다. 웨스트몰랜드를 해임한 존슨 대통령은 일주일 뒤인 3월 31일 전격적으로 대통령 출마 포기와 함께 북폭 중지라는 폭탄 선언을 하면서 하노이(북베트남) 쪽에 평화 협상의 손짓을 보냈다. 평화적 이미지와는 거리가 멀었던 웨스트몰랜드 사령관의 해임은 사전 작업인 셈이었다.

웨스트몰랜드 사령관은 1952년 한국전쟁에도 참전한 인물이다. 제187전투연대 사령관으로 휴전 직전 공수작전에 직접 참여한 일을 늘 자랑거리로 삼았다. 1914년 사우스캐롤라이나주에서 방직공장 지배인의 아들로 태어난 그는 북아프리카 지역에 포병대대 사령관으로 파병돼 제2차 세계대전에 참전했고, 1956년 미 육군 사상 가장 젊은 나이인 42세에 육군 소장에 임명된 초엘리트 군인이었다. 1960년부터 미 육사교장으로 근무하다, 1964년 당시 폴 하킨스Paul Donal Harkins 주월미군사령관 아래 부사령관으로 임명된 뒤 같은 해에 사령관직을 승계했다. 그렇게 베트남에서 미군들의 총대장으로 보낸 세월이 4년. 무능한 확전주의자라는 손가락질 속에 베트남을 떠나면서 한국군의 잔혹행위에 대해 해명하고 조처하라는 편지를 보낸 상황은 기묘한 코미디 같았다.

채 사령관은 마음을 가볍게 다잡았다. '조사 보고서는 허점투성이다. 쉽게 처리할 수 있어.' 채 사령관은 답신을 준비했다. 임기가 엄연히 남은 동맹군 최고사령관이 보내온 문서이니 공식 해명서를 내야 했다. 그는 즉시 호이안에 주둔 중인 해병 제2여단본부에 사건 관련자 조사를 지시했다.

베트콩의 사악한 음모

: 채명신이 웨스트몰랜드에게

"한국 군복을 입은 베트콩의 짓"이라고 성백우 중사는
조사 보고서를 작성했다. 상부 지시로 짜 맞춘 시나리오였다.
채명신 사령관은 흡족해하며 한국전쟁 때 인민군으로 위장했던
자신을 떠올렸다.

(…) 1968년 1월부터 지금까지 디엔반 지역의 베트콩은 이곳
주민들로 하여금 한국군의 배치와 군사작전에 반대하는 시위
를 하도록 자극하고 선동해왔으며, 실제로 과거에 그러한 시위
가 몇 차례 있었다. 베트콩은 또한 한국군이 무고한 시민의 재
산을 파괴하기 위해 이곳에 왔고, 베트남 여자와 어린아이들을
학대한다는 얘기를 퍼뜨림으로써 베트남 사람들과 한국군 사
이의 좋은 관계를 깨뜨리기 위해 노력해왔다. 그리고 민병대원
들이 한국군에 협조하지 못하도록 민병대의 가족을 죽이고 종
종 한국군 해병대의 위장용 군복을 입고 그 책임을 한국군에
돌리는 일도 저질렀다. 이 진술은 남베트남군 쯔엉 소령Major
Trung, 디엔반 현장, 합동작전 소대의 블롱 병장Sgt Blong, 호이
안 첩보부대에서 제공된 정보들에 의한 것이다. (…) 또한 이
사건과 관련해 다른 사람들이 진술한 시간대도 한국군 중대장

이 말한 것과 거의 두 시간 차이가 난다.

위에 언급된 정보, 진술, 상황적 증거를 대체적으로 분석한 결과, 한국군이 퐁넛 마을을 떠난 뒤 이 지역 베트콩들이 책임을 한국군에 돌리고 이를 주월한국군에 반대하는 악선전으로 이용하기 위해 퐁니와 퐁넛 마을에서 한국군 위장용 군복을 입고 잔혹한 행위를 저지른 것으로 여겨진다.

1968년 5월에 내리쬐는 베트남 중부 지방의 땡볕은 죽을 맛이었다. 호이안에 주둔 중인 해병 제2여단 헌병대 수사계장 성백우(31) 중사는 사무실에서 얼굴에 흐르는 땀을 닦으며 조사 보고서를 읽어 내려갔다. 보고서는 석 달 전인 2월 12일 꽝남성 디엔반현 퐁니·퐁넛촌에서 발생한 한국군의 잔혹행위 의혹 사건의 조사 결과를 담고 있었다. 해병 제2여단 헌병대가 작성한 것으로, 상부 보고를 앞둔 상태였다. 헌병대장 박영길 소령의 지시에 따라 성 중사도 그 과정에 참여했다.[7]

박영길 소령은 한 달 전 그를 조용히 불러 "상부에서 진상조사 지시가 내려왔다"고 말했다. 눈치를 보아하니 상황이 간단치 않아 보였다. 먼저 작성된 미군 조사 보고서에 따르면, 그날 한국군이 거쳐간 뒤 60여 명 이상의 민간인이 주검으로 발견됐다. 미군은 사건 현장에 들어가 부상자 응급조치를 했다. 살아남은 마을 주민들은 꽝남성청에 가해 군인들을 처벌해달라는 진정을 했다. 미군과 남베트남 정부가 개입돼 있어 슬쩍 넘어가기 곤란했다. 채명신 주월한국군사령관은 해병 제2여단 본부에 조사를 지시할 수밖에 없었다. 웨스트몰랜드 주월미군사령관이 정식으로 어떻게 조처할지 묻는 서신을 보냈기 때문이다. 이는 결국 헌병대 성 중사의 출장 조사로 이어졌다.

여단본부 헌병대에 남아 있는 수사 요원은 성 중사와 또 다른 부사관을 합쳐 둘뿐이었다. 본래 여섯 명이었지만 네 명은 대대 파견 중이었다. 두 명의 헌병대 수사요원은 2월 12일 퐁니·퐁녓촌에서 작전을 편 1대대 1중대 장교와 사병들을 찾아다니며 보름 남짓 조사 활동을 벌였다. 2소대장 이상우 중위를 비롯한 중대원들의 진술을 받았고 조서를 작성했다. 이미 귀국해 있던 1대대장 홍성환 중령과 1중대장 김석현 대위까지 베트남으로 다시 불러들였다. 2월 12일 몇 시에 어디서 어떻게 작전을 했는지 물었다. 민간인을 향해 총기를 발포한 사실이 있는지를 확인했다. 중대원 대부분은 "총기 발포 사실이 없고 그런 일이 있었다면 베트콩의 짓이 틀림없다"고 답했다. 그는 조서 내용을 작성하고 그들에게 보여준 뒤 지장까지 찍게 했다. 그 결과를 압축한 것이 바로 지금 읽고 있는 보고서였다. 조사 결론은 보고서의 마지막 문장과 같았다.

이 지역 베트콩들이 책임을 한국군에 돌리고 이를 주월한국군에 반대하는 악선전으로 이용하기 위해 퐁니와 퐁녓 마을에서 한국군 위장용 군복을 입고 잔혹한 행위를 저지른 것으로 여겨진다.

성백우 중사는 서글펐다. 자신이 참여한 조사 보고서가 사실이냐고 묻는다면 고개를 저을 수밖에 없었다. 애초에 진실을 밝히는 조사는 무리였다. 박영길 소령은 조사를 지시하며 이렇게 덧붙였다. "지침에 따라 조서를 받아와라." 그 지침은 헌병대에 불려온 1중대원들의 증언과 일치했다. "우리는 절대 양민을 학살한 일이 없다. 한국군 위장복으로 변장한 베트콩들의

소행이다." 일종의 짜 맞추기 조사였다. 그것이 누구의 머리에
서 나온 시나리오였는지는 성 중사도 몰랐다.

친애하는 웨스트몰랜드 장군.

꽝남성 디엔반현 퐁니·퐁넛촌에서 일어난 유감스러운 사건과
관련하여 제네바협약 위반 의혹이 제기된 것을 알리는 귀하의
1968년 4월 29일자 편지를 잘 받아보았습니다.

귀하께서도 잘 알고 있는 바와 같이 한국군이 베트남에 첫발을
들인 이래, 우리는 상호 신뢰와 존경에 기반하여 베트남의 벗
들과 우호적인 관계를 유지하기 위해 베트남 사람들의 생명과
재산을 지킬 것을 거듭 강조했습니다.

본관은 또 100명의 베트콩을 놓치더라도 한 명의 베트남 양민
을 구하기 위해 최선을 다하라는 것을 거듭 강조했습니다.

오늘날까지, 본관은 이런 지시와 훈령이 베트남에 파견된 한국
군의 모든 장병들에 의해 절대적으로 준수되고 있다고 굳게 믿
고 있습니다. 그렇기에 본관은 이 사건이 진실로 충격적이라고
생각하며 깊은 관심을 갖고 있습니다. 본관은 즉각 이 사건이
일어난 지역을 관할하는 해병 제2여단장에게 이 사건에 대한
철저한 조사를 지시하는 한편, 본관의 참모들에게 객관적인 관
점에서 이 사건에 대한 철저하고 광범위한 조사를 행하여 진짜
로 일어난 일을 밝혀내고 증거를 수집할 것과 수집된 증거들의
가치를 분석하고, 증거들의 법률적 함의를 분석하도록 지시했
습니다.

이를 위해 1968년 6월 1일 완성된 조사 보고서에 따르면, 1968
년 2월 12일 해병 제2여단 1중대가 퐁넛 마을 인근에서 소탕
작전을 벌였습니다.

그러나 밝혀진 증거와 사실들은 한국군이 퐁니 마을에 들어갔다는 주장과 모순될 뿐 아니라 이와 정반대입니다. 소탕 작전에 참여한 해병 중대는 퐁녓 마을을 11시 30분에 떠나 북서쪽으로 향하였습니다. 13시에 중대는 계획된 이동로에 따라 퐁니 마을과는 정반대 방향에 있는 지역에 도착하였습니다. 또한 디엔반현 담당 (남베트남군) 쯔엉 지휘관과 CAP D-2 소속 블롱 병장은 베트콩들이 이 지역에 자주 출몰했고, 한국 해병들이 입는 제복과 비슷한 위장용 군복을 입고 다닌다는 것을 증언하고 있습니다.

한국군, 미군, 남베트남군 사이에 분열을 일으키기 위한 베트콩들의 필사적인 노력과 연결지어볼 때, 대량학살은 음모이며 공산주의자들이 무차별적으로 일으킨 것이라는 논리적 결론을 이끌어낼 수 있습니다. 따라서 단지 위장용 군복만 보고 한국군이 이 사건에 연루됐다고 보는 것은 적이 짜놓은 사악한 음모에 걸려드는 것이라고 할 수 있습니다. 게다가 좋은 의도에서 이루어진 구호물자(쌀)의 전달과 퐁니 마을에서 발생한 사건을 연관시키는 것은 앞뒤가 안 맞는 어처구니없는 얘기입니다. 구호물자는 작전 종료 이후 여러 마을과 촌락에 배분됐습니다.[8] 그러므로 이러한 한국군이 학살을 저질렀다고 하는 것은 일방적이고 근거 없이 내려진 결론으로 볼 수 있습니다.

결론을 내리자면, 한국군은 제네바협정을 위반하는 어떠한 사건에도 관여하지 않았음이 명백합니다. 마지막으로, 제게 시의적절한 정보를 제공해준 당신의 친절에 대해 감사를 표하고 싶습니다.

1968년 6월 4일

주월한국군사령관, 육군 중장 채명신

주월한국군사령관 채명신 중장은 사인을 하기 전에 마지막으로 편지를 검토했다. 웨스트몰랜드 장군의 편지를 받고 나서 36일 만에 보내는 답신이었다. 해병 제2여단 헌병대 성백우 중사가 작성에 참여한 조사 보고서를 토대로 만든 편지 문안이었다. 그는 흐뭇한 미소를 지었다. 한국군의 조처를 묻는 웨스트몰랜드 장군의 편지를 받았을 때의 막막했던 심정으로부터 이제야 자유로워지는 느낌이었다. 그날 퐁니에서 상황이 어떻게 전개됐는지도 납득이 갔다. 채명신 사령관은 한국 군복으로 변장한 베트콩들의 모습을 상상하며, 이것이야말로 게릴라전의 본질이라 생각했다. 동시에 그는 묘한 향수에 빠져들었다. 별을 달고 한국군사령관이 되어 마주하고 있는 베트남전쟁과 영관급 장교로 참전했던 한국전쟁이 그의 머릿속에서 하나가 되어 만났다. 한국 군복을 입은 베트콩의 이미지 위로, 인민군복을 입은 자신의 이미지가 포개졌다.

'중령 채명신'은 한국전쟁이 한창이던 1951년 1월 하순 병사 300여 명을 이끌고 산악지역인 강원도 영월 쪽으로 침투했다. 나중에 '백골병단'으로 확대·개편되는 '유격결사 11연대'였다. 그들은 모두 인민군 복장을 하고 소련제 아카보 소총을 들었으며 이북 화폐를 소지했다. 중공군의 개입으로 인한 1951년 1·4 후퇴 뒤 적 후방에서 중공군과 인민군을 교란하라는 임무를 띤 대규모 정규 게릴라 병력이었다. 채명신은 그들의 사령관이었다. 1950년 9월 인천상륙작전 직후 제21연대 1대대장으로 평안남도 덕천까지 올라갔다가 중공군의 개입 이후 포로로 잡힐 위기를 넘기고 필사적으로 남하에 성공했다. 하지만 그는 게릴라 병력 지휘를 자청해 다시 북으로 넘어가는 중이었다.

인민군 중령 계급장을 단 채명신은 1미터 이상 쌓이는 눈과 섭씨 영하 20도의 추위와 싸우며 오대산 위쪽 동부 산악지역을 '뻔뻔스럽게' 다녔다. 인민군 부대를 만나면 "동무들 어디 가는가?"라고 먼저 선수를 쳤다. 1926년 황해도 곡산에서 태어나 1947년 2월 기독교 탄압을 피해 탈출하기까지 20여 년을 북한에서 보냈기에 말투도 어색하지 않았다. "중앙당에서 나왔다"는 자신만만한 거짓말에 속아 넘어간 인민군들은 경례까지 붙이며 예의를 갖추다 무장해제를 당하기 일쑤였다. 2군단장에게 가는 극비 문서를 휴대한 69여단사령부 연락군관단과 조우해 그들의 옷을 빼앗아 입고 2군단사령부로 가서 초소 병력을 몰살시키기도 했다.

대남 유격부대 총사령관 김원팔 생포는 가장 빛나는 성과였다. 이렇게 적으로 위장한 경험은 이전에도 있었다. 한국전쟁 직전인 1949년 10월, 제25연대 1대대 2중대장으로 태백산 공비를 토벌하던 시절 '대위 채명신'은 게릴라 복장으로 변장한 채 분대 병력을 이끌고 경북 영덕읍 인근 민가에 들어가 게릴라 협력자들을 색출했다.

게릴라전은 그에게 어떤 운명이었다. 1948년 3월 제5기 국방경비대사관학교(육사 전신)를 졸업하고 소위로 임관해 처음 부임한 곳이 제주도의 제9연대였다. 그가 제주에 첫발을 내디딘 날은 4·3사건[9]의 첫 총성이 울린 지 3일 뒤인 1948년 4월 6일. '소위 채명신' 밑으로는 주로 제주도 출신으로 구성된 소대원 42명이 있었지만, 그들은 부하인지 적인지조차 미스터리했다. 피격 위기를 수차례 넘겼다. 섬뜩하고 오싹한 게릴라전의 비정함을 그는 종교의 힘으로 이겨냈다.

대한민국에서 게릴라전을 가장 잘 아는 그가 게릴라들과 상대해야 하는 주월한국군사령관으로 임명된 셈이었다. 박정희 대통령은 한국전쟁 영웅으로서 그의 전투 지휘 능력을 잘 알았다. 박 대통령은 강릉 제9사단 참모장으로 있던 1951년 4월, 백골병단 유격대 사령관 임무를 성공적으로 완수하고 3개월 만에 생환한 채명신 중령을 격려하며 그의 피 묻은 잠바를 자신의 야전잠바와 바꿔 입기도 했다.

채명신 사령관은 명장으로 통했다. 적을 떨게 하는 맹장이자 지장이며 후배들에게 존경받는 덕장이라는 평가가 늘 함께 했다. 1961년 5·16쿠데타에 가담했으되 정치적 감투를 거절하고 오로지 야전만을 고집해온 군인이었다. 훗날 박정희 종신체제의 디딤돌이 된 유신개헌을 반대하는 등 대통령 앞에서도 바른말을 망설이지 않은 '꼿꼿장수'였다.

그렇다 해도 거짓이 사실을 대체할 수는 없었다. 웨스트몰랜드에게 보내는 편지에 적힌 '베트콩의 소행 운운' 하는 내용은, 한국군의 바람을 반영한 상상력의 산물일 뿐이었다. 베트콩들은 한국전쟁 때 인민군복으로 위장하고 남북한의 산악지대를 누빈 채명신의 부하들과 전혀 같지 않았다.

편지에 찍힌 발신일은 6월 4일이었다. 임기가 5일도 채 남지 않은 웨스트몰랜드 사령관이 그 편지를 읽을 가능성은 적었다. 채명신 사령관은 5월 21일 주월한국군 야전사령부가 있는 닌호아의 백마사단 연병장에서 미 육군참모총장직 수행을 위해 떠나는 웨스트몰랜드 사령관의 환송식을 성대히 거행해주었다. 웨스트몰랜드 사령관은 이 자리에서 "한국군은 베트남에서 공산군과 벌인 모든 대규모 전투를 승리로 이끌었다"고 채명신 사령관을 띄워주었다. 웨스트몰랜드 사령관은 5월 29일엔 서울로 날아가 박정희 대통령도 만났다. 청와대 접견실에서 열린 만찬회 석상에서 그는 "주월한국군의 탁월한 전투 능력과 솜씨를 배우기 위해 미국 장교들을 파견한 일이 있다"고 밝히면서 "한국군이 베트남전에서 이룩한 대민지원, 특히 농촌에 깊이 파고들어가 자기 일처럼 도와주고 있는 것은 자유와 자결을 찾는 남베트남 국민에게 마치 교회의 목사와도 같은 역할을 맡고 있는 것"이라고 극찬했다.[10] 바로 사이공으로 돌아온 그는 6월 9일 베트남을 출국해 미국으로 향했다.

채명신 사령관은 몰랐다. 웨스트몰랜드 사령관도 몰랐다. 그들이 주고받은 편지와 조사 보고서들이 한국과 미국의 주요 기관들 사이를 둥둥 떠다니다 1년 뒤 한국의 청와대를 위협할 줄은.

우리가 곤충인가요?

: 탄원서, 티에우, 밀라이

피해자 가족들은 1주기를 맞아 남베트남 하원의장에게 탄원서를
보냈다. 몇 개월 뒤 티에우 대통령이 한국에 왔다. 몇 개월 뒤엔
밀라이 사건이 폭로됐다. '한국판 밀라이'는 다시 떠올랐다.

수신 : 사이공, 베트남공화국, 하원의장
주제 : 1968년 2월 12일 디엔반현 타인퐁 마을(퐁니·퐁넛) 주민
들의 대량학살 손해에 대한 청구

존경하는 하원의회 의장님. 우리는 1968년 2월 12일, 꽝남성
디엔반현 퐁니·퐁넛 마을에서 한국군에 의해 살해당한 35가구
의 일가친척들입니다. 우리는 이곳에서 태어나 계속 살아왔습
니다.
그들은 가난하지만 열심히 일하는 농부였습니다. 현직 군인 또
는 전몰 군인들의 가족이었습니다. 할아버지, 할머니와 젖을
떼지 않은 어린아이도 있었습니다. 그들은 모두 시민증을 가지
고 베트남공화국 통제 지역 아래서 평화롭게 살아왔습니다.
갑자기 디엔반현 인근에 주둔하던 한국군 부대가 우리 지역에
서 작전을 수행했고, 사람들을 집에서 끌어내 총을 쏴 죽이고

신체 일부를 토막 내는 등 야만적 행위를 벌였습니다. (…) 우리는 위와 같은 일이 다른 이웃에게도 재현되지 않을까 걱정됩니다.

우리 일가친척들이 학살당한 1주기가 다가오는 오늘, 우리는 그분들의 죽음을 애도합니다. 아! 슬프도다. 시민권을 가지고 있고, 4,000년의 문명을 지닌 67명[11]의 베트남인들이 일개 곤충 취급을 받았습니다. 이 불행한 희생자들에 대해 어떤 집단에서도 공식적인 애도를 표하고 있지 않습니다. 더 이상 기다릴 수 없습니다. 우리는 반드시 이 요구를 국민에 대해 책임을 지는 기관인 하원의회의 존경하는 의장님께 전달해야 한다고 생각했습니다. 의장님께 한국군과 남베트남 정부가 다른 유사한 사건에서 적용했던 규칙에 따라 배상해주기를 정중하게 요구합니다.

1969년 2월

1969년 2월 12일은 퐁니·퐁녓촌 사건 1주기를 맞는 날이었다. 희생된 35가구의 유가족들은 손해배상을 요구하는 탄원서를 작성해 사이공에 있는 남베트남 하원의회 의장에게 보냈다. 20여 명이 이름을 적고 지장을 찍었다. 유가족들은 베트남인 67명이 한국 군인들에게 곤충 취급을 당했노라며 분노하고 슬퍼했다. 2000년 기밀 해제된 미군 내부 자료에 첨부된 이 탄원서는 본래 베트남어로 작성됐지만, 미군 당국은 이를 영문으로도 번역했다. 탄원서 작성을 누가 주도했는지, 실제로 이 탄원서가 사이공의 하원의회 의장에게 전달됐는지는 알 길이 없다. 희생자 유가족들이 요구하는 '손해배상'의 범주가 어느 정도인지도 마찬가지다.

1968년 2월 12일 오전 퐁니·퐁넛촌에 최초로 진입한 1중대 1소대의 지휘관이던 최영언 중위는 1년이 지난 1969년 2월, 대한민국 포항에 있었다. 베트남 파병 기간은 통상 1년이었다. 그를 비롯한 1중대원 대부분이 한국으로 돌아온 상태였다. 최 중위가 다낭에서 수송함을 타고 부산항으로 돌아온 날은 1968년 12월 24일 성탄절 전야였다. 부산은 그가 나고 자란 고향이었다. 그는 광복동에서 서점을 운영하는 친구를 만나기 위해 택시를 잡아탔다. 서가를 정리하던 친구가 깜짝 놀라며 최 중위를 맞았다. 영하의 날씨였지만, 그의 전투복은 양 소매를 가위로 잘라내 하복이나 다름없었다. 열대지방에서 돌아온 해병 장교의 새까만 얼굴 속에서 흰자위와 치아만이 하얗게 번뜩였다. 남포동 거리 술집에서 친구와 소주잔을 기울였다. 옆 테이블에 앉은 이들은 누구라고 할 것 없이 막 고국에 도착한 해병의 무사 생환을 축하하며 술을 따라주었다. 친구는 그런 최 중위를 자랑스러워하는 눈치였다.

귀국이 곧 제대를 의미하지는 않았다. 베트남전 파병으로 인해 해병 장교가 태부족하다는 이유로, 해병대 사령부는 장교들의 복무 기간을 3년에서 5년으로 늘려놓았다. 1966년 3월 입대한 최 중위의 제대일은 1971년 3월로 2년이나 남아 있었다. 그는 다음 날 새벽 부산역으로 향했다. 군용 열차를 타고 해병 포항 상륙전기지사령부로 가야 했다. 귀국 신고를 하던 날, 상륙전기지사령관 김연상은[12] 최 중위가 베트남에 가기 전 사고를 치고 45일간 영창을 살았음을 알게 됐다. 1966년 8월 7일 해병 간부 후보생들의 김해 공군비행학교 습격 사건에 주동자로 연루됐기 때문이다.[13] 그것은 일종의 훈장이었다. 사령관은 "월남까지 다녀왔으니 좀 쉬라"고 말했다. 최 중위는 사령부

내 야전 위생학교 부교장으로 발령이 났다. 조금은 한가로운 보직이었다. 1969년 2월에도 그는 변함없이 그 자리에 있었다.

티우 월남 대통령 착한着韓: '구엔반티우(응우엔반티에우)' 월남공화국 대통령 내외는 박정희 대통령 내외의 초청으로 4일 동안 한국을 공식 방문하기 위해 에어베트남 특별기편을 통해 27일 오후 3시 김포공항으로 내한했다. '고딘디엠(응오딘지엠)' 전 대통령에 이어 월남 대통령으로는 두 번째로 우리나라에 온 '티우' 대통령은 이날 공항에 나온 박 대통령 내외를 비롯, 3부 요인과 외교사절의 영접을 받고 곧이어 공항 환영식에 참석, 21발의 예포가 울리는 가운데 3군 의장대를 사열했다.
박 대통령 환영사: 한국과 월남은 다 같은 분단국으로서 공산 침략자와 싸우는 자유 수호의 반공 국가인 점에서 각별한 교우의 나라이며 우리 한국군이 귀국에서 싸우는 연유도 여기에 있다. 거듭되는 열전과 협상의 소용돌이 속에서 명예로운 평화를 모색하는 새 국면에 들어선 귀국의 사태는 귀국민의 시련을 우리의 시련으로 느끼고 자유 월남의 장래를 반공 한국의 장래와 직결시켜 생각하는 우리 국민의 지대한 관심사다. 이런 시기는 어느 때보다 두 나라의 결속과 협력의 유대를 더욱 강화하고 같은 목표를 향한 공동 노력의 결의를 더욱 가다듬어야 할 때라고 믿는다.(《동아일보》 1969년 5월 27일자)

응우옌반티에우(구엔반티우) 대통령이 한국에 왔다. 그는 1963년 11월 11일 응오딘지엠(고딘디엠) 대통령을 살해하고 권력을 움켜쥔 군 쿠데타 주축 세력 중 한 사람이었다. 1967년 9월 3일 민정 이양을 위한 제헌의회 대통령 선거에서 대통령으로 선출됐던 티에우는 1969년 5월 27일, 대통령 취임 이후 처음으로 한국을 방문했다. 그는 3박 4일간의 일정을 마치고 자유중국(대만)으로 향하면서 박정희 대통령과의 공동 성명을 발표했다. △월남에서의 평화 확보가 될 때까지 연합국의 군사적 노력과 외교적 노력의 병행 △연합군의 일방 철군과 연정 반대 △한월 협력의 강화 등이 골자였다. 박정희와 티에우 간의 최대 화두는 '명예로운 종전'이었다. 프랑스 파리에서는 베트남의 휴전을 둘러싼 평화회담이 진행 중이었다. 그럼에도 베트남 북부를 향한 미군의 폭격은 계속되고 있었다.

티에우 대통령이 방한할 즈음 최영언 중위의 보직은 바뀌었다. 포항 상륙전기지사령부 본부중대장 겸 경비중대장. 사단 내 교도소와 헌병대, PX까지 관할하는 힘센 자리였다. 원래 고참 대위가 맡아야 했으나 장교가 부족했다. 그는 임시 대위 계급을 달았다. 그에게 티에우의 방한이란 별 의미 없이 스쳐 지나가는 사건에 불과한 듯했다.

미군 부대가 작년 3월 말 월남 '쾅가이(꾸앙응아이)'성에서 일으킨 '송미(선미. 일명 '밀라이'-지은이 주)' 촌민 학살 사건은 차츰 윤곽을 드러내면서 미국 내외에 심각한 파문을 던져주고 있다. 이와 함께 미 국방성은 또 다른 학살 사건이 지난여름 '동탑'촌 근처에서 발생했었다는 정보를 입수, 조사에 착수한 것으로 보도되고 있어 '미국의 양심'에 대한 비판의 소리는 자못 높다.

지난 17일 《뉴욕타임스》의 특종 보도로 세상에 터져 나온 미군의 '송미' 촌민 학살 사건은 24일 미군 당국이 학살의 지휘관으로 보이는 '윌리엄 캘리' 중위(26)를 계획 살인죄로 군재에 회부, 이 사건은 재판의 진행에 따라 그 전모가 밝혀지게 되었다. '캘리' 중위에 대한 혐의 사실은 '1968년 3월 16일 월남의 '송미'촌에서 부녀자와 어린이를 포함하여 적어도 109명의 민간인을 살해했다'는 것이다.(《동아일보》 1969년 11월 29일자)

국내 언론도 '밀라이'를 보도했다. 《동아일보》의 기사 내용처럼 《뉴욕타임스》의 특종보도는 아니었다. 1969년 11월 12일, 독립 탐사저널리스트 시모어 M. 허시가 워싱턴의 작은 통신사 《디스패치 뉴스서비스》를 통해 처음으로 세상에 알린 사건이다. 《AP통신》과 《뉴욕타임스》는 물론 《라이프》, 《타임》, 《뉴스위크》 등의 잡지도 뒤따라 이를 크게 다루었다. 충격적이었다. 1968년 3월 16일, 베트남 중부 꽝응아이(콩가이)성 선띤 현 선미 마을에서 미군의 발포로 노인과 부녀자, 어린아이가 504명 살해되었다.[14]

미 육군 제23사단 제11연대 1대대 찰리 중대의 소행이었다. 악행으로 스포트라이트를 받은 인물은 찰리 중대 1소대장 윌리엄 캘리 William Calley(1943~) 중위다. 그는 마을 민간인들이 무기를 소지하기는커녕 적대 행위를 하지 않았는데도 움직이는 물체만 보면 무조건 총을 갈겼다.

퐁니·퐁녓은 한국군 해병 장교들에게 다른 이름으로 곧잘 응용돼 호명되었다. '한국판 밀라이' 또는 '제2의 밀라이'였다. 밀라이 사건의 전개 과정은 베트남을 다녀온 한국 군인들에게 기시감을 주기에 충분했다. 특히 '완전범죄'에 실패하고 발각되었다는 점에서 밀라이는 퐁니·퐁녓과 완전히 닮았다.

다른 점도 있었다. 밀라이에서의 발포는 현지에 도착한 첨병소대(1소대)에서부터 체계적으로 진행되었다. 퐁니·퐁녓은 앞서 진입한 1·2소대를 지나 3소대에서 우발적으로 이루어졌다는 강력한 의심을 받았다. 밀라이 사건의 월리엄 캘리 중위가 군사재판에 회부되는 사진이 국내 언론에 보도될 당시, 최 중위를 비롯해 퐁니·퐁녓촌에 진입했던 장교와 하사관, 사병들이 중앙정보부에 불려가 조사를 받는 일이 벌어졌다.[15] 중앙정보부 수사관은 "대통령이 진실을 알고 싶어 한다"는 말을 흘렸다. 박정희 대통령은 밀라이 사건으로 인해 미국의 닉슨 정부가 수세에 몰리는 것을 보고, 위기를 사전에 차단한다는 포석으로 퐁니·퐁녓 사건을 조사했을까?

밀라이가 '강 건너 불'이 아님을 감지했을 수도 있다. 또 한 가지 사건 때문이다. 1969년 11월, 베트남 휴전을 위해 파리 평화회담에 참여한 북베트남 대표의 발언이 그것이다. 미국과 북베트남의 양자 회담이 남베트남 정부와 베트콩들이 구성한 남베트남 임시혁명정부까지 참여하는 4자 회담으로 처음 확대되어 열린 시기였다. 외신의 이목이 집중된 때였다. 11월 회담에 참여한 북베트남 대표는 미군의 밀라이 사건을 언급하며 "한국군도 월남 북부 지역(지금의 중부 지역)에서 700명 이상의 민간인을 학살했다"고 주장했고 이는 외신 보도로 이어졌다. 한국의 언론이 "한국 국민과 월남 국민을 이간시키려는 악의에 찬 허위 선전이며 일고의 가치도 없는 간계"라는 국방부의 반박을 크게 보도할 정도였다.[16] 의미심장한 대목은 북베트남 대표가 민간인 학살이 자행됐다고 지목한 지역 중에 퐁니·퐁녓이 속한 '디엔안'사가 포함돼 있다는 사실이다.[17] 박정희 대통령은 압박감을 느꼈을 것이다.

중앙정보부로 조사를 받으러 갈 즈음, 최영언 중위의 보직은 다시 바뀌었다. 본부중대장 겸 경비중대장을 그만두고 훈련교장 관리대 사격장 보좌관으로 옮겼다. 중앙정보부에서 '대통령 특명수사'라는 말을 접한 최 중위는 뒤늦게 6개월 전 '티에우 방한'의 기억을 소환해냈다. 해병 장교들 사이에 떠돌아다니는 어떤 풍문 때문이었다. 서울을 방문해 박정희 대통령과 정상회담을 한 티에우 대통령이 퐁니·퐁넛 사건에 관해 비공식적으로 항의하고, 이것이 한국과 남베트남 간의 외교 쟁점으로 비화했다는 거였다. 이런 와중에 미국 언론은 밀라이 사건을 집중 보도했고 한국 언론은 파리 평화회담 북베트남 대표의 한국군 대량학살설 발언을 처음으로 보도했다. 퐁니·퐁넛 사건에 대한 대통령 특명수사의 배경은 바로 이런 일련의 연속된 일들과 관련되었을까.

퐁니·퐁넛촌 희생자 유가족들의 탄원서와 티에우 대통령의 방한, 그리고 밀라이 사건과 파리 평화회담 북베트남 대표의 한국군 대량학살 발언. 그 네 가지 말고도 한 가지가 더 있었다. 굳이 특명수사까지 지시한 박정희 대통령은 그 무언가의 징후를 예감했을 가능성이 컸다. 한 달 뒤 그 징후는 현실로 다가오기 시작했다.

절대로, 절대로 언론에는……

: 사이밍턴 청문회라는 먹구름

미국 의회는 베트남전의 한국군에게 간 돈이 제대로 쓰였는지
조사했다. 까딱하면 한국에 대한 군사원조가 끊길지도 몰랐다.
이 민감한 시점에 한국군의 잔혹행위 의혹이 떠돌았다.
막아야 했다.

장관: 오늘 귀하를 부른 것은 몇 가지 양국 간의 관심사를 협의
하기 위한 것인데 먼저 '사이밍턴' 소위원회에 관해서 상황이 어떠
한지요?

대리대사: '사이밍턴' 소위원회는 오는 2월 23일부터(실제로는
24일) 시작해서 약 일주일 동안 개최할 것이라 하는데 한국에 대한 미
국의 방위 공약, 그리고 '브라운' 각서 등이 논의될 것이라고 합니다.

장관: '사이밍턴' 소위원회에서는 비밀회의로서 청문회를 열 것
이라고 하나, '브라운' 각서에 관해 공개한다는 이야기도 있는데 복
잡한 이야기가 불필요하게 공개되지 않아야 할 것입니다.

대리대사: 본인도 같은 생각이지만 상대가 국회의원이니만큼
개별적으로 토의 사항이 누설될 경우도 있다고 볼 수 있습니다. 행
정부로서도 비밀이 누설되지 않도록 노력하고 있는 줄 압니다만 한
국 정부 측에서도 이러한 문제에 대해 한국 신문에 공개적으로 거론

되지 않았으면 합니다.

장관: 물론 한국 정부는 이러한 문제가 조용히 지나가도록 노력하지만, 언론만은 어찌할 수 없다는 점도 귀하는 염두에 두시는 것이 좋을 듯합니다. (…)

장관: 국방부로부터 받은 연락에 의하면 70년도 군원(군사원조)이 1억 4,050만 불인데 그것이 근거 있는 말인지요? 만일 사실이라면 당면한 노후 장비의 대체 문제, 그리고 운영비의 앙등 등의 악조건하에 있는 처지에서 1억 6,000만 불이 있어도 겨우 현상 유지가 될까 말까 하는데 2,000만 불 이상이나 삭감된다면 실로 심각한 문제가 아닐 수 없습니다.

대리대사: 본인이 알기로는 '포터' 대사가 '사이밍턴' 소위원회에 참석하기 위해 미국으로 떠나기 전, 국무총리 각하를 만나서 이 문제에 관해 여러 가지 이야기를 한 것으로 알고 있습니다. 또한 한국 정부의 요인들도 그 이야기의 내용을 알고 있는 것으로 압니다. (…)

장관: 미국의 대한군원(한국에 대한 군사원조)이 총체적으로 삭감되어서는 안 된다는 한국 정부의 입장과, 이 문제에 대한 우리 정부의 지대한 관심이 있는 바를 귀하께서 워싱턴에 꼭 보고하시기 바랍니다.[18]

1970년 2월 20일 금요일, 이날 오전 11시 30분 최규하 외무부 장관은 장관실에서 레스람L. Wade Lathram 주한미대리대사와 대화를 나눴다. 뭔가 긴급했다. 사이밍턴 청문회 때문이었다. 사이밍턴 청문회란 미국 스튜어트 사이밍턴Stuart Symington 상원의원을 의장으로 하는 안보 조약 및 대외 방위 공약에 관한 조사분과위원회를 일컫는 말이다. 청문회는 나흘 앞으로 다가온 상황이었다. 2월 24일부터 26일까지로 한국은 마지막 차례였다. 필리핀(1969년 9월 30일~10월 3일), 라오스(1969년 10월 20~22일), 태국(1969년 11월 10~14일), 자유중국(대만, 1969년 11월 24~26일), 일본 및 오키나와(1970년 1월 26~29일)를 이미 거쳤다. 모두 미국 정부의 돈으로 베트남에 파병을 하거나 기지를 제공했던 아시아 동맹국이다. 그 돈이 제대로 쓰였는지 청문회가 조사하는 자리다. 행정부 쪽 증언석엔 윈드롭 브라운Winthrop G. Brown 동아시아·태평양지역 담당 차관보와 마이켈리스John H. Micheles 주한미군사령관, 윌리엄 포터William J. Porter 주한미대사 등이 앉을 예정이었다.

대한민국 정부는 청문회를 앞두고 미국에 간 포터 대사 대신 레스람 대리대사라도 불러야 했다. 최규하 장관은 그에게 청문회를 둘러싼 '한국 쪽의 관심 사항'을 전했다. 관심 사항이란 단순했다. 한국의 베트남 파병과 관련해 불리한 이야기가 나오지 않게 하는 것.

베트남 파병은 경제적 이익과 직결된 문제였다. 그것을 대표하는 문서가 '브라운 각서'였다. 브라운 각서란 미국 정부가 1966년 3월 7일 브라운 주한미대사를 통해 한국 정부의 베트남전 추가 파병을 조건으로 14개항의 보상 조치를 약속한 것을 말한다. 미국 정부의 파병 비용 부담은 물론 국군 장비 현대화 지원, 베트남에서의 각종 사업에 대한 한국인 업자 참여, 차관과 군사원조 제공 등의 내용이 포함됐다. 이 각서가 사이밍턴 청문회를 통해 도마 위에 오를 조짐이었다. 한국 정부는 촉각을 곤두세웠다. 주미한국대사가 외무부 장관에게 보낸 다음의 착신 전보 내용을 보면, 브라운 각서 공개로 인해 대한군원이 삭감되거나 끊길지도 모른다는 정부의 우려가 고스란히 드러난다.

한국군 파월을 계기로 사이밍턴 조사위원회에서 한국 측이 과
도한 경제적 이득을 보았다는 비난이 있을 것으로 예상되는
바, 이에 대하여 (미국) 행정부에서는 최대한으로 그를 부인하
고 한국 측을 옹호할 계획이라 함.(…)(1970년 1월 ○○일의 착
신전보 중)
본직은 브라운 각서 공개로 인하여 한국이 월남에 '용병'을 보
낸 것과 같은 인상을 받게 되는 것을 원하지 않고 있음을 명백
히 하고 대호 지시사항을 브라운 대사(1966년 주한미대사 역임.
'브라운 각서'의 주인공. 1970년엔 동아시아·태평양지역 담당 차
관보로 옮긴 상태였음)에게 설명하였던바, 브라운 대사는 자기
들로서도 그러한 우려를 잘 알고 있으며 양국에게 체면 손상이
없도록 최선을 다하겠다고 답변하였음.(1970년 1월 23일의 착
신전보 중)

여기에 또 하나의 변수가 나타났다. 바로 한국군의 잔혹행
위 의혹이다. 사이밍턴 청문회에서 이 문제가 제기될지 모른다
는 거였다. 실제 1970년 2월 17일 외무부 장관은 국방부 장관
앞으로 '주월한국군의 불상사에 관한 문의 사항'이라는 전문을
보냈다.[19]

"미 국무성은 앞으로 있을 미 상원 사이밍턴 조사위원회에서
주월한국군의 잔학행위 등 불상사설에 관한 질문이 있을 것으
로 예상된다. 여사한 불상사설과 관련한 아 측의 징계 조치 사
항의 유무와, 징계 조치가 있었을 경우 동 조치에 관한 자료를

주미대사관을 통해 요청한 바 있으니 이에 관한 것을 시급히 회신하여주기 바랍니다."

예견된 일이었다. 1969년 12월부터 미 국무성과 국방부, 주월미대사관 사이엔 한국군의 잔혹행위 의혹을 둘러싼 서신들이 오갔다. 서신 속엔 그 이름이 등장했다. 퐁니, 그리고 퐁녓.

1969년 12월 18일. 남베트남 사이공에 있는 주월미군사령부 감찰부의 샘 샤프Sam H. Sharp 대령은 비밀 보고서 1부를 주월미군사령부 참모장 타운젠트Ellas C. Townsend 소장에게 제출한다. 제목은 "1968년 2월 12일 한국군 해병에 의한 잔혹행위 의혹". 이 사건뿐만이 아니었다. 1970년 1월 10일엔 주월미군사령부 감찰부의 또 다른 고위 장교 로버트 쿡Robert M. Cook 대령이 비밀 보고서 한 부를 참모장에게 건넨다. "1969년 4월 15일 한국군 해병에 의한 잔혹행위 의혹." 이튿날인 1월 11일에도 쿡 대령은 또 다른 사건의 보고서를 같은 상관 앞으로 보낸다. 사건 날짜만 다른 "1968년 10월 22일 한국군 해병에 의한 잔혹행위 의혹"이었다.

세 사건 모두 베트남 중부 지방인 꽝남성에서 벌어진 것으로 각각 2월 12일 디엔반현 퐁니·퐁녓, 4월 15일 주이쑤옌현 푹미사Xã Phước Mỹ, 10월 22일 호앙쩌우Hoàng Châu 마을을 무대로 했다. 퐁니·퐁녓촌에 대한 조사 보고서엔 1968년 2월 12일 사건 직후 이를 목격한 미군들과 남베트남 민병대, 퐁니·퐁녓 마을 주민, 남베트남군 지휘관 등의 진술 내용은 물론 웨스트몰랜드 주월미군사령관과 채명신 장군 간에 오간 편지와 미군이 희생자들을 찍은 사진이 첨부됐다. 주월미군사령부는 왜 이들 사건에 관한 정보를 수집해서 상부에 보고했을까?

이는 미국 내 싱크탱크 집단인 '랜드재단'[20]의 보고서에서 비롯됐다. 1968년 7월 랜드재단은 미 국방성의 용역을 받아 "베트콩의 정치 양식"이라는 보고서(이른바 '랜드보고서')를 발간했다. 1966년 중반 베트남 푸옌성의 민간인 수백 명이 한국군에 의해 살해당했다는 내용이었다. 1969년 12월 12일 미 국무성은 이 내용을 사이공에 있는 주월미국대사관에 알렸고, 벙커Ellsworth Bunker 대사는 에이브럼스 주월미군사령관에게 문서를 회람시켰다. 이 과정에서 미 국무성은 주월대사관을 통해 주월미군사령부 쪽에 한국군의 잔혹행위와 관련된 추가 정보가 없는지를 알려달라고 요청했다. 그 과정에서 나온 것이 1968년 2월 12일의 퐁니·퐁녓 사건을 포함한 세 가지 조사 보고서였다.

1970년 1월 10일 미 국무성 장관 윌리엄 로저스는 주월대사관에 보낸 전문에서 이렇게 말한다. "우리는 이런 의혹들을 사전에 알고 있었는가, 우리는 이에 대해 조사했는가, 조사를 안 했다면 왜 안 했는가, 우리는 이런 의혹이 사실이라고 결론지었는가, 그렇다면 우리는 한국인들에 대한 어떤 조치를 취했는가, 그들은 상황을 바로잡기 위한 조치를 취했는가, 이런 사실들에 대해 어느 정도 언론에 이야기해도 되는가." 국무성은 하루 뒤인 1월 11일 주한미대사관에도 전문을 보내 이렇게 말한다. "한국군 관련 사건에 관한 보고서가 절대로 절대로 언론에 알려지지 않도록 할 것."

언론 보도에 대한 이러한 경각심은 연구자 테리 램보Terry Rambo와의 인터뷰를 실은 《뉴욕타임스》 1970년 1월 10일자 기사와 관련이 깊다. 《뉴욕타임스》는 1면과 4면에 걸친 이 기사에서 테리 램보의 말을 인용해 "한국군이 1966년 수백 명의 베트남 민간인들을 살해한 증거가 있으며, 주월미군사령부의 고위 장성이 이에 관한 연구를 중단할 것과 한국군의 잔혹행위에 대한 언급을 하지 말 것을 요구했다"고 밝혔다. 이 보도에 관한 정보를 사전에 알았는지, 아니면 보도 후에 알았는지 1월 10일 작성된 미 국무성 전문엔 미국 정부가 우려하는 지점이 정확히 담겼다. "우리(국무성과 국방성)의 관심사는 주월미군사령부가 이 사건들을 은폐하려 했다는 비난이다." 그 비난은 2월 24일부터 시작하는 한국에 대한 사이밍턴 청문회를 통해 터져 나올 수 있었다. 미국과 한국 정부는 밀라이 사건으로 인해 더러운 전쟁의 속살이 들춰지는 가운데 그 여진이 주요 동맹군인 한국군의 잔혹행위로 옮겨 붙는 걸 막아야 했다.

은폐 노력이 성공한 덕분인지 퐁니·퐁넛 등 추가로 보고된 세 건의 사건 정보는 미국 언론에 더 이상 공개되지 않았다. 한국 언론에는 《뉴욕타임스》 기사에 대한 관제 논평만이 간략히 보도됐을 뿐이다.

노영서 국방부 대변인은 15일 하오, 지난 1966년 주월한국군 해병대가 월남 민간인에 대하여 이른바 잔학행위를 범하였다는 일부 외신 보도에 대해 '이는 주월한국군을 포함한 우리 국군 전체의 명예와 한국의 국위를 크게 손상시키는 보도로 심히 유감스럽게 생각한다'고 국방부의 공식 태도를 발표했다. 노 대변인은 이 발표문을 통해 일부 외신이 보도한 주월한국군의 잔학행위 운운은 하등의 입증 자료도 없이 단순히 월남 피란민의 진술과 풍문을 근거로 한 기사이고, 이는 연합군이 월남에서 추구하고 있는 공동 노력을 저해하고 적을 이롭게 하는 외

에는 아무런 가치가 없다고 밝혔다.(《경향신문》 1970년 1월 16
일자)

예고된 태풍은 오지 않았다. 사이밍턴 청문회에서 한국 정
부를 전전긍긍케 할 의원들의 공격은 없었다. 청문회가 끝난
뒤 1970년 3월 2일 외무부가 '대통령 각하'와 '국무총리 각하'
에게 보고한 내용을 보면 "전반적으로 우호적인 분위기 속에
서 진행되었으며, 한국에 대한 미국의 방위 공약이 여하한 것
이고 대한 정책이 미국의 능력 면에서 적절한 것인가 등에 관
한 질문이 있었다"고 한다. 물론 청문회의 주요 질의 목록으
로 꼽은 네 개항 중 하나엔 "풀브라이트 상원의원에 의한 월남
전에 있어서 한국군의 '잔학행위'설에 관한 규명"이 포함됐다.
'풀브라이트 장학금'으로 한국에 이름이 널리 알려진 그 풀브
라이트J. W. Fullbright다. 그러나 이는 《뉴욕타임스》 1월 10일자
에 보도된 사건을 물은 것으로 주월미군사령부가 추가 조사한
퐁니·퐁넛 사건 등에 접근하는 것은 아니었다. 답변은 뻔했을
것이다. 위의 《경향신문》에서 보도한 한국 국방부의 논평 수준
처럼.
　박정희 대통령은 미리 알았을까. 주월미군사령부가 한국
군의 잔혹행위에 대한 추가 정보를 미 국무성으로부터 요구받
을 시점이 1969년 12월 12일이란 것을. 국무성과 국방부, 주월
미국대사관 사이에 공식적인 문서가 활발히 오고 가던 때였다.
그렇다면 이를 한 달 정도 앞둔 1969년 11월, 박정희는 물밑에
서 이와 관련한 정보를 주월한국군사령부나 중앙정보부를 통
해 보고받지는 않았을까.
　아직은 추정만이 가능하다. 주월미군사령부가 조사한 세

가지 사건 중 가장 파괴력이 큰 것은 퐁니·퐁넛이었다. 희생자가 70여 명으로 가장 많았고 미군의 조사 보고서는 가장 구체적이었다. '퐁니·퐁넛 사건이 혹시라도 1970년 2월 사이밍턴 청문회의 걸림돌이 되면 안 된다!' 퐁니·퐁넛촌에 진입한 해병들을 1969년 11월 중앙정보부로 불러 조사한 것은 박정희의 그런 노파심 때문이 아니었을까.

"그 부대 일원이었다는 게 오명이지"

: 1소대장으로 퐁니·퐁넛에 간 최영언 씨

32년간 단 한 번도 입 밖에 내지 않았던 그날의 이야기.
2000년 기자의 전화를 처음 받고 전율을 느꼈다는 최영언 씨를
2013년부터 열 차례 이상 만났다. 그의 인생을 들여다보았다.

최영언 중위는 방송 프로듀서가 되었다.

1971년 3월 31일은 전역일이었다. 베트남 파병을 비롯한
5년간의 해병 장교 복무 기간이 마침내 끝났다. 바로 다음 날인
4월 1일, 입사가 예정된 직장으로 출근했다. 서울 중구 정동 문
화방송 사옥이었다. 방송인의 길이 그를 기다렸다. 처음엔 총
무부 소속이었다가 곧 스포츠국으로 발령이 났다. 각종 스포츠
중계 프로그램을 기획하는 스포츠 피디(프로듀서)의 생활이 시
작되었다.

최영언 씨를 처음 만났던 2000년 4월, 그는 문화방송을 퇴
직한 상태였다. 1998년 10월 스포츠 국장을 끝으로 27년간의
스포츠 피디 생활을 청산했다. 문화방송 퇴직 후엔 프로야구계
의 행정을 책임지는 한국야구위원회(KBO) 사무총장직을 맡아
1년간 일했다. 그는 내가 처음 만났을 땐 그 모든 일을 정리하
고 쉬는 중이었다.

그날 결정적인 증언을 했다. 방송과 스포츠계에서 28년간 일하면서 단 한 번도 입 밖에 내지 않은 이야기였다. "1968년 2월 발포제한구역인 퐁니·퐁넛에서 한국군 해병들이 사고를 쳤고, 중대 장교들은 나중에 한국의 중앙정보부(중정)에서 조사를 받았다"는 요지였다. 그는 마을에 가장 먼저 진입한 1소대장 출신이다. 전화로 "베트남전에 참전하셨죠"라고 운만 떠봤는데도 '아, 30년도 더 지난 그 일이 결국은 세상에 알려지는구나'라며 전율을 느꼈다고 했다. 이 증언 덕분에 다른 소대장들에 대한 취재가 탄력을 받았다. 뒤를 이어 인터뷰에 응한 2소대장과 3소대장 출신인 이상우, 김기동 씨도 중정에서 조사받은 사실을 인정했다. 이는 당시 시사주간지 《한겨레21》의 커버스토리로 보도되었다. 이후 한 라디오방송에 기사가 소개되면서 이를 우연히 들은 해병 제2여단 헌병대 수사계장 출신 성백우 씨가 양심선언을 하기도 했다.

그리고 13년 만이었다. 2013년 3월 23일. 다시 최영언 씨를 만났다. 퐁니·퐁넛 사건에 관한 책을 내기로 한 뒤, 본래는 1·2·3소대장 출신 전부를 다시 보려고 했지만 여의치 않았다. 2소대장을 지냈던 이상우 씨는 연락이 닿지 않았고, 3소대장을 지낸 김기동 씨는 전화 통화가 되었으나 인터뷰를 기피했다. 토요일 오후 고양시 일산의 한 카페에서 마주한 최영언 씨는 70대 초반의 노인이 돼 있었지만, 50대 후반이던 13년 전의 강단은 그대로 살아 있었다. 기억력도 명징했다. 서로 살아온 얘기 등 가벼운 대화를 나누고 본격적인 인터뷰는 다음으로 기약했다. "앞으로 자주 만나 옛날 일들을 들려달라"고 부탁했다. 그는 거절하지 않았다.

이후 최영언 씨를 열 차례 이상 만났다. 디테일하게 사건 당일과 중앙정보부에서 조사받을 때의 상황을 복기할 생각이었는데, 이야기는 기대 이상으로 확장되었다. 그의 삶은 흥미진진한 드라마였다. 베트남에 가기 전 겪은 해병대의 김해 공군비행학교 습격 사건(8·8사건)과 군표 교환 이야기는 가장 큰 수확이었다. 다낭의 미군 PX를 둘러싼 소동도 호기심을 한껏 자극했다. 그밖에 파병 전후의 자잘하고 재밌는 에피소드들이 넘쳤다. 초등학교 시절이나 제대 뒤 스포츠 피디로 살며 겪은 일들도 꽤 인상적이었다.

그를 주인공으로 해서 베트남전을 들여다보면, 두 소설 『하얀전쟁』과 『무기의 그늘』이 하나로 섞인다. 안정효의 『하얀 전쟁』은 휴머니즘의 시선으로 전쟁의 폭력과 상처에 접근한다. 황석영의 『무기의 그늘』은 결국 힘센 자들의 돈놀음이라는 전쟁의 정치경제학적 이면을 드러낸다. 앞서 밝힌 해병대의 김해 공군비행학교 습격 사건을 주도한 터라 45일간 영창을 살았던 그는, 다른 해병학교 동기들에 비해 베트남에 늦게 파병됐다. 이는 베트남에서 다채롭게 보직을 경험하는 결과를 낳았다. 약 5개월간 소대장으로 일선에서 전투를 치른 뒤, 동기보다 기수가 높다는 이유로 부중대장과 대대 인사행정관을 잇따라 맡게 된 것이다. 소대장 최영언은 총성이 오가는 최전선에서 『하얀 전쟁』을 보았다. 부중대장 혹은 대대 인사행정관 최영언은 전선에서 조금 떨어진 후방에서 『무기의 그늘』을 보았다.

가장 궁금한 건 사건 당일의 미스터리였다. 퐁니·퐁넛에 들어간 1소대장 최영언은 주민들을 밖으로 나오게 한 뒤 마을 서쪽으로 빠져나갔다. 작은 물웅덩이 앞에서 구렁이 사체를 발견한 순간 콩 볶는 듯한 총소리를 들었다. 1소대에 직접적 책임이 없음은, 2소대장을 포함한 몇몇 해병 장교들의 진술을 종합할 때 진실일 가능성이 크다. 그럼 누가 발포했는가. 누가 주민들을 총으로 쏴 죽이고 칼로 난자했는가. 그는 2000년 4월 인터뷰 때 "모르겠다"고 했다. 나는 만날 때마다 묻고 또 물었다. "도대체 어느 소대에서 그랬을까요." 인터뷰 만남이 후반에 이를 때쯤 그가 살짝 입을 열었다. "3소대 3분대에서 했다는 이야기가 있었지. 향도하사와 몇몇 분대원들이 쏴버렸다는." 그럼 왜 쏘았을까. "알 수 없지. 어찌 생각하면 미친놈들이지. 포로도 아니고, 무장도 안 했고. 어린애와 부녀자들뿐인데. 난 이해가 안 가. 정신질환이 아니라면 그렇게 할 이유가 없어."

베트남전을 보는 최영언 씨의 시각이 레디컬하거나 전향적이라는 예단은 금물이다. 그에게 베트남전쟁은 '미친 전쟁'이 아니다. 오히려 대한민국의 국격을 높인 기회였다. 독재정권 시절부터 하나의 사고체계로 형성된 그 전쟁의 긍정적 의의를 결코 부인하지 않는 것이다. 최영언 씨에게 퐁니·퐁넛은 우발적인 사고였을 뿐이다. 그와 나는 생각이 달랐지만 이 문제로 논쟁을 하지는 않았다. 만남의 횟수가 쌓이면서, 나는 그를 '냉철한 보수주의자'로 결론 내렸다.

먼저 '보수주의'를 설명해보자. 그는 한국의 반공체제를 지지한다. 박정희를 진심으로 존경한다. 지금까지의 선거에서 단 한 번도 보수 정당이 아닌 곳에 투표한 적이 없다. 그럼에도 '냉철'이라는 수식어를 붙인 것은 전쟁의 본질을 모르지 않아서다. 미국은 왜 전쟁을 하는가? 그것은 밥 때문이다. 밥을 차지하기 위해 베트남전에서 미군이 얼마나 악랄했는지 잘 안다. 퐁니·퐁넛을 바라보는 관점 역시 보수주의자의 시각치고는 냉철하다. 그는 인정한다. 그날, 한국군은 미쳤다. 인간 최영언에 대해 알아볼 때가 되었다.

1942년 12월, 부산 진구 양정동에서 태어났다. 아버지는 철도 공무원이었다. 최영언은 3남 1녀 중 첫째였다. 서울과 부산을 오가며 근무하는 아버지를 따라 자식들도 양쪽을 옮겨 다녔다. 1950년 서울 용산초등학교 2학년 때 부산진초등학교로 전학하고 일주일 만에 한국전쟁이 터졌다. 1953년 휴전 뒤 다시 서울로 올라와 용산의 삼광초등학교를 다니다 용산중학교에 입학해 부산중학교로 전학을 갔고, 다시 그곳에서 부산고등학교까지 졸업했다.

"1959년이었을 거야. 부산고등학교 2학년 때 마산까지 행군 데모를 했어. 부산 군수기지사령관이 박정희일 때지. 잘 기억 안 나는데 무슨 민주화 어쩌고 하는 슬로건을 내걸고 걸었을 거야. 마산까지 엄청 먼데, 다들 너무 힘들어 녹초가 돼버렸어. 마산에서 부산까지 다시 걸어올 수 없게 된 거야. 학부모들이 걱정하고 난리가 났지. 버스를 보내줘 타고 돌아왔어."

그는 1961년 한양대 물리학과에 입학했다. 나중엔 수학과로 졸업했지만 학업에는 관심이 없었다. 2학년 때 학교 미식축구팀이 선수를 뽑자 자원했다.

"대학에선 미식축구만 했지. 3학년 때 주장을 하면서 서울 일곱 개 대학 시합에서 우승도 했고. 그때 한양대 김연준 총장은 학생들이 민주화를 요구하는 데모를 하면 미식축구팀을 불러서 막을 수 없냐고 했어. 지금은 돌아가신 박경환 교수가 지도교수였는데 그런 요구는 잘 막아주었지. 미식축구 한다고 만날 뛰고 그러니까, 해병대 시험 칠 때도 체력 시험은 거의 장난이었어."

대학을 졸업한 뒤엔 해병 간부를 뽑는 해병학교를 자원했다. 그는 왜 해병 장교가 되고 싶었을까.

"한양대 선배가 하나 있는데, 해병대 장교복을 입고 학교에 놀러 왔어. 근데 너무 멋있어 보이더라고. '형 너무 멋있다,

334

그렇게 되려면 어떻게 해야 해?' 물어봤지. 육군 영장 받을 날을 앞두고 있었거든. 그때 육군이 3년이었어. 해병 장교는 3년 3개월로 고작 3개월 더 많았거든. 입대해보니 월남전으로 장교가 부족해지면서 5년으로 복무 기간이 늘어나버렸지만."

해병대는 강하다. 그는 그렇게 생각한다. 강한 군대에서 싸웠다는 꺾을 수 없는 단단한 자부심.

"인간이 젤 겁이 없는 나이가 언젤까. 인간은 태어나면서 손발에 정기가 다 모여. 추운 겨울날 밖에 나가 놀아도 손발이 동상에 안 걸려. 그냥 빨갈 뿐이지. 그 정기가 심장에 모여들 때가 고등학교, 대학교 때야. 그러니까 무서움이 없는 거야. 해병대가 왜 그렇게 강했느냐. 열여덟 살부터 자원하는 병사들을 받았는데, 중국집 배달이나 구두닦이를 하면서 어렵게 지내던 애들이 많이 왔어. 부모가 이혼했다거나 아버지 사업이 망한 뒤에 집에서 뛰쳐나와 눈이 반짝반짝하게 사회생활을 익힌 아이들. 눈치는 또 얼마나 빠른지. 대단히 영악하고 물불 안 가리고 무서움 모르고. 그 나이기 때문에 전쟁을 해도 강한 거지."

그래봤자 해병도 인간이다. 베트남전을 앞두고 중위 최영언은 자신에게 스멀스멀 다가오는 공포의 그림자를 떨쳐내지 못했다. 그는 파병되기 전 한국에서 본 잡지《아리랑》의 어떤 글을 기억했다.

"《아리랑》이 종합 월간지였어. 300여 쪽 되는 두꺼운 책이었는데, 나보다 해병학교 한두 기수 선배인 해병 중위가 한 페이지짜리 글을 쓴 거야. 제목이 '병신새끼들아'였는데 쇼킹했어. 내용이 뭐냐면, 해병 장교가 베트남에서 다쳐 돌아와 답십리 해군병원에 입원한 거야. 식당에 가도 괄시와 냉대의 눈초리를 받고, 사귀던 여자는 한 번 병원에 오고선 다시 오지 않고 한 달 뒤에 다른 남자랑 약혼을 해. 선술집 작부가 하나 있는데 그 이름을 썼어. 이빨이 싯누렇고 해도 네가 제일 좋다고. 그걸 읽으며 얼마나 애처로웠는지. 그래 베트남에서 죽으면 죽더라도 다치진 말자고 다짐했지. 그 글이 실린 부분을 잘라 소대장실에 붙여놓고 날마다 봤어."[21]

동생도 베트남 참전군인 출신이다. 세 살 아래인 최정언 씨로, 2004년 고엽제후유증으로 유명을 달리했다. 연세대 경제학과를 졸업하고 상공회의소에 다니며 집안에서 기대가 컸던 동생이었다.

"정글에선 긴 소매에 방탄조끼를 입고 완전무장을 하잖아. 땀이 비 오듯 해도 살아남으려면 그렇게 입어야지. 후방에선 상의 훌렁 벗고 반바지를 입고 다니는데 이렇게 하면 고엽제에 노출될 위험은 더 높지. 동생이 맹호사단 인사과에 있었거든. 나랑 거의 비슷한 시기에 베트남에 있었어."

여섯 살 터울의 동생 최수언 씨는 해병 사병 출신이다. 그러니까 영언, 정언, 수언 3형제 중 둘은 어떤 식으로든 해병대 또는 베트남전과 인연을 맺은 셈이다. 막내 수언 씨는 영언 씨가 포항 상륙전기지사령부에 있을 때 신병으로 그곳에 왔다. 수언 씨는 베트남에 가길 원했다. 큰형 영언 씨는 베트남에서부터 알고 지낸 사령관한테 동생 수언 씨가 베트남 파병을 피할 수 있는 간접적인 방법을 찾을 수 있게 해달라고 특별히 부탁했다. 형제 중 한 명만 갔다 오면 됐지, 두 명씩이나 가야 되겠느냐고. 형 영언 씨는 동생 수언 씨 몰래, 화학과 출신인 동생이 화학병과에 배속되도록 힘을 썼다. 베트남의 해병 제2여단엔 화학병과 수요가 없었으므로 육군으로 파견을 가야 했고 덕분에 베트남행을 피할 수 있었다.

그런 그에게 전쟁이란 무엇일까. 인생에 어떤 의미가 있을까. "우리나라가 이라크나 아프가니스탄에 파병도 했지만 안정과 복구 차원이었지. 베트남에선 완전히 전투를 한 건데. 국가가 명을 내리면 따라야 한다는 사고방식이었고. 결국 많은 희생자가 났지. 죽은 사람들에 대해선 할 말이 없지만 다행히 난 살아 있다는 거, 국가에 이바지했다면 다행인 거지. 운명은 서로 바뀔 수도 있는 건데, 내가 국립묘지에 누워 있을 수도 있는데. 난 아직도 당신 같은 기자하고 이렇게 앉아 술도 한잔할 수 있고. 고엽제는 끝이 없어. 국가가 그런 면에 너무 신경을 못 쓰고 있다는 거지."

베트남에 다녀와 찍은 사진을 보여주었다. 퐁니·퐁넛 위령비와 해병들에게 칼로 가슴을 난자당한 젊은 여성 응우옌티탄의 유족들이 지내는 제사 풍경을 보여주자 한참을 들여다봤다.

"서로 비극이야. 이 사람들 만나면 할 말이 없지. 슬픈 이야기지. 내가 완전히 인간이 아니고 로봇이 아니었을까. 명에 의해서 했지. 총을 쏘라면 쏘고. 내가 엎드려 빈다고 그 사람들한테 도움이 되겠어. 살다가 잘못 만난 인연이지. 안 그래? 좋은 방법이 없어."

그가 지휘한 1소대는 살상의 직접적인 책임으로부터 비껴 있다. 그렇다면 마음이 가벼울까. 고개를 젓는다.

"그 부대 일원이었다는 게 오명이지. 말도 안 되고."

그는 2000년대 초반 제주 서귀포에 내려가 휴양 시설인 '제주 야구인의 마을' 운영위원장으로 5년간 일했다. 마지막 사회활동이었다. 대학 시절 미식축구팀 주장으로 대회에 나가 우승했던 그는 문화방송에서 스포츠 피디로 명성을 날렸다.

1982년 한국에서 프로야구가 출범하자 스포츠제작부 차장으로 텔레비전 방송의 중계 시스템 구축을 주도했고, 1990년대엔 스포츠부국장 겸 스포츠제작부장으로 카메룬 축구대표팀 초청 경기(1994년) 등 굵직한 이벤트를 기획해 대박의 달콤함을 맛보았다. 인터뷰를 위해 만남을 갖던 2013년과 2014년엔 지역 도서관을 드나들고 옛 친구들을 만나며 소일하고 있었다. 김정일 전 국방위원장, 이건희 삼성전자 회장과 동갑인데, 당시 세상을 떠났거나 무의식 상태로 병상에 있던 두 사람과는 달리 건강한 두 다리로 잘 걸었다.

2014년 11월 2일 오후 1시. 고양시 일산의 한 음식점에서 마지막 인터뷰를 했다. 못다 한 질문을 던졌다. 그는 세밀하게 답해주었다. 오후 4시쯤 거리로 나왔다. 가을 낙엽이 바람에 떠다녔다. 맥주 집에 들어갔다. 500cc 생맥주를 두 잔씩 들이켰다. 조금은 따분한 이야기가 이어졌다. 그는 건강을 지키는 비결에 대해 한참을 설명했다.

7시경 자리를 파하기 전 그에게 고마움을 표했다. 베트남 참전이 대한민국 발전에 큰 기여를 했다고 믿는 참전군인으로서 퐁니·퐁녓이라는 주제는 불편했을지 모른다. 그럼에도 성의를 다해 수많은 질문들에 답변을 해주었다. 역정을 내고 "나와 해병대 이야기를 쓰지 말라"면서 절연을 선언한 적도 있다. 관계의 위기는 서로를 더 잘 이해하는 기회로 작용했다. 그를 신뢰하고 존중했지만 맹신하지는 않았다. 베트남에서 산전수전, 공중전을 겪었지만, 그가 본 전쟁의 실상도 하나의 단면에 불과할지 모른다. 그의 이야기들 중 취할 건 취하고, 버릴 건 버리려고 했다. 헤어지기 직전 그는 악수를 청하며 말했다. "이제 더 만날 일 없지?" 그 말에 허허로움이 묻어났다. 나는 아무 말도 하지 않았다.

그 뒤: 2015년 2월 『1968년 2월 12일』 초판이 나온 뒤에도 최소한 1년에 한 번씩은 최영언 씨와 만났다. 내가 먼저 전화를 걸어 식사를 하자고 청하곤 했다. 그는 음식과 함께 늘 알코올 도수가 높은 빨간 뚜껑의 소주를 시켰고, 혼자 두 병은 거뜬히 비웠다.

그를 정말 마지막으로 만난 때는 2018년이 얼마 남지 않은 2017년 12월 23일 토요일 점심이었다. 그날 그는 보훈병원에 검진 받으러 다닌다는 본인의 근황을 전하면서도 어김없이 빨간 뚜껑의 소주를 시켰다. 퐁니·퐁넛 사건에 관해 그의 증언을 듣고 싶어 하는 기자와 피디 몇 명으로부터 연락을 받았다는 이야기도 했다. 내가 알려준 번호였다. 그는 짜증스러운 말투로 말했다. "귀찮아서 자세히 듣지 않고 냉큼 전화를 끊어버렸다"고. 더 이상 베트남전쟁에 관해 이야기하기 싫다고. 건강 탓인지 만사가 피곤하다고 했다.

그날 그는 다른 이야기만 했다. 본인이 문화방송 스포츠 부국장을 할 때 막내였던 후배가 최근에 스포츠국장이 됐다며 좋아했다. 문재인 정부가 세월호 문제에 돈을 너무 많이 쓰고 있다고 개탄했다. 식사를 마치고 경기도 고양시 화정에 위치한 식당을 함께 나왔다. 승용차로 그를 인근 시내 중심가에 태워다주었다. 헤어지기 전 작은 선물 하나를 건넸다. 그는 갈라진 음성으로 "고맙다"고 말했다. 그 말이 마지막일 줄은 몰랐다. 3개월 뒤 그의 이름이 발신인으로 찍힌 휴대전화 문자메시지 하나를 받았다. 본인의 부고였다. "[부고] 고 최영언 님께서 03월 22일 별세하였기에 삼가 알려드리옵니다."

"중대장이 손으로 목을 긋는 시늉"

: 2소대원으로 퐁니·퐁넛에 간 류진성 씨

사병 출신으로는 사건을 처음 증언한 류진성 씨.
퐁니 수색 현장에서 같은 소대 상병이 노인을 이유 없이 학살하는
장면을 목격했다. 몇 달 뒤엔 수류탄 공격을 받아 복부 관통상과
다리 절단 위기를 맞는다.

여기 두 장의 사진이 있다.

한 장은 미군의 것이다. 적의 공격에 박살이 난 모양이다.
탱크 위에 후송 중인 부상자들이 널려 있다. 팔과 복부, 얼굴에
붕대를 감았다. 다리에서는 피가 흐른다. 후에 지역에서의 교
전 직후라고 한다. 전장의 살벌한 긴장감, 소리 없는 절규가 손
에 잡힐 듯하다. 미국 잡지 《라이프》에 실렸다.

또 한 장은 한국군의 것이다. 백마부대(제9사단) 병사가 캄
란의 한 마을에서 소이탄 연기를 뚫고 사지에서 헤매는 어린이
를 껴안은 채 안전한 곳으로 옮기는 중이라고 한다. 군인들은
정의롭고 용감하고 유능해 보인다. 완벽한 프레임이다. 1968년
한국의 《중앙일보》 기자가 찍었다.

두 사진의 대비는 상징적이다. 베트남전 기간, 한국 언론
의 보도 사진에서 부상병은 거의 등장하지 않았다. 한국군은

340

용맹한 전투를 하거나(전투 장면을 연출하거나), 베트콩 시체를 여유롭게 지켜보는 승자로만 그려졌다. 생사의 경계에 선 병사들의 불안과 두려움을 끊임없이 환기시켜준 미국 언론의 보도 사진과는 차이가 있다. 한국군 병사들은 그저 아무 걱정 없는, 늠름한 용사이거나 향수에 젖은 표정으로만 나온다. 보도사진보다 홍보사진에 가깝다. 베트남전 파병이 국가 부흥 프로그램의 하나였던 박정희 독재치하의 통제 시스템 아래서, 남의 전쟁에 동원된 병사들의 악몽과 비극을 드러내는 일은 일종의 사회불안 조성 행위였다.

베트남전에 참전했다가 침대에 누워 귀국한 류진성(1946년생) 씨를 소개한다. 중환자로 분류돼 다낭 미 육군병원에서 수술을 받고 필리핀 클라크 미 공군기지에서 대구 비행장으로 이송된 그는 대구 공군병원을 거쳐 진해 해군의무단으로 왔다. 1969년 봄의 일이다. 파병 기간(1965~1973년) 한국군 전·부상자 통계에 잡히는 총 1만 962명 중의 한 명이다.

류진성 씨를 만났다. 2018년 6월 16일과 7월 7일 서울 양천구 그의 집 근처에서 두 차례 인터뷰를 했고 2019년 2월 24일 전화 통화를 나눴다. 1967년 10월 청룡부대 3진 10차로 베트남에 파병됐던 그는 1968년 2월 12일 퐁니·퐁녓 마을에 진입했던 1대대 1중대 2소대(당시 일병) 소속이었다. 장교가 아닌 사병 출신으로서 퐁니·퐁녓 학살에 관해 상세히 증언한 이는 그가 처음이다. 그 첫 자리는 2018년 4월 21~22일 서울 마포 문화비축기지에서 열린 시민평화법정이었다. 그러나 이름도 밝히지 않고 얼굴을 모자이크로 가린 19분간의 영상 녹화 진술이라는 한계가 있었다. 그를 직접 만나 좀 더 폭넓은 이야기를 나눴다. 전상(전쟁터에서 상처를 입는 것) 경험은 그 과정에서 접

베트남전 기간 각각 미국 잡지 《라이프》(왼쪽)와 한국 신문에 실렸던 병사들의 사진.
참전군인들의 불안과 고통을 보여준 한국 언론의 보도사진은 거의 없었다.
《라이프》, 『1969보도사진연감』.

했다. 전쟁터의 류 씨는 피해자이면서 동시에 가해 집단의 일원이었다.

그는 두 번 죽을 고비를 넘겼다. 첫 고비는 1968년 6월 초의 일이다. 2소대원들과 정글에서 2열 종대로 수색·정찰을 하던 중이었다. 측면 10미터 거리에 있던 동료 병사가 부비트랩의 인계철선을 건드렸다. 그도 파편을 맞았고 오른쪽 뺨이 찢어졌다. 다낭 미 육군병원으로 후송됐지만 상처는 크지 않아 간단한 봉합수술로 치료를 끝냈다. 후송 며칠 뒤 중대장도 부비트랩을 밟아 다낭으로 실려 왔다는 소식을 전해 들었다. 1중대장 은명수 대위였다.

"전임 김석현 중대장이 불미스러운 일로 조기 귀국 조치를 당했다는 건 전 중대원이 아는 일이었죠. 김석현 중대장은 이북 출신이었는데 얼굴이 새카맣고 성정이 좀 잔인하다는 인상이 있었어요. 실제로 중대원들을 막 대해서 좋은 평가가 없었어요. 은명수 중대장은 미남에 신사였어요. 기지 안에다가 배구 코트도 만들고, 겉멋이 든 면도 조금 있었지만. 해군사관학교 축구팀 골키퍼 출신이라고 했어요. 민가에 들어갔다가 닭장 발이라고 부르는, 대나무로 엮은 거, 마당 한가운데 놓인 그걸 아무 이유 없이 발로 찼는데 터져버렸다는 거야."

은명수 대위는 1968년 3월 7일 1중대장으로 부임한다.[22] 전임 중대장 김석현이 3월 초 갑자기 귀국하는 바람에 벌어진 일이었다. 1중대원들은 김 대위의 귀국이 2월 12일 사건 때문이라 추측했다. 그날 1중대가 퐁니 마을을 지나던 중 저격을 받아 마을에 들어갔다 나온 뒤 수십 명의 주민들이 주검으로 발견됐고, 이로 인해 잡음이 일었기 때문이다.[21] 그런데 후임 은 대위는 6월 4일 작전을 나갔다가 부비트랩 폭발로 전신에 파편상을 입고 후송 도중 전사한다. 은 대위는 파병 기간의 전·사망자 5,009명 중 한 명이다.

류진성 씨는 다낭에서 치료를 받고 2주 만에 원래 부대인 1중대가 아닌 경비중대로 배치된다. 1대대 경비중대 2소대. 그는 새 부대의 주둔지 이름을 기억하지는 못했다. 강과 바다가 만나는 삼각주에서 매복을 서며 작전을 했다고 말했다. 투본강과 연결되는 호이안 근처로 추정된다. 1968년 12월경 그곳에서 두 번째 고비를 맞는다.

"사주 경계를 하는 진지에서 임무 교대를 할 시간이었어요. 저는 진지에서 내려가고 다른 후임병들이 올라오는데 딱 소리가 나는 거야. 수류탄 뇌관이 딸각거리는 그 소리. 순간적으로 맨 앞의 후임병을 끌어안았어요. 덕분에 그 친구는 괜찮았어요. 그 밑에 있던 다른 애들 두 명하고 제가 다쳤죠." 누군가 진지 밑으로 기어와서 수류탄을 던진 것 같다고 했다.

"터질 때 몸이 붕 떴어요. 화약내가 코를 푹 쑤시고 들어왔지. 바닥에 떨어진 뒤 반사적으로 손을 움직여봤는데 왼손이 없어. 그래서 보니까, 왼손이 부러진 채 목 뒤로 해서 오른쪽으로 넘어가 있었어요. 그리고 왼쪽 다리에서 정말 갈기갈기 찢겨지는 고통이 밀려왔지요. 100미터 앞에 있는 방석(벙커)에서 조명탄을 쏘면서 다들 뛰어나와 들것에 실어주었죠. 졸병들이 막 울더라고. 그렇게 헬기 타고 다낭으로 갔어요."

왼쪽 팔과 다리만이 아니었다. 복부 관통상을 입었다. 내장이 엉망이 되어 밖으로 삐져나왔다. 왼쪽 다리는 절단해야 할지도 몰랐다. 다낭 미 육군병원의 군의관들이 병상 위의 그에게 발가락을 움직여보라고 했다. 왼쪽 발이 본래 크기보다 두세 배로 부어오른 것 같았다. 아무리 힘을 주어도 발가락은 움직이지 않았다. 군의관에게 사정했다. "노커트, 노커트." 군복을 입은, 오스트레일리아 국적의 한국말 통역자가 군의관의 말을 옮겨주었다. "지금 수술을 하면 무릎 아래를 자른대요. 하지만 며칠 경과를 지켜보다 더 썩으면 허벅지를 잘라야 한대요." 그 정도가 되면 아예 죽어버리겠다고 결심했다. 무조건 다리 절단 수술은 안 된다고 했다. 개복수술을 위해 수술실로 들어갔다. 마취가 빨리 되지 않아 추웠다. 어금니가 위아래로 심하게 부딪쳤다. 다리 걱정을 하면서 정신을 잃었다.

"일주일 만에 눈을 떴어요. 캄캄하고 조명등만 몇 개 있더라고. 중환자실이지. 근데 다리를 볼 수 없는 거야. 시트로 덮어놓았는데 몸을 움직일 수 없지. 왼쪽 팔은 뼈를 늘렸다가 붙여야 하니까 쇠꼬챙이를 끼워서 모래주머니로 고정시켜놓았지, 오른손은 항생제 링거가 꽂혀 움직일 수가 없지, 발은 어찌 됐는지 아무 감각이 없지. 왼쪽 발을 봐야 하겠는데 불안해서 볼 엄두도 나지 않지만 방법도 없는 거야. 근데 어떻게 조금 시트가 살짝 움직이면서 엄지발가락만 살짝 보이더라고요. 그때같이 기뻤던 때가 없었어."

그날의 발가락은 인생 최고의 환희였다. 군의관들은 갈라지고 부은 왼쪽 다리에 매일 드레싱만 해줬다. 침상에 누운 채 꾸이년 병원과 클라크 미 공군기지를 경유해 한국에 들어와서는 진해 해군의무단에서 피부이식 수술을 했다. 그리고 상해2급 판정을 받았다.

1969년 10월, 목발을 짚고 제대해 고향 전주로 내려갔다. 먹고살기 위해 준설 작업장에 나갔다. 당시 정부는 미국이 원조 물자로 준 밀가루를 풀어 하천 정비 사업 중이었다. 흙을 실은 리어커를 손 하나로 짚고 한 발로 껑충껑충 밀고 다녔다. 3일 일하면 밀가루 두 포대를 줬다. 그러다 1970년 봄부터 대한상이군경회 전북지부에서 지도과장으로 일하기 시작했다. 상이군경회 내에서 드센 회원들의 군기를 잡는 역할이었다. 때로는 몸을 써야 하는, 악과 깡을 요구하는 자리였다.

악과 깡이라면 자신 있었다. 어릴 적부터 몸으로 겨루는 일에는 도가 텄다. 싸움을 두려워하지 않는 기질을 인정받아 일병 때부터 소대 첨병 임무를 부여받았다. 그러나 용감함이 잔인함이나 무자비함과 동의어는 아니다. 그는 호이안에서의 초기 작전 때 받았던 충격을 잊지 못한다. 1968년 2월 12일.

"2소대장하고 고참 한 명과 한 마을의 집 마당으로 들어갔어요. 나중에 그 마을이 퐁니인 줄 알았죠. 2소대장은 이상우 중위라고 육체미가 대단한 사람이었지. 집 동굴에서 허리춤이 다 내려간 노인이 나와 애원을 하는 듯했어. 이 중위가 당황한 거야. 베트남 말로 디디디디, 그냥 가라고 했지. 한데 노인이 계속 알아듣지 못할 말을 하니까 옆에 있던 상병 고참이 갑자기 '에이 씨발, 이런 것도 처리 못 해' 하면서 M16 소총을 자동으로 놓고 쏴버린 거야. 총을 맞으면서 노인이 몽키춤을 추더라니까. 전신을 맞으니까 총알을 맞을 때마다 반동으로 펄떡펄떡 뛰더라고요. 그때 저 상병 놈은 지옥 간다, 하늘이 가만 안 둘 거다 했는데 하나도 다치지 않고 귀국했어요."

퐁니·퐁넛 사건의 공식 사망자 수는 74명이다. 대부분 노인, 부녀자, 어린이들이었다. 류진성 씨는 2018년 4월 21일 시민평화법정의 영상 녹화 증언에서 "집단 사살은 1소대에서 이뤄졌을 것"이라고 말했다. 그러나 1소대장 출신 최영언(1942~2018) 씨는 인터뷰에서 후미에 있던 3소대를 언급한 바 있다.[23] 류 씨는 자신의 말을 바로잡았다. "최영언 씨가 3소대라고 했다면 그게 맞을 거예요. 맨 후미에서 그런 짓을 했다는 이야기를 저도 들었거든요. 논바닥에 민간인들을 다 모아놓고 중대장한테 '어떻게 할까요' 물었더니 중대장이 손으로 목을 긋는 시늉을 했대요."

퐁니·퐁넛 사건 현장에서는 젖먹이들이 극적인 생존을 했다. 현재까지 확인된 0~3세의 아기 생존자만 세 명이다. 류진성 씨의 증언에 따르면, 불운한 아기도 있었다. "아기한테 젖을 먹이는 엄마를 쏘니까 아기가 총 반동으로 저 멀리 튀어 날아가더래. 총을 쏜 소대원한테 들었어. 쏜 놈이 자랑삼아 얘기했나 봐요."

류 씨는 발포자유구역으로 정한 작전지역에 들어가면 닭이든 돼지든 살아 있는 생명체는 다 죽이라는 명령을 받았다고 했다. 아예 여단장 훈령으로 내려왔다. 그는 퐁니 사건 얼마 뒤 그 훈령에 충실하게 따랐던 일화를 들려주었다. "디엔반현 내 작전지역에서 우리 소대원들끼리 매복을 서고 있는데 여성 한 명이 아오자이를 입고 개활지를 지나가더라고. 몇백 미터 앞이었지. 라이라이 하면서 오라고 소리쳤는데 도망가니까 집중사격을 했어요. 저도 방아쇠를 당겼죠. 인간 사냥이었지. 그 여성이 총 맞고도 계속 일어나서 뛰려고 하니까 60밀리 박격포까지 때렸어요. 결국 쓰러져 움직이질 않더라고. 근데 남베트남군 장교 부인이라고 금방 밝혀졌나 봐요. 밤에 잘 묻어주라는 명령이 내려왔어요. 특공조를 짜 현장에 가서 주검에 거적때기를 걸쳐주고 야전삽으로 땅을 파 묻어주었지."

그러나 퐁니 마을은 '다 쓸어버려도 되는' 발포자유구역이 아닌 발포제한구역이었다. 퐁니에는 남베트남군 가족들이 많이 살았다. 사건 뒤 주민들이 들고일어났다.

"1968년 2월 13일 아침을 기억해요. 1번 국도를 수색·정찰하는데 퐁니 주민들이 시체를 거리에 늘어놓고 눈에 불을 켜며 우리를 노려보고 있더라고. 소름이 끼쳤어요. 내가 중대 맨 앞에 선 첨병인데 저기를 어떻게 뚫고 나가나 했죠. 한국군이 오니까 소리 지르고 삿대질하고. 내가 험악한 표정을 지어가면서 개머리판을 휘두르며 길을 내고 간 거야. 누군가 칼로 등을 찌를 것 같았어. 전 왜 그런지도 몰랐어요. 나중에 어떻게 된 거냐고 물어보고서 전날의 일에 관해 알게 된 거죠."[24]

그는 40여 년간의 세월을 대한상이군경회 자장 아래서 보냈다. 전북지부 지도과장을 두 번, 중앙 대의원을 한 번 역임했다. 뜻이 맞는 이들과 상이군경 적폐청산추진위원회를 만들어 위원장을 맡기도 했는데, 그 위원장으로서 청와대 앞 시민광장에 1인 시위를 갔다가 우연히 '미안해요 베트남' 1인 시위를 하러 나온 젊은이들과 마주쳤다. 2017년 11월 2일의 일이다. 그가 시민평화법정에 익명 모자이크 영상 증인으로 참여하게 된 사연이다.

2018년 4월 22일의 시민평화법정에서 재판장이었던 김영란 전 대법관은 "퐁니·퐁넛 사건 피해자인 원고들에게 피고 대한민국은 국가배상법이 정한 배상 기준에 따른 배상금을 지급하고, 원고들의 존엄과 명예가 회복될 수 있도록 공식 인정하라"고 판결했다. 일종의 모의 법정이지만, 추후 실제 국가배상 소송이 진행될 가능성도 높아 중요한 참고가 되는 판결이다.[25] 이날 법정 주변엔 70대의 베트남전 참전군인들이 배회했다. 협박 전화를 하기도 했고, 법정에서 난동을 피우려는 신호를 보내기도 했다. 그들은 『파월한국군에 대한 음해의 진실』이라는 자료집까지 만들어 "민간인 학살은 언어도단이며, 국군에 대한 명예훼손이자 국격 실추이고 국민 호도, 역사 왜곡"이라고 주장했다.

류진성 씨는 말했다. "당시 3소대 병사들이 나와서 말해야 해요. 총 쏜 놈은 안 잊어버려요. 물론 내가 3소대원이었어도 그 상황에서라면 쏘았을지 모르겠지만." 3소대원이 나오기 전에, 3소대장이 나와야 한다. 그러나 3소대장 출신 김기동 씨는 2020년 여름 세상을 떠났다.[26] 아니 이제 국가가 나서야 한다. 중대장 김석현과 소대장, 하사관들의 1968년 2월 12일 퐁니·퐁녓 행적을 조사한 1969년 중앙정보부 기록부터 공개해야 한다.

베트남전은 류 씨에게 '불행한 인생의 한 토막'이다. 내가 당했고, 남들이 당하는 걸 똑똑히 보았다. "전쟁에서는 절대 승자가 없어요. 그곳에서 군인은 사람이 아니거든요. 야수예요. 전쟁은 야수들의 놀이터죠." 야수들은 쉽게 불행해졌다. 순간의 실수로 목숨을 잃거나 온몸이 벌집이 됐다. 그들을 야수로 만들었던 국가는 시시각각 병사들에게 다가오는 죽음의 그림자를 애써 숨기려 했고, 전쟁놀이 하는 듯한 풍경만 언론을 통해 전시했다. 병사들이 매일 죽거나 다치는 것은 숨길 수 없는 사실이었다. 학살도 마찬가지였다. 숨기려고 해서 숨길 수 없었다. 그러나 여전히 누군가는 숨기려고만 한다.

다시 극명하게 대비되는 두 사진을 본다. 붕대로 얼굴을 감은 미군 병사보다 아이를 안고 뛰어오는 포즈를 취한 한국군 병사에게 더 진한 연민이 느껴지는 것은 왜일까.

주

1. 전쟁으로 인한 희생자를 보호하기 위해 1864~1949년 제네바에서 체결된 일련의 국제조약으로 적십자조약이라고도 한다. 1949년 8월 12일 채택된 네 개 조약 중 "전시에 있어서의 민간인 보호에 관한 조약"이 포함되어 있다. 한국은 1966년 가입했다.

2. 1965년 3월 다낭에 상륙한 이래 해병 1사단, 3사단 등 베트남에 주둔한 미 해병부대를 총지휘한 사령부.

3. '주월駐越'은 '주베트남'의 옛날식 표기이지만 독자들에게 익숙한 점을 고려해 편의상 '주월미군사령관'과 '주월한국군사령관' 등의 표기를 그대로 사용했다.

4. 작전지휘권 문제를 포함해 채명신 장군의 주요 활동과 생애는 『채명신 회고록-사선을 넘고 넘어』(매일경제신문사, 1994)와 『채명신 회고록-베트남전쟁과 나』(팔복원, 2006)를 참고했다.

5. 《한겨레21》 2000년 11월 23일자 33쪽, "한국군도 많이 당했다-채명신 전 주월한국군 총사령관 인터뷰"(김창석).

6. 1969년 12월 18일 주월미군사령부 감찰부의 샘 샤프 대령이 참모장 타운젠트 소장에게 보낸 비밀문서 "1968년 2월 12일 한국군 해병에 의한 잔혹행위 의혹"에 첨부된 미 해병 제3상륙전사령부 조사 보고서 중 응우옌싸의 진술 내용. 응우옌싸의 경험에 관해서는 3부 "저기 사람 있어요" 참조.

7. 성 중사의 증언과 관련해서는 《한겨레21》 2000년 6월 1일자(310호), 26~27쪽, "청룡 여단서 양민학살 조작 은폐"(황상철)를 참고·인용했다.

8. 미 해병 제3상륙전사령부의 조사 보고서 "1968년 2월 12일 한국군 해병에 의한 잔혹행위 의혹"에 첨부된 남베트남군 디엔반 담당 지휘관 호앙쯔엉Hoàng Trung 소령의 다음과 같은 진술 내용을 반박하는 내용이다. "한국군 해병 제2여단 1대대의 선임 참모는 퐁니 마을 사건 이후 나를 불렀다. 그리고 마을 주민들을 위해 쌀 30자루를 제공했다. 그는 어린아이들과 여성들에게 그런 일이 생긴 것

을 유감스럽게 생각하며 다시는 그런 일이 일어나지 않을 것이라고 말했다."

9. 4·3 사건과 관련해서는 3부 "가장 잔혹한 공격" 참조.
10. 《경향신문》 1968년 5월 30일자 1면 "웨스트 이한離韓".
11. 디엔안사 인민위원회가 2004년 위령비 제작을 위해 최종 집계한 사망자 수는 74명이다.
12. 김연상 사령관은 1968년 2월 12일 사건 당시 호이안에 주둔한 한국군 해병 제2여단의 여단장이었다.
13. 5부 "패싸움의 머나먼 추억" 참조.
14. 밀라이 사건에 관해서는 2부 "꽝응아이의 마지막 대학살" 참조.
15. 5부 "중앙정보부에서의 하루" 참조.
16. 《동아일보》 1969년 11월 26일자 1면 "국군의 월남인 대량학살설 공산 측 허위선전".
17. 당시엔 타인퐁사였지만, 남베트남 수립 이전부터 붙은 오래된 이름인 '디엔안'을 그대로 썼을 가능성이 있다. 국방부는 이에 대해 '디엔안'은 청룡부대의 전술 책임 지역에 들어가 있지 않다는 거짓말을 했다.
18. 『사이밍턴 청문회, 1970』 전2권, V.1 "기본 문서철" 중 최규하 외무부 장관-레스람 주한미대리대사 면담요록 (외교사료관 보존).
19. 『사이밍턴 청문회, 1970』 전2권, V.1 "기본 문서철" (외교사료관 보존).
20. 랜드코퍼레이션 RAND Corporation (Research and Development Corporation). 1948년 미 공군의 지원으로 설립된 미국 최초의 본격적인 싱크탱크. 기술자, 수학자, 물리학자, 프로그래머, 기상학자, OR전문가, 경제학자, 역사학자, 심리학자, 사회학자 등 폭넓은 분야의 연구진을 갖추고 국제 문제, 군사 계획, 국내 문제의 기초 연구를 하고 있다. 1958년에 쏘아올린 제1호 인공위성의 시스템 개발에도 참여했다.
21. 글 전문은 5부 "병신새끼들아" 참조.
22. 은명수 대위와 관련해서는 5부 "알랭 들롱의 사인처럼" 참조.
23. 최영언 인터뷰 "그 부대 일원이었다는 게 오명이지" 참조.
24. 4부 "원수를 갚자, 산으로 가자" 참조.
25. 시민평화법정 구두 판결문 참조.
26. 김기동 씨 증언과 관련해서는 5부 "중앙정보부에서의 하루" 참조.

체 게바라처럼

불가능한 꿈을 상상하라, 실천하라.
볼리비아의 밀림에서 죽은 체 게바라를 대신해
제2, 제3의 체 게바라들이
아시아에서, 유럽에서, 미국에서
낡은 세계의 유리창에 돌을 던지기 시작했다.

쏘지 마, 피곤해

: 박정희를 말리러 온 밴

박정희는 자존심에 상처를 입었다. 5만 대군을 파병했는데
자신의 두 손을 묶고 북한과 밀회를 하다니. 존슨도 박정희를
누그러뜨리려 밴스를 급파했다. 첫날부터 바람을 맞았다.

"컨스트럭티브!"

기자들이 몰려들었다. 서울 중구 장충동에 위치한 국빈 전
용 숙소 영빈관. 정일권(51) 국무총리가 주재한 만찬이 끝나가
고 있었다. 검은색 더블브레스트 오버코트에 엷은 브라운색 모
자를 쓴 훤칠한 키의 미국인이 만찬장을 빠져나가려고 출구에
모습을 드러냈다. 카메라 플래시가 터졌다. 기자들이 무언가
질문을 쏟아냈다. 미국인은 잠깐 서더니 짧게 몇 마디 답했다.
그러고는 바로 대기 중인 승용차 뒷좌석에 올라탔다. 차의 뒤
꽁무니를 바라보던 기자들의 뇌리엔 그 말만이 남았다. "컨스
트럭티브Constructive!"[1]

베트남 퐁니·퐁넛촌에 한국군이 들어온 그날이었다. 마을
이 불타던 그날이었다. 살아남은 이들이 주검을 수습하던 그 시
간이었다. 1968년 2월 12일 밤 9시께. 주요 정계 인사들이 참석
한 대한민국 영빈관 만찬장에도 보이지 않는 불이 타오르고 있

었다. 그는 불을 끄러 온 소방수였다. 신중해야 했다. 고르고 고른 말이 "컨스트럭티브". 무엇이 어떻게 건설적이라는 말인가.

기자들과 맞닥뜨린 미국인은 사이러스 로버츠 밴스였다. 존슨 대통령의 명을 받고 온 미국 정부의 특사. 서울 방문 이틀째. 정신없는 하루였다. 이날 아침부터 한국 쪽 인사들과 무려 네 시간이 넘는 회담을 했다. 아침 9시 15분에 최규하 외무장관, 9시 30분엔 정일권 국무총리, 그리고 10시엔 청와대에서 박정희 대통령을 만났다. 청와대 회담 자리엔 다 모였다. 최규하 장관, 정일권 총리를 비롯해 김성은 국방부 장관, 김형욱 중앙정보부장, 이후락 청와대 비서실장……. 미국 쪽에선 윌리엄 포터 주한미대사, 본스틸Bonesteel 주한유엔군사령관, 월츠 국무성 비서실장이 동석했다. 신문 보도에 따르면 한미 양국의 인사들은 '한국의 안전보장' 문제를 협의했다.

오후에 잠시 쉬고 저녁 7시부터 영빈관 만찬이 시작됐다. 다음 날도 아침 10시부터 정일권 국무총리와의 제2차 고위급 회담이 예정돼 있었다. 이날 저녁 만찬장 출구에서 기자들이 던진 질문은 청와대 회담에 관한 것이었다. 무슨 내용이 오갔는지는 베일에 싸여 있었다. 그는 내심을 비칠 수 없었다. '디스트럭티브(파괴적)'라고 말할 수는 없는 노릇이었다.

사실 대통령 박정희는 회담 내내 '파괴 행위'를 요구했다. 나중에 공개된 포터 대사의 편지에 따르면, 그날 박정희는 1월 21일 청와대를 공격하려다 미수에 그친 북한 특수부대의 근거지를 포격하자고 했다. 최소한 북한이 다시 도발했을 때 보복 공격을 하겠다는 최후통첩이라도 해야 한다고 주장했다. 미국 입장에선 전혀 건설적인 제안이 아니었다. 밴스 특사는 이를 거부했다.

예상한 일이었다. 박정희를 비롯해 한국 쪽 인사들은 독이 바짝 올라 있었다. 밴스 특사는 2월 10일 낮(한국 시각) 케네디 공항에서 한국으로 떠나는 미 공군기를 타기 전부터 그 상황을 알았다. 《동아일보》는 그가 "한미 진통의 진정제를 담은 가방을 들고 왔다"고 표현했다.[2] 2월 11일 아침 김포공항에 도착하자마자, 얼어붙은 날씨보다 더 싸늘한 분위기가 손님을 맞이했다. 공항에는 진필식 외무차관과 이범석 외무부 의전실장만이 나왔다. 대통령은 고사하고 장관조차 한 명도 마중 나오지 않았다. 《워싱턴포스트》는 이를 '냉대'라고 썼다. 도착 당일 청와대 방문을 희망했지만 받아들여지지 않았다. 한국 정부는 "아무리 중요한 회담이라도 일요일에 국가원수를 방문할 수 있느냐"며 거절했다. 대신 박정희는 청와대 경호실 지하사격장에서 부인 육영수 여사와 소총과 권총으로 사격 연습을 했다.[3]

박정희로서는 기가 막히던 나날이었다. 극도로 빈정이 상했다. 시간대순으로 살펴보자. 1월 21일 밤 10시 북한의 무장특수부 대원 31명이 청와대 습격을 기도했다. 일국의 대통령 모가지를 노렸다. 한국전쟁 이후 가장 무모한 적대 행위였다. 1월 23일 오후 1시 45분엔 강원도 원산 앞바다에서 작전 중이던 미국 정보수집함 푸에블로호가 북한 초계정 네 척과 미그기 두 대의 위협을 받고 납치당했다. 문제는 미국의 반응이었다. 1·21 때는 가만히 있더니, 푸에블로호 납치 때는 전쟁을 치를 것처럼 난리를 피웠다. 미국은 동해상에 핵항공모함 엔터프라이즈호와 핵잠수함을 배치했고, 일본 오키나와에 주둔 중이던 전투기 비행대를 전북 군산과 경기도 오산 공군기지에 배치했다.

박정희는 포터 대사를 만나 다그쳤다. "대한민국의 안전상 북괴 유격대 침입 사건이 푸에블로호 납북 사건보다 더욱 중대한 위협으로 고려돼야 할 것이다." 허사였다. 미국은 한술 더 떠 남한을 쏙 빼놓고 북한과 푸에블로호 사건 해결을 위한 비밀 접촉을 했다.

실제로 2월 2일부터 유엔군 쪽 군사정전위원회 수석대표 스미스John V. Smith 장군과 북한 쪽 수석대표 박중국 사이에 첫 판문점 회담이 시작됐다. '비밀 회담'이었다. 1·21사건 무시 → 푸에블로호 사건 호들갑 → 북한과의 판문점 비밀 회담으로 이어진 일련의 미국 태도는 박정희의 자존심을 건드렸다. 미국의 베트남전에 5만 대군을 파병한 그가 이렇게 취급받을 수는 없었다. 존슨도 이 지점에서 찔렸다.

밴스는 한미 간의 냉기류를 풀 적임자로 선택됐다. 그는 예일대 법대를 졸업한 변호사였다. 1961년부터 케네디 정부 아래서 국방부 장관 고문, 육군장관, 국방부 차관을 지냈다. 1967년 디트로이트 인종 폭동과 키프로스 위기(그리스-터키 분쟁) 때 탁월한 능력을 보여준 분쟁 조정가로서, 존슨 대통령의 신임을 받는 인물이었다.[4] 한국 신문들이 "50대이지만 30대의 홍안을 지녔다"고 쓸 만큼, 그는 최강 동안이었다. 동안과 홍안에다 착해 보이기까지 했다. 그의 행보를 보도하는 한국 신문의 기사 문장엔 호의와 안쓰러움이 묻어났다. 지병인 척추 장애가 있지만 장시간의 회담에도 전혀 피곤한 내색을 하지 않았다고 했다. 묵묵히 한국 쪽 인사들의 말을 경청하더라고 했다. 실제로 그는 많이 들었고 적게 말했다. 12월 13일 국회에서의 대화록을 보자.

"먼 거리 여행에 얼마나 피곤했느냐."(이효상 의장) "비행기 안에서 푹 쉬었다."(밴스)[5] "쿠바의 무장 공비가 백악관을 습격했다면 미국 국민들은 얼마나 격분했겠느냐?"(이효상 의장)

"······."(밴스) "푸에블로호 사건 때 미8군에 비상경계를 내렸는데 공비 사건 때는 왜 안 내렸는가."(박준규 외무위원장) "······."(밴스) 한국 쪽 인사들은 밴스 앞에서 미국을 비판하고 그가 쩔쩔매는 모습에 뿌듯함을 느끼며 어느 정도 화를 누그러뜨렸는지도 모르겠다.

밴스 특사에게 제1의 임무는 박정희의 '대북 무력 보복'을 막는 것이었다. 그가 한국에 오기 10여 일 전인 2월 2일, 이후락(44) 대통령 비서실장은 포터 대사에게 "한국 정부가 실질적으로 충분한 양의 군사적 계획을 갖고 있다"고 말했다. 2월 6일엔 한국 쪽 인사들이 포터 대사와 본스틸 유엔군사령관을 중앙청으로 불러 "미국이 만족할 만한 조치를 취하지 않으면 모종의 중대 결의를 행동으로 옮길 것"이라고 했다. 2월 7일엔 미국의 대북 유화 정책을 비난하는 한국인들의 데모가 번졌다. 임진강 '자유의 다리' 앞에서 시위하던 경북 금릉 기드온신학교 학생 300여 명에게 미군이 M16 소총을 발포하는 사건까지 벌어졌다.

존슨 대통령은 "박정희가 원하는 대북 군사 보복은 북한에 말려드는 꼴"이라고 봤다. 세계적 차원에서 볼 때 북한의 잇따른 공격은 베트남전 지원 차원이라고 판단했기 때문이다. 북한의 푸에블로호 납치 사건에 이어 1월 30일부터 벌어진 북베트남과 베트콩들의 '뗏공세'는 그 심증을 굳히게 했다. 미국 본토는 베트남전 반대운동과 흑인 민권운동으로 시끄러웠다. 베트남전과 긴밀하게 연결된 북한이라는 폭탄을 살살 다뤄야 했다. 납치된 푸에블로호 선원 83명의 생명이 위태로웠다. 베트남과 한반도라는 두 개의 수렁에서 허우적거릴 수는 없었다. 그해 11월엔 미국 대통령 선거까지 예정돼 있었다.

존슨의 박정희 달래기가 시작됐다. 2월 8일 한국에 대한 1억 달러의 추가 군사원조를 의회에 요청했다. 한국 방위를 위해 항공기·대공 장비·해군 레이더·초계함·탄약 및 그 밖의 군사 장비를 구입하는 데 쓰라는 돈이었다. 포터 대사를 통해선 박정희에게 보내는 친서를 전달했다. 다음 날인 9일, 밴스 특사를 한국에 보내기로 한 것이다.

다시 밴스 특사의 2월 13일 국회 모임. 왜 미국이 푸에블로호 사건 때만 미8군에 비상경계령을 내렸느냐고 따지던 박준규 외무위원장이 농담을 던졌다. "우리가 호랑이처럼 보일지 모르나 마음만은 모두 비둘기들이다." 밴스 특사는 덕담으로 응수했다. "한국 사람이 말하는 호랑이가 어떤 것인지 모르지만 여러분은 모두 비둘기 같다."[6] 그의 입에선 착한 말만 나왔다.

밴스 특사는 서울 중구 타워호텔에서 2월 14일 밤을 꼬박 새웠다. 최규하 외무장관과 함께 성명 초안을 다듬고 또 다듬었다. 2월 15일 아침 마침내 한미 공동성명이 발표됐다. 언론들은 "안전 위협엔 즉각 협의", "연례 국방 각료급 회담 추진", "국군 현대화 촉진" 등을 굵은 제목으로 뽑아 보도했다. 박정희가 공동성명에 넣기를 원했던 '보복'이라는 말은 일절 들어가지 않았다. 대신 한국 언론들은 "한국 방위를 위한 미국의 확고한 결의와 그 구체적인 방법을 다짐하는 비밀 각서 또는 합의 의사록을 작성해 교환했다"고 보도했다.[7] 실제 그런 비밀 의사록은 존재하지 않았다. 밴스 특사는 합의한 적이 없었다.[8] 박정희가 자신의 체면과 국내 여론을 의식해서 일방적으로 창조해낸 가공의 합의였다.

박정희의 전성기였다. 원하는 걸 다 이루지는 못했지만, 미국에 '갑' 행세를 시늉이나마 할 수 있었다. 1964년 베트남

전 파병 이후 한국과 미국은 최고의 밀월기를 구가 중이었다. 1967년 6월 8일 국회의원 선거에서 박정희는 여당의 3분의 2 자리 확보를 위해 대대적인 부정선거를 자행했다. 3선 개헌 통과 정족수를 채웠다. 미국은 침묵했다. 박정희 개인에게 황홀한 기회였다.

밴스 특사는 2월 15일 오후 특별기편으로 미국에 돌아갔다. 미국에 간 그는 한국에서의 4박 5일에 관해 무어라 말하고 다녔을까. 한국에선 박준규 국회 외무위원장을 향해 "한국 사람들이 다들 비둘기 같다"고 했지만, 나중에 밝혀진 방문 보고서에 따르면 전혀 다른 뉘앙스의 말을 했다. "한국 인종 중에는 '백조'도 별로 없고 '매'도 별로 없으며, 대부분 '호랑이' 같아 보인다." 존슨 대통령을 만나서는 이런 말도 했다. "박 대통령이 한국을 완전히 통제하고 있으며, 아무도 그가 듣기 원하지 않는 바를 말하려 하지 않는다. (⋯) 박 대통령은 감정적이고 변덕스러우며 술을 심하게 마시고 있다. (⋯) 그는 위험하고 불안정한 사람이다. 박 대통령은 종종 재떨이로 영부인과 참모들을 때린다고 한다."9

영부인과 참모들만이 피해자가 아니라는 게 비극이었다. 대한민국은 이상하게 개조되기 시작했다. 1인 천하를 꿈꾸던 박정희 입장에선, 대단히 '컨스트럭티브'한 1968년의 활주로가 펼쳐졌다.

벌레 편에서 싸우다

: 베헤이렌 오다 마코토의 투쟁

'피해자이기 때문에' 가해자가 되는 고리를 끊어야 했다.

통통배 위에서 오다 마코토는 거대한 핵항공모함 속 미군들을 향해
소리쳤다. "여러분 탈영하세요. 우리가 도와드리겠습니다."

통통배가 출렁거렸다.

겨울바다는 싸늘했다. 오다 마코토小田實(36)는 작은 어선
한 척에 몸을 싣고 항구에서 출발했다. 고기를 잡으러 온 것은
아니다. 바다의 정취를 만끽하려는 여행도 아니다. 배는 멀리
나아가지 않았다. 항구 주변에 있는 목표물로 곧장 향했다. 배
위엔 뜻을 같이한 네댓 명의 사내들이 앉거나 서 있었다. 저마
다 먼 곳에 시선을 두었다. 오다 마코토는 손으로 마이크를 쥐
고 목소리를 가다듬었다. "아, 아, 미군 병사 여러분." 확성기의
출력은 파도와 배 엔진의 소음을 힘겹게 이겨냈다. 목표물이
가까이 다가왔다. 세계에서 가장 거대한 핵항공모함, 엔터프라
이즈호였다.

1968년 1월 21일, 일본 나가사키 북부 사세보항. 섬과 곶
의 조화가 천혜의 풍광을 빚어냈지만, 아름다움을 감상할 여유
는 없었다. 미국의 해군기지로서 군항 역할이 절대적인 이곳에

선 날 선 긴장이 흘렀다. 3일 전 미국에서 온 엔터프라이즈호가 정박 중이었다. 이틀 뒤 베트남 통킹만으로 이동할 예정이었다. 엔터프라이즈호의 길이는 무려 335.9미터였다. 승무원 수가 5,000여 명이라 했다. 갑판 위엔 100여 대의 팬텀기가 보였다. 대학생들은 며칠 전부터 항구 곳곳에서 엔터프라이즈호 기항 반대 시위를 벌였다. 헬멧을 쓰고 각목을 든 학생들은 경찰 기동대와 거친 몸싸움을 했다. 오다 마코토는 이런 방법에 회의적이었다. 그는 어선을 타고 바다로 나가 엔터프라이즈호에 최대한 접근했다. 어선에선 두 개의 플래카드가 펄럭였다. 하나엔 이렇게 쓰여 있었다. "FOLLOW THE INTREPID FOUR! WE'LL HELP YOU."

탈영을 돕겠다는 말이었다. '인트레피드 포INTREPID FOUR'란 또 다른 항공모함 인트레피드호의 네 병사(마이클 린드너 Michael Lindner, 크레이그 앤더슨Craig Anderson, 리처드 베일리Richard Baily, 존 바렐라John Barella)를 일컫는 용어였다. 그들은 석 달 전 인트레피드호가 요코스카 기지에 정박 중일 때 부대를 이탈했다. 베트남으로의 출항을 눈앞에 두고였다. 오다 마코토는 비밀 네트워크를 만들어 이들의 은신과 보호, 밀항과 망명을 지원했다. 1967년 11월 11일 요코하마항에서 소련 정기여객선인 바이칼호에 태워 나홋카로 보낸 뒤, 시베리아를 경유해 스웨덴으로 가도록 했다. 이른바 '요코하마 루트'였다. 미국의 베트남 전쟁을 반대해온 스웨덴 정부는 12월 29일 이들을 입국시킨 뒤 1968년 1월 9일 거주 허가까지 내주었다. 엔터프라이즈호 선상 병사들 중에서도 인트레피드 4인을 따를 자가 나올지도 몰랐다. 어선 위에서 오다 마코토는 마이크에 대고 영어로 목놓아 소리쳤다. "엔터프라이즈호 병사 여러분, 베트남 전장에 가지 마세요. 베트남에서 사람을 죽이지 마세요. 탈영하세요. 우리가 도와드리겠습니다."

오다 마코토는 누구인가. 일본 반전평화단체인 베헤이렌(ベ平連·'베트남에 평화를!' 시민연합)의 대표라는 설명만으로는 불충분하다. 그는 유명한 소설가였다. 고등학교 3학년 때 『내일모레의 수기』라는 장편소설로 문단에 데뷔했고, 1961년 22개국을 세계일주한 뒤 펴낸 『나는 이렇게 보았다』로 베스트셀러 작가 반열에 올랐다. 도쿄대 문학부 시절부터 고대 그리스 문학을 탐구하며 자기만의 민주주의론을 확립한 사상가이기도 했다. 이제 일본에서 가장 실천적인 평화운동가로 거듭나는 중이었다.

베헤이렌이 창립한 것은 1965년 4월이다. 그해 2월부터 미국의 베트남 북폭이 시작되었다. B52 등 북폭에 참가하는 폭격기들의 발진 기지는 오키나와였다. 일본의 해·공군기지는 베트남전쟁의 베이스캠프가 되었다. 3월의 어느 날, 오다 마코토는 안면이 전혀 없던 철학자 쓰루미 슌스케鶴見俊輔(도시샤대학 교수·46)로부터 한 통의 전화를 받았다. 베트남 반전평화단체를 만들려는데, 대표로 참여해달라는 부탁이었다. 쓰루미 슌스케는 베헤이렌의 발기인으로 함께 모였던 정치학자 다카바타케 미치토시高畠通敏(릿쿄대학 교수·35), 철학자 구노 오사무久野収(가쿠슈인대학 교수·58)와 뜻을 모은 상태였다. 1960년대 내부 노선 투쟁이 치열했던 일본 안보 투쟁(미일 안보 조약 개정 반대 투쟁)에 참여한 운동 조직과 거리를 둔 참신한 인물이 필요했다. 이왕이면 젊은이에게 인기가 많은 셀러브리티여야 했다. 공산당과의 관계는 물론 학생운동에도 발을 담그지 않았으나, 민주주의와 평화에 대한 신념이 확고했던 오다 마코토가 제격이었다. 본인도 2~3분 만의 통화 끝에 기꺼이 제안을 수락했다. 1945년 오사카 대공습[10]을 몸소 겪은 그였다. 몸서리쳐지는 폭격의 공포를 누구보다 잘 알았다. 베트남 북폭에 침묵할 수 없었다. 그는 베헤이렌 대표로 활동하며 이 운동의 설계자로, 사상의 기둥으로, 실천 운동의 구심으로 우뚝 섰다.

다시 1968년 1월 21일의 사세보항. 오다 마코토의 본래 계획은 어선이 아닌 헬리콥터를 빌리는 것이었다. 하늘 위에서 엔터프라이즈호 미군 병사들을 향해 삐라를 뿌리며 탈영을 권고하는 화려하고 압도적인 장면을 상상했다. 블록버스터급 데모를 기획하고 싶었다. 작가 특유의 상상력이었다. 항공 회사에 연락했지만, 군사기지 구역이라 헬리콥터 임대가 안 된다는 답이 왔다. 대신 빌린 어선에선 삐라를 멀리 보낼 수 없었다. 목이 쉬도록 소리를 쳤지만 잘 퍼져 나가지도 않았다. 어선 시위는 초라했다. 그래도 확신을 가졌다. '미군은 또 탈영할 거야.'

오다 마코토는 1966년 12월 10일을 떠올렸다. 요코하마의 요코스카 기지 정문 앞에서 "미군 병사에게 보내는 일본의 편지"라는 네 쪽짜리 영문 삐라를 처음 뿌린 날이다. 베트남전쟁이 왜 추악한지를 밝히고, 병사들이 행동에 나설 것을 촉구했다. 상관에게 반전 편지를 쓰고, 사보타주하고, 탈영하고, 양심적 병역거부를 선언하라는 내용이었다. 삐라 배포는 오키나와의 즈케란 기지, 도쿄의 다치카와 기지, 야마구치의 이와쿠니 기지로 확대되었다. 일본 내 각 미군 기지들은 베트남전에 참전한 미군 병사들의 휴가지였다. 300여 개 지역 조직으로 불어난 전국의 베헤이렌 참가자들은 자발적이고도 헌신적으로 이 운동에 동참했다. 오다 마코토는 신이 났지만 '설마……' 했다.

정말 삐라를 보고 미군들이 탈영할까? 1967년 10월 28일 요코스카 기지를 빠져나온 '인트레피드 4인'이 눈앞에 나타나자 오다 마코토 역시 깜짝 놀라지 않았던가. 신호탄이었다. 온다, 또 온다.

그들은 가해자이자 피해자였다. 오다 마코토는 어린 시절 고향 오사카에서 무수히 보았던 황군(일본군) 병사들을 생각했다. 동네 형들은 소집 영장을 받고 중국과 아시아, 태평양 전선으로 끌려갔다. 적을 파괴하고 죽이기 위해 동원된 그들은 가해자였지만, 국가권력에 의해 그 짓을 강요당했다는 점에서 피해자였다. 미군들도 다를 바 없었다. 베트남에선 가해자였지만, 죽이라는 명령을 강제받는다는 점에서는 피해자였다. 엄밀하게 말하자면 '피해자이기 때문에' 가해자가 되었다. '피해자=가해자'의 무서운 악순환 고리를 탈영병 지원을 통해 끊으려 했다. 피해자가 되지 않으려면 국가권력이라는 가해 세력에 명확한 반격을 해야 한다고 보았다. 오다 마코토가 창안한 이 '피해자=가해자'론은 베헤이렌 활동의 핵심 논리가 되었다.

짐작대로, 탈영병은 또 왔다. 1968년 2월과 3월 필립 갤리코트Phillip Callicotte, 마크 샤피로Mark Shapiro, 에드윈 아네트Edwin Arnett, 테리 위트모어Terry Whitmore 등이 베헤이렌을 찾아 보호를 요청했다. 이들은 인트레피드 4인이 간 '요코하마 루트' 대신 홋카이도 최동단 네무로에서 어선을 타고 소련으로 건너간 뒤 모스크바를 경유해 스웨덴으로 향하는 '네무로 루트'를 통해 1968년 4월 망명에 성공했다.[11] 베헤이렌 내에 새로 생긴 '반전 탈주 미군 병사 원조 일본기술위원회 자테크JATEC'가 이들을 도왔다. 은신과 도피, 망명의 '기술'을 개발하는 비공개 전문 그룹이었다. 자테크는 1971년 7월까지 19명의 탈영병을 외국으로 망명시켰다. 국경을 초월한 이 활동은 불법이 아니었다. 미일 안보 조약[12]에 기초한 미군 지위 협정을 유권 해석하면, 일본인이 미군 병사를 외국으로 보내는 것은 전혀 법에 저촉되지 않았다.

꼭 이렇게까지 해야 하는가. 무의미한 죽음을 막아야 했다. 그는 이것을 '난사難死'라고 정의 내렸다. '난사의 사상.' 오다 마코토가 1965년 1월《전망》이라는 잡지에 발표하며 정립한 문학 사상이자 평화주의 사상이었다. 1974년 1월부터 도쿄 지역 조직을 필두로 해체될 때까지 반전평화운동을 벌인 베헤이렌의 정신적 버팀목이었다. 그는 민주주의란 사적인 것에서 출발해야 한다고 믿었다. 사생활을 버리고 국가를 위해 목숨을 바치는 것은 '거룩한 죽음'이 아니라 '난사'에 불과했다. 1945년 오사카 대공습 때 모모다니역 부근의 집 뜰 방공호에 숨어 바들바들 떨던 기억은 잊히지 않았다.

1958년 풀브라이트 장학생으로 유학한 하버드대학의 도서관에서, 그는 13년 전 악몽의 의문을 풀고 싶어 옛날《뉴욕타임스》가 담긴 마이크로필름을 뒤졌다. 마침내 1945년 6월 15일 B29기의 오사카 대공습 항공사진을 발견했다. 어둠 속에서 도시는 소이탄 연기로 불타오르고 있었다. 이것은 그의 사상적 원점이 되었다. 아비규환의 도시 속에 보이지 않는 자신이 있었다. 일생 동안 짊어지고 추구해야 할 가치가 보였다. 폭격의 본질은 새의 눈으로 보는 조감도鳥瞰圖가 아니라고 생각했다. 하늘에서 보면 폭격은 불꽃놀이처럼 황홀했다. 땅 위 벌레의 입장에서 볼 땐 끔찍했다. 이른바 충감도蟲瞰圖였다. 그는 새가 아닌 벌레의 편에 서서 싸우기로 했다.

다시 1968년 1월 21일의 사세보항. 항구에 어둠이 찾아왔다. 오다 마코토를 태웠던 어선은 철수했다. 베트남 출항을 앞둔 엔터프라이즈호 병사들이 선실에서 잠들 무렵, 서울의 심장부인 종로구 청와대 앞에서는 총격전이 벌어졌다. 북한 특수부대원들이 남한의 박정희 대통령을 살해하러 왔다가 실패한 뒤 도주했다. 각각의 국가권력으로부터 싸움을 명령받은 '피해자=가해자'들이 벌레처럼 나가떨어졌다. '난사'였다. 하루가 가고, 또 하루가 지났다.

1월 23일, 엔터프라이즈호는 천천히 움직여 사세보항을 떠나 베트남 통킹만으로 향했다. 항해 도중 한반도 동해에서 첩보 활동을 벌이던 미군 푸에블로호가 북한 해군에 의해 납치됐다는 긴급 정보가 날아들었다. 엔터프라이즈호는 선수를 틀었다. 북한 원산항 해역으로 북진해 그곳에서 무력시위를 했다.

베트남과 한반도에서 '벌레'들의 죽음이 이어졌다. '난사'를 막으려는 오다 마코토의 몸부림이 암흑 속에서 반딧불처럼 반짝였다.

전후 일본 평화운동의 대부
: 오다 마코토의 삶

오다 마코토는 1970년대 김대중 전 대통령과 김지하 시인에 대한 석방·구명을 통해 한국과 인연을 맺었다. 그는 베이징, 베를린, 뉴욕 등 세계 각지를 돌며 생활하다 1994년 고향 오사카로 돌아와 시민운동의 최전방에 섰다. 1995년 고베 지진 피해자들의 국가 지원을 관철시킨 '(시민=의원 입법)운동'이 대표적이다. 아시아의 핍박받는 시민운동 지도자들을 위한 '국제민중법정'(이탈리아 로마에 본부를 둠)의 아시아태평양 부의장으로 일하는 등 국제연대운동에도 열정을 쏟았다. 왕성한 저작 활동으로 무려 152권의 소설과 평론, 에세이집을 남겼다.

2007년 7월 30일. 그는 75세를 일기로 눈을 감았다. 엔에이치케이NHK의 오다 마코토 특집 다큐멘터리 방송에 출연한 작가 다카하시 겐이치로高橋源一郎는 그를 "전후 일본이 지녔던 민주주의와 평등, 평화주의의 가치를 온몸으로 실현한 작가였다"고 평했다. 김대중 전 대통령은 "오다 씨는 언행일치가 성공한 지식인의 표본이었다"는 추도문을 보내왔다. 장례식을 마친 이들은 도쿄 거리에서 고인을 기리며 데모를 했다. 2013년 11월 9일 오사카에서 만난 재일조선인 부인 현순혜(1953년생) 씨는 "남편은 세계의 그 어떤 권위자건 가난하고 힘없는 사람이건 늘 똑같은 태도로 대한 인품의 소유자였다"고 말했다.

　현순혜 씨는 2014년 7월 총 82권에 이르는 오다 마코토 전집을 일본 고단샤講談社에서 출간했다. 남편이 남긴 소설 32편과 평론 32편을 추리고 정리한 것이다.

새장을 뚫고 스웨덴으로

: 김진수의 탈출과 망명

도쿄 쿠바대사관으로 들어가 망명을 신청한 한국인 출신 미군 김진수.
미국과 일본 정부는 쿠바대사관에 진입해 체포할 수 없었다.
그는 새장 속에 갇혀 탈출을 꿈꾸었다. 허튼 꿈이 아니었다.

김진수(22)는 홈리스 신세였다.[13]

1968년 1월 1일, 그는 소파에 누워 쪽잠을 자다 눈을 떴다.
24시간 영업하는 도쿄 중심 신주쿠 심야 다방 창문으로 새해
첫 햇살이 비쳐들었다. 헝클어진 머리를 손으로 빗으며 화장실
로 가 세수를 했다. 몸을 눕힐 거처를 찾지 못하고 헤맨 지 4일
째. 신분증을 요구하는 호텔은 위험했다. 오늘 밤에도 심야 다
방으로 돌아올 것이다.

3일 전의 행동은 무모했다. 사고를 치고 말았다. 1967년
12월 29일, 대책도 없이 은신처인 쿠바대사관에서 몰래 빠져나
왔다. 8개월 동안 자신을 보호해준 고마운 곳이었다. 그는 대신
일본 최대의 노동운동단체 '일본 노동조합총평의회(총평)'를
찾았지만 관계자를 만날 수 없었다. 연말연시 휴가철이란 점을
깜빡했다. 사람들이 출근할 때까지 며칠을 기다려야 했다.

그는 다방에서 나와 신정 연휴를 만끽하는 신주쿠의 일본

인들 틈에 섞였다. 낮엔 도쿄 거리를 정처 없이 쏘다니며 시간을 때워야 한다. 미행당할지도 몰랐다. 경계하는 눈길로 주변을 살폈다. 허기를 채우기 위해 먼저 식당으로 향했다. 길을 잃은 도망자. 그의 집은 어디인가. 일본인가. 아니다. 망망대해를 건너야 한다. 한국 역시 아니다. 미국이다. 합법적으로는 그곳에 닿을 수 없다. 빛이 없는 어둠의 미로 속에 그가 서 있었다.

1. 금 11일 조간 아사히, 산케이 및 요미우리는 대체로 3, 4단 (산케이는 사회면 톱)으로 '그릭스'가 지난해 12월 29일 '쿠바' 대사관에서 도망했다고 보도함.

2. 외무성의 니이세키 정무국장은 10일 오후 기자회견에서 지난해 4월 쿠바대사관에 정치 망명하고 있던 '그릭스(한국명 김진수)'가 지난해 12월 29일 동 대사관 밖에 도망쳤다고 하고 이것은 29일 주일 쿠바대사관으로부터 외무성에 연락이 있는 것이라고 함. 한편 외무성은 9일 '멘데스' 주일쿠바대사를 초치하고, 유감의 뜻을 전함과 동시에 도망의 모양에 대해 사정을 들었다고 함. 지금으로서는 동 2등병이 자발적으로 달아난 것인지 어떤지는 불명이나, 멘데스 대사는 동 2등병에게 대사관 밖에 나가면 체포의 위험이 있기 때문에 외출을 금지하고 있었다고 함.

3. 산케이는 일본의 공안 당국은 이미 동 병사가 일본을 탈출해 북한에 있는 것이 아닌가라는 견해를 갖고 있다 함.(…)
(1968년 1월 11일 주일한국대사가 외무부 장관 앞으로 보낸 착신 전보)

김진수金鎭洙, 케네스 그릭스Kenneth C. Griggs는 베트남에서 온 미군 탈영병이었다. 남베트남 수도 사이공에서 미 191병기대대 타이피스트 특기병으로 근무하던 중 사이타마현 존슨 미군 기지로 휴가를 왔다가 도쿄 미나토구에 있는 쿠바대사관으로 들어가 쿠바 망명을 신청했다. 1967년 4월 4일의 일이다. 쿠바는 피델 카스트로Fidel Castro(42)가 1959년 친미 바티스타 정권을 전복한 뒤 사회주의국가 건설에 박차를 가하던 미국의 적성 국가였다.

외국 공관은 외교특권을 누렸다. 미국과 일본 정부는 쿠바대사관에 김진수의 신병 인도를 요구했지만, 대사관 내에 진입해 그를 체포할 수는 없었다. 김진수는 "월남에서 미국의 침략전쟁을 눈으로 보고 전쟁의 증오를 느꼈다"고 망명 동기를 밝혔다. 쿠바 정부는 '제국주의 제국으로부터의 망명자에게는 최대한의 지지를 부여한다는 기본 정책에 의해' 입국을 허락하겠다는 입장이었다. 다만 일본 정부가 출국을 허락하지 않는 한 실제로 그를 데려갈 길은 없었다.

하루 이틀이 흘렀다. 김진수는 쿠바대사관저에서 먹고 자고 TV를 보며 시간을 보냈다. 스페인어 공부와 탁구에 열중하기도 했다. 그렇게 8개월을 지내다 쿠바대사관 사람들도 모르게 밖으로 도망 나와 홈리스 생활을 자처한 셈이었다. 쿠바대사관저에서 새장 속의 새가 되어간다는 자조감을 느꼈을까. 체포당할 위험을 무릅쓰고라도 모험을 하는 편이 낫다고 여겼을까.

김진수가 처음 쿠바 망명을 신청했을 때 한국 정부는 당혹감을 감추지 못했다. 김진수가 한국 여권을 소지하고 있다는 사실이 전해졌기 때문이다. 한국 외교 당국은 김진수의 인적사항과 사건의 동향을 파악하기 위해 긴박하게 움직였다. 한국 외무부가 조사한 바에 따르면, 그는 다음과 같은 이력의 소유자였다.

　'1946년 12월 25일 서울 출생. 1956년 11월 23일 주한 미 38병기대 소속 미군에 의해 입양 이민. 한국 정부에 의한 여권 발급(번호 9679). 1957년 미국 시민권 신청 각하. 1961년 시민권 신청 자격 생겼으나 신청 안 함. 미국 아이다호주에서 미성년 범죄 경찰 기록 조회됨. 1963년 미 육군 지원 입대.'

　한국 국적을 가진 미 현역 군인이 베트남에 파병됐다가 휴가지인 일본에서 쿠바대사관으로 숨어버린 뒤 8개월 만에 잠적한 초유의 사건. 한국 정부는 김진수가 북한으로 갈까 봐 노심초사했다. 한국군의 베트남전 파병과 남북한 간 체제 대결이 한창이던 시점에 김진수가 북한 쪽의 선전 나팔수가 될 수도 있었다.

　김진수의 홈리스 생활은 1월 3일에 안정을 찾았다. 그날 밤 일본 최대의 반전평화단체인 베헤이렌의 요시카와 유이치 吉川勇一(37) 사무국장을 만나면서부터다. 본래 김진수는 1월 1일에 들어가지 못한 총평 사무실 문을 이틀 뒤에 다시 두드렸다. 총평에서 일하던 오오모토 야스유키大本泰之는 하룻밤을 묵고 나서 이야기하자며 알고 지내던 여주인이 운영하는 여관으로 안내했다. 그리고 연결시켜준 사람이 베헤이렌의 요시카와 유이치 사무국장이었다.[14]

　요시카와 유이치는 김진수에게 다시 쿠바대사관으로 들어가자고 권유했다. '8개월이나 신세를 졌는데 이렇게 관계를 정리하면 안 된다'는 취지였다. 요시카와 유이치는 또 "앞으로 자신의 신념과 의사를 쿠바대사관에 정확하고 성의 있게 설명하고 이해를 구한 뒤 나오는 것이 옳다"고 설득했다. 두 사람은 당일 바로 쿠바 외교관 차량을 비밀리에 얻어 타고 쿠바대사관에 들어갔다. 일본 경찰의 감시를 요령껏 피했다. 쿠바 외교 당국과 협의 뒤 다시 대사관저를 빠져나온 날은 1월 7일. 이후 10여 일을 남쪽 가나가와현 즈시시에 있는 유명 작가 홋다 요시에堀田善衛(46)의 자택에서 보냈다. 한국의 외교 당국이 김진수의 쿠바대사관 탈출 사실을 처음 인지한 1968년 1월 11일 밤에도 김진수는 홋다 요시에의 집에 있었다.

돌고 돌아 베헤이렌 간부를 만나게 된 것은 우연이자 필연이었는지도 모른다. 탈영을 결심한 계기가 바로 베헤이렌이었기 때문이다. 그는 1967년 3월 휴가 도중 도쿄의 긴자 거리에서 읽은 한 장의 삐라를 기억했다. 베헤이렌 회원들이 나눠준 "미군 병사에게 보내는 일본의 편지"라는 네 쪽짜리 영문 본이었다. '베트남은 베트남인의 손에 맡겨야 한다는 것, 더는 베트남 사람들을 죽여서는 안 된다는 것, 상관에게 사보타주하고 부대를 이탈하라'는 내용에 마음이 흔들렸다. 김진수는 며칠 뒤 일본공산당과 재일본조선인총연합회(조총련)를 거쳐 쿠바대사관으로 감으로써 일본 기지에서 탈영한 최초의 미군이 되었다.

미국 본토에서는 매년 수만 명의 베트남전 징집 거부자가 나오던 때였다. 공교롭게도 그가 쿠바대사관에 들어간 날인 1967년 4월 4일, 흑인 인권 지도자 마틴 루서 킹은 베트남전 반대 발언으로 세계를 떠들썩하게 했다. 14일 뒤인 4월 18일엔 세계권투협회WBA 챔피언 타이틀을 지닌 미국 권투선수 무하마드 알리가 베트남전 징집 명령을 거부했다.

김진수는 이제 일본 땅을 빠져나가야 했다. 베헤이렌은 두달 전인 1967년 11월, 항공모함 인트레피드호에서 탈영한 미군 병사 네 명을 이른바 '요코하마 루트(요코하마~나홋카~스톡홀름)'로 탈출시켰다. 그 뒤 일본 내에 미군 탈영병이 속속 출현하자 이들의 망명을 체계적으로 돕기 위해 자테크라는 비공개 조직까지 만든 상태였다. 다음은 김진수 차례였다. 자테크는 가나가와현 즈시시에 숨어 있던 김진수를 고베, 교토 등에 있는 베헤이렌 회원들의 안전한 자택으로 옮겨 묵게 하면서 밀항 작전을 준비한다.

1. 금 29일자 아사히 조간(4단)에 따르면 지난해 12월 29일 쿠바대사관으로부터 자취를 감춘 그릭스(일명 김진수)는 일본 반전운동가의 조력으로 이미 제3국으로 탈출한 것이 거의 확실하다고 보도함.
2. (…) 제종의 정보를 종합해보면 그릭스는 지난해 12월 29일 전후 쿠바대사관을 떠나 일본의 반전운동가와 접촉하고 뜻있는 인사들이 이를 받아들여 12월 말에서 1월 초 그릭스를 외국 선편에 승선시키는 데 성공, 제3국에 탈출시켰으리라는 것이 대체적인 경위인 것 같다 함. 탈출 행선지는 북한과 쿠바 중 북한 쪽이 아닌가 하는 견해가 농후하다 함. (…)
(1968년 1월 29일 주일한국대사가 외무부 장관 앞으로 보낸 착신 전보)

《아사히신문》은 결정적으로 잘못 짚었다. '반전운동가의 조력'을 받았다는 팩트는 정확했지만, 이미 제3국으로 탈출한 것처럼 오보를 냈다. 이에 따라 일본과 한국의 외교 당국도 잘못된 정보를 취득했다. 김진수는 들키지 않고 잘 숨은 셈이다. 그사이 쿠바대사관을 한 번 더 들고 난 사실도 미국과 일본의 정보망에 포착되지 않았다.

《아사히신문》의 오보엔 나름의 근거가 존재했다. 김진수는 1월 19일 고베에서 비밀리에 중국 배에 승선한 적이 있기 때문이다. 연락 착오가 생겨 그냥 내렸고, 중국행은 무산됐다. 본래 일본공산당 내 마오쩌둥 혁명 노선을 신봉하는 그룹의 주선으로 중국을 경유해 북한으로 갈 계획이었다. 중국은 문화대혁명으로 어수선했다. 물밑에선 미국과의 국교 정상화 논의가 싹틀 때였다. 미군 탈영병을 반갑게 받아줄 분위기는 아니었다.

석 달 뒤인 1968년 4월 22일, 김진수는 제3국으로 탈출했다. 홋카이도 최동단 네무로에서 배를 타고 소련으로 간 뒤 비행기를 타고 스웨덴으로 향하는 새로운 루트였다.[15] 그는 떠나기 전 자신을 따뜻하게 지켜준 베헤이렌에 13만 엔이라는 거금을 쾌척했다. 몇 년 동안의 월급을 아껴 모은 돈이었다. 김진수는 또한 "미국, 일본 그리고 세계의 인민에 보내는 메시지"라는 성명서를 남겼다.

"미국에서 10년 동안 살면서 나는 미국 시민이 되고 싶었다. 그러나 미국 군대에 들어가 일개 병사가 되어 한국, 일본 그리고 마지막에는 베트남에 파병되었다. 우선 남한의 참혹한 현실을 보고 동시에 왜 그렇게 되었는지를 생각하게 되었다. 전쟁이 가져다준 베트남의 상황을 보고 만일 미국이 한반도에서 행했던 것과 같은 방식으로 베트남에서도 자신들의 목적을 이루려 한다면 베트남 사람들의 운명이 어떻게 될지 그 미래를 생각했다."

김진수의 탈출 여정엔 마크 샤피로, 테리 위트모어, 필립 캘리코트, 조지프 크메츠, 에드윈 아네트 등 다섯 명의 미군 병사가 동행했다. 모두 1968년 2월과 3월에 제각각 일본의 미군

기지를 탈영한 뒤 베헤이렌을 찾은 이들이었다. 마침내 여섯 명이 스톡홀름 공항에 내리던 순간은 한 장의 사진에 담겨 있다. 미국《AP통신》사진기자의 작품이다. 가장 키가 작은 김진수는 맨 왼쪽에 있다. 두 손을 주머니에 넣고 선글라스를 낀 채 먼 곳을 바라본다. '국가'의 존재에 대해 냉소적인 발언을 자주 하는 것 말고는 말수가 별로 없었다는 그의 알쏭달쏭한 캐릭터가 검은 안경 속에 숨은 듯하다. 깔끔한 재킷 차림에 구두를 신었다. 기타를 든 병사도 있다. 마치 친구끼리 여행을 온 것 같기도 하다. 해가 쨍쨍한 1968년 4월 말의 어느 날이었다.

김진수는 베트남으로 돌아가야 하는 의무를 거부했다. 이제 당분간 양아버지가 있는 미국으론 돌아갈 수 없었다. 피붙이가 남아 있을 한국으로도 갈 수 없었다. 일본에 다시 올 수도 없었다. 도피를 통한 자유는 또 다른 부자유의 시작이었다. 고단한 운명의 그림자가 망명객 김진수에게 손을 내밀었다.[16]

여권 위조 007 작전

: 자테크와 다카하시 다케토모

파리에서 007 작전과 같은 다단계 접선을 거쳐 배운 기술이었다.
그 4개월은 헛되지 않았다. 일본 출입국관리소 직원들은
두 개의 위조 여권을 의심하지 않았다. 드디어 비행기가 날았다.
성공이다.

1968년 도쿄

존슨이 사라졌다.

본래 의심스러운 인물이었다. 조직에선 그가 스파이일지
모른다고 미심쩍어했다. 이 백인 남성은 자신이 탈주병이라고
주장하며 도움을 요청했지만 의문스러운 점이 많았다. 그즈음
부터 누군가가 활동가들의 뒤를 밟고 있다는 낌새마저 느껴졌
다. 조직 내부의 고민이 커졌다. 존슨의 탈주를 도와줄 것인가,
말 것인가. 쫓아낼 것인가, 끝까지 보호할 것인가. 존슨이 탈주
병이 아니라는 명백한 증거는 없었다. 조직은 또 다른 탈주병
한 명과 함께 그를 탈주 경유지인 일본 홋카이도까지 데려가기
로 최종 결론을 내렸다. 그런데 문제가 생겼다. 디데이 당일 오
후, 존슨이 감쪽같이 사라졌다.

다카하시 다케토모(33)는 이런 사정을 까맣게 몰랐다. 점

으로 연결된 조직에서 시키는 대로만 일했다. 그의 임무는 숨겨주기였다. 자세한 내용은 몰랐다. 묻거나 따지지 말아야 했다. 사람을 만나라면 만나고 방을 구하라면 구했다. 어떻게든 그가 접촉한 사람들을 안전한 거처에 도피시켜야 했다. 그들의 이름이 무엇이고, 어떻게 어디로 가는지에 관한 깨알 같은 정보는 알 필요가 없었다. 모두의 안전을 위해서 그것은 비밀이었다. 비밀은 잘 지켜졌다. 한데 존슨으로 불리던 사내가 사라지면서부터 조직 보안에 심각한 구멍이 뚫렸다. 경찰은 존슨과 함께 탈주할 예정이던 또 다른 미군 병사(제럴드 메이어)를 덮쳐 체포했다. 1968년 10월과 11월 사이의 일이다.

프랑스 유학을 마치고 돌아온 다카하시는 반전평화단체인 베헤이렌 내 '자테크'의 최전방에서 궂은일을 하는 활동가였다. 베트남 북폭이 시작된 1965년 봄에 창립된 베헤이렌이 공개적이고 자발적인 시민단체라면, 1968년 초 베헤이렌 내부에 생겨난 자테크는 비공식 비밀 조직이었다. 1968년 베트남전은 극적인 분기점을 맞았다. 북베트남군과 베트콩들의 '뗏공세'로 2,000여 명의 미군 전사자가 속출하면서 미국 내 반전 여론이 극점에서 끓었다. 미국 본토뿐 아니라 일본 내 미군 기지에서도 탈영병이 쏟아졌다. 이들의 밀항과 망명을 조직적으로 지원하기 위해 자테크가 만들어졌다. 실제 자테크는 1968년 2월부터 9월까지 한국인 출신 김진수, 일본인 출신 시미즈 데쓰오清水徹雄, 대만 출신 오양요차이欧陽約才, 푸에르토리코 출신 레이몬드 산시비에로Raymond Sansiviero를 비롯한 13명의 미군 병사를 일본 땅에서 탈출시켰다.[17] 여기까지였다. 미군 정보기관과 일본 경찰도 잠자코 있지 않았다. 존슨을 보내는 등 스파이 공작을 통해 맞불을 놓은 것이다.

다카하시는 릿쿄대학 조교수이기도 했다. 현직 대학 교수를 비밀 조직에 몸담게 한 동력은 평화와 민주주의에 대한 신념이었다. 그는 1950년 도쿄 아자부 고교 1학년 시절부터 '와다쓰미회 わたつみ會'에 참여해 활동했다. '와다'는 바다, '쓰미'는 신, 또는 영령을 뜻하는 말로, 바다의 영령인 전몰 학생을 추모하고 기념하는 단체였다.

1949년 10월 출간된 일본 전몰 학생(태평양전쟁 전사 학생) 수기집 『들어라 와다쓰미의 소리』가 1년 만에 30만 부나 팔리면서, 그 판매 수익금으로 설립된 '와다쓰미회'는 군국주의를 비판하는 정신으로 1950년대 젊은이들에게 많은 영향을 끼쳤다. 한국전쟁이 터졌던 1950년대 초반은 일본 학생들 사이에 전쟁터에 또다시 끌려갈지 모른다는 공포감이 팽배하던 시기였다. 학생들은 1947년 개정된 헌법 제9조에서 규정한 '전쟁 포기' 조항이 사문화될지 모른다고 우려했다. 다카하시는 1952년 도쿄대학 문학부(불문학 전공)에 입학해 대학원을 마칠 때까지 계속 '와다쓰미회'에 적을 두고 친구들과 병역 거부의 논리와 방법론 등을 연구했다. 그런 그가 1965년 4월 24일 베헤이렌의 첫 거리 집회에 참여한 뒤 자테크의 열성적 활동가로 변신하는 과정은 너무도 자연스러웠다.

1965년 가을, 그는 프랑스 소르본대학으로 유학을 떠났지만 평화운동을 멈추지 않았다. 오히려 더 투철해졌다. 말로만 반전을 떠들지 말고 몸으로 실천해야 한다고 생각했다. 여기엔 베헤이렌 대표이자 유명한 소설가였던 오다 마코토로부터 받은 감화가 크게 작용했다. 일본 평화운동의 정신적 지주였던 오다가 '국제연대 작업'을 위해 파리에 오면, 유학생이던 그가 가이드를 자처해 파리 구석구석을 함께 돌며 수많은 이야기를 나눴다.

1967년 봄, 파리에서 경험했던 대중 집회도 평화운동에 헌신하며 살겠다고 결심하는 중대 전기가 됐다. 그는 수백 명이 모인 이 집회 도중 손을 들고 연단에 나가 당시 베헤이렌의 이슈였던 한국인 병사 김동희에 관해 발언했다. 김동희는 1965년 7월 베트남전 파병 명령을 거부한다며 부산의 육군병기학교를 탈영해 8월 대마도로 밀항한 한국군 병장이었다. 일본 망명을 요구했지만 받아들여지지 않았고, 후쿠오카 형무소를 거쳐 오무라 수용소[18]에 갇혔다. 베헤이렌은 김동희의 한국 강제 송환을 반대하며 일본 정부를 압박하는 중이었다. 다카하시가 파리의 집회에서 언급한 김동희의 처지는 좌중들의 공감을 얻었다. 한 시간 뒤엔 집회의 정식 의제로 채택됐다. 집회 주최 측은 즉석에서 김동희와 관련해 한국 정부에 보내는 항의 성명 문안까지 만들어 발표했다.[19] 국제연대의 힘을 피부로 느끼는 순간이었다.

그러나 1968년 가을, 베헤이렌과 자테크는 공권력의 위협에 떨고 있었다. 1967년 가을 프랑스에서 귀국해 1년 동안 수많은 탈주병들을 숨겨주면서 보람을 느꼈던 다카하시는 절망했다. 현행법상 일본인이 탈영 미군 병사의 은닉과 밀항을 도와도 처벌할 규정이 없었다. 경찰은 존슨을 홋카이도까지 운전해서 데려가기로 했던 활동가를 총포법 위반으로 구속했다. 이 과정에선 경찰이 모조 총을 진짜 총으로 착각하는 해프닝이 한몫했다. 탈주병들의 체포도 잇따랐다. 1968년 가을, 자테크는 해체 위기에 놓였다. 조직의 책임을 맡은 문학평론가 구리하라 유키오栗原幸夫(40)는 두 손을 들었다. 대표를 맡겠다고 나서는 사람이 없었다. 다카하시는 흥분했다. 이렇게 자테크 운동을 접을 수는 없다고 판단했다. 그가 감히 나서기로 했다. 자테크의 책임자가 된 것이다.

기존의 탈출 여정은 요코하마나 홋카이도에서 배를 타고 소련으로 들어간 뒤 스웨덴으로 가는 길이었다. 이 코스가 세계적인 주목을 받으면서 탈주병들의 입국을 묵인하던 소련 당국도 난색을 표명했다. 배편 이용은 한계에 봉착했다. 다카하시가 새로 책임을 맡은 자테크는 노선을 전환했다. 보호를 요청해오는 탈주병들에게 밀항 대신 양심적 병역 거부와 부대 내 반전운동의 조직을 설득했다. 그렇다고 탈주병에 대한 밀항 지원을 완전히 포기할 수는 없었다. 그는 불가능한 꿈을 꿨다. 비행기로 보내자! 여권을 위조하자!!

1970년 프랑스
드디어 그 남자를 만났다.

장소는 좁은 승용차 안이었다. 그는 자기 이름을 밝히지 않았다. "제3세계 문제에 관여하는 사람"이라고만 한 뒤 이렇게 말을 이었다. "당신이 왜 파리에 왔는지 알고 있다. 그 문제를 해결하려면 서류를 위조해야 한다. 당신이 원한다면 기술을 가르쳐주겠다."

다카하시 다케토모는 마음의 준비가 돼 있었다. "잘 부탁드린다"라고 답했다. 남자는 아무 말 없이 차에서 내렸다. 이번에는 다카하시를 이곳까지 안내해준 여자가 운전석에 올라 핸들을 잡았다. 승용차는 어디론가 향했다. 파리에서 유학했기에 웬만한 거리 풍경을 꿰뚫고 있는 그도 어디인지 전혀 감을 잡을 수 없었다. 확실한 건 한 가지뿐. '아, 드디어 여권 위조 기술을 얻는구나.'

그 목표를 위해 유럽 대륙으로 날아왔다. 1970년 4월이었다. 유럽은 세계 진보운동의 중심이었다. 제2차 세계대전 당시 반파시즘 운동에 몸을 담았던 투사들이 적잖이 생존해 있었다. 알제리 독립 투쟁 등 아시아·아프리카 민족해방운동을 지원해 온 전통과 노하우가 축적된 곳이었다. '베트남전 반대'는 유럽을 휩쓴 '1968년 혁명'의 가장 중요한 슬로건이기도 했다. 이들은 얼마든지 일본의 평화운동가들을 도울 마음의 준비가 돼 있었다.

처음엔 이탈리아공산당 쪽에서 협조 용의가 있다는 말을 전해 듣고 무작정 비행기를 탔다. 일본의 베트남 평화운동을 홍보하고 지원을 요청하기 위해 유럽 각국을 돌던 베헤이렌 대표 오다 마코토의 노력으로 성사된 일이었다. 다카하시는 바로 이탈리아로 가 공산당 관계자를 만났지만 허탕만 쳤다. 관계자는 "지원을 확답한 일이 없다"고 딴소리를 했다. 이탈리아에서 끝내 협력자를 구하지 못한 다카하시는 프랑스 파리로 건너갔다. 학계와 좌파 운동단체 인맥을 총동원해 힘을 보태줄 사람을 수소문했다. 그는 유럽으로 오기 전 릿쿄대학 교수직도 그만둔 상태였다. 일본의 학생운동 조직인 전국학생공동투쟁회의(전공투)의 수업 거부 등으로 학기 중에 강의할 기회가 없기도 했거니와, 무한정 대학 교수직을 병행하며 자테크 활동을 할 수는 없었다. 그만큼 이 일에 대한 사명감이 컸다.

어떻게든 성과물을 갖고 일본으로 돌아가야 했다. 그는 파리의 유명한 수학자 로랑 슈바르츠Laurent Schwartz(1915~2002)의 소개로 제2차 세계대전 중에 위조 여권을 만들었다는 기술자를 만났다. 감자를 자른 뒤 안쪽 표면을 칼로 새겨 스탬프처럼 찍는 방법에 관해 들었다. 지나치게 낡고 원시적이라 신뢰가 안

갔다. 지금은 제2차 세계대전이 한창이던 1940년대에서 30여 년이나 더 흐른 1970년이었다. 더 정교하고 더 세련돼야 했다.

승용차의 그 남자를 만나기까지는 그러고도 한참이 걸렸다. '제2전선'이라는 단체와 접촉하다가 운이 좋게도 어떤 여성 변호사와 연결됐다. 그 변호사는 "탈주병 망명운동을 정치 선전처럼 시끄럽게 하지 않고 조용히 진행하겠다"는 다카하시의 다짐을 받고 나서, 007작전과도 같은 다단계의 접선을 거쳐 그를 승용차의 남자에게 안내했다. 가령 이런 식이었다. 호텔로 돌아가 무조건 기다리게 한다. 어느 날 현관문 아래 틈 사이로 작은 편지가 배달된다. 내용은 한 문장이다. "○일 ○시에 ○○○로 오시오." 그 말에 따라 정해진 시간에 정해진 장소로 간다. 누군가 그를 안내한다. 여러 차례 안내자가 교체된다. 그렇게 하여 승용차 안에서 보스로 보이는 남자에게까지 이른 것이다.

나중에 안 사실이지만, 승용차의 남자는 제3세계 해방운동 지원 그룹 '솔리다리테Solidarite(연대)'를 이끄는 앙리 쿠리엘 Henri Curiel(1914~1978)이라는 인물이었다. 유대인으로 이집트에서 태어난 그는 1950년대 프랑스로 건너와 알제리 독립 투쟁 지원 활동을 하다 투옥됐던 제3세계 민족해방운동 진영의 거물이었다. 1960년대엔 활동가 교육, 문서 위조 등 광범위한 비합법 활동으로 팔레스타인과 남아프리카의 해방 투쟁을 돕고 있었다(그는 10년 뒤 이스라엘 정보기관 모사드 요원으로 추정되는 괴한들에게 암살당한다).

여자가 운전한 승용차는 어느 아파트 앞에 섰다. 다카하시가 아파트 안에 들어가자 기술자로 보이는 또 다른 남자가 맞았다. 그는 손에 여권 하나를 들고 여권 위조의 원리와 기술의 디테일한 부분을 설명해주었다. "보통 출입국관리소 직원들은 특별한 일이 없는 한 여권을 대충 본다. 스탬프란 게 분명한 부분은 분명하고, 흐릿한 부분은 흐릿해야 한다." 너무 정밀하게 하면 오히려 의심을 산다는 요지였다. 그는 이쑤시개에 잉크를 묻힌 뒤 점점이 뿌려 스탬프 모양을 만드는 과정을 직접 시연해주었다. 오돌토돌한 요철을 만드는 노하우도 가르쳐주었다. 다카하시는 여자가 운전하는 차를 타고 호텔로 돌아왔다.

기술만으로는 여권을 위조할 수 없었다. 유럽 여권 원본이 필요했다. 그는 유럽 각국의 진보적 시민단체 사람을 찾아다니며 여권을 모았다. 스웨덴 스톡홀름에서 만난 진보언론계 인사들은 흔쾌히 즉석에서 자신들의 여권을 꺼내 기증했다. 정부기관에 분실했다는 신고만 하면 된다고 했다. 그렇게 세 권을 모았다. 이탈리아 밀라노의 '베트남위원회'라는 시민단체엔 이미 두 권의 이탈리아 여권이 준비돼 있었다. 밀라노와 파리를 오가는 열차 1등석 손님들이 짐을 놓고 식당 칸에 간 사이 활동가들이 슬쩍 가져왔다고 했다. 그렇게 구한 총 다섯 권의 여권을 일본의 자테크 활동가에게 보냈다. 그냥 우편으로 발송하기는 위험했다. 두꺼운 책을 산 뒤 칼로 파서 그 속에 집어넣어 보냈다.

임무를 완수한 다카하시는 1970년 8월 일본으로 귀국했다. 미군 병사 두 명의 국외 탈출이 급했다. 그는 아는 디자이너에게 유럽에서 전수받은 기술을 알려주고 여권 원본들을 넘겨준 뒤 위조를 부탁했다. 마침내 여권 두 권이 완성됐다. 스웨덴 외무부가 발행한 여권엔 탈주병 존 필립 로John Phillip Lowe(일명 쿠르스)의 사진이, 이탈리아 외무부가 발행한 여권엔 또 다른 탈주병 윌리Willi의 사진이 붙었다. 사진 귀퉁이를 지나는 요철 입국 도장은 진짜처럼 멋지게 만들어졌다.

존 필립 로는 위조 여권을 들고 1970년 12월 오사카 이타미 공항으로 향했다. 그의 손엔 파리행 비행기 티켓이 들려 있었다. 1971년 7월엔 윌리가 위조 여권을 들고 도쿄 하네다 공항으로 향했다. 그의 손에도 파리행 비행기 티켓이 들려 있었다. 일본 출입국관리소 직원들은 이들의 여권을 검토했지만 이상을 발견하지 못했다. 출입국 심사를 무사히 마치고 여권을 돌려받은 탈주병들은 출국장에서 파리행 비행기를 탔다. 위조 여권 기술을 찾아 유럽을 떠돈 4개월은 헛되지 않았다. 기술을 전수해준 프랑스 '솔리다리테'와 이를 제대로 배워 써먹은 일본 '자테크'의 승리였다. 다카하시 다케토모는 감격의 눈물을 흘렸다.

80대에도 시민운동가로 살다

다카하시 다케토모 선생과 인터뷰한 것은 2013년 11월, 도쿄의 한 호텔에서였다. 당시 그는 도쿄에 거주한다고 했다. 78세였다. 7년 뒤인 2020년 9월 이 책의 일본어판을 준비하는 과정에서 그의 부음을 뒤늦게 전해 들었다. 2020년 6월 22일 85세를 일기로 세상을 떠났다고 한다.

그는 1970년대 이후 프랑스 문학번역가로 일했다. 2007년 탈주병 지원 과정의 비화를 담은 책 『우리들은 탈주 미군 병사를 월경시켰다私たちは, 脱走アメリカ兵を 越境させた…-最後密出國作戰の回想』를 출간했다. 여권 위조와 이를 통한 국경 출입은 위법이라 법적 공소 시효가 지난 2000년에야 그 전모를 공개할 수 있었다. 위조 여권으로 파리에 간 존 필립 로와 윌리는 1976년 카터 행정부가 집권하고 나서야 사면·복권돼 미국으로 돌아갔다.

다카하시 선생은 2015년 즈음 와다쓰미회 기념관 관장직을 맡아 일했다. 또한 베헤이렌의 전 사무국장 요시카와 유이치와 함께 일본 내 시민운동단체인 '시민의 의견 30의 모임/도쿄'의 공동 대표이자 이곳에서 내는 뉴스레터 《시민의 의견》(격월간지, 2,000부 발행)의 편집위원을 지냈다. 인맥적으로 베헤이렌의 계보와 흐름을 따르는 '시민의 의견 30의 모임/도쿄'는 일본을 바꾸기 위한 30개 항목을 의견 광고로 게재한 뒤 그 항목에 따라서 활동했다고 한다. 그중에 하나가 일본에서 전개된 베헤이렌과 자테크 운동을 한국 청년에게 알리고, 한국의 병역 거부자들을 지원하는 일이었다. 그는 2014년 연말에도 재일 유학생 출신의 병역 거부자들과 만나 이야기를 나누었다고 한다.

게바라에서 호찌민까지

: 거대한 횃불, 68운동

플래카드엔 체의 사진이 박혔다. "유럽에서 제2, 제3의 베트남을
만들어내자"는 체의 메시지와 함께 "호! 호! 호찌민"을 연호하는
목소리가 울려 퍼졌다. 68운동은 세계를 흔들었다.

1967년 10월 9일, 체가 죽었다.[20]

아르헨티나인이자 쿠바인인 혁명가. 그날 오후 1시께, 볼
리비아 차코의 작은 시골 학교 교실에서 최후의 순간을 당당하
게 맞이했다. 오른쪽 장딴지에 총상을 입고, 수염이 뽑히고, 두
손이 뒤로 묶인 채였다. 체, 즉 체 게바라는 권총을 든 볼리비아
정부군 하사관 마리오 테란Mario Teran의 눈을 똑바로 쳐다보며
말했다. "쏘아, 겁내지 말고! 방아쇠를 당겨!" 마리오 테란은
떨었다. 테란은 옆에 있는 볼리비아군 장교들과 미국 중앙정보
국CIA 요원들의 재촉에도 발사를 주저했다. 방아쇠를 당긴 것
은 술을 몇 잔 마신 뒤였다. 총알은 정확히 맞지 않고 빗나갔다.
체의 숨은 조금 더 시간이 흐른 뒤 끊어졌다. 주검은 10월 10일
에서 11일로 넘어가는 사이 볼리비아 바예그란데에 주둔하던
부대로 옮겨졌고, 11일 외딴 장소에서 화장됐다.

"힘든 하루였다. 너무 지쳐서 어금니를 악물다."(2월 23

일) "우울한 하루."(2월 25일) "포위망은 점점 좁아지고, 계속해서 네이팜탄이 터진다."(3월 28일) "차를 타고 지나가는 군인 두 사람을 쏠 용기가 나지 않았다."(6월 3일) "천식이 심각할 정도로 도지려고 한다. 치료약은 하나도 없다."(6월 23일) "아주 우울한 하루였다."(6월 26일) "동지들이 나를 바쿠닌(러시아의 무정부주의자)이라고 부른다. 그리고 이제까지 흘린 피와 또 다른 베트남이 생길 경우 피를 흘리게 될 사람들을 불쌍해한다."(7월 24일) "새벽 2시에 행군을 중단하고 쉬었다. 한 발짝도 더 뗄 수 없을 정도로 힘들었다."(10월 7일)

볼리비아의 정글에서 쓴 1967년의 마지막 일기엔 축축한 절망이 묻어 있다. 체는 그곳에서 '제2, 제3의 베트남을 만들어내자'는 자신의 말을 실천했다. 미국의 힘을 분산시키고 약화시켜야 한다며 생전에 이렇게 다짐했다. "나는 쿠바인이자 아르헨티나인으로서 라틴아메리카 어느 국가의 자유를 위해서라도 내 목숨을 기꺼이 바치겠다."

체가 체 게바라가 된 것은 혁명가의 길을 걷고 나서였다. 1928년 아르헨티나의 상류층 백인 가정에서 태어나 25세에 의학박사 학위를 딸 때까지만 해도 그의 이름은 에르네스토 게바라 데 라 세르나Ernesto Guevara de la Serna였다. 1959년 카스트로(1926~2016)와 함께 쿠바 혁명을 승리로 이끈 뒤엔 쿠바 국립은행 총재에 이어 산업부 장관에 올랐다. 이제야말로 편히 살아도 욕먹지 않을 수 있었다. 1965년 4월, 쿠바와 이별하고 아프리카 콩고의 혁명군을 지원하러 갔다. 1966년 11월 3일엔 우루과이 여권을 들고 현지 사회·경제를 연구하러 온 대머리 학자로 위장해 볼리비아 라파스 공항에 내렸다. 4일 뒤 산악지역인 냥카우아수로 이동했다. 반독재 특공대원 53명과 함께 게릴라전을 시작했다. 난관투성이였다. 뜻밖에도 볼리비아 민중은 그를 열렬히 환영해주지 않았다. 미국과 대척점에 있던 소련도 돕지 않았다. 1962년 10~11월 쿠바 미사일 기지를 놓고 미국과 벼랑 끝 진통을 겪었던 소련은 라틴아메리카를 둘러싼 미국과의 충돌을 피했다. 미국 린든 존슨 정부는 볼리비아군에 잡힌 그를 처단하라고 명령했다. 체가 세계 전복에 완전히 실패했고 전투 중에 죽었다고 세계에 알리는 선전 효과가 컸다. 체의 나이 서른아홉 살이었다.

1968년 4월 4일, 킹이 죽었다.

미국인 침례교 목사이자 흑인 민권운동 지도자. 그날 오후 6시 1분, 미국 테네시주 멤피스에 있는 로레인 모텔의 2층 발코니에서, 저녁 식사를 하러 나가기 위해 친구에게 말을 건네다 총을 맞았다. 총알은 오른쪽 뺨을 뚫고 턱을 지나 어깨에 박혔다. 파업 중이던 흑인 환경미화원 노조에 힘을 주러 온 여행이었다. 응급처치를 받았으나, 한 시간 만에 숨졌다. 범인은 탈옥수 제임스 얼 레이James Earl Ray라는 인물이었다. 무슬림이자 급진적 흑인 해방운동가인 맬컴 엑스Malcolm X가 1965년 2월 21일 뉴욕 맨해튼에서 16발의 총탄을 맞고 살해당한 지 3년 6개월 만이었다. 암살의 검은 그림자가 이번엔 비폭력 평화주의 흑인운동가 마틴 루서 킹을 덮쳤다.

"나는 꿈이 있습니다. 네 명의 제 어린 자식들이 언젠가는 피부색이 아닌 그들의 인격으로 평가받는 그런 나라에 살게 되는 꿈입니다."(1963년 8월 28일 "일자리와 자유를 위한 워싱턴 행진"에서의 연설)

킹은 그 꿈을 향해 한 발씩 나아갔다. 1960년대 초만 해도 미국 흑인들은 사람대접을 못 받았다. 백인과의 결혼이 불가능했다. 백인과 함께 학교를 다니지 못했고, 대다수 레스토랑에서 출입을 금지당했다. 영화관과 극장, 버스와 전차에서는 맨 뒷자리만 이용할 수 있었다. 1955년 킹이 살던 몽고메리의 버스 안에서 백인 남성에게 자리를 양보하지 않은 흑인 여성이 경찰에 체포되는 사건이 벌어졌다. 킹은 '버스 안 타기 운동'을 이끌면서 버스 회사의 인종 분리 정책이 헌법에 위배된다는 연방대법원의 판결을 얻어냈다. 흑인 민권운동의 유명한 지도자가 되어갔다.

무서운 대가가 따랐다. 수시로 경찰에 체포됐고, 칼을 맞기도 했으며, 집에서는 폭탄이 터졌다. 간디에게 배운 비폭력 저항운동의 원칙은 바뀌지 않았다. 고난에 찬 투쟁은 1964년 7월 공공장소와 학교에서 인종 분리를 금지하는 시민권법 제정으로 이어졌다. 킹은 1964년 서른다섯 살이라는 나이로 역대 최연소 노벨평화상 수상자가 되었다.

킹의 흑인 민권운동은 1966년부터 도시 빈민 문제에 대한 비판과 전쟁에 대한 성토로 이어졌다. 그에게 베트남전은 미친 짓이었다. 엄청난 돈을 이국의 전쟁터에 쏟아붓지 말고 미국 내 빈곤 퇴치에 써야 했다. 베트남전 비용 지출은 존슨 대통령의 '위대한 사회'라는 실업·빈곤 퇴치 정책과 모순됐다. 베트남전에 징집된 미군의 80퍼센트는 노동자나 가난한 집안 출신이었다. 흑인의 전사율은 백인의 두 배였다. 인종차별 철폐와 베트남전 반대는 둘이 아니라 하나였다. 킹은 1967년 4월 15일 뉴욕에서 열린 대규모 반전 평화 행진에 참여했다. 25만 명이 함께했다. 그해 여름엔 빈곤에 절망한 흑인들이 거리에서 불을 지르고 상점을 약탈했다. 경찰의 진압 과정에서 43명이 죽었다. 10월 21일엔 10만여 명이 '펜타곤'으로 불리는 미국 국방성 건물로 행진했다. 젊은이들은 징집영장을 꺼내 불태웠다. 일부 시위대는 경찰의 총신에 꽃을 꽂는 퍼포먼스를 했지만, 구타를 피할 수는 없었다. 미국 사회는 인종 갈등과 반전운동이 뒤엉 킨 거대한 아수라장으로 변해갔다.

1968년 4월 9일, 조지아주 애틀랜타의 에버니저 교회에서 영결식이 열렸다. 킹의 아버지가 목사로 일했던 교회였다. 킹 의 죽음에 흥분한 흑인들의 폭동으로 전국이 들썩였다. 19명이 목숨을 잃었다. 4월 23일엔 컬럼비아대학 학생들이 다섯 개 대 학 건물을 점거했다. 그들의 구호는 베트남전과 인종차별 반대 였다. 일주일 만에 경찰이 덮쳤다. 150명이 중상을 입고 700명 이 체포됐다. 대학 점거 운동이 다른 대학으로 번져갔다. 존슨 대통령은 판매점이나 숙박업소에서의 인종차별을 금지하는 법 안을 통과시켰다. 킹의 나이 서른아홉 살이었다.

1968년 6월 6일, 바비가 죽었다.

미국 상원의원이자 민주당 대선 예비후보. 그 전날인 5일 밤, 로스앤젤레스 앰버서더 호텔의 조리장을 지나다 저격당했 다. '바비Bobby'라는 애칭으로 불렸던 로버트 케네디는 예비선 거 연설을 위해 캘리포니아주에 머물던 중이었다. 범인은 바비 의 이스라엘 지지 정책에 불만을 품은 시르한 비샤라 시르한 Sirhan Bishara Sirhan이라는 20대의 요르단계 이민자였다. 부상당 한 수행원 다섯 명과 함께 머리에 심한 총상을 입고 병원으로 옮겨졌으나 다음 날 영원히 깨어나지 못했다. 1963년 11월 22 일 텍사스 댈러스에서 둘째 형 존 에프 케네디John F. Kennedy 대 통령이 저격당해 숨진 지 4년 7개월 만이었다. 미국인들이 또

한 명의 전도유망한 정치인을 잃는 순간이었다.

6월 8일 뉴욕의 성패트릭 대성당에서 열린 영결식에서 케네디가의 9남매 중 막내인 에드워드 케네디가 조문을 읽었다. "형을 그저 착하고 점잖은 사람으로 기억해주십시오. 형은 불의를 보면 바로잡으려 하고, 고통을 보면 치료해주려 하고, 전쟁을 보면 막아보려고 했습니다. 그가 우리에게 베풀었던 것, 그가 다른 사람들을 위해 기원했던 것들이 언젠가는 전 세계로 퍼져나가기를 기원합니다."

바비는 남매 중 일곱째였다. 둘째 형 존 에프 케네디가 1961년 대통령에 당선되자 법무장관 자리에 올랐다. 취임 뒤 범죄와의 전쟁을 선포해 마피아를 소탕했고, 흑인 민권 개선에 기여했다는 평가를 받았다. 1960년 '백화점에서 앉기 농성'을 하던 마틴 루서 킹이 구속되자 판사에게 직접 전화해 석방시킨 변호사가 바로 바비였다. 형이 죽은 뒤인 1964년 뉴욕주 상원의원에 당선됐다. 1968년 3월에 대선 출마를 선언했다. 민주당 출신 현직 대통령인 존슨은 대통령직 출마 포기 선언을 했다. 바비는 총을 맞기 직전이던 1968년 6월 초 민주당 예비선거에서 돌풍을 일으키고 있었다. 1967년부터 베트남전을 반대해온 그였다. 바비는 반전 세력의 희망이었다.

베트남에선 베트남인들과 미국인들이 죽어나갔다. 1968년 2월, 베트콩들의 '뗏공세'에 대응하다 무려 2,000여 명의 미군 병사가 목숨을 잃었다. 텔레비전의 보급으로 그 참혹한 장면이 미국인들의 안방에 고스란히 전해졌다. 미국 본토도 전쟁터였다. 1968년 2월 8일 사우스캐롤라이나주 오렌지버그에서 벌어진 평화적 반전 시위에 경찰이 발포를 했다. 흑인 세 명이 사살되고, 34명이 부상을 입었다. 매파들은 정신을 차리지 못했다. 주월미군사령관 웨스트몰랜드 장군은 "베트남으로 20만 명을 추가 파병해달라"고 존슨 대통령에게 요청했다. 그해 6월 웨스트몰랜드 장군의 후임으로 주월미군사령관직에 오른 에이브럼스 장군은 "북폭 중단은 미군을 위기로 몰아넣는 것"이라고 말했다.

1968년 8월 26일, 시카고 인터내셔널 앰피시어터 애비뉴에서 민주당 전당대회가 열렸다. 당연히 그곳에 바비는 없었다. 상원의원 유진 매카시Eugene McCarthy가 예비선거에서 다수 유권자의 지지를 받았지만, 정당 지도부의 후원을 받은 휴버트 험프리Hubert Humphrey가 대선 후보로 지명됐다. 유진 매카시의 지지자들이 주장했던 반전 조항은 끝내 당 정강에 오르지 못했다. 험프리의 지명을 막으려는 반전 단체 회원 등 4,000여 명이 전당대회장 바깥에서 시위를 했다. '청년국제당 이피Yippies'의 리더 제리 루빈Jerry Rubin은 돼지 한 마리를 대통령 후보로 내세우며 민주당을 조롱했다. 경찰은 퇴거 명령을 따르지 않았다는 이유로 소총 개머리판과 곤봉으로 시위대를 공격했다. 그날은 '피의 전당대회'로 남았다. 3개월 뒤인 11월 대통령 선거에서 민주당의 험프리는 공화당의 반공주의자 리처드 닉슨Richard Nixon에게 0.7퍼센트포인트 차로 패했다. 바비는 지하에서 어떤 표정을 지었을까. 그의 나이 마흔둘이었다.

1969년 9월 2일, 호 아저씨가 죽었다.

베트남인들이 추앙한 민족 지도자. 베트남 독립 24돌 기념일이던 그날 오전 9시 45분, 병석에서 불규칙하게 뛰던 맥박이 정지했다. 그가 사이공에서 프랑스 기선 아미랄 라투슈트레빌Amiral Latouche-Treville호의 주방 보조로 취직해 조국을 떠난 때가

1911년 6월. 유럽, 아시아, 아프리카, 미국 등 세계 각국을 떠돌다 귀국한 시기는 1945년. 그로부터 24년 만에 베트남의 독립운동과 혁명의 큰 별로 빛나던 거인이 지는 순간이었다. 마지막 유언장의 내용은 이러했다. "유해를 화장한 다음 조국의 북부·중부·남부에 나누어 뿌리고 장소를 밝히지 말아달라." 조국 통일에 바친 삶을 보여주는 말이었지만, 그의 주검은 화장되지 않았다. 대신 미라가 되었다.

호찌민은 베트남공산당의 창건자이자, 베트남민주공화국(북베트남)의 주석으로서 베트남 최고의 상징이었다. 그럼에도 베트남인들은 스스럼없이 그를 '호 아저씨박호Bác Hồ'라 친근하게 불렀다. 가장 강력한 이미지는 '소박한 성자'였다. 착하고, 사심 없고, 청빈해 보였다. 치부하지 않았고, 결혼하지 않았고, 작은 집에 살았다. 러시아혁명의 레닌 같기도 했고, 인도 민족해방운동의 간디 같기도 했다. 우루과이의 한 신문에선 "우주만큼 넓은 심장을 가진 사람이었으며, 아이들에 대한 가없는 사랑을 가진 사람이었다. 그는 모든 분야에서 소박함의 모범이다"라는 조문 기사를 내보냈다. 베트남에 파병된 한국 군인들은 북베트남과 싸우는 남베트남 사람들마저 "가장 존경하는 베트남 사람은 호찌민"이라고 말할 때마다 혼란을 느꼈다. 그가 존재하지 않는 베트남은 상상할 수 없었다. 미국은 성자를 괴롭히는 악마의 이미지로 전 세계에 투사되곤 했다.

호 아저씨는 말년에 힘이 없었다. 베트남노동당은 집단지도체제였다. 레주언Lê Duẩn이 베트남노동당 총서기에 취임한 1957년 이후 호 아저씨의 영향력은 급속히 쇠퇴했다. 1960년대 중반 그의 주된 역할은 '인자한 호 아저씨'로서 학교나 공장, 집단농장을 방문해 사회주의와 민족 통일의 대의를 알리는 일이었다. 중요한 문제가 생기면 레주언은 동료들에게 이렇게 말했다고 한다. "호 아저씨를 걱정하시게 하지 맙시다. 우리의 최고 지도자를 귀찮게 해서는 안 되지요."

1960년대 말 호 아저씨의 군대는 40만 명 이상으로 늘어났다. 16세에서 45세 사이의 남자들은 모두 징집 대상이 되었다. 베트남전쟁 기간에 미군은 58,193명이 죽었다. 한국군은 5,099명이 죽었다. 베트남인은 남북의 군인과 민간인을 합쳐 최대 260만 명이 죽었다. 1967년 미국 대통령 존슨은 호 아저씨에게 편지를 보내 "폭격을 끝낼 용의가 있지만 그것은 북베트남이 남부 침투를 중단할 때만 가능하다"고 했다. 호 아저씨는 "베트남민주공화국에 대한 폭격을 무조건 중단하라"고 답장을 보냈다. 존슨이 폭격을 중단할 용의를 비친 것은 '뗏공세' 이후, 1968년 3월부터였다. 5월 10일, 프랑스 파리에서 미국과 베트남민주공화국 사이의 평화회담이 시작됐다. 평화의 싹이 보였지만 그 싹은 쉽게 자라지 못했다. 1968년 11월, 닉슨이 대통령이 된 뒤 폭격은 계속됐다. 호 아저씨의 맥박이 꺼져가던 1969년 9월에도 전쟁은 언제 끝날지 불투명했다. 그의 나이 일흔아홉 살이었다.

그리고, 1968년 2월 12일.

1968년이란 무엇인가. 나는 '체 게바라와 호찌민 사이'라 말하겠다. 둘은 1968년의 시대정신을 대표하는 인물이다. 그해 5월 2일 파리 서부 낭테르대학(이후 파리10대학으로 바뀜)에서 발화한 베트남전 반대 시위의 불꽃은 경찰의 과격한 진압과 학교 당국의 일방적인 학교 폐쇄에 대한 반발로 걷잡을 수 없이 번지며 솟구쳤다. 처음에는 파리의 다른 대학생들과 연대하더니, 다음에는 노동자들과 손을 잡았다. 나중에는 수십 개국의 젊은이들이 함께 행동하는 전 세계적 투쟁으로 불타올랐다. 독일·이탈리아·영국·스페인은 물론 사회주의권인 체코슬로바키아와 남미의 멕시코에도 불이 붙었다. 마틴 루서 킹과 로버트 케네디가 쓰러진 뒤 흑인 민권운동과 반전운동으로 술렁이던 미국도 예외가 아니었다. 제2차 세계대전 이후 숫자가 세 배로 불어난 대학생들은 낡은 세계의 유리창에 돌을 던지기 시작했다.

그들이 내건 플래카드엔 세상을 떠난 지 얼마 안 된 체의 사진이 박혔다. 체는 불가능한 것을 꿈꾸고 상상하는 이들의 정신적 후원자였다. 그들은 "유럽에서 제2, 제3의 베트남을 만들어내자"는 체의 메시지를 구호로 만들었다. 더불어 "호! 호! 호찌민"을 연호했다. "내게 가장 충격적이었던 것은 고도로 발전된 나라, 초현대적인 미국 군대가 베트남 농민을 공격해야 한다는 것이었습니다. 마치 백인 정착자들이 북미 인디언들을 공격한 것처럼 말입니다."(독일 학생, 미카엘 폰 엥엘하르트)

남녀로 나뉜 기숙사를 없애달라는 정도의 작은 요구에조차 귀를 막는 권위적인 유럽의 대학 당국(낭테르대학)은 미국 군대와 한 패거리로 여겨졌다. 상식이 안 통하는 대학은 미군 침략자의 다른 얼굴이었다. 차별받던 여성들과 성소수자들도 함께 스크럼을 짰다. 학생운동 물결은 민주화운동을 넘어 문화혁명으로 발전했다.

1968년의 세계적 대항쟁은 나중에 '68운동'이란 이름으로 불렸다. 영국 역사가 에릭 홉스봄은 말했다. "68운동은 제2차 세계대전 이후 유일하게 세계에서 동시적으로 일어난 사회 격변이었다." 미국 학자 이매뉴얼 월러스틴은 말했다. "이제껏 세계 혁명은 단 둘뿐이었다. 하나는 1848년(프랑스 2월 혁명)에,

또 하나는 1968년에 일어났다. 둘 다 역사적 실패로 끝났다. 둘 다 세계를 바꾸어놓았다."

1968년 미국의 학생운동 조직인 민주사회를 위한 학생 연합SDS의 매사추세츠공과대학 지부에서 활동하며 베트남의 미군 철수를 주장하고, 베트남전에 쓰일 관성항법장치, 투시레이더 등을 개발해온 대학 연구소에 항의하는 대규모 집회를 조직했던 조지 카치아피카스George Katsiaficas는 훗날 사회학자가 되어 1968년을 '전 지구적 에로스 효과'라는 개념으로 설명했다. '해방을 향한 본능적 욕구(에로스)'에 대한 자각이 시공간을 뛰어넘어 동시다발적으로 공명을 일으킨 봉기의 전 지구적 연관성. 그것은 비록 미완의 혁명으로서 한계를 드러냈지만, 세계를 바꾸어놓았고 변혁투쟁을 먼 미래로 미룬 아시아·아프리카 국가의 민중들을 자극했다.

세계가 에로스에 물들던 체와 호 아저씨 사이의 1968년, 대한민국은 "세계에서 제일 높은 빙산의 하나인 38선의 강파른 철덩어리"(시인 김수영)[21] 아래 있었다. 그해 2월 12일, 대한민국 군대는 베트남 퐁니·퐁녓촌이라는 농촌 마을을 공격했다. 늙은 농부들과 그의 아들, 딸, 손자, 손녀까지 74명이 죽었다. 그중 네 명인 쩐티안Trần Thị An과 쩐반만Trần Văn Mạnh, 응우옌딘다오Nguyễn Đình Đào, 도안테민의 나이는 모두 한 살도 되지 않았다.

주

1. 《조선일보》1968년 2월 14일자 문외문聞外聞.
2. 《동아일보》1968년 2월 12일자 2면 "대통령 내외가 사격연습".
3. 3부 "총성의 소용돌이" 참조.
4. 8년 뒤인 1976년 12월엔 지미 카터 정부 아래서 키신저 후임으로 국무부 장관에 오른다. 케네디, 존슨, 카터 등 세 명의 민주당 대통령 아래서 중요한 역할을 한 셈이다.
5. 《경향신문》1968년 2월 14일자 2면 "묵묵부답의 경청특사".
6. 위의 신문.
7. 《경향신문》1968년 2월 15일자 1면 "비공개문서를 교환".
8. 「1968년 푸에블로호 사건과 남한 북한 미국의 삼각관계」, 홍석률, 《한국사연구》113 (2001년 6월) 한국사연구회.
9. 「위험한 밀월-박정희·존슨 행정부기 한미관계와 베트남전쟁」, 홍석률,《역사비평》통권88호(2009년 가을).
10. 제2차 세계대전이 막바지로 치닫던 1945년 3월 13일, 6월 1·7·15·26일, 7월 10·24일, 8월 14일 전쟁의 조기 종결을 위하여 미군이 독일·이탈리아와 같은 추축국인 일본의 오사카 일대에 대량의 소이탄을 투하한 사건을 말한다.
11. 여기엔 한국 입양인 출신 미군 병사 김진수도 동행했다. 김진수에 대해서는 "새장을 뚫고 스웨덴으로" 참조.
12. 일본과 미국 간의 상호 협력 및 안전보장 조약. 일본과 미국 간의 안전보장을 목적으로 일본에 주일미군이 주재하는 것 등을 정한 양국 간의 조약이다. 미일(일미)안전보장 조약이라고도 불린다. 1960년 1월 19일 워싱턴 D.C.에서 체결되었으며, 같은 해 6월 23일 발효되었다. 미일 동맹의 근거 조약이다. 이에 대한 일본 사회의 반대운동을 '안보 투쟁'이라고 부른다.
13. 이 글을 쓰면서 다음과 같은 자료와 책을 참고·인용했음을 밝힌다. 「외무부 보존문서: 김진수 한국계 미군 주일쿠바대사관 망명 사건, 1967~68」(외교사료관 보존), 「'국경' 안에서 '탈/국경'을 상상하는

법: 일본의 베트남 반전운동과 탈영병사」(권혁태, 2012), 「베트남 '반전탈주' 미군 병사와 일본의 시민운동: 생활 세계의 전쟁과 평화」(남기정, 2012), 『隣に脱 走兵がいた時代』(思想の科學社, 1998).

14. 이는 베트남전 파병 50주년을 맞아 역사문제연구소의 초청으로 2014년 9월 한국을 방문해 강연했던 전 자테크 활동가 세키야 시게루關谷滋(1948년생) 씨의 증언이다.

15. 스웨덴은 베트남전 당시 미국의 북폭을 반대하고 미군 탈영병의 망명과 입국을 허락한 몇 안 되는 나라였다. "벌레 편에서 싸우다" 참조.

16. 김진수는 1970년대 후반 또는 1980년대 초반에 일본을 찾아 자신의 탈출을 도와준 베헤이렌 사람들을 만났다고 한다. 한국에도 들러 자신을 낳아준 부모와 친척을 찾았으나 실패했다는 증언도 있다. 당시 그는 근황을 묻는 지인들의 질문에 "스위스에 살고 있다"고 답했다고 한다. 2021년 2월 현재 살아 있다면 75세. 2014년에 스위스 한인회와 스웨덴 한인회를 통해 그를 수소문했으나 의미 있는 제보를 얻지 못했다. 소설가 이대환은 김진수의 삶을 극화해 『총구에 핀 꽃』(도서출판 아시아, 2019)이라는 소설을 펴내기도 했다.

17. 인트레피드호의 4인을 스웨덴으로 탈출시킨 것은 자테크가 만들어지기 전, 1967년 11월의 일이다.

18. 나가사키 장기현 오무라시에 위치한 한국인 불법 입국자 수용 시설. 일본 정부는 1950년 12월 일본 해군 공창 시설을 개조해 사용하기 시작, 1981년까지 2만 명의 한국인을 이곳에 수용하다 강제 송환했다. 밀항 등 불법 입국자로서 적발되거나 영주권을 갖고 있어도 형사범으로 7년 이상의 징역형을 받은 재일한국인 등이 주로 수용됐고 인권 침해 논란이 끊이지 않았다.

19. 일본 평화운동가들의 노력으로 김동희는 강제 송환 대신 북한으로 갔다. 일본 정부는 1968년 1월 26일, 그를 소련의 나홋카행 선박에 태워 북한으로 보냈다. 베헤이렌 대표 오다 마코토의 회고록에 따르면 "1976년 10월 김일성 북한 주석과 만났을 때 김동희의 소식을 물어보자, '그런 사람은 북한에 없다'는 답변이 돌아왔다"고 한다.(《한겨레》 2014년 1월 4일자, "파병 거부한 밀항자 김동희를 아십니까", 권혁태)

20. 이 글을 쓰면서 다음과 같은 책과 논문을 참고하거나 인용했다. 『체 게바라 평전』(장 코르미에, 실천문학사, 2000), 『빌 클린턴의 마

이 라이프』(윌리엄 제퍼슨 클린턴, 물푸레, 2004), 『마틴 루터 킹, 검은 예수의 꿈』(카트린 하네만, 한겨레아이들, 2010), 『호찌민 평전』(윌리엄 J. 듀이커, 푸른숲, 2003), 『1968년의 목소리』(로널드 프레이저, 박종철출판사, 2002), 『미국 현대사 산책』(강준만, 인물과사상사, 2010), 『있는 그대로의 미국사』(앨런 브링클리, 휴머니스트, 2005), 『신좌파의 상상력』(조지 카치아피카스, 난장, 2009), 「1968년 세계혁명의 지속되는 유산」(이매뉴얼 월러스타인, 《경제와 사회》 2008년 겨울호).

21. 『김수영 전집2』(민음사, 1981)의 96~97쪽에 실린 「해동解凍」(1968). "우리의 38선은 세계에서 제일 높은 빙산의 하나다. 이 강파른 철덩어리를 녹이려면 얼마만한 깊은 사랑의 불의 조용한 침잠이 필요한가. 그것은 내가 느낀 목욕솥의 용해보다도 더 조용한 것이어야 할 것이다."

2014년 2월 12일
2021년 2월 코로나19

: 위령비, 74개의 이름 앞에서

나는 46년 전 한국군 해병대원이 그랬던 것처럼,
마을을 오른편으로 끼고 서쪽 쯔엉선 산맥 능선을 마주 보며
들어갔다. 집집마다 향을 피우는 날이었다.
방향을 오른쪽으로 틀어 마을로 들어갔다.

2월 12일, 나는 퐁니·퐁녓 마을로 진입했다.

1968년 2월 12일의 일이 아니다. 46년이 흐른 2014년 2월 12일이었다. 다낭에서 승용차를 타고 출발했다. 남쪽 호이안 방향으로 1번 국도를 40여 분 달리자 꽝남성 디엔반현 디엔안사 지역이 나타났다. 조금 뒤 오른쪽 논 한가운데 커다란 나무 한 그루가 눈에 들어왔다. 야유나무였다. 사건이 벌어지기 시작한 지점이다. 야유나무는 그날을 상징하는 랜드마크다. 승용차의 속도를 낮추고 우회전했다. 46년 전 해병 제2여단 1대대 1중대원들이 그랬던 것처럼, 마을을 오른편으로 끼고 서쪽 쯔엉선 산맥 능선을 마주 보며 들어갔다. 차 한 대만이 간신히 지나갈 너비였다. 맞은편에서 쉴 새 없이 달려오는 오토바이들이

아슬아슬하게 비켜갔다. 50미터쯤 가니 작은 공터가 나왔다. 차를 세워두고 걷기 시작했다. 46년 전처럼 풀이 무성하게 자란 흙길이 아니다. 시멘트 포장도로다. 마을이 보였다. 그 옛날 초가집은 모두 개량 주택으로 변했다.

인천공항을 떠나 다낭공항에 도착한 것은 3일 전. 호찌민이나 하노이를 경유하지 않아도 되는 다낭 직항이 생긴 것은 몇 년 되지 않았다. 다낭이 베트남 제3의 도시임을 말해주는 변화다. 일주일간 다낭의 호텔에 묵으며 매일 승용차를 빌려 아침저녁으로 40여 분 거리의 퐁니·퐁넛 마을을 오고 갔다. 2000년부터 시작해 도합 네 번째 방문이었다. 이번엔 일부러 2월 초순을 택했다. 이유는 하나였다. 제삿날 풍경을 보고 싶었다. 그날이 바로 2월 12일이었다. 양력으로 사건 발생일과 일치했고, 음력으로 계산하면 사건 전날인 1월 13일이었다. 베트남 제사는 음력으로 기일 하루 전에 지낸다.

46년 전 그날 한국군이 다녀간 퐁니·퐁넛 마을에서는 이날 20가구 넘게 제사를 지내는 것으로 보였다. 마을 사람들은 이를 '따이한 제사'라고 부른다.

오전 9시부터 네 집을 차례대로 순례했다. 첫 목적지는 응우옌티르엉[1] 할머니의 집이었다. 2월 12일 사건으로 인해 그녀가 잃은 가족은 없다. 다만 그날 응우옌티토이(1935년생)를 잃고 홀아비가 된 레딘다이(1934년생)와 3년 뒤 혼인의 연을 맺었다. 남편이 세상을 떠난 뒤에도 전 부인을 위해 제사를 지낸다. 저승에 간 이들에게 정성을 다해야 복을 받는다는 것은 베트남인들의 오래된 믿음이다. 2013년 1월 방문 때 퐁넛 마을의 골목길에서 만난 하푹마우는 일면식도 없는 자신의 집 전 주인을 위해 지금도 제사 음식을 차리고 절을 한다고 했다. 전 주인 쩐로(1901년생)와 보티까인(1904년생) 부부는 그날 불에 타 죽었다. 주검은 형체조차 알아볼 수 없었다.[2]

두 번째 들른 레딘묵의 집에선 사건 당일 어머니 품에 안겨 있다 살아남은 그의 동생 레딘먼을 만났다. 밭에서 일하던 어머니 하티지엔(1934년생)은 총탄에 맞아 절명하면서도 끝까지 젖먹이 아들 레딘먼을 보호했다.[3] 레딘먼의 누나인 레티쯩 Lê Thị Chừng(52)과 레티묵Lê Thị Mực(51)이 아이들과 함께 와 음식을 차리며 이야기꽃을 피웠다.

세 번째는 응우옌전 할아버지의 집이었다. 그의 큰딸 응우옌티탄은 칼에 가슴이 잘린 채 피를 많이 흘리다가 수술도 제대로 받지 못하고 숨졌다.[4] 가장 잔혹한 죽음 중 하나였다. 죽은 응우옌티탄의 여동생 응우옌티바, 응우옌티호아 등 9남매 중 지금까지 생존한 5남매의 아들딸과 손자·손녀들이 한자리에 모였다.

마지막으로 엄마와 이모, 언니, 남동생, 조카 등 혈육을 가장 많이 잃고 본인도 중상을 입었던 응우옌티탄(바로 앞의 응우옌티탄과 동명이인)의 집을 방문했다.[5] 치명적 총상을 입고도 응우옌티탄과 함께 기적적으로 살아남은 오빠 응우옌득상은 호찌민에 살고 있어 참석하지 못했다. 응우옌티탄의 작은아버지 응우옌득초이(76)가 제사를 진행했다. 제사의 풍경은 집집마다 대동소이했다. 제단 앞에 과일과 맥주, 돼지고기 등 음식을 차리고, 향을 피우고, 제문을 읽으며 망자의 영혼을 초대하고, 두 손으로 향을 흔들며 세 번 절을 하고는 떠들썩하게 모여 앉아 식사를 했다. 경제적으로 형편이 좋은 집에선 이웃까지 불러 모아 술과 요리를 대접했다. 제삿날이자 잔칫날이었다.

그날 세상을 떠난 이들과 남은 가족들은 국가의 배려를 받지 못했다. 1968년 퐁니·퐁넛 마을 주민들에 대한 보호 의무를 지녔던 남베트남은 1975년 4월 30일 사이공이 북베트남 군대에 함락되는 걸 신호탄으로 지구상에서 사라졌다. 이후 통일 국가로 태어난 베트남사회주의공화국도 한국군에 의한 희생자 가족들을 적극적으로 돌봐주지 않았다. 이는 '열사'들에 대한 처우와 확연히 비교된다. '열사'란 전쟁 기간에 북베트남 군인과 베트콩 신분으로 사망한 국가유공자들을 일컫는다. 퐁니·퐁넛 마을이 속한 디엔안사 인민위원회에만 열사 585명이 있고, 이들을 기리는 탑이 인민위원회 바로 맞은편에 화려하게 세워져 있다. 이들의 가족에겐 매달 150만 동(약 7만 원)이 지급되고 있다. 새해를 맞을 때마다 20만~40만 동을 따로 챙겨준다. 이날 만난 한국군 희생자 유가족 한 명은 "제삿날인데 어떻게 국가가 향 피울 값 하나 지원해주지 않느냐"며 직설적으로 소외감을 뱉었다.

방문 기간 중 다른 날엔 주로 생존자 가족의 집에 들어가 증언을 들었다. 그날 부모를 잃은 뒤 입산해 베트콩이 되거나 퐁니·퐁넛 마을에서 저격수로 활동했던 이들도 만났다. 이 모든 취재는 사전에 베트남 꽝남성 우정연합회 쪽의 허가를 얻은 뒤 진행했다. 사회주의국가의 특성이다. 체류 기간과 취재 목적, 인터뷰 대상자들을 자세히 적은 공문을 베트남어로 작성해 도착 보름 전에 보냈다. 꽝남성 우정연합회는 산하 행정기관인 디엔반현(현재 디엔반시사로 승격)과 디엔안사 인민위원회에 취재 협조를 지시했다.

인민위원회 직원들은 취재 첫날부터 자전거를 타고 와 가이드를 해주었다. 인터뷰 대상자의 집을 찾아주는 등의 편의 제공이지만, 인터뷰 자리에 동석할 때도 있으니 감시처럼 느껴

질 만하다. 나는 친절로 여기기로 했다. 내처 자료 요청까지 했다. 인민위원회가 소장하고 있을지 모를 퐁니·퐁녓 마을의 과거 사진을 달라고 했다. 가능하면 1960년대 것이었으면 했다. 주민들이 생활하는 모습을 찍은 것이든, 인민위원회 직원들이 기념 촬영을 한 것이든 그 무엇이라도 좋다고 했다. 디엔안사 인민위원회에서 대외 활동을 담당하는 쩐꾸억또안Trần Quốc Toản(46)에게 그것이 가능한지를 물었다. 쩐꾸억또안은 잠시 생각하더니 "1960년대 사진 자료가 있다"고 말했다. "정말?" 나는 쾌재를 불렀다. 그는 며칠 기다리라고 했다. 사진 보관함의 열쇠를 가진 담당 직원이 집안에 상을 당해 휴가 중이라고 했다. 나는 담당 직원이 오기만을 기다렸다.

마침내 3일 뒤 열쇠를 가진 직원이 사무실에 출근했다. 쩐꾸억또안은 그 직원에게서 받은 사진 자료를 나에게 내밀었다. 너덜너덜해진 잡지 한 권이었다. 어디서 많이 본 듯한…… 맙소사, 그것은 2000년 11월 23일자로 발행된《한겨레21》이었다. 발행된 지 13년 2개월이나 지난《한겨레21》은 귀퉁이가 다 해어지고 구겨져 30년 전 잡지쯤으로 보였다. 기가 막혔다. 사진 자료랍시고 받은《한겨레21》해당 호는, 내가 2001년 3월에 기증했던 것이다.

퐁니·퐁녓 마을을 두 번째로 방문했을 때의 일이다. 당시엔 딱 하루 마을에 머물렀다. 2000년 미국 국립문서기록관리청에서 32년 만에 기밀 해제된 베트남전 민간인 학살 관련 문서와 사진을 처음 입수해《한겨레21》표지 이야기로 쓴 시점이 그해 11월 23일. 문서와 사진의 주요 무대는 퐁니·퐁녓 마을이었다.《한겨레21》기사에서 가장 비중 있게 다룬 것도 퐁니·퐁녓 마을 사건이었다. 나는 4개월 뒤인 2001년 3월, 그《한겨레21》을 들고 베트남에 온 거였다. 그때 디엔안사 인민위원회에 한 가지 부탁을 했다. 1968년 2월 12일에 희생된 이들의 유가족과 생존자들을 모아달라고. 《한겨레21》에 보도한 사진 속의 주검들이 익명으로 존재할 때였다. 이름을 알고 싶었다. 그들의 형, 오빠, 어머니, 아버지를 찾아주고 싶었다. 인민위원회가 마을 방송을 해줘 퐁니 마을의 원로 응우옌쑤 집 마당에 주민들이 속속 모여들었다. 그들은 사진을 돌려보며 퀴즈를 풀듯 주검의 이름을 맞춰나갔다. 그 기초 조사 덕분에 나는 이 책을 쓸 수 있었다.

다시 2014년 2월. 나는 인민위원회 직원에게서 받은 《한겨레21》을 돌려주며 다른 사진 자료는 없느냐고 물었다. 그는 고개를 저었다. 기대를 한 내가 잘못이었다. 그나마 퐁니·퐁녓 마을 사건 자료집이 하나 있는 것만으로도 고마운 일이었다. 디엔안사의 상급 행정기관인 디엔반현 문화통신청에서 1995년 12월에 제작한 얇은 책자였다. 2013년 1월 방문 때 그 자료집의 주인공을 수소문해 만난 적이 있다. 디엔반현 문화통신청에서 일하는 르엉미린Lương Mỹ Linh(42)이었다.

그녀의 말에 따르면, 1995년 디엔반현 문화통신청에서는 디엔안 등 현 내 20개 사에 특기할 만한 역사와 문화유적이 없는지 보고하라는 지시를 내려 보냈다. 당시 디엔반현 문화통신청은 프랑스 식민지 시대부터 한국군 주둔 시절까지의 사건들을 광범위하게 조사해 박물관 자료로 삼으려 했다고 한다. 이때 디엔안사에서는 1968년 2월의 퐁니·퐁녓 마을 사건을 적어 올렸다. 르엉미린이 말했다. "세 곳을 조사했던 게 기억나요. 디엔안사 퐁니·퐁녓과 디엔토사 투이보, 디엔즈엉사 하미였어

요. 전 퐁니·퐁녓에 내려가 이틀 동안 생존자들을 만나 증언을
수집했지요. 투이보와 하미는 다른 동료들이 갔어요. 모두들
다녀온 뒤 글을 작성해 자료집을 만들었고요."

투이보[6]와 하미도 1968년 사건이다. 각각 1월 20일과 2월
22일[7] 참화를 겪었다. 투이보에선 145명이, 하미에선 146명(베
트남 공식 통계는 135명)이 불귀의 객이 되었다. 두 곳 다 희생자
수가 퐁니·퐁녓 마을의 두 배다. 투이보 사건은 당시 한국군 해
병 제2여단이 추라이에서 호이안으로 주둔지를 옮기던 비룡
작전 때, 하미 사건은 퐁니·퐁녓 때와 같은 구정대공세 반격 작
전인 괴룡 1호 작전 때의 일이다. 퐁니·퐁녓과 함께 투이보와
하미 사건은 베트남전쟁기 꽝남성 디엔반현의 3대 사건으로
꼽힌다.

디엔반현뿐이랴. 1968년 1월부터 1969년 11월까지 주이
쑤옌현, 꾸에선현, 탕빈현Huyện Thăng Binh 등 꽝남성에서만 민
간인 4,000여 명이 희생됐다. 이는 1999년 집계분이다. 이후 추
가 집계된 통계까지 더하면 그 수는 최소 5,000여 명으로 추산
되는데[8] 중부 다섯 개 성 전체 학살 희생자 1만여 명의 절반이
다. 1만 명 중 5,000명, 5,000명 중 74명. 그러니까 퐁니·퐁녓
마을의 74명은 가장 진부한 표현대로 '빙산의 일각'이다.

퐁니·퐁녓 마을 입구의 야유나무 옆 위령비에선 그 '빙산
의 일각'을 하나하나 확인할 수 있다. 사건 당시 78세이던 1890
년생 할아버지부터 1968년생 젖먹이까지, 이름과 태어난 해,
고향을 새겨놓았다. 위령비 앞 안내판엔 베트남어로 이렇게 적
혀 있다. "1968년 2월 12일 꽝남성 디엔반현 디엔안사 야유나
무에서 74명의 양민이 남조선 군인에게 학살을 당했다. 음력
묘신년(무신년) 1월 14일."

이 위령비는 한국의 시민단체 '나와 우리' 회원들이 시민 모금을 통해 재원을 마련하고 디엔안사 인민위원회와 협의해 2004년 8월에 준공했다. 마을에서 위령비까지 이어지는 시멘트 포장 진입로도 2009년 7월 '나와 우리' 회원 10여 명이 베트남 자원봉사단체 회원들과 삽을 들고 직접 닦았다.

한국인들이 이곳을 찾기까지 《한겨레21》의 연속 보도가 한몫했다. 본격적인 보도는 1999년 9월 2일자였다. 구수정 호찌민 통신원이 그해 여름 한국군의 작전지역이던 중부 다섯 개 성을 돌며 확보한 증언들을 특집으로 기사화했다(제목은 "베트남의 원혼을 기억하라"). 독자들은 충격에 빠졌다. 한국 사람이 다른 나라 사람에게 피눈물을 흘리게 한 역사 이야기를 처음 접했기 때문이다. 2000년 봄부터 서너 차례 이어진 참전군인들의 고백도 마찬가지였다. 당시 《한겨레21》은 무려 1년간 매주 1~2쪽을 할애해 베트남인들의 피해 실상을 알렸고 성금 모금 운동을 했다. 독자들이 거대한 감동으로 화답했지만, 반감의 거대한 회오리도 만났다. "베트남전 참전군인들의 명예가 훼손당했다"고 주장하는 사단법인 대한민국고엽제후유의증전우회(고엽제 전우회) 소속 2,000여 명이 2000년 6월 27일 서울 한겨레신문사 사옥을 습격해 난동을 부리는 초유의 사태가 벌어졌다. "윤전기에 폭탄을 설치했다"는 공갈 전화로 인해 폭발물 탐지견이 윤전기 주변을 수색하는 소동까지 일어났다.

1년 뒤인 2001년 8월 23일 김대중 대통령은 베트남 쩐득르엉 Trần Đức Lương 국가주석과의 정상회담 자리에서 "불행한 전쟁에 참여한 걸 미안하게 생각한다"고 사과했다. 김 대통령은 병원·학교 건립을 골자로 한 베트남 중부 다섯 개 성에 대한 인도적 지원을 약속했고 실행했다. 이러한 일련의 흐름 속에서

'베트남전 양민학살 진상규명대책위원회'(베트남전 진실위원회로 개칭)로 출발한 '평화박물관 건립추진위원회'가 출범했고(2003년), '베트남과 한국을 생각하는 시민의 모임'이 페이스북을 통해 결성됐다(2012년). 베트남전쟁에 대한 사죄와 성찰을 통해 평화로 나아가고자 하는 비영리 평화운동단체 '한베평화재단'이 창립했다(2016년).

베트남평화의료연대는 2000년부터 매년 한국군 피해 지역에 봉사활동을 가고 있다. 베트남전 민간인 학살 문제는 분단국가인 한국에서 평화의 감수성을 자극하고 깨우는 중요한 모티브이자 새로운 인권 이슈로 자리 잡았다. 제국주의 통치의 가해자로서 일본을 비판하기 전에 반드시 돌아보아야 하는, 아프지만 직시해야 하는 하나의 역사적 거울이 되었다.

2014년 2월 12일 오후, 퐁니·퐁넛 위령비 앞엔 10개의 조화가 놓였다. 모두 한국의 시민단체나 학교에서 보내온 꽃이었다. 조화 리본에는 이런 말들이 베트남어로 적혔다.

"우리는 여러분의 희생을 진심으로 사과합니다."(베트남평화의료연대)

"영령들이여, 편히 쉬소서."(제주작가회의)

"퐁니·퐁넛 희생자 가족들께 다시 한번 무릎 꿇어 사죄드립니다. 미안해요."(베트남과 한국을 생각하는 시민의 모임)

"기억하겠습니다. 그날의 역사!"(여행대안학교 로드스꼴라)

"퐁니·퐁넛 마을 희생자들과 가족들의 죽음이 헛되지 않도록, 이 땅의 평화를 위해 더 많이 노력하겠습니다."(평화박물관)

위령비 위로 하늘은 맑고 파랬다. 바람이 불어왔다. 조화를 지탱하는 대나무 받침대는 가늘고 약했다. 조화들이 하나둘 쓰러져 나뒹굴었다. 집에서 제사를 마치고 위령비를 찾아온 참배

객들이 조화를 일으켜 세웠다. 참배객들이 떠나면 조화는 또 쓰러졌다. 뒤늦게 희미한 스포트라이트를 받았으나 그 빛조차 점점 바스러지는 망자들의 오늘을 말해주는 듯했다. 해가 서쪽으로 기울고 바람은 더 세게 불었다. 야유나무 잎사귀가 춤을 추었다. 어둠이 스며들자 가로등 하나 없는 야유나무와 위령비 주변은 칠흑처럼 깜깜해졌다. 그 위로 여객기 한 대가 날아갔다.

그리고…….

2019년 7월에 퐁니 위령비를 마지막으로 찾았다.

위령비 아래에는 예쁜 인형들이 놓였다. 인형에는 희생자 이름이 새겨져 있었다. '베트남 프렌즈'라는 한국의 청소년단체 회원들 작품이라고 했다. 위령비 옆 위풍당당하던 야유나무는 검게 그을린 채 몸통이 꺾여 있었다. 마을 주민들에게 물어보았지만 정확한 원인을 알 수 없었다. 레딘먼은 "아이들이 나무에 내려앉은 새를 잡으려고 돌을 많이 던지고 놀아 나무가 조금씩 상했다"고 했지만 납득이 가지 않았다. 응우옌티탄은 "태풍이 올 때마다 나무가 조금씩 부러졌다. 주민들도 어떻게 해야 할지 몰라 그냥 지켜보고 있다"고 말했다.

2020년에는 퐁니·퐁녓을 방문하지 못했다. 네 번째 방문이었던 2014년 이후에도 한 해도 거르지 않고 매해 갔었다. 2020년에는 가고 싶어도 갈 수 없었다. 야유나무가 여전히 검게 탄 모습으로 쓰러져 있다는 소식만 들었다.

코로나19(신종코로나바이러스감염증)라는 재앙이 지구를 덮쳤다. 2020년 1월 20일과 22일 각각 한국과 베트남에 코로나19 첫 확진자가 발생했다. 2020년 7월 31일, 다낭 병원에서 코로나19로 인한 첫 사망자가 나왔다. 다낭과 꽝남성 사이의 이동이 금지됐다는 뉴스가 흘러나왔다. 2021년 1월 5일 한국의 코로나19 사망자는 1,000명을 넘어섰다.

2021년 2월이 왔다.

과연 예전처럼 다시 베트남에 갈 수 있을까.

과연 예전처럼 다시 퐁니·퐁넛에 갈 수 있을까.

……

모른다.

주

1. 응우옌티르엉에 관해서는 3부 "저기 사람 있어요" 참조.
2. 보티까인에 관해서는 4부 "까인의 발가락" 참조.
3. 레딘먼에 관해서는 3부 "아기는 꿈나라"와 "다낭박물관 사진 한 장" 참조.
4. 사망한 응우옌티탄에 관해서는 4부 "가장 잔혹한 공격" 참조.
5. 생존자 응우옌티탄에 관해서는 3부 "소년과 소녀의 전쟁" 참조.
6. 투이보에 관해서는 1부 "청와대 습격, 투이보 습격" 참조. 하미에 관해서는 프롤로그 참조.
7. 베트남전 민간인 학살 사건 중 비교적 많이 알려진 하미 사건은 음력 1월 24일, 양력 2월 22일의 일이다. 그동안 음력 1월 26일과 양력 2월 25일로 잘못 알려져왔는데, 이는 하미 사건을 처음 조사할 때 음력 계산을 잘못했기 때문인 것으로 보인다. 하미 마을 위령비에도 음력 1월 24일로 기록돼 있다. 이렇게 바로잡았음에도 아직도 하미에 관해 서술한 많은 글들이 2월 24일이나 25일 등으로 잘못 기재하고 있다. 국방부가 펴낸 『파월한국군전사』 4~5를 보면 1968년 2월 22일 한국군 부대가 하미 마을에 진입했음을 알 수 있다. "공병중대(장, 엄무량 소령)는 기본 임무상 미병美兵들의 청룡도로 포장공사를 돕는 작업을 실시하면서 1개 소대 병력으로는 차량들의 진행에 앞서 도로 정찰을 실시하다가 7. 30과 7. 40에 Ha My Tay 마을 노상에서 대전차 지뢰 두 개를 발견 제거하였고, 8. 30에 그 남쪽에서 또다시 대전차 지뢰 두 개를 제거하였다. 근무중대(장, 곽영달 소령)는 이날 이광홍 중위가 지휘하는 1개 매복조로 하여금 Ha My Tay 마을 근처에서 잠복하다가 12시에 적을 발견하고 유인 끝에 크레모어 지뢰 발파와 일제사격으로 적 여섯 명을 사살하고, M14 소총 1정과 수류탄 1발 및 소총 실탄 249발을 노획하였다." 위 인용문 중 'Ha My Tay'의 원문 성조는 'Hà My Tây(하미떠이)'다. '떠이'는 서쪽을 뜻하므로 '서하미 마을'이라는 의미다. 정확히 말해서 하미 학살은 하미 지역 서쪽 마을에서 일어났다. 그래서 서하미 학살Vụ thảm sát xóm Tây-Hà My이라고도 불린다.
8. 학살 희생자 통계와 관련해서는 3부 "라토 학살 유일한 생존자, 타이브이" 참조.

지독한 선물

구수정 한베평화재단 이사

당신들은 얼마나 많이 죽었냐고 묻지만, 나는 모른다.

당신들은 계속 숫자를 묻는다. 얼마나 많이?

얼마나 많이 죽었는지 나는 모른다.

얼마나 많은 향을 피워야 하는지 나는 세보지 않는다.

– 노래 〈미호이를 찾아오세요〉 중에서

〈미호이를 찾아오세요〉는 밀라이 학살이 일어난 선미의 작은 마을 미호이My Hội 주민들 사이에서 불리는 노래다. 베트남전쟁 때 미군에 의해 발생한 최대 민간인 학살 사건이 '밀라이 학살'이었다. 이 잔혹한 사건으로 선미에 속하는 뜨꿍 Tu Cung 촌에서 407명, 미호이 촌에서 97명이 목숨을 잃었다. 〈미호이를 찾아오세요〉의 노랫말 지은이를 수소문했지만 찾지 못했다. 밀라이 인근 마을인 빈호아에 한국군 피해자 430명을 추모하는 위령비를 세운 이가 『로맨싱 베트남』을 저술한 영국인 작가 저스트 윈틀이라는 사실을 19년 만에야 겨우 알아냈던 것처럼 이 노랫말을 만든 이는 언젠가 찾을 수도, 그렇지 못할 수도 있다.

한국군이 거쳐간 베트남 중부 마을 마을마다에도 '무더기 죽음'이 있었다. 하미에서 146명, 빈호아에서 430명, 투이보에서 145명, 지엔니엔에서 123명, 빈안에서 1,004명……. 레닌이 붙여준 '강철의 인간'이라는 별명답게 수많은 인민의 피 위에 강철제국을 건설한 스탈린은 이런 말을 남겼다. "한 사람의 죽음은 비극이지만 100만 명의 죽음은 통계다." 베트남전쟁 당시 130여 건의 한국군 학살로 1만여 명이 희생되고, 퐁니·퐁녓 마을에서는 74명이 죽었다고 말하면, 그것은 통계다. 그러나 이 숫자 너머에는 전쟁의 한가운데서도 따뜻한 피가 흐르고 맥박이 뛰던, 어쩌면 우리네 엄마와 누이처럼 평범하고 순박했을 사람들 하나하나의 비극이 숨어 있다. 기록자 고경태가 이번 개정판의 프롤로그에서 부제를 "한 사람이 죽은 1만 개의 역사"라고 한 이유 역시 여기에 있을 것이다.

이 세상을 살아가는 우리 모두는 저마다의 이름과 가치를 지니는 지극히 개별적인 존재다. 그러나 한날한시에 이유 없는 죽임을 당해 그저 '주검의 덩어리'로만 존재하게 된 이들에게는 개별자인 인간에게 부여되는 최소한의 존엄마저 허용되지 않았다. 1968년 퐁니·퐁녓 학살의 그날, 카메라를 들고 마을에 들어가 사진을 찍은 이는 미군 병사 본 상병으로 이름이 알려져 있지만, 사진의 피사체가 된 죽은 이들은 '익명의 희생자'로만 존재해왔다. 2001년 본 상병의 사진 20장을 A4 크기로 출력해 마을에 들고 간 고경태 기자로 인해 익명의 주검들은 33년 만에 각자의 이름을 찾고 그 누구와도 같지 않을 존재의 유일무이성을 회복했다. 더는 지상의 언어로 자신의 사연을 말할 수 없는 죽은 이들을 우리는 어떻게 기억해야 할까. 자신의 이야기를 충분히 설명하지 못한 채 규정되는 존재들은 억울하다. 작가는 한국에서 외면당해온 그들을 특별하게 기억해주고 그들의 잊힌 이야기를 하나하나 복원해주고 싶었다고 했다. 응우옌쑤, 쩐반타, 쩐반남, 응우옌티탄 등 주요 인물을 소개하는 '1968년 2월 12일의 사람'을 책의 맨 앞부분에 배치한 것도 이런 의도였을 것이다.

1968년 2월 12일, 그 하루 동안 일어난 일들을 세밀화처럼 그려내고 싶었다는 작가의 말처럼, 이 책은 은폐된 그날의 시간들을 발굴해 죽은 자들의 기억을 끄집어내고, 그날 죽음에서 살아나온 자들의 기억의 지층을 두드리면서 퐁니·퐁녓 마을에서 일어난 사건들을 추적한다. 고경태는 피해자들의 증언을 꼼꼼히 담아내는 인터뷰 작업에 그치지 않고, 그 사건의 배경이 된 현대사의 주요 장면들을 파노라마처럼 펼쳐 보이고자 시도하였다. 사이공 거리 한복판에서 베트남 포로의 머리에 리볼버 방아쇠를 당긴 응우옌응옥로안, 북한 무장특수부대원 31명이 청와대 코앞까지 진출한 일명 김신조 사건과 이에 대한 보복을 요청한 박정희를 달래기 위해 방한한 사이러스 밴스 특사, 베트남에서 탈영한 미군들의 밀항과 망명을 도왔던 오다 마코토와 다카하시 다케토모, 일본 내 미군 기지에서 탈영한 최초의 미군 김진수, 평양에 나타난 베트남전 실종군인 안학수와 '빨갱이 가족'이라는 올가미를 썼던 안용수 등 각기 다른 시공간의 사람과 사건들이 퐁니·퐁녓 사건과 촘촘히 엮여 있는데, 책 속에서 이를 발견할 때마다 경이로움을 느끼게 된다. 인간 개개인의 삶을 역사의 흐름 속에서 이해하려고 노력할 때 세계에 대한 우리의 인식이 얼마나 깊어질 수 있는지를 잘 보여주는 책이다.

고경태는 퐁니·퐁녓 마을이 자꾸만 꿈에 나타나 잡아끌었다고 했다. 그래서 그곳에 가지 않을 수 없었다고 했다. 그는 길을 걷다가도 문득 울음이 터지게 하는 퐁니·퐁녓의 비극을, 이제는 그날 이전으로 절대 되돌아갈 수 없는 사람들을 차마 외면할 수 없어 갑자기 다낭행 비행기 티켓을 끊었고, 그곳으로 날아갔을 것이다. 이 책은 그가 퐁니·퐁녓 마을에 처음으로 발을 디딘 2000년부터 이번 개정판이 나오기까지 20년간의 기록을 담고 있다. 조지 오웰은 『나는 왜 쓰는가』라는 책에서 글을 쓰는 네 가지 동기 중 하나로 '역사적 충동'을 꼽는다. 고경태는 이러한 충동에 충실했고 그날의 사람과 사건에 최대한 섬세하게 다가가고자 노력했다. "당신이 그렇게 열심히 취재한다고 무엇이 달라지나요?"라는 피해자의 냉소적인 물음에 저스트 윈틀이 "보다 더 많은 사람이 빈호아를 알게 되면 누군가는 빈호아를 위해 무언가 할 수 있지 않을까요?"라고 답했던 것처럼, 나는 이 책이 그러한 역할을 할 수 있으리라 생각한다.

나는 2000년의 하미에서 2019년의 고노이까지 고경태 기자와 동행한 적이 있다. 때론 길잡이로, 때론 통역자로 그의 작업을 도왔다. 신기한 점은 그와 일을 할 때면 나의 통역도 작두를 탔다는 것이다. 나는 그에게 자주 '일 중독자'라고 핀잔을 주었지만 그의 진정성은 나의 영혼까지 움직이고 말았다. 어느 순간 나의 몸과 목소리를 빌린 사람들의 고통이 '내 것'이 되었고, 눈물이 고이고 목소리가 떨려 말을 멈추어야 할 때가 종종 있었다. 퐁니·퐁녓 마을에 사는 쩐티드억처럼 자식을 잃으면서 세상 전부를 동시에 잃은 어미들을 만날 때면 특히 그랬다. 그런 드억 할머니가 알츠하이머로 기억을 잃게 되자 자식을 먼저 떠나보낸 오랜 슬픔에서 놓여나게 되어 차라리 다행이다 싶었는데, 2019년에 다시 만난 할머니는 잠깐 우리를 알아보고는 "아가, 왔구나. 밥 먹고 가라"라고 하셨다. 그게 마지막 말이 될 줄은 몰랐다.

고경태 기자는 무슨 사명감 따위를 갖고 쓴 것은 아니라고 짐짓 말하지만, 나는 그의 글이 우리가 베트남에서 만났던 수많은 쩐티드억들에게 바치는 것이라는 사실을 안다. 그의 꼼꼼한 기록들은 그날 영문도 모르고 억울하게 죽어간 넋들을 달래는 넋두리이기도 하고, 쩐티드억과 같이 제 존재의 절대적 버팀목을 잃은 사람들을 향한 위로의 몸짓이기도 하다. 그들의 고통을 똑같이 느낄 수야 없겠지만 적어도 그 고통을 제대로 아는 사람이 쓴 책이기 때문이다.

이 책을 읽는 게 고통스러웠다고 말하는 이들도 있다. 베테랑 기자가 쓴 글답게 문장은 쉽게 읽히지만 나도 잔혹한 기록 앞에서 중간중간 숨을 골라야 해서 빨리 읽을 수는 없었다. 하지만 그의 곁에서 그날 상처 입은 사람들의 '말'을 옮겼던 나는 안다. 실제로 일어난 일은 그보다 훨씬 더 끔찍해서 글로는 담아낼 수 없었다는 것을. 그런 의미에서 그가 20년간 바지런히 뛰어다니면서 취재를 하고 간절히 상상하여 썼을 이 책은 베트남전쟁이라는 사건을 복기하고 성찰의 출발점으로 삼으려는 후대에게 지독한 선물이 될 것이다. 몇 해 전부터 '일벌레'로 소문이 날 정도로 독종인 그의 입에서도 "질렸다. 여기까지다. 이게 마지막이다"라는 말이 불쑥불쑥 튀어나오곤 했다. 하지만 그는 도망치지 않았다. 2016년에도, 2017년에도, 2018년에도 그리고 2019년에도 그곳으로 갔다. 2020년엔 코로나19 여파로 다시 가지 못했지만 아마도 그는 2021년에도 느닷없이 퐁니·퐁넛 마을에서 새 글을 보내올지도 모른다.

역사는 기억하는 자의 것이다. 다르게 말하자면, 기록하는 자가 역사를 만들어간다. 거친 말이 되겠지만, 고경태는 이 한 권의 책으로 지난 20년간 한국 사회에서 '의혹'으로 남아 있던 퐁니·퐁넛 학살을 누구도 부인할 수 없는 영원한 진실로 못 박아버렸다. 퐁니·퐁넛 학살은 고경태의 『베트남전쟁 1968년 2월 12일』로 우리 모두가 기억해야 할 역사가 된 것이다. 그의 집요한 글쓰기와 성실한 열정에 경의를 표하지 않을 수 없다.

1999년 초입의 어느 날, 고경태 기자가 불쑥 전화를 걸어와 20세기의 문제를 21세기로 끌고 갈 수야 없지 않겠냐면서 "청산하고 가자"고 했다. 그래서 나는 이 문제를 '폭로'한 사람이 되었고 그는 '기록'하는 사람이 되었다. 그런데 과연 역사 문제에 '해결'이라는 게 가능한 일인가? 과거는 청산이 아닌 책임의 문제다. 사족이 되겠지만, 고경태 기자는 2003년 이후로 베트남에 가지 않다가 10년 후인 2013년에 다시 가게 된 이유를 "누군가 또 쓰겠지 했는데, 아무도 하지 않더라"라고 말한 적이 있다. 마지막으로, 더 많은 고경태들이 그의 뒤를 잇게 되어 그가 이 무거운 부채감과 책임감에서 놓여나게 되면 거기, 하미도 아닌 거기, 퐁니·퐁넛도 아닌 나만 아는 아름다운 '거기'로 그를 안내하고 싶다는 바람을 덧붙인다. 고경태는 이 책을 쓴 작가니까.

역사 전쟁을 끝낼 도화선

: 베트남전쟁의 기억과 한반도

박태균 서울대 국제대학원장

모든 과거가 역사가 되지는 않는다. 과거에 일어났던 일 중 역사가 되는 것도 있고, 그렇지 않은 것도 있다. 기억도 마찬가지다. 기억이 되는 과거와 그렇지 않은 과거가 있다. 개개인의 차원에서도 그렇지만, 사회·국가적 차원에서도 그렇다.

여기에 더하여 때로 역사와 기억은 왜곡되기도 하고, 은폐되기도 한다. 특히 사회·국가적 차원에서의 역사기록과 기억은 특정한 목적에 의해서 특정한 방향으로 나타난다. 정치적 목적에 의해, 그리고 경제적 목적에 의해 그 내용이 바뀌곤 한다.

베트남전쟁은 베트남뿐만 아니라 세계를 뒤흔든 전쟁이었다. 베트남전쟁은 가장 많은 역사가들의 주목을 받았다. 역사뿐만 아니라 영화·소설 등 다양한 문화 영역에서 중요한 소재가 되었다.

유독 한국에서만 베트남전쟁은 한동안 모든 영역에서 주목받지 못했다. 베트남 전선에 있었던 외국군 중 두 번째로 큰 규모였는데도 말이다. 전쟁 기간 동안 베트남에 참전한 한국군의 이야기가 연일 신문지상을 뒤덮었지만, 막상 전쟁이 끝난 후 베트남전쟁과 베트남 전선에 있었던 한국군의 이야기는 25

년이 지나도록 사회적 주목을 받지 못했다.

그러던 베트남전쟁이 어느 기자에 의해서 역사화되기 시작했다. 그것도 역사 교과서에 베트남전쟁이 한국 사회에 경제적 이득을 주었다는 내용만 실리고 있는 상황에서. 게다가 그 기자가 주목한 것은 그 당시까지 한국 사회에서 금기시되었던 한국군에 의한 민간인 학살 문제였다. 1992년 한국과 베트남이 수교하면서 조금씩 알려지기 시작했던 민간인 학살 문제가 이제 역사와 기억의 한 면을 장식하게 된 것이다. 아마도 이 기자의 노력이 없었다면 이 문제는 한국 사회에서 잊혔을 것이다. 몇몇 할머니의 용기가 해방으로부터 50년이 지난 시점에서 위안부 문제를 역사화·사회화하였듯이.

민간인 학살 문제가 제기되면서 참전군인들이 한겨레신문사를 항의 방문했다. 그리고 나서 베트남전쟁에 대한 역사적 해석은 정치화되었다. 이로 인해 2000년 한국군의 베트남 파병에 대한 학술대회가 열리는 자리가 난장판이 되었다. 학술대회를 주도한 교수는 머리채를 잡히고 발에 차였고, 그 대회는 결국 무산되었다.

얼마 전 한 대학교에서는 수업을 진행할 수 없을 정도의 확성기를 사용한 외부자들의 시위가 계속되었다. 민간인 학살에 대한 내용을 포함하고 있는 한 역사교과서의 대표집필자가 재직하는 학교였다.

한국에서는 또 다른 베트남전쟁이 계속되고 있다. 1975년 4월 30일 남베트남이 패망하면서 베트남에서의 베트남전쟁은 끝났지만, 한국에서의 전쟁은 언제 끝날지 모른 채 계속되고 있다. 한국에서의 베트남전쟁을 어떻게 끝낼 것인가?

이 책의 저자는 베트남전쟁을 역사와 기억 속으로 끌어낸 바로 그 기자다. 그가 2000년 이 작업을 시작한 이유가 사실을 발굴하고 기록과 기억의 제자리를 찾아주기 위해서였다면, 그로부터 14년이 지난 지금, 그는 이 전쟁을 끝내기 위해 책을 썼다. 전쟁을 끝내는 가장 중요한 방법은 누구도 부인할 수 없는 '진실'을 밝히는 것이다. 그리고 다양한 입장에서 그 사실들을 해석해주는 것이다.

이 책을 읽으면서 한반도를 계속 떠올렸다. 냉전 시기에 일어난 두 개의 전쟁은 너무나 긴밀하게 연결되어 있었다. 냉전체제는 수천 킬로미터 떨어진 한반도와 베트남에서 일어난 서로 다른 전쟁을 통해 너무나 유사한 사건들을 만들어냈다.

이 책에서는 1968년 강원도에서 공비들에게 죽은 이승복과 그 10개월 전 베트남에서 죽은 응우옌득쯔엉을 함께 서술했다. 퐁니와 퐁넛에서의 사건은 1948년 제주도의 4·3사건, 1980년 광주민주항쟁의 가운데 위치했다. 그리고 베트남에서 민간인 학살 이후 베트콩이 된 사람들은 1948년과 1950년 한반도에서 산으로 올라간 사람들을 떠오르게 했다. 베트콩이 된 사람은 전쟁 영웅으로 지금까지도 생존하고 있다면, 한반도에서 산에 올라갔던 사람들은 자신들이 지지했던 북한으로부터도 버림을 받았다.

1968년 2월 1일 사이공 시내에서 응우옌응옥로안에게 즉결 처분당한 한 베트콩 협력자는 한국전쟁 시기 계속된 부역자 처벌을 떠올리게 했다. 영화 〈태극기 휘날리며〉에도 부역자 처벌 장면이 나온다. 다른 점이 있다면, 베트남의 부역자 처벌은 1975년 이후 한 방향으로 정리되었다는 사실이다.

1968년 10월의 군표 교환도 눈길을 끈다. 한국도 전쟁 중인 1953년 설날 화폐개혁을 했다. 설날에 갑작스럽게 발표되었기 때문에 구권을 신권으로 바꾸기 위해 난리가 났다. 베트남에서처럼 교환을 위해 12시간만 준 것은 아니지만. 그런데 베트남에서는 왜 군표 교환을 했을까? '전쟁의 본질은 돈이다.'

베트남에 파병된 한국군을 위해 있었던 아리랑 식당과 카바레는 미군을 위해 존재하던 동두천과 군산, 그리고 이태원의 시설들과 다르지 않았다. 한국인들이 관광지로 선호하는 태국의 파타야와 필리핀의 클라크에도 미군들을 위한 그런 시설이 있었다.

이 책의 가장 큰 특징은 그 안에 베트남전쟁에 관여된 '사람'들의 이야기가 있다는 점이다. 베트남전쟁을 결정한 사람들, 그로 인해서 머나먼 이국땅에 동원되어야 했던 군인들, 전쟁으로 인해 이유도 모른 채 죽어간 민간인들.

이 책을 더 빛나게 하는 것은 역사의 기억 속에 남아 있지 않은 베트남전쟁 관련자들을 기억 속으로 끄집어내고 있다는 점이다. 베트남전쟁에 파병된 형 때문에 평생을 고통 받으며 살아야 했던 사람, 민간인 학살의 수사를 담당했던 해병 헌병대 요원, 민간인 학살 배상을 요구하는 탄원서를 받은 남베트남의 하원의장, 베트남 전선에 가기 싫어 탈영한 미군들을 도피시키기 위해 위조 여권을 만든 일본의 대학 교수. 그리고 역사를 만들고, 왜곡하고, 은폐했던 다양한 사람들이 있다.

'진실'은 하나지만, 바라보는 사람에 따라서 다르게 해석될 수 있다. 그렇다고 '진실'이 변하는 것은 아니다. 한국군들이 그들의 수기에, 퐁니촌 앞에 있는 나무를 버드나무로 쓸 수도 있고, 느티나무로 볼 수도 있다. 그러나 야유나무라는 진실은 변하지 않는다.

1968년 2월 12일 퐁니·퐁넛에서 죽은 사람들은 베트남 사람들에게는 민간인이었고, 한국군에게는 베트콩이었을 수 있다. 그러나 이들 중에는 다섯 살도 채 되지 않은 사람들이 있었고, 예순 살이 넘은 노인도 있었음은 부인할 수 없는 사실이다.

정부의 파병 결정에 의해 베트남에 가서 다치거나 죽었고, 미군이 뿌린 고엽제로 인해 고통을 받고 있으며, 귀국 이후 제대로 된 보상을 받지 못했던 한국군들 역시 마찬가지다. 그들은 베트남 사람들에게는 가해자였지만, 더 본질적으로는 국가에 의해 동원된 피해자였다. 국가는 한국 사회 내부의 피해자들에게 정당한 보상을 해야만 한다.

이 책은 역사 전쟁을 끝내는 데 큰 공헌을 할 것이다. 역사 전쟁의 도화선을 만든 저자가 역사 전쟁을 끝내기 위해 다양한 사람들의 목소리를 담았다. 목소리가 다를지 모르지만, 역사의 진실 속에 수렴될 것이다. 그리고 진실에의 수렴은 역사 전쟁을 끝내는 또 다른 도화선이 될 것이다.

초판 발문 2

역사라고 불리는 것에 대한 질문

: 정상국가의 염원과 환상에 대한 저항

정희진 여성학 | 평화학 연구자

마르크스는 혁명이 세계사의 기관차라고 말했다.
그러나 어쩌면 사정은 그와는 아주 다를지 모른다.
어쩌면 혁명은 이 기차를 타고 여행하는 사람들이 잡아당기는
비상 브레이크일 것이다. ─발터 벤야민

전쟁은 안개와 같다. ─로버트 맥나마라

인류 역사상 정상 국가normal state는 단 한 번도 실현된 적
이 없다. 역사의 범례에서 이 말이 실제인가 아닌가 찾을 필요
는 없다. '국가'라는 논리가 불가능한 개념이기 때문이다. 하지
만 인류는 여전히 그리고 영원히 '제대로 된 국가'에 대한 꿈을
버리지 못할 것이다. 국제정치학 교과서에서 정상 국가의 의미
는 주권을 '가진' 국가, 즉 침략당하지 않는 상태의 자립 국가
를 의미한다. 이 당연한 듯 보이는 언설은 섬뜩한 반전을 숨기
고 있다. 라틴어가 어원인 '현상 유지 상태'라는 의미의 'status
quo'는 자주 사용되는 영어 단어다. 국제정치에서는 '전쟁 이전

상태status quo ante bellum'라는 용어로 널리 쓰인다. '현상 유지'는 부정적인 어감의 단어다. 보수, 즉 진보하지 않는다는 의미다. 전쟁을 하는 것이 정상이고, 전쟁을 하지 않고 있는 상태가 현상 유지 상태라는 것이다. 가만히 있음은 비정상이다. 마르크스의 혁명의 기관차도 전쟁을 통한 전진이라는 의미에서 이와 다르지 않다. 전쟁이 적극적이고 능동적인 이미지인 데 반해, 평화가 수동적이고 지루한 이미지를 갖는 것도 이 때문이다. 전통적인 서구 철학에서 국가가 수행하는 전쟁의 의미는 마치 생명의 성장 과정과 같아서, 어느 정도 힘을 갖게 되면 확장의 운명을 진다고 본다. 이것이 문명의 발전과 진보progress다. 국제정치에서 가장 위험한 상태를 '힘의 공백power vacuum'으로 보는 것도 이 때문이다. 이른바 무주공산無主空山 상태는 누군가가 차지해야 하는 전쟁을 불러오는 필연적 조건이기 때문에, 평화는 힘의 균형을 의미하고 국가 간에는 상호 넘볼 수 없는 군사력을 갖춰야 한다. 다른 나라와 군사력의 균형을 맞출 수 있는 상태, 전쟁 수행 능력이 있는 나라가 정상 국가라는 것이다.

한국 남성의 한恨이 바로 이것이다. 우리는 침략당하거나 보호당하거나 저항하거나. 언제나 이런 상태였다. 한 번도 남을 침략해본 적이 없다. 한국인들 중 일부는 이를 치욕으로 여긴다. 침략하지 않으면, 침략당한다고 생각한다. 박정희는 『국가와 혁명과 나』(1963)에서 이렇게 썼다. "단 한 번도 다른 나라를 침략해본 적이 없는 이런 민족사는 불태워 없애버려야 한다." 베트남전 참가는 말할 것도 없고, 민간인 학살에 대한 한국 사회의 사회적 무관심과 합의(사과)가 어려운 것은 이 때문이다. '해본 적 없는 촌놈들의 제국주의'에 대한 열망을 이해하지 않고는 이 망탈리테Mentalité는 남들이 보기엔 망상이지만 당사자들에겐 꿈이다. 휴머니즘이나 보편적 인권 개념만으로는 베트남에서 일어난 일들을 해석할 수 없다. 사유의 수원이 얕은 것이다.

고경태의 『1968년 2월 12일』은 우리 사회의 전통적인 그러나 한 번도 제대로 접근되지 못한 두 가지 역사적 이슈에 대한 문제제기다. 하나는 위에 적은 역사의 전진, 즉 '정상적 역사'에 관한 것이고, 다른 하나는 '동시적 세계사' 관점의 서술 방식이다. 그리고 베트남전쟁은 위 두 가지 질문에 대한 더할 나위 없는 '모범적 세계사'다.

"지구적으로 사고하고 지역적으로 행동하라"는 말은 지구화 시대의 훌륭한 모토처럼 반복되지만, 나를 분노(?)케 하는 언설이다. 이는 여전히 보편과 중심(전체 글로벌?)과 특수와 주변(지역 로컬?)의 대립을 반복하는 서구 중심적 사고다. 원래, 보편적인 것(지구적인 것)은 구성되고 파괴되기를 반복하는 운동이지 선재先在하는 관념이 아니다. 뉴욕은 글로벌이고 사이공은 로컬인가? 뉴욕도 서울도 내부는 균질적이지 않다. 모두 '하나의one of them' 지방일 뿐이다. 영향력이 다른 것도 아니다. 상호작용의 맥락con/text이 다를 뿐이다. 보편적인 것은 존재하지 않으며, 모든 것은 지역적이다. 서구의 시각에서 자신은 중심이고 그 외는 지역인 것처럼 보이지만 그 렌즈로는 아무것도 볼수 없다.

이 책은 지역적인 것들을 동등하게 다룬다. '서구의 제3세계 대외 정책과 그 영향' 같은 기원 서사는 없다. 응우옌티탄, 쩐반남, 박정희, 체 게바라, 다카하시 다케토모, 로버트 케네디, 성백우 같은 사람이 모두 같은 위치에서 역사적 주체로 등장한다. 나의 과문함이 첫 번째 이유겠지만, 이 책처럼 각각의 지역사가 동시적으로 기술되고 로컬들 간의 관계가 글로벌을 구성하는 것을 보여주는 탈식민주의적 시각의 노작勞作은—작가의 겸손대로 '미완'이라 할지라도—적어도 한국 사회에 거의 없었다.

이러한 역사 서술 방식은 '군 위안부' 같은 전시 성노예와 민간인 학살을, 역사(전쟁, 혁명, 국지전, 무력 갈등······)를 발전시키기 위한 과정에서 불가피한 실수, 광기, 본능 등 부작용side effects으로 보는 시각에 대한 저항이기도 하다. 이 '사소한' 문제들은 인간 본성도 부작용도 아니다. 이것 자체가 전쟁의 본질이고 목적이다. 민중 해방이든, 민족 해방이든, 반反근본주의 투쟁이든 모든 전쟁의 형식은 민간인 학살을 위한 것이고 전쟁사는 이를 증명한다. 백병전 시대부터 기계가 군인인 첨단 기술전 시대에 이르기까지, 언제나 전쟁으로 인한 인명 피해는 군인보다 민간인이 훨씬 많았으며, 적과의 전투로 인한 사상자보다 전장 내부의 마을 간 상호 양민 학살이 전쟁을 빙자해 횡행했다. 한국전쟁 역시 마찬가지였다. 평화로 가는 길이 따로 있지 않은 이유다. 전쟁은 왜 일어나는가? 안개와 같이 알 수 없는 복잡한 문제이기도 하지만, 실제로는 간단하다. 우리가 원하기 때문이다.

2000년 6월, 이 책의 저자를 비롯, 베트남에서 어린이와 여성을 학살한 한국군 문제를 집중적으로 취재해온 한겨레신문사 건물에 참전 '용사'들이 난입하여 집기를 부수고 폭행을 행사한 사건은 이 책의 모태가 되었다. 나도 잠시 그들을 겪었다. 그즈음 '한국인권재단'이 주최한 인권학술대회에서 베트남 학살 발표자와의 면담을 요구하며 일군의 '용사'들이 행사장에 들이닥친 것이다. 그러나 내가 그들에게 느낀 것은, 용사가 아니라 '상이용사(성)'였다. 두려움보다 슬픔을 느꼈다.

전쟁에 참가한 모든 한국인이나 일본인이 그런 것은 아니겠지만, 대동아공영권 시절 세계대전에 참전했던 일본 남성들은 '자신'의 범죄를 반성하거나 평화운동가가 된 경우가 많은 반면, 우리의 경우 거의 없다. 대부분 극우 세력이다. 왜? 조국을 위해 싸웠기 때문이고, 그럼에도 불구하고 외면당했기 때문이다. 정상국가가 되는 첫 번째 단계, "우리가 처음 침략한 나라"가 되었는데 "빨갱이 몇몇을" 죽였다고 자신을 살인자로 몰다니. 그들 입장에서는 너무도 억울한 것이다. 반면, 이미 '정상국가'인 일본의 참전군인들은, 전쟁은 건국을 위해 성취해야 할 목표가 아니라는 것을 깨달은 제국의 상식적 시민들이었다.

한국 사회에서 "역사를 잊은 민족에게 미래는 없다"는 말은 이미 신채호의 맥락을 떠나 주로 우리가 침략당한 사건을 상기시키는 데만 동원된다. 피해자 민족주의도 문제지만 '역사', '민족', '미래'가 모두 복수複數의 의미라는 점에서, 이 언설은 주장되어야 할 정언이 아니라 해석되어야 할 머리 아픈 문제다. 일단, 누구의 역사인가, 민족 구성원의 이해는 동질적인가? 역사를 부정하는 것이 아니다. 다양한 역사가 경합하고 있는 현실을 이해해야 한다. 정권이 바뀔 때마다 교과서가 바뀌는 현실을 어떻게 이해해야 할까.

나는 이 책이 '지금, 여기'에서 우리의 현실을 이해하는 데 기여하리라 믿는다. 내가 경험한 두 가지 역사의 현장을 소개한다. 강원도 A군郡은 다른 농촌 지역과 마찬가지로 아시아 각지에서 이주한 여성들과 일명 코시안들이 상당수 거주하고 있다. 이 여성들과 어린이들은 지역사회의 지속과 발전에 결정적 역할을 담당하고 있다. 2~3년 전 어느 날 지역 내 초등학교에서 고려시대 원나라의 침략과 '삼별초의 난'에 관한 수업 도중, 평소 문제없이 지내던 '한국' 어린이들이 몽고인을 어머니로 둔 같은 학급 친구들을 "조상의 복수를 하겠다"며 구타한 사건이 일어났다. 1270년에 일어난 사건을 두고 말이다. 그때 고려인이 지금 한국인도 아니다. 국사를 가르쳐야 하는가 말아야 하는가를 질문했던 교사의 하소연이 기억에 남는다.

2005년 각종 국제 영화제를 휩쓴 걸작, 야스밀라 즈바닉 감독의 영화 〈그르바비차Grbavica〉(영어 제목은 Esma's Secret)는 보스니아 내전을 다룬다. 아버지가 '전쟁 영웅'이라고 철석같이 믿고 있던 소녀는 자신이 보스니아 내전 중에 강간 수용소에서 세르비아 병사의 집단 강간으로 태어났다는 사실을 알게 된다. 어머니는 강간당해 임신한 아이를 혼자 키워왔는데, 전후 국가유공자, 전쟁 피해자 보상 문제가 벌어진다. 전쟁 피해자로 보상(이 영화에서는 수학여행 경비)을 받으려면 진실을 밝혀야 한다. 영화는 모녀간의 관계에 초점을 맞추고 있지만, 같이 영화를 본 거의 모든 여성들이 울었던 기억이 난다. 여성에게 국가란 무엇인가. 실제로 당시 세르비아 병사에게 강간당한 수녀들의 경우, 교황청의 지시에 따라 낙태를 하지 못하고 수녀직을 박탈당한 채 강간범의 아이를 낳고 가톨릭 커뮤니티에서 영원히 추방당했다.

문제는 이것이다. 개인인 한 인간이 정치적 범주(소속)에 따라, 강간범이 되기도 하고 참전 용사가 되기도 한다. 강간범은 파렴치하고 참전군인은 위대한가? 피해 여성의 입장에서 두 가지는 차이가 없다. 이 차이는 침략자들에게만 의미 있는 것이다. 베트남전에 참가한 한국 남성들은 한국전쟁 이후 경제

부흥의 선구자인가, 미군과 월맹군 모두를 놀라게 한 '세상에서 가장 잔인한 인종'인가. 민간인 학살은 전쟁에 따르는 부수적 행동이 아니다. '전략촌' 개념처럼 의도적인 경우가 대부분이고, 이는 인류 역사에서 가장 오래된 전쟁의 공식 전략이다.

인간은 무지하다. 그러나 역사의 소용돌이에서 어쩔 수 없이 벌어진 일은 없다. 어쩔 수 없음, '우연'이 역사다. 이 책은 불가피하게 희생된 피해자에게 인도적 차원의 사과와 용서를 구하는 책이 아니다. 그 반대 입장에서 논쟁이 시작되어야 한다. 역사가 전진한다는 것을 믿지 않지만, 이런 책의 존재는 항상 그렇지만은 않다는 위로를 준다. 주지하다시피, 베트남은 한중일과 더불어 세계 4개 한자문화권 국가다. 중국과 베트남 관계는 국제정치학의 교재에 모델로 등장하는 강대국-약소국 평화 지속 관계의 모범이다. 베트남의 지혜의 결과다. 한미 관계는 비정상적 동맹의 모델로 국제정치학의 '시조', 한스 모겐소의 책에서부터 등장한다. 우리는 베트남에게서 배울 것이 많다. 작가의 다음 작품을 기대한다.

연표

1968년 2월 12일과 한국, 그리고 세계

1960년

날짜 미상 꽝남성 디엔반현(디엔반시사) 타인퐁사(디엔안사) 퐁니 마을에 야유나무가 서다.

12월 남베트남민족해방전선(NLF, 이른바 베트콩) 조직 결성. 북베트남 정부서 남베트남민족해방전선 지원 천명.

1961년

5월 16일 한국 박정희 육군 소장 군사쿠데타.

1963년

10월 15일 박정희 대통령 후보, 윤보선 후보 누르고 당선(5대).

11월 2일 남베트남 응오딘지엠 대통령 피살.

1964년

5월 9일 미국 정부, 한국을 포함한 25개 국가에 남베트남을 위한 군사 및 경제 지원 호소.

8월 4일 미국, 통킹만에서 북베트남 어뢰가 구축함 매독스호를 공격했다고 주장하며 북베트남 연해 어뢰정 기지와 원유저장고 폭격.

8월 7일 미국 의회, 베트남전과 관련한 모든 권한을 존슨 대통령에게 위임.

9월 11일 한국군 남베트남 제1차 파병(제1이동외과병원 군의관 등 140명, 22일 사이공 도착).

1965년

2월 7일 미군, 북베트남 폭격 시작.

4월 24일 일본 반전평화단체 베헤이렌 창립.

6월 21일　남베트남 응우옌까오끼 총리, 한국에 전투부대 파병 요청.

7월 3일　한국 부산육군병기학교 김동희 병장, 베트남 파병을 앞두고 탈영. 한 달 뒤 일본 밀항.

8월 13일　한국 여당(공화당) 단독으로 월남파병동의안 국회 통과.

10월 3일　한국군 베트남 제2차 파병. 해병 제2여단(청룡부대), 전투부대로는 최초(9일 깜라인만 상륙).

10월 13일　한국군 수도사단(맹호부대), 남베트남 파병(25일 꾸이년 상륙).

12월 16일　한국군 해병 제2여단, 뚜이호아로 이동.

1966년

1월 23일　빈딘성 떠이선현 빈안사(현 떠이빈사) 총 15개 지점에 2월 26일까지 한국군 수도사단 3개 중대원 진입. 총 1,004명이 희생됨. 특히 2월 26일 고자이 마을에서 한 시간 만에 380명이 죽었다는 증언이 나옴.

3월 7일　주한미국대사 윈드롭 브라운, 한국의 베트남 추가 파병 조건으로 14개 항의 보상 조치 약속(이른바 '브라운 각서').

8월 18일　한국군 해병 제2여단 추라이로 이동.

8월 27일　한국군 제9사단(백마부대) 파병(9월 5일 냐짱 상륙).

9월 9일　남베트남에 파병된 한국군 제1이동외과병원 통신병 안학수 하사, 사이공서 실종.

10월 12일　북한 조선노동당, '월남 문제에 관한 조선노동당 대표자회의 성명' 채택. 월남 인민들의 투쟁 지원 천명.

12월 3일　꽝응아이성 빈선현 빈호아에 한국군 해병 제2여단 병사들 진입. 12월 6일까지 4일 동안 주민 430여 명 희생.

12월 10일　일본 베헤이렌, 요코스카 기지 앞에서 "미군 병사에게 보내는 일본의 편지" 삐라 첫 살포.

1967년

3월 27일　한국군 제1이동외과병원 통신병 안학수 하사, 사이공서 실종 6개월 만에 북한 평양 대남방송에 출연.

4월 4일　일본 기지의 한국계 미군 병사 김진수, 베헤이렌의 삐라를 보고 첫 탈영. 쿠바대사관으로 들어가 망명 신청.

5월 3일　한국 박정희 대통령 후보, 윤보선 후보 누르고 당선(6대).

9월 3일　남베트남 제헌의회 선거에서 응우옌반티에우 대통령, 응우옌까오끼 부통령 선출.

10월 9일   체 게바라, 볼리비아 차코에서 볼리비아군 하사관에게 사살 당함.

11월 11일 일본 베헤이렌, 미 항공모함 인트레피드호에서 탈영한 미군 네 명을 스웨덴으로 탈출시킴.

12월 22일 한국군 해병 제2여단, 추라이에서 호이안으로 이동 시작.

1968년

1월 20일   한국군 해병 제2여단 일부 소대가 디엔반현 디엔토사 투이보 마을 진입, 마을 주민 145명 사망.

1월 21일   북한 특수대원 31명, 청와대 습격 실패(북한 특수대원 28~29명 사망, 남한 군인과 민간인 30명 사망, 김신조 체포).

1월 21일   일본 베헤이렌, 사세보항에 기착한 미 핵항공모함 엔터프라이즈호 앞에서 미군들에게 탈영 촉구 시위.

1월 23일   미국 푸에블로호, 한반도 동해상에서 북한 경비정에 납치. 미 핵항공모함 엔터프라이즈호, 원산항 앞에서 무력 시위.

1월 26일   일본 오무라 수용소에 수용된 한국군 탈영병 김동희 병장, 북한행.

1월 30일   남베트남 전역에서 북베트남과 베트콩의 뗏공세(구정대공세).

1월 30일   한국군 해병 제2여단, 호이안으로 이동 완료. '뗏공세 반격 작전'인 괴룡 1호 작전 시작.

2월 1일   남베트남 치안국장 응우옌응옥로안, 사이공 거리서 베트콩 용의자 즉결 처형.

2월 1일   한국 경부고속도로 서울-수원 구간 기공식.

2월 7일   한국 국방부, 전 장병 제대 보류 발표.

2월 11일   미국 존슨 대통령의 사이러스 밴스 특사 한국 도착.

2월 12일   박정희 대통령, 《워싱턴포스트》와의 회견에서 '미국의 대북 무력 조치' 촉구.

2월 12일   한국군 해병 제2여단 1중대원들, 디엔반현 타인퐁사 퐁니·퐁녓촌 진입. 마을 주민 74명 사망.

2월 13일   퐁니·퐁녓촌 주민들, 1번 국도변에 주검 늘어놓고 발포 사건에 항의 시위.

2월 15일   "북한 도발 즉각 협의 후 대처" 한미공동성명 발표.

2월 22일   한국군 해병 제2여단 일부 중대원들, 디엔반현 디엔즈엉사

436

	하미 마을 진입. 주민 146명 사망(공식 집계 135명).
2월	일본 베헤이렌 내 비공식 비밀 조직 자테크(JATEC, 반전 탈주 미군 병사 원조 일본기술위원회) 결성.
3월 16일	꽝응아이성 선띤현 띤케사 선미촌에서 미군에 의한 밀라이 학살 사건 발생. 주민 504명 희생.
3월 31일	미국 존슨 대통령, 북폭 부분 중지 및 대통령 후보 불출마 선언.
4월 1일	한국, 향토예비군 창설.
4월 4일	미국 민권운동 지도자 마틴 루서 킹 암살.
4월 22일	한국계 미군 탈영 병사 김진수, 일본에서 스웨덴으로 탈출.
4월 27일	한국 서울 세종로 충무공 동상 제막식.
4월 29일	주월미군사령관 웨스트몰랜드, 채명신 주월한국군사령관에게 퐁니·퐁녓 사건에 관한 해명 요구 서한.
5월 2일	파리 낭테르대학, 학내 문제를 시작으로 베트남전 반대 시위 발화(이후 유럽 등 세계 각국으로 번짐).
5월 5일	베트콩 2차 대공세. 남베트남 치안국장 응우옌응옥로안 중상.
5월	한국군 해병 제2여단 헌병대, 퐁니·퐁녓 사건 관련 장교와 사병 조사.
5월 13일	미국-북베트남 첫 파리회담.
6월 4일	주월한국군 채명신 사령관, 웨스트몰랜드 사령관에게 퐁니· 퐁녓 사건 관련 답신. "베트콩의 위장술이었다"고 주장.
6월 6일	미국 유력 대선 후보인 민주당 로버트 케네디 의원 암살.
11월 6일	미국 대통령에 리처드 닉슨(공화당) 당선.
11월 21일	한국, 주민등록증제도 시행. 시·도민증 폐지.
12월 5일	한국, "우리는 민족중흥의 역사적 사명을 띠고 이 땅에 태어났다"로 시작하는 국민교육헌장 선포.
12월 9일	한국의 이승복 어린이 사망. 울진과 삼척으로 침투한 북한 특수부대원들에게 살해당함.

1969년

2월	퐁니·퐁녓 사건 유가족, 1주기 맞아 남베트남 하원 의장에게 탄원서 제출.
3월	한국 고등학교와 대학에서 주 두 시간 군사교육(교련) 실시.
5월 27일	남베트남 응우옌반티에우 대통령 방한, 박정희 대통령과 정상회담.

9월 2일   호찌민 주석 사망.

11월 12일 미국의 프리랜서 기자인 시모어 M. 허시가 워싱턴의 통신사
         《디스패치 뉴스서비스》를 통해 밀라이 학살 사건 최초 보도.

11월 17일 《뉴욕타임스》 밀라이 학살 사건 보도.

11월 26일 《동아일보》가 베트콩 비밀 방송과 파리평화협상 북베트남
         대표의 "한국군에 의해 민간인 700명 학살" 주장을 국방부의
         반박 내용과 함께 1면에 보도. 북베트남 쪽은 학살 지역으로
         퐁니·퐁녓이 속한 '디엔안'을 언급.

11월   한국 박정희 대통령, 퐁니·퐁녓 사건 특명수사 지시. 중앙정
         보부, 해병 제2여단 1대대 1중대 장교·사병 소환해 조사.

12월 18일 주월미군 사령부 감찰부 샘 샤프 대령, 참모장 타운젠트 소장
         에게 퐁니·퐁녓 사건을 주요 내용으로 하는 "한국군 해병 잔
         혹행위 의혹" 비밀 보고서 제출.

1970년

1월 10일   《뉴욕타임스》, 1면과 4면에 걸쳐 연구자 테리 람보의 말을 인
         용해 "한국군이 1966년 수백 명의 베트남 민간인들을 살해한
         증거가 있으며, 주월미군사령부의 고위 장성이 이에 관한 연
         구를 중단할 것과 한국군의 잔혹행위에 대한 언급을 하지 말
         것을 요구했다"고 밝힘. 미 국무성은 주한미국대사관에 전문
         을 보내 "한국군 관련 잔혹행위 사건 보고서가 절대 언론에
         알려지지 않도록 할 것" 지시.

2월 24일   미국 사이밍턴 청문회, 한국 조사 시작.

12월   일본 자테크의 다카하시 다케토모, 위조 여권으로 존 필립 로
         등 탈영 미군 두 명을 출국시킴.

1971년

4월 27일   한국 박정희 대통령 후보, 김대중 후보 누르고 당선(7대).

1972년

2월 29일   한국군 해병 제2여단 병력 귀국 완료.

10월 27일 한국, 종신제 기조의 유신헌법 개정안 발표. 12월 23일 박정
         희 대통령 후보, 통일주체국민회의서 당선(8대).

1973년

1월 28일   베트남 휴전협정 발효.

1975년

4월 30일   남베트남 정부 무조건 항복. 북베트남군 탱크, 사이공의 남베
           트남 대통령 관저인 독립궁 광장에 진입. 베트남 전쟁 종결.

1976년

1월 21일   베트남 남북통일, 베트남사회주의공화국 수립.

1978년

7월 6일   한국 박정희 대통령 후보, 통일주체국민회의서 당선(9대).

1979년

10월 26일 한국 박정희 대통령, 김재규 중앙정보부장에 피격·사망.
12월 12일 한국 전두환 보안사령관, 계엄사령관 정승화 육군참모총장
           등을 체포하며 군부 권력 장악.

1980년

5월 18일   한국, 계엄령 전국 확대. 광주에서 공수부대원들, 무자비한
           구타와 살상 시작.
9월 1일   전두환, 11대 대통령에 취임.

1992년

12월 18일 제14대 한국 대통령 선거, 김영삼 민자당 후보 당선. 첫 민간
           정부 탄생.

1992년

12월 22일 한국-베트남 수교 서명.

1995년

12월   베트남 꽝남성 디엔반현 문화통신청, 퐁니·퐁넛 사건 조사
           뒤 자료집 발간.

1997년

12월 18일 국민회의 김대중 후보, 제15대 대통령 선거에서 당선.

1999년

5월 6일 한국 시사주간지《한겨레21》(256호), 구수정 호찌민 통신원
의 "아, 몸서리쳐지는 한국군!" 제하의 기사 게재. 베트남전
시기 한국군의 민간인 학살에 관한 최초 현장 취재 보도.

9월 2일 《한겨레21》(273호), 구수정 통신원의 "베트남의 원혼을 기억
하라" 제하의 르포 게재. 베트남 중부 다섯 개 성에서 벌어진
한국군 학살의 피해자를 다룬 내용으로 베트남전 민간인 학
살에 관한 최초의 본격 보도.

9월 19일 베트남 언론 사상 처음으로《일요 뚜오이쩨》가 베트남전 당
시 한국군의 민간인 학살 사건 보도(꽝응아이성 빈호아 사건).

10월 28일 《한겨레21》(280호), 베트남 양민학살 피해자 돕기 성금 모금
캠페인 시작. 이후 1년간 매주 관련 보도.

2000년

1월 11일 《로이터》,《뉴스위크》등, 한국군의 베트남전 양민학살 첫
보도.

1월 28일 한국에서 베트남전 양민학살 진상규명대책위원회 발족(이후
'베트남전 진실위원회'로 개칭).

1월 29일 한국의 건강사회를 위한 치과의사회 회원들을 중심으로 '화
해와 평화를 위한 베트남 진료 사업' 발대식.

4월 7일 미국친우봉사회 등 세계 24개 인권단체, '베트남 양민학살에
대한 김대중 대통령의 공개 사과와 배상'을 촉구하는 신문 광
고를 한국 일간지《한겨레》에 냄.

4월 27일 《한겨레21》(305호), "중대장의 고백" 보도. 1966년 11월 꽝
응아이성 선띤현에서 벌어진 용안작전 과정에서의 민간인
학살에 관해 해병 제2여단 2대대 7중대장 출신 김기태 씨가
증언.

5월 4일 《한겨레21》(306호), "퐁니·퐁녓 사건 관련 해병 제2여단 1대
대 1중대 장교 중앙정보부서 수사" 보도.

6월 27일 한국의 참전군인 단체인 대한민국고엽제후유의증전우회 소
속 2,000여 명, 참전군인에 대한 명예훼손 보도에 항의한다며

한겨레신문사 항의방문. 기물파손과 폭력행사. 전우회원 4명 구속(이후 한겨레신문사의 탄원으로 전원 석방). 한겨레신문사 공식 손실액 7,000만 원.

11월 23일 《한겨레21》(334호), 퐁니·퐁넛 사건 관련 미군 비밀 문서 최초 보도.

2001년

5월 3일   《한겨레21》(356호), 퐁니·퐁넛 사건 주검 사진의 주인공 이야기 보도.

8월 23일   한국의 김대중 대통령, 베트남 쩐득르엉 주석에게 사과 발언. 민간인 학살 피해 지역에 병원·학교 건립 약속.

8월 24일   한국의 한나라당 박근혜 의원, 자신의 홈페이지에 "김대중 대통령의 베트남전 사과는 6·25 때 참전한 16개국 정상이 김정일 위원장에게 사과하는 꼴"이라고 비판.

2002년

12월 19일 새천년민주당 노무현 후보, 제16대 대통령 선거에서 당선.

2003년

1월 21일   베트남 푸옌성 뚜이호아현에 '한-베 평화공원' 준공(《한겨레21》 독자성금 모금).

2004년

8월   베트남 퐁니·퐁넛 희생자 위령비 제막(시민단체 '나와 우리' 회원들이 성금운동으로 재원을 마련하고 마을 주민들과 직접 건립 공사 과정에 참여).

2009년

5월 23일   노무현 전 대통령 서거.

2012년

12월 19일 새누리당 박근혜 후보, 제18대 대통령 선거에서 당선.

2015년

3월 30일   베트남전 학살 생존자 두 명, 한국 최초 방문. 퐁니 학살 응우
          옌티탄과 빈딘성 빈안 학살 응우옌떤련. 이들이 방문하는 곳
          마다 '대한민국월남전참전자회', '대한민국고엽제후유의증전
          우회' 등 참전군인 단체 회원들이 군복을 입고 몰려와 시위.

2016년

9월 19일   한베평화재단 창립총회. 초대 이사장에 강우일 주교(천주교
          제주교구장) 추대. 상임이사에 구수정.
10월   한국 전역에서 최순실 국정농단 규탄 및 박근혜 대통령 퇴진
          운동 촛불 집회.

2017년

3월 10일   한국 헌법재판소, 만장일치로 박근혜 대통령 탄핵 소추안 인
          용. 헌정 사상 최초로 대통령 탄핵.
4월 26일   제주 강정마을 성프란치스코 평화센터에서 베트남전 민간인
          학살 당시 어머니의 아픔을 형상화한 피에타 동상 제막식.
5월 9일   더불어민주당 문재인 후보, 제19대 한국 대통령 선거에서 당선.
8월 2일   민주사회를 위한 변호사모임 베트남전 TF(민변 베트남전 TF)
          가 국정원(구 중앙정보부)을 상대로 퐁니·퐁녓 사건 참전 장교
          최영언, 이상우, 김기동 등을 조사한 1969년 문건의 목록을 공
          개하라는 정보공개 청구. 14일 뒤 국정원은 비공개 결정.

2018년

3월 23일   한국 문재인 대통령, 쩐다이꽝 베트남 국가주석과의 정상회
          담에서 "우리 마음에 남아 있는 양국 간의 불행한 역사에 대
          해 유감의 뜻을 표한다"고 발언. 한국군의 민간인 학살에 대
          한 구체적 사과 언급을 검토했으나 유보했다고 알려짐.
4월 21일   민변 베트남전 TF, 한베평화재단 등의 주최로 서울에서 베
          트남전 시민평화법정이 열림. 퐁니 사건 생존자 응우옌티탄
          과 하미 사건 생존자 응우옌티탄을 원고로 하고 대한민국을
          피고로 하여 한국군 민간인 학살의 책임을 물음. 주심을 맡은
          김영란 전 대법관은 대한민국의 책임을 공식 인정하고 베트
          남전 불법행위에 대한 진상 규명 등을 권고.

2019년

4월 1일 퐁니 마을 생존자 응우옌티탄과 하미 마을 생존자 응우옌티
탄, 한국을 방문하여 제주 4·3평화상 특별상 수상.

4월 4일 퐁니 응우옌티탄과 하미 응우옌티탄, "진상 조사와 공식 사
과, 피해자 존엄·명예 회복 조치를 포함한 입장 표명" 등을
요구하는 베트남 17개 마을 한국군 학살 피해자 및 유가족
103명의 청원서를 서울 종로구 청와대에 직접 접수.

9월 9일 한국 국방부, 4월 4일의 베트남전 한국군 학살 피해자 및 유
가족 103명의 진상 조사 요구에 대해 "불가하다"는 취지의
공식 회신 발송.

2020년

1월 20일 한국, 코로나19 첫 확진자 발생.

1월 22일 베트남, 코로나19 첫 확진자 발생.

1월 31일 서울행정법원, 민변 베트남전 TF가 국정원을 상대로 냈던 퐁
니·퐁녓 사건 참전장교 조사 문건 목록을 공개하라는 정보공
개 청구와 관련, 국정원의 비공개 처분이 위법하여 취소한다
는 판결 선고. 21일 뒤 국정원은 항소.

3월 12일 세계보건기구(WHO), 코로나19에 대해 팬데믹(세계적 대유
행) 선언.

4월 21일 민변 베트남전 TF 소속 변호사 14명, 퐁니 마을 피해자 응우
옌티탄을 대리하여 서울중앙지방법원에 국가배상소장 접수.

10월 14일 서울고등법원, 국정원에 퐁니·퐁녓 사건 참전장교에 대한 조
사 문건 목록을 공개하라는 판결 선고. 국정원의 항소 기각.
국정원은 불복.

11월 7일 베트남 학살 생존자로는 처음으로 퐁니 학살 생존자 응우옌
티탄과 함께 2015년 3월 30일 한국을 방문했던 빈딘성 빈안
학살 생존자 응우옌떤런, 69세를 일기로 별세

12월 18일 국정원, 서울고등법원의 퐁니·퐁녓 사건 관련 조사 문건 목록
을 공개하라는 판결 선고에 대해 대법원에 상고이유서 제출.

퐁니·퐁녓 학살 사망자 명단

Số TT (차례)	Họ Và Tên (성명)	Năm sinh (태어난 해)	Trú quán (지역)
1	응우옌티못Nguyễn Thị Mót	1890	디엔탕 퐁룩Phong Lục- Điện Thắng
2	응우옌티템Nguyễn Thị Thêm	1894	디엔안 퐁니Phong Nhị- Điện An
3	응우옌 응에Nguyễn Nghệ	1900	디엔안 퐁니Phong Nhị- Điện An
4	쩐로Trần Lọ	1901	디엔안 퐁녓Phong Nhất- Điện An
5	응우옌긍Nguyễn Gừng	1902	디엔안 퐁니Phong Nhị- Điện An
6	응우옌티쩌우Nguyễn Thị Châu	1903	디엔안 퐁니Phong Nhị- Điện An
7	보티까인Võ Thị Canh	1904	디엔안 퐁녓Phong Nhất- Điện An
8	레중Lê Dung	1904	디엔안 퐁니Phong Nhị- Điện An
9	응우옌티리Nguyễn Thị Lý	1905	디엔안 퐁니Phong Nhị- Điện An
10	쩐누오이Trần Nuôi	1910	디엔안 퐁녓Phong Nhất- Điện An
11	레티티엣Lê Thị Thiệt	1910	디엔안 퐁니Phong Nhị- Điện An
12	응우옌디엔라이Nguyễn Điển Lai	1911	디엔안 퐁녓Phong Nhất- Điện An
13	도티까이Đỗ Thị Cái	1913	디엔안 퐁니Phong Nhị- Điện An
14	하티미엔Hà Thị Miễn	1913	디엔안 퐁니Phong Nhị- Điện An
15	응우옌티껀Nguyễn Thị Cận	1914	디엔안 퐁니Phong Nhị- Điện An
16	응우옌티라이Nguyễn Thị Lai	1915	디엔안 퐁녓Phong Nhất- Điện An
17	쩐티쭛Trần Thị Chút	1917	디엔안 퐁녓Phong Nhất- Điện An
18	쩐반호Trần Văn Hổ	1921	디엔안 퐁녓Phong Nhất- Điện An
19	즈엉티쭉Dương Thị Chức	1922	디엔안 퐁녓Phong Nhất- Điện An
20	쩐티짝Trần Thị Trách	1922	디엔안 퐁니Phong Nhị- Điện An
21	응우옌티리에우Nguyễn Thị Liễu	1923	디엔안 퐁녓Phong Nhất- Điện An
22	쩐반끄Trần Văn Cự	1924	디엔안 퐁녓Phong Nhất- Điện An
23	쩐티바이Trần Thị Bảy	1926	디엔프억 농선Nông Sơn- Điện Phước
24	타이티카이Thái Thị Khải	1926	디엔프억 라호아La Hòa- Điện Phước
25	꽘티깜Phạm Thị Cam	1927	디엔안 퐁녓Phong Nhất- Điện An
26	응우옌티토Nguyễn Thị Thọ	1928	디엔안 퐁녓Phong Nhất- Điện An

444

27	응우옌티리에우Nguyễn Thị Liễu	1928	디엔안 퐁니Phong Nhị-Điện An
28	후인티뜨Huỳnh Thị Tư	1930	디엔프억 농선Nông Sơn-Điện Phước
29	판티찌Phan Thị Trì	1934	디엔안 퐁니Phong Nhị-Điện An
30	하티지엔Hà Thị Diên	1934	디엔안 퐁니Phong Nhị-Điện An
31	응우옌티소안Nguyễn Thị Soạn	1935	디엔안 퐁녓Phong Nhất-Điện An
32	응우옌티터이Nguyễn Thị Thời	1935	디엔안 퐁니Phong Nhị-Điện An
33	찐티안Trịnh Thị An	1935	디엔안 퐁니Phong Nhị-Điện An
34	판티응우Phan Thị Ngư	1936	디엔안 퐁니Phong Nhị-Điện An
35	판티탄Phan Thị Thanh	1936	디엔프억 라호아La Hòa-Điện Phước
36	응우옌티쌔Nguyễn Thị Xe	1928	디엔탕 퐁룩Phong Lục-Điện Thắng
37	레티미아Lê Thị Mĩa	1937	디엔안 퐁니Phong Nhị-Điện An
38	응우옌티응옷Nguyễn Thị Ngót	1938	디엔탕 퐁룩Phong Lục-Điện Thắng
39	응우옌티탄Nguyễn Thị Thanh	1947	디엔안 퐁녓Phong Nhất-Điện An
40	쩐호아Trần Hòa	1955	디엔안 퐁녓Phong Nhất-Điện An
41	응우옌티미엔Nguyễn Thị Miên	1956	디엔안 퐁녓Phong Nhất-Điện An
42	응우옌티쫑Nguyễn Thị Trọng	1956	디엔안 퐁니Phong Nhị-Điện An
43	찐쩌Trịnh Chờ	1956	디엔안 퐁니Phong Nhị-Điện An
44	응우옌티투이Nguyễn Thị Thụy	1956	디엔호아 라토La Thọ-Điện Hòa
45	도마이Đỗ Mãi	1956	디엔탕 퐁룩Phong Lục-Điện Thắng
46	응우옌티흐엉Nguyễn Thị Hường	1957	디엔안 퐁녓Phong Nhất-Điện An
47	쩐반호아Trần Văn Hòa	1957	디엔안 퐁녓Phong Nhất-Điện An
48	응우옌티응옷Nguyễn Thị Ngọt	1957	디엔탕 퐁룩Phong Lục-Điện Thắng
49	응우옌티투옌Nguyễn Thị Thuyên	1958	디엔호아 라토La Thọ-Điện Hòa
50	쩐반투언Trần Văn Thuận	1959	디엔안 퐁녓Phong Nhất-Điện An
51	응우옌득벤Nguyễn Đức Bến	1959	디엔탕 퐁룩Phong Lục-Điện Thắng
52	쩐트Trần Thử	1960	디엔안 퐁녓Phong Nhất-Điện An
53	쩐반닌Trần Văn Ninh	1960	디엔안 퐁녓Phong Nhất-Điện An
54	판티홍Phan Thị Hồng	1960	디엔안 퐁니Phong Nhị-Điện An
55	응우옌티투Nguyễn Thị Thu	1960	디엔안 퐁니Phong Nhị-Điện An
56	응우옌티베Nguyễn Thị Bé	1960	디엔탕 퐁룩Phong Lục-Điện Thắng
57	쩐반타오Trần Văn Thảo	1961	디엔안 퐁녓Phong Nhất-Điện An
58	판상Phan Sáng	1961	디엔탕 퐁룩Phong Lục-Điện Thắng
59	응우옌티베Nguyễn Thị Bé	1961	디엔탕 퐁룩Phong Lục-Điện Thắng
60	판티다오Phan Thị Đào	1962	디엔안 퐁니Phong Nhị-Điện An
61	쩐티란Trần Thị Lành	1963	디엔안 퐁녓Phong Nhất-Điện An
62	응우옌득쯔엉Nguyễn Đức Trường	1963	디엔안 퐁니Phong Nhị-Điện An
63	응우옌티호아Nguyễn Thị Hòa	1963	디엔안 퐁니Phong Nhị-Điện An

64 도안테민Đoàn Thế Minh	1967	디엔안 풍니Phong Nhị - Điện An
65 쩐반남Trần Văn Năm	1964	디엔안 풍넛Phong Nhất - Điện An
66 레딘딕Lê Đinh Đích	1964	디엔안 풍니Phong Nhị - Điện An
67 쩐티탕Trần Thị Thàng	1965	디엔안 풍넛Phong Nhất - Điện An
68 응우옌티투언Nguyễn Thị Thuận	1966	디엔안 풍니Phong Nhị - Điện An
69 응우옌딘헷Nguyễn Đinh Hết	1966	디엔프억 농선Nông Sơn - Điện Phước
70 응우옌꾸Nguyễn Cu	1966	디엔탕 풍룩Phong Lục - Điện Thắng
71 쩐티안Trần Thị An	1967	디엔안 풍넛Phong Nhất - Điện An
72 쩐반만Trần Văn Mạnh	1967	디엔안 풍넛Phong Nhất - Điện An
73 응우옌딘다오Nguyễn Đinh Đào	1967	디엔프억 농선Nông Sơn - Điện Phước
74 쩐(보잔)Trần(Vô Danh)	1968	디엔프억 농선Nông Sơn - Điện Phước

* '보잔'은 무명이라는 뜻.

| 디엔안사가 집계한 부상자 명단 |

쩐호안Trần Hoành, 하티머우Hà Thị Mâu, 도안티이Đoàn Thị Y, 판티주옌Phan Thị
Duyên, 도돈Đỗ Đôn, 쩐티투Trần Thị Thu, 응우옌티느Nguyễn Thị Nữ, 쩐티드억
Trần Thị Được, 응우옌티토아Nguyễn Thị Thoa, 쩐지엡Trần Diệp, 쩐티드억Trần Thị
Được, 응우옌득상Nguyễn Đức Sang, 쩐티투언Trần Thị Thuận, 쩐티푹Trần Thị Phúc,
응우옌티탄Nguyễn Thị Thanh, 응우옌오안Nguyễn Oanh, 쩐반타Trần Văn Tha
(이 명단 속 부상자들 중에는 현재 사망한 사람들도 있다)

* 풍니·풍넛 위령비에 적힌 명단에서 오류가 확인된 출생연도와 성조는 바로잡았다.

베트남전 당시 해병 제2여단 이동 경로

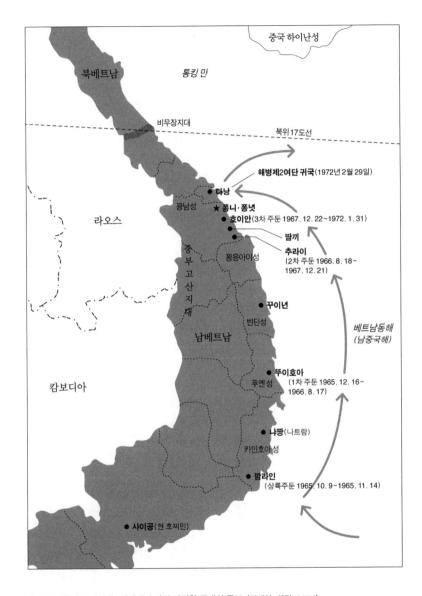

중국 하이난성

북베트남

통킹 만

비무장지대

북위17도선

라오스

해병제2여단 귀국(1972년 2월 29일)

광남성

● **다낭**

★ **퐁니·퐁녓**

● **호이안**(3차 주둔 1967. 12. 22~1972. 1. 31)

● **땀끼**

추라이

(2차 주둔 1966. 8. 18~

1967. 12. 21)

중
부
고
산
지
대

꽝응아이성

● **꾸이년**

빈딘성

남베트남

베트남동해

(남중국해)

캄보디아

● **뚜이호아**

푸엔성

(1차 주둔 1965. 12. 16~

1966. 8. 17)

● **냐짱**(나트랑)

카인호아성

● **깜라인**

(상륙주둔 1965. 10. 9~1965. 11. 14)

● **사이공**(현 호찌민)

출처: 『대한민국 해병대─세계에서 가장 강인한 군대의 족보』(김재엽, 살림, 2006)

베트남전쟁 시기 한국군에 의한
민간인 학살 진상 규명을 위한 시민평화법정*

판결(2018년 4월 22일)

시민평화법정 헌장 제16조 제2항에 따라, 재판부는 판결원본을 작성하기 전, 판결 주문과 이유의 요지만을 법정에서 공개적으로 말하는 방식으로 선고할 수 있고, 이 경우 판결원본은 위 선고 이후 50일 이내에 작성하여 공개하도록 되어 있다. 본 판결의 주문은 재판부의 평의를 통해 합의된 것으로 확정적이나, 판결 이유 부분은 시간적 제약으로 인해 2018년 4월 22일 선고를 위한 간단한 초고에 불과함을 밝힌다.

원고 1: 응우옌티탄(Nguyễn Thị Thanh, 1960년생)
원고 2: 응우옌티탄(Nguyễn Thị Thanh, 1957년생)
원고들의 소송대리인:
　　변호사 권민지, 김남주, 오민애, 이선경, 임재성, 함보현

피고: 대한민국
재판부가 직권으로 선정한 피고의 소송대리인:
　　변호사 박진석, 이정선, 전민경

- 주문 -

1. 피고 대한민국은 원고들에게
　가. 국가배상법 제3조에서 정한 배상 기준에 따른 배상금을 각 지급하고,
　나. 법적 책임 인정 및 원고들의 존엄, 명예 및 권리를 회복시키는

조치를 포함하는 공식 선언을 하라.

2. 피고 대한민국에게 1964년부터 1973년까지 사이에 베트남 지역에서 피고 대한민국 군대에 의해 베트남 민간인에 대한 살인, 상해, 폭행, 성폭력 등 일체의 불법행위가 일어났는지 여부에 관한 진상 조사를 실시할 것을 권고한다.

3. 피고 대한민국은 서울 용산구 이태원로 29(용산동 1가 8번지) 소재 전쟁기념관을 포함한 대한민국 군대의 베트남전쟁 참전을 홍보하고 있는 모든 공공시설과 공공구역에 대한민국 군대가 원고들에게 불법행위를 하였다는 사실 및 제2항에 따른 진상 조사 결과를 함께 전시하고, 향후 대한민국 군대의 베트남전쟁 참전을 홍보하는 공공시설과 공공구역을 설치할 경우에도 같은 조치를 취하라.

─ 이유 ─

I. 시민평화법정의 재판범위

시민평화법정은 한국 사회에서 20년 가까이 공론화되어왔던 베트남전쟁 시기 한국군에 의한 민간인 학살(이하 '베트남전 민간인 학살') 문제를 다루는 법정이다. 그동안 한국 사회에 많은 피해자들의 요구와 호소가 전해졌지만, 공식적인 진상 규명 등 책임 있는 문제 해결로 나아가지 못하였다. 시민평화법정은 2018년 4월 21일, 22일 양일간에 걸쳐 시민평화법정 헌장(이하 '헌장'이라고 한다)이 정하는 바에 따라 민간인 학살 피해자인 원고들의 진술을 청취하고, 객관적 증거 자료들에 의한 사실 확인과 더불어 필요한 국내외 규범의 적절한 적용, 해석 및 논리적 추론을 통해 과연 베트남전 민간인 학살이 존재하였는지, 만약 존재하였다면 그에 대한 책임은 무엇이어야 하는지 심리하였다.

II. 퐁니·퐁넛 사건에 대해서

1. 원/피고 주장의 요지
원고 응우옌티탄(Nguyễn Thị Thanh, 1960년생, 이하 '응우옌티탄A'라고 한다)은 1968년 2월 12일 베트남 꽝남성Tỉnh Quảng Nam 디엔반현Huyện Điện Bàn 타인퐁사Xã Thanh Phong 퐁니Phong Nhị 마을에서 한국군 해병 제2여단(청룡부대) 1대대 1중대(이하 '이 사건 1중대'라고 한다) 소속 성명 불상의 군인들에게 총격을 당했다고 주장한다(이하 퐁니·퐁녓 마을에서 일어난 위 사건을 '퐁니·퐁녓 사건'이라고 한다).

이에 관하여 피고 대한민국은 이 사건 1중대가 퐁니·퐁녓 사건 발생 시점에 해당 지역에 없었기 때문에 사건의 가해자가 아니며, 설사 사건을 야기하였다고 하더라도 퐁니·퐁녓 마을은 남베트남민족해방전선과 많은 관련이 있었는바, 퐁니·퐁녓 마을 주민들은 보호 의무가 있는 민간인이었다고 볼 수 없고, 정당한 교전 행위였다고 주장한다.

2. 인정 사실

다음과 같은 사실에 비추어볼 때, 이 사건 1중대가 1968년 2월 12일 8~15시 사이에, 퐁니·퐁녓 마을에서 약 70여 명의 민간인을 학살한 것으로 보이고, 그 과정에서 원고 응우옌티탄A가 복부에 총상을 입은 사실이 인정된다.

① 갑 제10호증 『파월한국군전사』 제4권과 갑 제15 내지 25호증(가지번호 포함) 주월미군 감찰보고서에 의하면, 1968년 2월 12일 당시 이 사건 1중대가 퐁니·퐁녓 마을에서 작전을 수행하고 있었다. ② 법정에서 검증한 이 사건 1중대 2소대원의 진술 영상에 의하면 이 사건 1중대가 이 사건 당시 퐁니·퐁녓 마을에서 무장하지 않은 민간인을 사살한 사실이 있었다. ③ 증인 고경태의 증언에 의하면 이 사건 1중대 소속 1소대장 최영언, 2소대장 이상우 등은 이 사건 당일 퐁니·퐁녓 마을에서 남베트남민족해방전선 세력의 존재는 확인하지 못했고 민간인들만 있었음을 확인한 것으로 보인다. ④ 위 주월미군 감찰보고서에 첨부된 1968년 2월 12일 본 상병이 촬영한 사진, 본 상병 및 실비아 중위의 진술서, 1969년 2월 타인퐁사 주민들이 남베트남 하원의장에게 제출한 진정서 등에 의하면 한국군이 퐁니·퐁녓 마을에서 민간인을 공격한 것으로 보인다. ⑤ 법정에 제출된 영상 증거에 의하면 1968년 2월 12일 당시 퐁니·퐁녓 마을 주민이었던 쩐반지엡(쩐지엡), 판르엉, 응우옌티르엉, 응우옌티니아가 일치하여 한국 군인들이 퐁니·퐁녓 마을의 민간인을 공격하였다고 진술하고 있고, 그 진술의 내용이 직접 경험하지 아니하면 알 수 없는 구체적인 사실들로 이루어져 있으며, 위 진술인들이

허위로 진술할 동기가 있다고 보기도 어렵다. ⑥ 만약 퐁니·퐁녓 사건이 이 사건 1중대와 남베트남민족해방전선 세력 사이에 벌어진 교전 중 발생했다면 『파월한국군전사』에 그에 관한 기록이 남아 있어야 함에도 불구하고 관련 기록이 남아 있지 않다. ⑦ 주민들이 남베트남 하원의장에게 한국군의 민간인 학살에 대한 진상조사 및 배상을 요구하면서 진정서를 제출한 것도 당시 한국군이 남베트남군의 동맹군이었던 점에 비추어 매우 이례적이었다. ⑧ 원고 응우옌티탄A가 총상을 입게 된 전후 경과에 관해서 이 법정에서 한 당사자 신문의 진술 내용과 응우옌득상, 판르엉, 응우옌티르엉의 진술이 일치하고 있다.

이상의 점들과 이 사건 변론 전체의 취지에 비추어볼 때, 1968년 2월 12일 이 사건 1중대에 의해 70여 명으로 추정되는 민간인 학살이 있었고, 그 과정에서 원고 응우옌티탄A가 총상을 입게 되었다는 사실이 인정된다.

3. 피고 대한민국의 주장에 대한 판단

가. 피고 대한민국은 을 제3호증 주월한국군사령관 채명신 장군이 1968년 6월 4일 주월미군사령관 웨스트몰랜드 장군에게 보낸 공문과 위 공문에 첨부된 주월한국군 자체 조사 보고서를 근거로 퐁니·퐁녓 사건은 한국군으로 위장한 남베트남민족해방전선 세력이 일으킨 사건이라고 주장한다.

을 제3호증 공문에 의하면, 1968년 4월부터 6월 사이에 주월한국군이 퐁니·퐁녓 사건에 관한 자체 조사를 실시한 사실과 자체 조사 결과 주월한국군은 퐁니·퐁녓 사건에 대해 이 사건 1중대가 퐁녓 마을을 떠난 뒤 남베트남민족해방전선 세력들이 퐁니와 퐁녓 마을에서 한국군 위장용 군복을 입고 잔혹한 행위를 저지른 것이라고 결론을 내리고 있다는 사실은 인정된다.

그러나, 다음과 같은 사정들을 종합해볼 때, 퐁니·퐁녓 사건이 남베트남민족해방전선 세력이 저지른 사건이라고 결론 내린 주월한국군의 자체 조사 결과는 믿기 어렵다.

먼저, 갑 제10호증 『파월한국군전사』 제4권에 의하면 이 사건 1중대는 1968년 2월 12일 8시 15분경부터 1번 국도를 북진하며 정찰하기 시작하였고 11시 5분경에는 퐁니 마을 부근을 지나가다가 적의 사격을 받고 반격을 가한 후 퐁니 마을을 지나 13시 10분경에는 퐁녓 마을을 점령하고 밤을 지낸 것으로 나온다. 갑 제16호증의 1·2, 1968년 2월 12일 한국 해병대가 저지른 잔학행위 혐의 보고서 원본과 번역본에 의하면 이 사건 1중대는 1968년 2월 12일 9시 30분경에서 10시 30분경 사이에 1번 국도를 따라 북쪽으로 이동하던 중 서쪽으로 방향을 틀어 퐁니 마을을 통과하여 퐁넛 마을 쪽으로 수색작전을 펼친 후 퐁니 북쪽 600미터 근교에서 밤을 지낸 것으로 나온다. 이를 종합해보면 이 사건 1중대는 1968년 2월 12일 10시 30분경에서 12시경 사이에는 퐁니 마을에서 작전을 수행한 후 서쪽으로 600미터 정도 떨어진 퐁넛 마을로 이동하여 그곳을 점령하고서 하루 종일 주둔한 것으로 파악된다.

반면 위 『파월한국군전사』 제4권의 1968년 2월 12일자 퐁니 및 퐁넛 마을에서의 작전 기록에는 한국군으로 위장한 남베트남민족해방전선 세력이 퐁니 마을 수십 명을 집단적으로 살해한 사실이나 이에 대해 당시 퐁넛 마을에 주둔하고 있던 이 사건 1중대가 즉각 대응 조치를 취하였다는 사실은 전혀 기록되어 있지 않다. 특히 이 사건 1중대가 작전을 수행하고 있던 지역 내에서 베트남 주민 수십 명이 집단적으로 살해되는 중대한 사건이 발생했음에도 불구하고 공식 기록인 『파월한국군전사』에는 이에 관한 기록이 단 한 줄도 남아 있지 않다는 것은 이해하기 어렵다.

결국, 퐁니·퐁넛 사건은 한국군으로 위장한 남베트남민족해방전선 세력이 저지른 사건이라는 피고 대한민국의 주장은 받아들이기 어렵다.

나. 피고 대한민국은 퐁니·퐁넛 사건이 발생했을 당시 퐁니 마을과 그 주변에서 남베트남민족해방전선 세력이 활발히 활동한 사실 등을 들어 퐁니·퐁넛 사건으로 살해된 마을 주민들은 남베트남민족해방전선 세력이거나 그 동조자였으며, 따라서 이들은 보호받을 가치가 있는 민간인에 해당되지 않는다고 주장한다.

위 『파월한국군전사』 제4권과 을 제9호증 고경태의 책 『1968년 2월 12일 베트남 퐁니·퐁넛 학살 그리고 세계』 등에 의하면, 퐁니·퐁넛 사건이 발생할 무렵 퐁니 마을 주변에서 남베트남민족해방전선 세력의 활동이 있었던 사실과 특히 퐁니 사건이 발생한 1968년 2월 12일 당일에도 이 사건 1중대가 퐁니 마을 주변에서 남베트남민족해방전선 세력에 의한 저격을 받은 사실은 인정할 수 있다.

그러나, 다음과 같은 사정에 비추어볼 때, 퐁니·퐁넛 사건에서 살해된 마을 주민들이 남베트남민족해방전선 세력이거나 그 동조자였다는 피고 대한민국의 주장은 받아들이기 어렵다.

퐁니·퐁녓 사건으로 살해된 마을 주민들이 '남베트남민족해방전선 세력이거나 그 동조 세력'이었다는 피고 대한민국의 주장과 퐁니·퐁녓 사건으로 살해된 마을 주민들은 '남베트남민족해방전선 세력에 의해 살해된 사람들'이라는 주월한국군의 입장을 종합해보면, 결국 남베트남민족해방전선 세력이 그 동조 세력을 죽였다는 결론에 이르게 되는바, 이는 논리칙과 경험칙상 이해하기 어렵다.

오히려 퐁니·퐁녓 사건 발생 당시 주월한국군 스스로 퐁니 사건으로 살해된 마을 주민들에 대해 남베트남민족해방전선 세력에 의해 살해된 사람들이라고 주장하였다는 사실은 퐁니·퐁녓 사건으로 살해된 마을 주민들이 남베트남민족해방전선 세력과 관련이 없는 민간인이었음을 증명해준다. 그러므로 퐁니·퐁녓 사건에서 살해된 마을 주민들이 남베트남민족해방전선 세력 내지 그 동조자여서 보호받을 가치가 있는 민간인에 해당되지 않는다는 피고 대한민국의 주장 역시 받아들일 수 없다.

다. 마지막으로, 피고 대한민국은 퐁니·퐁녓 사건에 대해, 설령 이 사건 1중대가 민간인인 퐁니 마을 주민들을 살해한 것이 사실이라고 하더라도, 이는 적과 아군을 구별하기 힘든 게릴라전이었을 뿐만 아니라 민간인 촌락에 잠입해 있는 남베트남민족해방전선 세력을 색출하는 작전을 펼칠 때에는 민간인 촌락 자체가 전장터가 될 수밖에 없는 베트남전쟁의 특수성, 그리고 퐁니 사건이 발생한 당일에도 이 사건 1중대는 퐁니 마을 부근에서 남베트남민족해방전선 세력에 의해 저격을 당한 사정을 고려해보면, 퐁니·퐁녓 사건은 '의도치 않은 어쩔 수 없는 희생'이었을 뿐, 결코 '의도적인 집단학살'은 아니라고 주장한다.

그러나 퐁니·퐁녓 사건에서는 70여 명의 민간인이 살해되었는데, 이와 같이 수십 명의 민간인이 살해된 사건을 두고 과연 '의도치 않은 어쩔 수 없는 희생'이라고 볼 수 있는지 자체가 심히 의심스럽다. 나아가, 퐁니·퐁녓 사건의 경우 피해자 거의 대부분이 노인, 여성, 어린이들이었고, 심지어 한 살 미만의 영아까지 살해되었으며, 이들은 비무장 상태였다는 점까지 감안해본다면, 퐁니·퐁녓 사건을 '의도치 않은 어쩔 수 없는 희생'으로 볼 수는 없다고 판단된다. 여기에 이 사건 1중대는 퐁니·퐁녓 마을 주민들을 특정한 곳에 모이게 한 후 집단적으로 살해한 사정까지 더해본다면, 퐁니·퐁녓 사건은 '의도치 않은 어쩔 수 없는 희생'이라기보다 오히려 '의도된 집단학살'로 보는 것이 더 타당하다.

따라서 피고 대한민국의 모든 주장은 이유 없으므로 배척하기로 한다.

III. 하미 사건 관련

1. 원/피고 주장의 요지

원고 응우옌티탄(Nguyễn Thị Thanh, 1957년생, 이하 '원고 응우옌티탄B'
라고 한다)은 1968년 2월 22일 베트남 꽝남성Tỉnh Quảng Nam 디엔반현
Huyện Điện Bàn 디엔즈엉사Xã Điện Dương 하미떠이Hà My Tây(하미 서쪽)
마을에서, 한국군 해병 제2여단 5대대 26중대(이하 '이 사건 26중대'라고 한
다) 소속 성명 불상의 군인들에게 공격을 당해 왼쪽 귀, 왼쪽 다리와 허리
를 다쳤다고 주장한다(이하 하미 마을에서 일어난 위 사건을 '하미 사건'이라고
하고, 퐁니·퐁녓 사건과 하미 사건을 통칭하여 '이 사건 불법행위들'이라고 한다).

이에 관하여 피고 대한민국은 이 사건 26중대가 하미 사건을 일으
켰다는 객관적 증거가 없고, 당시 하미 마을에 거주하던 주민들은 남베
트남민족해방전선과 많은 관련이 있었는바, 하미 마을 주민들은 보호
의무가 있는 민간인이었다고 볼 수 없고, 정당한 교전행위였다고 주장
한다.

2. 인정 사실

갑 제10호증『파월한국군전사』제4권, 갑 제35호증 내지 갑 제41
호증『파월한국군전사』제4권 부도, 하미 사건 사망자 명단, 하미 마을
위령비 역사문화 유적지결정서, 응우옌빈 가계도 및 동영상과 사진 등
과 원고 응우옌티탄B가 법정에서 한 진술 내용을 종합하면, 이 사건 26
중대는 1968년 2월 22일 오전 작전 중에 하미 마을에 진입하여, 마을
내 다섯 곳에 사람들을 모은 후 135명으로 추정되는 주민들에게 총격
을 가하였고, 그 과정에서 원고 응우옌티탄B 역시 왼쪽 귀, 왼쪽 다리,
허리에 상해를 입은 사실이 인정된다.

3. 피고 대한민국의 주장에 대한 판단

이에 대해 피고 대한민국은 첫째, 원고들이 제출한 증거는 당사자
들의 일방적인 진술에 불과한바, 신빙성이 부족하고, 둘째, 하미 사건
당일 이 사건 26중대가 인근에서 작전을 했다는 이유만으로 가해자가
이 사건 26중대라고는 볼 수 없으며, 셋째, 하미 마을 주민의 상당수는
남베트남민족해방전선 소속이었거나 그 동조 세력이었으므로 민간인
이라 볼 수 없고, 넷째, 설사 민간인 피해가 있었다 하더라도, 이는 고의

또는 과실에 의한 행위가 아닌 전쟁 중에 발생한 불가피한 일로서, 전쟁법을 위반한 것이 아니라고 주장한다.

가. 신빙성 있는 증거가 부족한지 여부

갑 제38호증 내지 갑 제41호증 피해자들의 진술 영상을 보면, 피해자들은 1968년 2월 22일 아침 이 사건 26중대 소속 한국 군인들이 마을로 찾아와 마을 주민들을 여러 곳에 모아놓은 뒤 총격을 가하여 살해하였다는 점을 상당히 구체적이고 일관되게 진술하고 있는바, 이들 진술의 신빙성이 인정된다.

또한, 갑 제36호증 사망자 명단, 갑 제37호증의 1·2 하미사건 유적지 인증 결정서 각 기재와 같이, 베트남 정부에서도 하미 사건 위령비를 유적지로 인증함으로써 하미 마을에서 피고에 의한 민간인 학살 피해가 발생하였다는 사실을 공식적으로 인정하고 있는바, 신빙성 있는 증거가 부족하다는 피고 대한민국의 주장은 받아들이기 어렵다.

나. 이 사건 26중대를 하미 사건의 가해자로 볼 수 없는지 여부

하미 마을 인근에는 피고 대한민국 소속 해병대 제2여단본부와 예하 부대들만이 주둔하고 있었고, 미군이나 남베트남군이 주둔하고 있지는 않았으며, 1968년 2월 22일 오전 이 사건 26중대가 하미 마을에서 작전을 한 사실(갑 제10호증, 갑 제35호증), 하미 마을을 제외한 인근의 마을들은 모두 소개되어 사람들이 살고 있지 않았던 사실(갑 제41호증), 같은 시간에 하미 마을 주민들이 학살된 사실로 미루어보면, 이 사건 26중대가 하미 마을의 주민들을 살해하였다는 사실을 강하게 추단할 수 있는바, 이 사건 26중대가 하미 사건의 가해자라고 볼 수 없다는 피고 대한민국의 주장도 이유 없다.

다. 민간인이 아니었는지 여부

갑 제10호증 『파월한국군전사』 제4권과 갑 제37호증의 1·2 하미 마을 위령비 역사 문화 유적지 인증수여 제안서 및 인증수여 결정서 원본 및 번역본 등에 의하면, 하미 사건이 발생할 무렵 하미 마을 내에는 남베트남민족해방전선 세력이 존재하였고 이들이 활발한 활동을 펼쳤던 사실을 인정할 수 있다.

그러나 그와 같은 사실만으로는 하미 사건으로 살해된 0세에서 10세 미만 59명을 포함한 마을 주민들이 남베트남민족해방전선 세력이거나 그 동조 세력이었다고 단정할 수 없고, 하미 사건 발생 당시 마을 주민들이 무장한 상태에서 이 사건 26중대에 대해 적대적인 무력을 행사

한 사실이 증명되지도 않는다. 그렇다면 이 사건에서 이들은 여전히 보호받을 가치가 있는 민간인에 해당된다고 보는 것이 타당하다. 제네바협약 제1추가의정서 제50조 후문은 "어떤 사람이 민간인인지의 여부가 의심스러운 경우에는 동인은 민간인으로 간주한다"고 정하고 있다. 이와 같은 제네바협약 제1의정서의 취지로 보더라도 하미 사건 발생 당시 마을 주민들을 민간인이 아니었다고 보기는 어렵다.

이상에 비추어볼 때, 하미 사건에서 살해된 마을 주민들은 남베트남민족해방전선 세력 내지 그 동조자였으므로, 이들은 보호받을 가치가 있는 민간인에 해당되지 않는다는 피고의 주장은 받아들일 수 없다.

라. 전쟁법을 위반한 사실이 없는지 여부

피고 대한민국이 주장하는 베트남전쟁의 특수성과 하미 사건이 발생할 무렵 하미 마을 부근에서 일어난 일들을 고려해보더라도, 다음과 같은 사정들을 종합해볼 때 하미 사건을 '의도치 않은 어쩔 수 없는 희생'으로 볼 수 없고, 오히려 '의도적인 집단학살'로 보는 것이 타당하다고 판단한다.

먼저 하미 사건에서는 100명 이상의 민간인이 살해되었는데, 이와 같이 100명 이상의 민간인이 살해된 사건을 두고 과연 '의도치 않은 어쩔 수 없는 희생'이라고 볼 수 있는지 자체가 심히 의심스럽다. 원고 응우옌티탄B를 포함한 하미 사건의 피해자의 상당수는 아동과 유아였다. 또, 이른 아침 하미 마을 주민들을 여러 곳으로 모아놓은 뒤 학살하였고, 그 뒤 사건을 은폐하기 위해 불도저로 시신을 훼손하였다. 이러한 점들로 미루어볼 때, 하미 사건을 '의도치 않은 어쩔 수 없는 희생'으로 볼 수 없다고 판단된다.

더욱이, 헌장 제7조 제1항에 따라 적용되는 제네바 제4협약은 민간인뿐만 아니라, 설사 남베트남해방전선에 동조한 자들이라 하더라도 적법한 사법 절차 없이 사살하거나 처벌하는 것을 금지하고 있는바, 전쟁 중 불가피하게 발생한 사건이므로 전쟁법을 위반한 사실이 없다는 피고 대한민국의 주장은 이유 없다.

IV. 피고 대한민국의 진실의무 위반 관련

1. 헌장 규정

헌장 제4조 제2항은 한국군이 고의 또는 과실에 의해 민간인에게 학살 등을 하였는데도 대한민국 정부가 이와 관련하여 진실을 발견하고 공표할 책임을 다하는 것을 게을리하여 피해자의 진실에 대해 알 권리를 침해한 경우, 책임자를 처벌하지 않은 경우 이로 인해 피해자가 입은 손해를 배상하도록 정하고 있다. 국가범죄 또는 중대한 국제인권법·인도법 위반 사건의 피해자가 사건의 진실에 대한 조사와 공개를 요청할 수 있는 진실에 관한 권리를 보장하기 위한 것이다.

2. 인정사실

앞서 살핀 바와 같이 1968년 2월 12일 퐁니·퐁넛 사건과 그 과정에서 원고 응우옌티탄A가 복부에 총상을 입은 사실, 같은 해 2월 22일 하미 사건과 그 과정에서 원고 응우옌티탄B가 왼쪽 청력을 잃는 상해를 입은 사실이 각 인정된다.

그럼에도 불구하고 피고 대한민국은 이 사건 불법행위들이 존재하였다는 사실, 원고 응우옌티탄A와 원고 응우옌티탄B가 이로 인하여 심각한 상해를 입고, 가족을 잃었다는 사실을 공식적으로 인정한 바 없고, 각 사건에 관하여 진상을 조사하고 그 과정과 결과를 공개하거나 관계자들을 기소하고 처벌한 사실도 인정되지 않는다.

3. 피고 대한민국 주장에 대한 판단

피고 대한민국은 베트남전쟁 당시 주월한국군사령부는 베트남 민간인을 의도적으로 살해한 한국 군인들에 대해 철저히 조사하고 엄벌해왔으므로, 피고 대한민국이 진실의무를 위반한 사실이 없다고 주장한다.

먼저, 갑 제53호증 2000년 7월 14일자《동아일보》기사의 내용, 을 제5호증《한겨레21》(통권 제324호) 기사의 내용, 을 제6호증 2000년 7월 16일자《동아일보》기사의 내용에 의하면 베트남전쟁 당시 주월한국군사령부가 베트남 민간인을 의도적으로 살해한 한국 군인들을 형사처벌에 처한 사실이 있다는 점은 인정된다. 그러나 위 증거들은 원고들과 무관한 사례로서 이 사례만으로 피고 대한민국의 이 사건 불법행위들에 대한 진실의무 이행의 증거라고 인정하기는 어렵다.

또한 1999년경 또는 늦어도 2000년경부터 퐁니 사건과 하미 사건의 생존 피해자들은 물론 한국의 언론과 시민단체들에 의해 지속적으로 위 사건들에 대한 진상 규명이 필요하다는 등 문제가 제기되어왔음에도 불구하고, 피고 대한민국이 이에 대해 어떠한 구체적인 조치도 취하지 않은 사실이 인정된다.

V. 피고 대한민국의 책임의 내용

1. 피고 대한민국의 원고들에 대한 손해배상 책임(청구취지 1. 가항 관련)

헌장 제4조 제1항 제1호에 따라 원고들에 대한 한국군의 학살 등 불법행위가 인정될 경우 피고 대한민국은 손해배상책임을 진다. 전시라 하더라도 민간인에 대한 국가의 보호 의무가 존재함은 국제인도법인 '전시에 있어서의 민간인의 보호에 관한 1949년 8월 12일자 제네바협약'뿐만 아니라 국제관습법의 지위를 갖는 '1907년 육전에서의 법과 관습에 관한 협약' 및 대한민국 헌법을 통해서도 보편적으로 인정된다. 피고 대한민국 소속 군인이 전시 민간인보호 의무를 위반한 경우 피해자에 대한 손해배상책임을 진다는 점에 관해서는, 이미 한국전쟁 시기 민간인 학살과 관련한 국가배상소송에서 대한민국 대법원이 일관된 원칙을 세운 바 있다.

또한 헌장 제4조 제2항에 따라 위 불법행위에 대해 피고 대한민국이 진실을 규명할 의무가 발생하였음에도, 이를 이행하지 않은 경우에도 역시 피고 대한민국은 불법행위 피해자들에게 손해배상책임을 진다.

앞서 확인한 바와 같이, 피고 대한민국 소속 군인들의 이 사건 불법행위들이 모두 인정되며, 위 두 사건으로 원고들은 신체적 상해를 입은 것뿐만 아니라, 어린 나이에 가족을 잃고 경제적으로 궁핍한 성장기를 보내야 했으며, 큰 정신적 고통을 장시간 겪어야만 했다.

헌장 제5조 제2항은 손해의 종류에 관해 신체적/정신적 장애, 기회의 상실, 소득의 상실, 심리적 고통, 심리적/사회적 서비스에 소요된 비용으로 열거하고 있다. 원고들에게 이 사건 각 학살로 인해 위에 열거한 모든 손해가 발생하였다는 사실이 인정된다. 따라서 피고 대한민국은 헌장 제4조 제1항 제1호, 제2항에 따라 손해를 배상할 책임이 있다.

나아가 손해배상의 범위에 관해서, 원고들은 '국가배상법 제3조'를 배상기준으로 청구한다. 헌장 제5조는 손해배상의 범위에 관하여 책임의 중대성에 비례하여 피해자에게 효과적인 배상이 이루어져야 한다는 원칙을 천명하고 있다. 앞에서 살펴본 바와 같이 피고 대한민국의 책임이 심히 중대하므로, 원고가 구하는 손해배상 청구의 범위가 그 책임과 비례하는 범위 내에 있다고 판단된다.

이에 원고들의 이 부분 청구는 이유 있다.

2. 피고 대한민국의 공식 인정 등 책임(청구취지 1. 나항 관련)

이 사건 불법행위들이 인정되므로, 피고 대한민국은 헌장 제4조 제1항 제3호에 따라 "법적 책임 인정 및 피해자의 존엄, 명예 및 권리를 회복시키는 조치를 포함한 공식선언을 할 책임"을 진다.

이 사건 불법행위들의 규모와 행위양태를 살펴볼 때, 퐁니·퐁녓 사건과 하미 사건은 중대한 인권침해이자 전쟁범죄의 성격을 띠는 사건이다. 따라서 사실인정을 바탕으로 한 국가 차원의 공식적인 입장 표명은 반드시 필요하며, 이는 피해자의 존엄과 명예 회복을 위한 필수불가결한 조치이다. 원고들 역시 당사자 신문을 통해 피고 대한민국이 퐁니·퐁녓 사건과 하미 사건에 관하여 불법행위 사실을 인정하고 그에 따른 책임을 질 것을 요구하였다.

따라서 원고들의 피고 대한민국에 대한 이 부분 청구는 이유 있다.

3. 피고 대한민국의 진상조사 책임(청구취지 2항 관련)

헌장 제4조 제3항은 "본 법정에서 심판한 사건 이외에도 베트남전쟁 기간 동안 한국군에 의해 발생한 일체의 학살 등 불법행위에 대해서도 진상 규명이 필요하다고 판단할 경우, 재판부가 대한민국 정부에게 그에 관한 진상 규명을 위한 조치를 취할 것을 권고할 수 있다"라고 규정하고 있다. 위 헌장을 근거로 원고들은 '피고 대한민국은 1964년부터 1973년까지 사이에 베트남 지역에서 피고 대한민국 군대에 의해 베트남 민간인에 대한 살인, 상해, 폭행, 성폭력 등 일체의 불법행위가 일어났는지 여부에 관한 진상 조사를 실시하고, 그 결과를 공표하라'라는 청구를 하였다.

본 법정의 심리 결과, 베트남전쟁 시기 한국군에 의한 민간인 학살이 퐁니·퐁녓과 하미 두 마을에 국한되어 일어났던 것인지, 한국군 파병 기간 전체에 걸쳐 다른 곳에서도 발생한 것은 아닌지 합리적 의심을 가지게 되었다.

따라서 재판부는 피고 대한민국이 퐁니·퐁녓 사건과 하미 사건 이외에도 한국군이 베트남전쟁에 참여한 기간 전체를 범위로 하여, 한국군이 베트남 민간인을 상대로 하여 살인, 상해, 폭행, 성폭력 등의 불법 행위를 하였는지 여부를 조사하여야 한다고 판단한다. 철저한 조사로 진상 규명을 하는 것은 피해자들과 관련한 진실을 밝히는 일일 뿐만 아니라, 전쟁에 참여한 대다수의 한국군의 명예를 지키는 일이기도 하다. 다만, 헌장 제4조 제3항은 '권고'의 권한만을 규정하고 있으므로, 피고 대한민국에게 진상 규명을 위한 조치를 하도록 권고하고자 한다.

4. 베트남전쟁 참전 사실을 전시하는 경우 민간인 학살 사실을 전시할 책임(청구취지 3항 관련)

헌장 제4조 제1항 제5호는 베트남전쟁 시기 한국군에 의한 민간인 학살이 인정되는 경우, 피고 대한민국이 '학살 등 불법행위를 반복하지 않기 위해 필요한 행위를 할 책임'을 진다고 규정하고 있다. 위 헌장에 따라 원고들은 전쟁기념관 등 베트남전쟁 참전 홍보가 이루어지고 있는 공공시설 등에 민간인 학살 사실도 함께 전시할 것을 청구하였다. 이에 대하여 피고 대한민국은 위 청구가 비례의 원칙을 위반한 청구이며, '불법행위를 반복하지 않기 위한 책임'의 범위는 군인들에 대한 국제인도법 교육 등으로 충분하다고 주장한다.

그러나 피고 대한민국의 주장은, 우리 「군인의 지위 및 복무에 관한 기본법」 제134조 소정 '전쟁법 준수의무'를 굳이 들지 않더라도, 문명국가의 군대라면 당연하게도 국제인도법을 군인에게 교육하여야 하기 때문에 이를 특별한 책임을 지는 것이라고 볼 수 없다. 또한 반복금지를 위한 책임의 종류는 다양할 수 있기 때문에 하나의 행위책임이 다른 행위책임을 배제한다고 볼 수 없다.

이 사건 불법행위와 같은 국가의 중대한 인권침해 문제의 경우, 진실 규명이 이루어진 이후 그 규명 사실을 역사교과서나 기념일, 기념시설 등을 통해 후속 세대에게 전달하고, 현재화시키는 것이 반드시 요구된다. 그러한 현재화를 통해서 중대한 인권침해로 발생한 처참한 결과들을 구성원들이 인식하고, 이를 반복하지 않기 위한 노력을 계속해나갈 수 있기 때문이다.

따라서 원고들의 학살 사실에 대한 전시 등 청구는 이유 있다.

VI. 맺는 말

베트남전쟁 시기 한국군에 의한 민간인 학살 진상 규명을 위한 '시민평화법정'은 '법은 시민사회의 도구'라는 정신에서 출발한다. 국가가 정의와 진실을 수호할 의무를 게을리하거나 외면하여 시민들의 기대로부터 멀어져 틈이 생기는 경우, 시민사회는 적극적으로 나서서 법이라는 도구를 통해 이 간격을 메우고 보완함으로써 정의와 진실의 토대를 세우고 굳건히 해왔다. 멀게는 1960년대 후반 철학자 버트런드 러셀이 설립한 민간법정인 '베트남 전범재판소'에서부터, 가깝게는 2000년 일본 동경에서 열렸던 '일본군 성노예 전범 여성국제법정'에 이르기까지 여러 선구적인 민간법정의 예들이 법, 그리고 법정이라는 도구를 통하여 정의와 진실을 규명하였다. 시민평화법정 역시 그 역사를 이어받아 대한민국 정부가 오랜 시간 방기해온 문제의 진실과 책임을 다루기 위해 2018년 설립되었고, 2018년 4월 21일, 22일 양일에 걸쳐 서증조사, 전문가증인신문, 영상검증, 당사자신문 등의 증거조사를 진행하여 본 판결과 같이 피고 대한민국의 책임을 인정하였다.

피고 대한민국이 시민사회의 노력과 연대로 만들어진 본 법정의 판결을 무겁게 받아들이길 희망하여, 오랜 시간 고통을 겪어왔음에도 용기를 내어 멀리 한국까지 와서 진실을 증언해준 두 원고들에게 존경과 연대의 인사를 드린다.

2018년 4월 22일

베트남전쟁 시기 한국군에 의한 민간인 학살 진상 규명을 위한 시민평화법정

재판관 김영란
재판관 이석태
재판관 양현아

주

* 이 글은 2018년 4월 21~22일 서울 마포구 문화비축기지에서 열린
시민평화법정(베트남전쟁 시기 한국군에 의한 민간인 학살 진상규명을
위한 시민평화법정 People's Tribunal on War Crimes by South Korean Troops
during the Vietnam War) 구두 판결문 전문이다. 퐁니·퐁넛 학살 생존
자 응우옌티탄과 하미 학살 생존자 응우옌티탄을 원고로, 대한민
국 정부를 피고로 민간인 학살 책임을 묻는 민간 모의법정이었다.
이 법정은 민주사회를 위한 변호사모임(민변) 베트남전 태스크포
스(TF), 한베평화재단, 베트남평화의료연대, 한국정신대문제대책
협의회 등의 시민단체가 2000년 도쿄에서 열린 '일본군 성노예 전
범 여성국제법정'을 모델로 삼아 2017년부터 준비해 개최했다. 민
변 베트남전 TF 소속 변호사 14명은 시민평화법정의 판결문을 토
대로 2020년 4월 21일, 시민평화법정의 원고이기도 했던 퐁니 마
을 생존자 응우옌티탄을 대리하여 서울중앙지방법원에 국가배상
소장을 접수했다.

베트남전쟁 1968년 2월 12일

ⓒ 고경태 2021

초판 1쇄 발행 2015년 2월 12일
초판 3쇄 발행 2019년 4월 2일
개정판 1쇄 발행 2021년 2월 1일

지은이   고경태
펴낸이   이상훈
편집인   김수영
본부장   정진항
인문사회팀 권순범 김경훈
마케팅   천용호 조재성 박신영 성은미 조은별
경영지원   정혜진 이송이

펴낸곳 한겨레출판(주) www.hanibook.co.kr
등록 2006년 1월 4일 제313-2006-00003호
주소 서울시 마포구 창전로 70(신수동) 화수목빌딩 5층
전화 02-6383-1602~3   팩스 02-6383-1610
대표메일 book@hanibook.co.kr

ISBN 979-11-6040-458-6 03900